MANESSE BIBLIOTHEK DER WELTLITERATUR

LOB DER EHE

Ein weltliterarisches
Treuebuch

Herausgegeben
und mit einem Nachwort
von Rafik Schami

MANESSE VERLAG
ZÜRICH

MARK TWAIN

Nach dem Sündenfall

Wenn ich zurückblicke, erscheint mir der Garten wie ein Traum. Er war schön, wunderschön, berauschend schön; jetzt ist er verloren, und ich werde ihn nie wiedersehen.

Der Garten ist verloren, aber ich habe *ihn* gefunden und bin glücklich. Er liebt mich so gut er kann; ich liebe ihn mit aller Kraft meiner leidenschaftlichen Natur, das entspricht, glaube ich, meiner Jugend und meinem Geschlecht. Wenn ich mich frage, warum ich ihn liebe, stelle ich fest, daß ich es nicht weiß, und ich gäbe auch nicht sonderlich viel darum, es zu wissen; also nehme ich an, daß diese Art von Liebe nicht das Ergebnis von Gründen und deren Aufzählung ist, wie die Liebe zu anderen Reptilien und Tieren. Ich glaube, so muß es sein. Ich liebe bestimmte Vögel ihres Gesanges wegen; aber Adam liebe ich nicht um seines Gesanges willen – nein, beileibe nicht; je mehr er singt, desto weniger kann ich mich damit anfreunden. Und doch bitte ich ihn zu singen, weil ich lernen will, alles zu mögen, was ihm gefällt. Ich bin sicher, daß ich das lernen kann, denn am Anfang konnte ich es überhaupt nicht aushalten, und jetzt kann ich's. Die Milch wird sauer davon, aber das macht nichts; ich kann mich an diese Art Milch gewöhnen.

Ich liebe ihn nicht wegen seiner Klugheit – nein, beileibe nicht. Man kann ihm wegen seiner Intelligenz, so wie sie ist, keine Vorwürfe machen, denn er hat sie ja nicht selbst gemacht; Adam ist, wie Gott ihn schuf, und das genügt. Es liegt darin ein weiser Zweck, *das* weiß ich. Mit der Zeit wird sie sich entwickeln, aber sehr rasch wird das wohl nicht geschehen; und abgesehen davon hat es auch keine Eile; er ist gut genug, so wie er ist.

Ich liebe ihn nicht seiner gütigen und rücksichtsvollen Art und seines Zartgefühls wegen. Nein, nein, daran mangelt es ihm eher, aber er ist auch so gut genug, und er bessert sich.

Ich liebe ihn nicht wegen seines Fleißes – nein, beileibe nicht. Ich glaube, der steckt in ihm, aber ich weiß nicht, warum er ihn vor mir verbirgt. Das ist mein einziger Kummer. Sonst ist er mir gegenüber jetzt offen und geradeheraus. Ich bin mir sicher, daß er weiter nichts verheimlicht. Es grämt mich, daß er ein Geheimnis vor mir haben könnte, und manchmal raubt es mir den Schlaf, wenn ich daran denke, aber ich will es mir aus dem Kopf schlagen; ich werde mein Glück nicht trüben, das ansonsten bis zum Überfließen voll ist.

Ich liebe ihn nicht seiner Bildung wegen – nein, beileibe nicht. Er hat sie sich selbst angeeignet und weiß wirklich eine Menge, aber er sitzt vielen Irrtümern auf.

Ich liebe ihn nicht wegen seiner Ritterlichkeit – nein, beileibe nicht. Er hat mich verpetzt, aber das mache ich ihm nicht zum Vorwurf; ich glaube, es ist eine Eigenheit seines Geschlechts, und er hat sein Geschlecht nicht gemacht. Natürlich hätte ich ihn nicht verpetzt, eher wäre ich gestorben; aber das ist auch eine geschlechtsbedingte Eigenheit, und ich bilde mir darauf nichts ein, denn auch ich habe mein Geschlecht nicht gemacht.

Warum liebe ich ihn dann? *Einfach weil er ein Mann ist*, glaube ich.

Im Grunde ist er gut, und darum liebe ich ihn, aber ich könnte ihn auch ohne das lieben. Wenn er mich schlüge und mißhandelte, ich würde ihn trotzdem lieben. Das weiß ich. Ich glaube, es ist eine Frage des Geschlechts.

Er ist stark und sieht gut aus, darum liebe ich ihn, ich bewundere ihn und bin stolz auf ihn, aber ich könnte ihn auch ohne diese Eigenschaften lieben; wäre er häßlich, ich würde ihn auch lieben; wäre er ein Krüppel, ich würde ihn lieben und ich würde für ihn arbeiten und mich für ihn zerreißen und für ihn beten und an seinem Bett wachen, bis zu meinem Tod.

Ja, ich glaube, ich liebe ihn nur, weil er *mein* und weil er ein *Mann* ist.

Es gibt vermutlich keinen anderen Grund. Also denke ich, es ist, wie ich anfangs sagte: daß diese Art Liebe nicht auf Gründen und deren Aufzählung beruht. Sie *kommt* einfach – keiner weiß woher – und man kann sie nicht erklären. Und das ist auch nicht nötig.

Das also denke ich. Aber ich bin nur ein junges Ding, die erste, die diesen Gegenstand bedacht hat, und es könnte sich herausstellen, daß ich ihn in meiner Unwissenheit und Unerfahrenheit nicht richtig aufgefaßt habe.

Vierzig Jahre später

Mein Gebet, meine Sehnsucht ist, daß wir gemeinsam aus diesem Leben scheiden – eine Sehnsucht, die nie mehr von der Erde weichen möge, sondern im Herzen jeder Frau, die liebt, Platz finden soll, bis an das Ende der Zeit; und sie soll meinen Namen tragen.

Aber wenn einer von uns zuerst gehen muß, so bete ich, daß ich es sein möge; denn er ist stark, und ich bin schwach, er braucht mich nicht so sehr wie ich ihn – ein Leben ohne ihn wäre kein Leben; wie sollte ich es ertragen? Und dieses Gebet ist unsterblich und wird gesprochen werden, solange es meinesgleichen gibt. Ich bin die erste Ehefrau; und noch in der letzten Ehefrau werde ich vorhanden sein.

An Evas Grab

ADAM: Wo sie war, war das Paradies.

ASTRID LINDGREN

Geschichte einer Ehe

Ein ganzes Leben dauerte sie, diese Liebesgeschichte, und sie begann irgendwann im Jahre 1888, als der dreizehnjährige Samuel August von Sevedstorp bei der Schulabschlußprüfung seine Blicke auf einem Mädchen ruhen ließ, das dicht neben dem eisernen Ofen saß. Es war die mit den Stirnfransen, die alle Fragen so gut beantworten konnte. Hanna hieß sie, neun Jahre war sie alt und stammte aus Hult. Hanna in Hult, in sie verguckte sich Samuel August.

Sicherlich hatte er sie auch schon früher gesehen, aber nicht so wie jetzt.

Für Samuel August fand die Schule damals ein Ende. Und ein Ende hatte es auch, das Mädchen mit den Stirnfransen anzugucken. Von nun an mußte er sich daheim auf den steinigen Äckern abrackern. So lange, bis er achtzehn war und fortmußte, um sich als Knecht zu verdingen. Was war während all dieser Jahre mit dem Mädchen? Dachte er noch an sie? Meistens mußte er sich damit begnügen, sie in seinen Träumen zu sehen, in der Wirklichkeit geschah es nur selten und zufällig. Einmal entdeckte er sie auf einer Buchversteigerung in Pelarne. Dort führte sie das Protokoll. Im Auktionshaus war es heiß, und hinterher trat sie mit glühenden

Wangen vor die Tür, um sich abzukühlen. «Gott steh mir bei, was war sie schmuck», sagte Samuel August später, wenn er an die Liebesqualen seiner Jugend zurückdachte. Qualvoll war für ihn auch die Erinnerung an ein Sommerfest auf der Wiese in Hultsfred, wo er sie im handgewebten blauen Kleid heranspazieren sah. Jetzt wäre die Gelegenheit günstig gewesen, aber sie zog ja «'nen ganzen Rattenschwanz von Burschen hinter sich her», so daß Samuel August sich nicht einmal in ihre Nähe traute. «Da wurd' ich so gottsjämmerlich traurig, daß ich nichts wollte als heim.»

Inzwischen war Samuel August fünfundzwanzig Jahre alt geworden und im Heiratsalter. Aber Hoffnung auf Hanna in Hult machte er sich nicht. Nicht in seinen kühnsten Träumen wagte er zu hoffen, daß so eine wie sie etwas für einen gewöhnlichen Samuel August wie ihn übrig haben könne. Und deshalb ließ er sich auch niemals anmerken, wie es um ihn stand, nur wurde er «so gottsjämmerlich traurig», wenn er sie sah.

Dann kam die Hochzeit in Gebo. Im Herbst 1902. Von Per Johan und Hilda, die damals heirateten, weiß ich wenig, aber oh, wie hoch hab' ich es ihnen immer angerechnet, daß sie es taten und daß sie so viele Leute zu ihrer Hochzeit einluden, darunter auch Samuel August. Und Hanna. Hanna mußte endlich begriffen haben, daß dieser Samuel August, der sie, wo sie ging und stand, mit seinen Blicken förmlich verschlang, in sie verliebt war, obwohl er sich nichts zu sagen traute. Und ganz freimütig schlug sie ihm vor, mitten während des Festessens mit ihr ein Stückchen spazierenzugehen. Damit war Samuel August von Herzen einverstanden. Es fiel ihm nur schwer, seinen Hut unter all den anderen, die sich auf dem Tisch im Flur stapelten, herauszufinden. Und da versprach ihm Hanna doch wahrhaftig, sie würde ihm ein kleines Monogramm für seinen Hut sticken, damit er ihn auf künftigen Festen leichter herausfinden könne. Dies war ja nur als Ermunterung zu deuten, und er schwamm in einem Meer von Glückseligkeit, bis es Abend wurde und die Uhr zehn zeigte. Da war es für ihn mit dem Spaß für diesmal vorbei.

Danach tat er wieder seine Arbeit in Näs und wartete. Auf das Monogramm und auf Gott weiß was. November und Dezember kamen und gingen, aber kein Monogramm! Schließlich konnte er es nicht länger ertragen. Am Abend vor dem Dreikönigstag 1903 schrieb er eine Ansichtskarte. «Herzliche Glückwünsche für Hanna von einem Freund», schrieb er, denn sie hatte ja gerade Namenstag, und fügte noch hinzu: «Ob das kleine Monogramm wohl bald fertig ist?»

Eine Woche darauf erhielt er eine Antwortkarte mit ein wenig Geplauder über die Feiertage und dies und jenes. Und ganz unten stand eine verschmitzte Frage: «Wann kommt der Hut in Reichweite?» Mehr geschah jedoch nicht.

Erst im Februar 1903 tat sich etwas, denn da kam Hanna nach Vimmerby, um noch besser weben zu lernen. Und ganz und gar zufällig und unverhofft traf Samuel August sie wieder, als er eines Abends gerade in der Stadt war, was für ein Zufall! Auf der Stelle lud er sie zu einer Tasse Tee im Café Royal ein, und das war der Beginn einer nun folgenden eifrigen Teetrinkerei, verbunden mit vielen Spaziergängen. Schließlich wurde es der 1. April, ein naßkalter, unfreundlicher Abend mit Schneeregen, und am nächsten Tag sollte Hanna abfahren. Zum letztenmal trank Samuel August mit ihr Tee, und zum letztenmal führte er sie zu einem Spaziergang aus. Sie gingen und gingen, aber Samuel August fragte nicht. Schließlich wurde ihm klar, daß es jetzt sein Leben galt. «Mag's gehen, wie's will, schweigen kann ich nicht länger», dachte er. Ja, es war auch bei Gott in der letzten Minute! Er hatte seine Liebste zum Park an der Kirche geführt. Dort wuchs eine Traueresche, und darunter stand eine Bank, und auf diese Bank setzten sie sich. Am 1. April 1903 des Nachts um elf Uhr im wilden Schneetreiben – o Liebe! Wie recht hat doch der Apostel, wenn er sagt: «Die Liebe, sie erträgt alles und duldet alles!»* Jetzt endlich brachte es Samuel August über sich, mit seiner Frage herauszurükken. «Meinst, daß du und ich zusammen glücklich leben können?»

* 1 Kor 13,7.

Darauf antwortete Hanna: «Mit unserer Macht ist nichts getan!»

Sie kam aus einem tiefreligiösen Heim und glaubte wohl, daß bei einer so ernsten Sache Gottes Beistand vonnöten sei. Ihre Kinder aber sind mit der Antwort, die Samuel August damals erhielt, nie recht zufrieden gewesen. Er hätte doch einen eindeutigeren Bescheid gebraucht und auch verdient. Hanna jedoch war nicht bereit, uneingeschränkt ja zu sagen. Aber immerhin war es doch so, daß Samuel August die Bank unter der Traueresche zu Recht als «den Platz, wo mir der Stern der Hoffnung aufging», bezeichnen konnte. Sogar einen Kuß bekam er im Schneegestöber, den allerersten.

Was aber wurde aus dem Monogramm? O ja, auch das bekam er so mit der Zeit, und Hanna nähte es ihm eigenhändig in den Hut. Stehend. Samuel August stand daneben und leuchtete ihr mit Streichhölzern, wobei er sich die Finger verbrannte. Denn es war ein dunkler Abend und eine heimatlose Liebe.

Erst 1905 fand sie ihre Heimat, bis dahin mußte sie sich durch Briefe und kurze, zufällige Stelldicheins am Leben erhalten. Diese Briefe gibt es noch immer, seit sieben Jahrzehnten liegen sie in einem braunen Kästchen verwahrt. In ihrer Art sind es erstaunliche Briefe, wenn man nämlich bedenkt, daß die Schreiber nur sechs Jahre lang und auch dann nur jeden zweiten Tag eine kleine

Dorfschule besucht haben. Sie sind mit schöner Handschrift geschrieben, ganz besonders ihre, und es kommen nur wenige Schreibfehler darin vor. Einmal schrieb Hanna: «Die kleine, dumme, einfältige Wahrheit ist doch die, daß ich es viel schöner fände, wenn Du hier wärst, und daß die Sehnsucht mir manchmal groß wird. Eigentlich hatte ich nicht vor, dies zu verraten, und ich bereue bereits, daß es hier steht, aber nun steht es einmal da und legt Zeugnis davon ab, wie leicht Mädchen sich verplappern.»

Inzwischen ist es 1905 geworden, und in diesem Sommer soll die Hochzeit zwischen ihr und Samuel August stattfinden. Und da weiß Hanna plötzlich nicht mehr, ob sie noch möchte. Die beiden müssen darüber gesprochen haben, und ich kann mir Samuel Augusts Verzweiflung vorstellen, in den Briefen aber steht nur an einer Stelle: «Hoffentlich hast Du dieses ungewisse ‹Ich-weiß-nicht› längst überwunden, mein kleiner Liebling, so daß Du Dir nun im klaren darüber bist, ob Du mein werden willst. Oder solltest Du mich am Ende nicht mehr lieben können oder wollen?»

Vierzehn Tage vergehen, bevor Hanna «die tiefe Frage» aufgreift: «Ach, es ist so schwer zu antworten, wenn man mit sich selber uneins ist. Ganz gewiß habe ich Dich genauso lieb wie früher und möchte so von Herzen gern frei von jeglichem Wankelmut sein, dennoch ist mir, als schreckte ich davor zurück, eine so wichtige Sache zu entscheiden ...»

Hannas Zaudern dauerte auch nicht lange. Sie versichert ihm: «Du bist ja doch mein geliebter Sem.» Und dann tat sie das Klügste, was sie tun konnte – sie heiratete Samuel August. Am 30. Juni 1905. So durfte Samuel August seine ersehnte Braut schließlich nach Näs holen, wo sie dann sechsundfünfzig Jahre lang zusammen leben sollten. Wenn ich die Briefe lese, die Hanna in den ersten Jahren an ihre Eltern schrieb, sehe ich sie vor mir: eine junge, beherzte Hausfrau, die sich viel zutraut und auch auf das meiste versteht. Sie kann Kühe melken und ein Pferdegespann lenken, sie kann weben und alles, was zum Schlachten gehört, sie kann Käse bereiten und spinnen und backen, und sie kann ohne Unterlaß schaffen und das Gesinde anleiten, als hätte sie nie etwas anderes getan. Auch der Armen und Elenden, deren es viele gibt, nimmt sie sich an. Ihre Mutter hatte es sie gelehrt, «Lovisa mit den sanften Händen» war überall hilfreich, wo Hilfe nötig war, und sicherlich las sie mit Genugtuung, was ihre Tochter ihr nach einem arbeitsreichen Tag schrieb: «Gegen Abend ging ich mit ein bißchen Essen nach Stenbäcksroten und besuchte eine arme Frau, die einen Trinker zum Mann hat und ein Kindchen gekriegt hat.»

Nach geraumer Zeit bekam Hanna selber ein Kindchen, doch dadurch ließ sie sich in ihrer Arbeit nicht sonderlich hindern. Als sie erfährt, daß ihre Schwester krank zu Bett liegt, «hatte ich keine Ruhe», schreibt sie, «bevor ich mich nicht mit eigenen Augen überzeugte, wie es um sie stand».

Sie bekommt mehr Kinder – schließlich hat sie vier –, und da muß ihre Mutter zuweilen einspringen, «damit ich einmal ein bißchen verschnaufen und dies und jenes erledigen kann».

Und was tat ihr Mann unterdessen? Samuel August war ein weltoffener und weitblickender Mann, der an allem, was die Gemeinde betraf, regen Anteil nahm. Er versammelte die Bauern des Kirchspiels und gründete eine Genossenschaftsmolkerei, ferner einen Zuchtverein für Stiere und einen für Hengste, und ich weiß nicht, was noch alles, jedenfalls war er in vielem ein Wegbereiter. Aber vor allem hing er mit großer Liebe an Hanna. Nie wurde er müde, ihr zu zeigen, wie glücklich er über sie war und wie staunenswert er es fand, daß es sie in seinem Leben und in seinem Haus gab. War er draußen oder sonstwie fort gewesen und entdeckte sie beim Heimkommen nicht augenblicklich, dann gab es für ihn nur noch die eine wichtige Frage: «Wo steckt mein Weib?»

Ein kluger Mann hat einmal gesagt, es tue Kindern gut, zuzusehen, wenn ihre Eltern sich herzen. Samuel August hätte seine volle Sympathie gehabt, das steht fest. Einen zärtlicheren Bauern hat es nie gegeben, zumindest war es bei småländischen Bauern unüblich, seine Gefühle so unverhohlen zu zeigen, wie Samuel August es tat. Wir Kinder waren es gewohnt, tagtäglich zuzuschauen, wie unser Vater, und sei es auch nur für einen kurzen Augenblick, unsere Mutter umarmte und sie «herzte». Es war schön, Kind von Samuel August und Hanna zu sein.

«Ich lebe immer mit Dir, in meinen Gedanken und in meinen Taten, ja ich möchte ganz für Dich leben», schrieb Samuel August an jenem Apriltag 1903 bald nach dem Abend unter der Traueresche. Und dieses Versprechen hat er gehalten. Von ihrem neunten Lebensjahr an und ihr ganzes Leben hindurch blieb Hanna seine «kleine Inniggeliebte». Sie alterte, beide alterten, doch das änderte nichts. Ich erinnere mich ihrer, als sie beide schon die Achtzig überschritten hatten und das Leben um sie herum still geworden war, wie er dort saß und ihre Hände hielt und so zärtlich sagte: «Meine kleine Inniggeliebte, hier sitzen wir nun, du und ich, und haben's schön.»

Nachdem sie abends ins Bett gegangen waren, unterhielten sie sich immer noch eine Weile. Dann sang Hanna ein Kirchenlied oder sagte es auf, und danach sprach Samuel August mit seiner unbeschreiblich treuherzigen Stimme das Vaterunser und den Segen. Wenn ich zu Hause auf Besuch war, stand ich manchmal still vor ihrer Tür und lauschte. Und dachte: «Wie lange noch?»

An einem ganz besonderen Abend im Mai 1961, nachdem sie sich beide hingelegt und ihrer Gewohnheit gemäß die kleinen Tagesereignisse besprochen hatten, sagte Hanna einen Choral auf, den sie beide oft gemeinsam gesungen hatten und dessen letzter Vers lautet:

«Und naht die Todesstunde mir
noch diese Nacht, o Gott,
dann ist mein Trost, daß ich bei dir
im Leben wie im Tod.»

Es waren die letzten Worte, die Samuel August von ihr hörte. Kurz darauf erlitt sie einen Schlaganfall, und ein paar Tage später hatte Samuel August keine Hanna mehr.

Aber er hatte ein wunderliches Vertrauen in das Leben, eine Lebensfreude und die tröstliche Gewißheit eines künftigen Lebens, und deshalb konnte nicht einmal Hannas Tod ihn zerbrechen. Er fuhr fort, sie zu lieben und von ihr zu sprechen und all ihre Tugenden zu preisen. Er tat es noch, als er vierundneunzig Jahre alt war und heiter und zufrieden in seinem Bett in dem Pflegheim lag, das seine letzte Station hier auf Erden wurde.

An einem Abend im Juli 1969 starb Samuel August. Zutiefst überzeugt davon, daß er Hanna wiedersehen werde.

GUY DE MAUPASSANT

Im Wald

Der Bürgermeister wollte sich eben zum Mittagessen setzen, als man ihm meldete, der Feldhüter sei mit zwei Gefangenen auf dem Bürgermeisteramt.

Sofort ging er hin, und da erblickte er tatsächlich seinen Feldhüter, Vater Hochedur, der kerzengrad dastand und mit strenger Amtsmiene ein Pärchen bejahrter Bürgersleute musterte.

Der Mann, ein beleibter Herr mit roter Nase und weißen Haaren, sah niedergeschlagen drein, während die Frau, ein braves Weibchen im Sonntagsstaat, sehr rundlich, sehr gepolstert, mit schimmernden Wangen, den Vertreter der Obrigkeit, der die beiden festgenommen hatte, trotzig anschaute.

Der Bürgermeister fragte: «Was gibt's denn, Vater Hochedur?»

Und der Feldhüter begann mit seiner Aussage.

Er war morgens zur gewohnten Stunde aufgebrochen, um seinen Rundgang beim Wald von Champioux bis zu der Grenze von Argenteuil anzutreten. Er hatte draußen nichts Ungewöhnliches bemerkt, nur daß das Wetter schön war und der Weizen gut stand, als der Sohn von Bredels, der gerade seine Reben band, ihm zugerufen hatte:

«Heh, Vater Hochedur, geht einmal an den Waldrand, beim ersten Gebüsch, da findet Ihr ein Paar Turteltauben, die zusammen ihre hundertdreißig Jahre haben dürften.»

Er war in die angegebene Richtung gegangen; er war in das Dickicht eingedrungen, und da hatte er Worte und Seufzer gehört, die ihn vermuten ließen, daß er Sittlichkeitsverbrecher auf frischer Tat ertappen würde.

So war er denn auf Händen und Knien vorwärtsgekrochen, wie um einen Wilddieb zu überraschen, und er hatte das hier anwesende Paar erwischt, wie es sich gerade seinen Instinkten überließ.

Der Bürgermeister betrachtete die Schuldigen verdutzt. Der Mann mußte wohl seine Sechzig zählen und die Frau mindestens fünfundfünfzig.

Er begann mit dem Verhör und befragte zuerst den Mann, der mit so schwacher Stimme antwortete, daß man ihn kaum hörte. «Ihr Name?»

«Nicolas Beaurain.»

«Ihr Beruf?»

«Kurzwarenhändler, Rue des Martyrs in Paris.»

«Und was haben Sie dort im Gehölz getan?»

Der Kurzwarenhändler blieb stumm, den Kopf auf seinen dicken Bauch gesenkt, die Hände flach auf den Schenkeln.

Der Bürgermeister fuhr fort: «Stellen Sie in Abrede, was der Vertreter der Gemeindebehörde aussagt?»

«Nein, Herr Bürgermeister.»

«Sie gestehen also?»

«Ja, Herr Bürgermeister.»

«Und was haben Sie zu Ihrer Verteidigung vorzubringen?»

«Nichts, Herr Bürgermeister.»

«Wo haben Sie Ihre Mitschuldige getroffen?»

«Sie ist meine Frau, Herr Bürgermeister.»

«Ihre Frau?»

«Ja, Herr Bürgermeister.»

«Also ... also ... Sie leben nicht zusammen in Paris?»

«Verzeihung, Herr Bürgermeister; natürlich leben wir zusammen.»

«Ja ... dann ... dann sind Sie verrückt, vollkommen verrückt, mein Lieber, daß Sie sich draußen im Freien, um zehn Uhr morgens derart erwischen lassen!»

Der Kurzwarenhändler schämte sich offenbar so, daß er den Tränen nahe war. Er murmelte: «Sie ist's, die es gewollt hat. Ich habe ihr gesagt, daß es dumm ist. Wenn aber eine Frau etwas im Kopf hat, dann hat sie's nicht anderswo.»

Der Bürgermeister, der eine Vorliebe für gepfefferte Scherze hatte, lächelte und meinte: «In Ihrem Fall wäre es gerade umgekehrt richtig. Sie wären nicht hier, wenn sie es nur im Kopf gehabt hätte.»

Da packte den Kurzwarenhändler Beaurain die Wut, und er wandte sich zu seiner Frau: «Siehst du, wohin du uns mit deiner Schwärmerei gebracht hast? Jetzt sitzen wir schön in der Patsche? Und wir kommen vors Gericht, wir in unsern Jahren, wegen Vergehen gegen die Sittlichkeit! Und wir werden den Laden schließen müssen, die Kundschaft verkaufen, in ein anderes Viertel ziehen! Nun sitzen wir schön in der Patsche!»

Da erhob sich Madame Beaurain, und ohne ihren Mann anzusehen, begann sie ihre Erklärungen, ohne Verlegenheit, ohne falsche Scham, fast ohne Zaudern.

«Mein Gott, Herr Bürgermeister, ich weiß wohl, daß wir lächerlich sind. Gestatten Sie mir, bitte, daß ich meine Sache vertrete wie ein Advokat oder vielmehr wie eine arme Frau; und ich hoffe, daß Sie uns heimschicken und uns die Schande einer gerichtlichen Verfolgung ersparen werden.

Als ich jung war, habe ich eines Sonntags hier in der Gegend Monsieur Beaurain kennengelernt. Er war damals in einem Kurzwarengeschäft angestellt, ich war Verkäuferin in einer Konfektionsfirma. Ich erinnere mich daran, als wär's gestern gewesen. Von Zeit zu Zeit verbrachte ich die Sonntage hier, mit einer Freundin, Rose Levêque, mit der ich in der Rue Pigalle wohnte. Rose hatte einen Freund, ich nicht. Er war's, der uns hierherführte. Einmal, Samstag, kündigte er mir lachend an, er werde morgen einen Kameraden mitbringen. Ich verstand sehr wohl, was er wollte; aber ich erwiderte ihm, es sei ganz zwecklos. Ich war ein anständiges Mädchen, Herr Bürgermeister.

Am nächsten Tag also begegneten wir am Bahnhof Monsieur Beaurain. Er hat damals recht gut ausgesehen. Aber ich war entschlossen, nicht nachzugeben, und ich habe auch nicht nachgegeben.

So kamen wir denn nach Bezons. Das Wetter war herrlich, so ein Wetter, das einem das Herz kitzelt. Und ich, wenn's schön ist, jetzt genauso wie früher, ich werde zum Weinen dumm, und wenn ich auf dem Land bin, verliere ich den Kopf. Das Grün, die Vögel, die singen, das Getreide, das sich im Wind wiegt, die Schwalben, die so rasch fliegen, der Geruch des Grases, die Mohnblumen, die Margeriten, all das macht mich schier verrückt. Das ist wie Champagner, wenn man ihn nicht gewöhnt ist!

Das Wetter war also herrlich und mild und klar, ein Wetter, das einem durch die Augen in den Leib dringt, wenn man's anschaut, und durch den Mund, wenn man atmet. Rose und Simon küßten sich jede Minute. Es hat mir schon etwas ausgemacht, wenn ich sie so sah. Monsieur Beaurain und ich, wir gingen hinter ihnen her und sprachen kaum ein Wort. Wenn man einander nicht kennt, dann weiß man nicht, was man einander sagen soll. Er sah schüchtern aus, der junge Mensch, und mir hat's gefallen, daß er so verlegen war. Und da kamen wir in das Wäldchen. Hier war's frisch wie in einem Bad, und wir setzten uns alle ins Gras. Rose und ihr Freund neckten mich, weil ich so streng dreinschaute; Sie verstehen doch, daß ich gar nicht anders konnte.

Und dann haben sie wieder mit dem Küssen angefangen und haben sich gar nicht geniert; als ob wir nicht dagewesen wären. Und dann haben sie geflüstert, und dann sind sie aufgestanden und haben sich ins Gebüsch gedrückt, ohne ein Wort zu sagen. Stellen Sie sich vor, was ich da für eine alberne Rolle gespielt habe vor diesem jungen Menschen, den ich zum erstenmal getroffen hatte. Ich war so wirr, als ich sie verschwinden sah, daß es mir Mut gemacht hatte; und ich habe angefangen zu reden. Ich fragte ihn, was er war. Nun, er war, wie ich Ihnen schon gesagt habe, Angestellter in einem Kurzwarengeschäft. So schwatzten wir eine Weile, und da wurde er unternehmungslustig, und er wollte sich gewisse Freiheiten erlauben, aber ich habe ihn zurechtgewiesen; und sehr streng! Stimmt's, Monsieur Beaurain?»

Monsieur Beaurain sah verwirrt auf seine Füße hinunter und gab keine Antwort.

Sie fuhr fort: «Und da hat er begriffen, daß ich ein anständiges Mädchen war, der Bursche, und er fing an, mir ganz brav, als Ehrenmann, den Hof zu machen. Von dem Tag an ist er jeden Sonntag gekommen. Er war sehr verliebt in mich, Herr Bürgermeister. Und ich auch, ich habe ihn liebgehabt, ja, wirklich, sehr lieb. Und er war damals auch ein hübscher Kerl.

Nun, und im September heiratete er mich, und wir haben unsern Laden in der Rue des Martyrs aufgemacht.

Jahrelang war es schwer, Herr Bürgermeister: Die Geschäfte gingen nicht; und wir konnten uns keine Landpartien leisten. Und dann hatten wir auch die Gewohnheit verloren. Man hat andere Dinge im Kopf; man denkt im Geschäftsleben mehr an die Kasse als an Liebeleien. Nach und nach, ohne es zu merken, wurden wir alt, wurden gesetzte Leute, die nicht mehr an die Liebe denken. Man leidet nicht, solange man nicht merkt, daß es einem fehlt.

Und dann, Herr Bürgermeister, sind die Geschäfte besser gegangen, und wir mußten uns keine Sorgen um die Zukunft machen. Und da, sehen Sie, ich weiß nicht genau, was in mir vorging, nein, wirklich, ich weiß es nicht.

Da habe ich wieder angefangen zu träumen wie ein kleines Schulmädchen. Der Anblick der Wagen mit Blumen, die man durch die Straßen zieht, das hat mich weinen gemacht. Der Duft der Veilchen besuchte mich in meinem Lehnstuhl hinter meiner Kasse und ließ mein Herz klopfen. Und da stand ich auf und ging zu meiner Schwelle, um das Blau des Himmels zwischen den Dächern anzuschauen. Wenn man in einer Gasse den Himmel sieht, so ist er wie ein Bach, wie ein langer Bach, der mit seinen Windungen durch Paris fließt. Und die Schwalben flitzen darin wie Fische. Es ist natürlich schrecklich dumm, so etwas, in meinen Jahren. Aber was wollen Sie, Herr Bürgermeister, wenn man sein ganzes Leben gearbeitet hat, kommt ein

Augenblick, da man sich klar wird, daß man etwas anderes hätte tun können, ja, und dann bedauert man, ach ja, man bedauert! Denken Sie doch, daß ich zwanzig Jahre lang Küsse im Wald hätte kriegen können wie die andern, ja, wie die andern Frauen. Ich stellte mir vor, wie gut es sein müßte, unter den Blättern zu liegen und jemanden liebzuhaben. Und ich dachte jeden Tag, jede Nacht daran. Ich träumte vom Vollmond auf dem Wasser, bis ich Lust hatte, hineinzuspringen.

Anfangs wagte ich nicht, zu meinem Mann davon zu reden. Ich wußte wohl, er würde sich über mich lustig machen und mich zum Ladentisch und zu Faden und Nadeln zurückschicken. Und dann, offen gestanden, mein Mann konnte mich nicht mehr sehr verlocken; aber wenn ich mich im Spiegel sah, verstand ich sehr gut, daß ich auch niemanden mehr verlocken konnte.

Und da faßte ich einen Entschluß und schlug ihm eine Landpartie vor, in die Gegend, wo wir uns kennengelernt hatten. Er war ganz ohne jeden Verdacht bereit, und so sind wir heute früh um neun Uhr hier angekommen.

Ich, ich war völlig umgewandelt, als ich durch die Felder ging. Es altert nicht, das Herz der Frauen. Und, weiß Gott, ich habe meinen Mann nicht mehr gesehen, wie er ist, sondern wie er damals gewesen war. Das kann ich Ihnen schwören, Herr Bürgermeister. Wahr und wahrhaftig, ich war berauscht. Ich fing an, ihn zu küssen, und er war erstaunter, als wenn ich versucht hätte, ihn zu ermorden. ‹Du bist ja verrückt heute morgen›, sagte er immer wieder. ‹Du bist ja ganz verrückt heute morgen! Was fällt dir denn ein ...?› Aber ich hörte nicht auf ihn, ich hörte nur auf mein Herz. Und ich führte ihn in den Wald ... und so ist's gekommen ... ich habe die Wahrheit gesagt, Herr Bürgermeister, die ganze Wahrheit.»

Der Bürgermeister war ein Mann von Herz. Er stand auf, lächelte und sagte: «Gehen Sie in Frieden, Madame, und sündigen Sie nicht mehr ... im Unterholz.»

JOYCE CAROL OATES

Die Ehebrecherin

Sie war in zwei Männer verliebt, von denen einer ihr Ehemann war. Die Männer waren etwa gleichaltrig, sie hatten etwa die gleiche Größe und das gleiche Gewicht. Der Liebhaber hatte ergrauendes braunes Haar, das leicht gelockt war, der Ehemann hatte ergrauendes blondes Haar mit einer ganz leichten Welle. Der eine war in ständiger Spannung wie eine Sprungfeder, der andere summte gedankenverloren vor sich hin. Sie hatte sich in ihren Liebhaber verliebt, weil sie Sehnsucht nach ihren frühen Ehejahren hatte. Weshalb sie sich in ihren Mann verliebt hatte, wußte sie nicht mehr.

Sie und ihr Mann hatten keine Kinder, bewohnten aber ein altes geräumiges Haus in einer Straße mit lauter ähnlichen Häusern. Dort organisierte sie ihr Leben nach einem ausgeklügelten Terminplan, der wie Spiegelscheiben blendete: Denn Ehebruch erfordert akrobatische Geschicklichkeit, eine gekonnte Navigation in Zeit und Raum, die präzise Abstimmung von Uhr- und Fahrtzeiten. Ohne eigenen Wagen hätte sie nie Ehebrecherin werden können.

Ihr Liebhaber hatte sich von seiner Familie getrennt und lebte allein im zwanzigsten Stock eines

Hochhauses, das in der Sonne funkelte wie Christbaumschmuck. Von einer Glaswand aus sah man an klaren Tagen auf den Fluß, von einer anderen auf ein Autobahnkreuz. Zuweilen schien er nicht zu wissen, wo er war, immer wieder sprach er von Zuhause. Er sei verrückt vor Liebe zu ihr, sagte er. Sagte es oft. Wenn sie zu ihm kam, waren seine Augen klar wie gespültes Glas vor Sehnsucht nach ihr. Hinterher sagte er: «Es ist schrecklich für mich, deinen Mann auf diese Weise zu betrügen.» Vorwurfsvoll sagte er: «Ich hasse jede Art von Betrug.»

Zu Beginn ihrer Ehe hatten sie und ihr Mann vage darüber gesprochen, sich Kinder anzuschaffen, aber aus irgendeinem Grund war der Zeitpunkt für das erste Kind nie günstig gewesen. Dann reisten sie nach Europa, fuhren mit dem Wagen durch die Alpen, und als sie heimkamen, war von Kindern nicht mehr die Rede. In den Gesprächen mit ihrem Liebhaber war häufig von seinen Kindern die Rede. Wie sehr er an ihnen hing, daß er ihnen nicht weh tun wollte. Wieviel ihm daran lag, vernünftige, verantwortungsvolle Lösungen zu finden. Sein Vater, sagte er bitter, sei ein schwacher Mann gewesen, der sich in Selbstmitleid gewälzt und zu theatralischen Ausbrüchen geneigt habe. Im Grunde gar kein Mann. «Ich würde mich umbringen», sagte ihr Liebhaber leidenschaftlich, «falls ich merken sollte, daß ich werde wie er.» Es oblag ihr, es war ihr freudige Pflicht ihm zu versichern, daß dies nicht der Fall sei.

Mit zwei Männern zu schlafen machte sie atemlos, schwindlig, trug sie an den Rand der Euphorie. Sie weinte leicht und lachte leicht. Es war, als sei sie in den Bergen, viertausend Meter hoch. Der Puls rast und hämmert, das Blut wird dünner. Sie lag mit dem einen Mann im Bett, hielt ihn in ihren Armen und sah vor sich die Kurven und Windungen der Autobahn, die sie würde bewältigen müssen, um zu dem anderen Mann zu gelangen, mit dem sie ebenfalls im Bett liegen würde, in Gedanken schon auf der Rückfahrt. Sie kannte die meisten Autobahnausfahrten auswendig und hätte mit Fug und Recht von sich behaupten dürfen, daß sie die Strecke mit verbundenen Augen zurücklegen könnte.

Als sie zum erstenmal im Hochgebirge gewesen war, hatte sie nicht begriffen, was da mit ihr geschah – das Herzklopfen, der rasche, flache Atem, das federleichte Gefühl von Beklemmung, von Panik –, bis man es ihr erklärte. Das ist die Höhe. Eine leichte Form der Höhenkrankheit. Nichts Lebensgefährliches, nichts Verhängnisvolles, sagte man ihr, sofern man keine Probleme mit dem Herzen hat.

Das Verhältnis ging über Monate, ein Jahr. Eineinhalb Jahre. Ihr Liebhaber drängte auf Scheidung, obwohl er und seine Frau hin und wieder erwogen, es im Interesse der Kinder mit einer Versöhnung zu versuchen. Um ihn zu beschwichtigen, stimmte sie seinen Plänen zu, aber wenn sie selbst das Thema zur Sprache brachte, wurde er nervös. Manchmal lud sie ihren Liebhaber zu einer Party in ihrem Haus ein oder sogar zu kleinen Abendgesellschaften – er war fast so etwas wie ein Freund ihres Mannes, die beiden verstanden sich gut –, meist aber war ihr Verhältnis eine Sache von diskreten Telefongesprächen, Treffen in seiner Wohnung oder auf neutralem Boden (dem prächtigen Hyatt Regency etwa, gleich hinter der Autobahnausfahrt). Noch Jahre nach dem Ende der Affäre erinnerte sie sich an die fast unerträgliche Erregung, die bebende Erwartung, mit der sie ihren Liebhaber anrief, von einem Münzfernsprecher etwa, in einem Warenhaus, einmal von ihrem Arzt aus. Dann zitterten ihre Hände, die Kehle wurde ihr eng in dem verzweifelten Bedürfnis zu weinen. «Ich wünschte, ich wäre bei dir, jetzt, in diesem Augenblick», sagte sie dann, und er sagte: «Ich wünschte, ich wäre bei dir.» Manchmal weinte sie tatsächlich, und dann tröstete, besänftigte er sie. «Morgen sehen wir uns ja aller Voraussicht nach. Und du weißt doch, daß ich dich liebe, nicht wahr.»

Nach diesen Gesprächen fühlte sie gleichzeitig Erschöpfung und Ekstase. Es wäre nicht übertrieben zu sagen, daß ihr Herz sang. Ihre Macht war bestätigt worden. Ihre Schönheit. Es war gar nicht so treulos, mit zwei Männern zu schlafen. Nicht verhängnisvoll.

In dieser Zeit benahm sich die Frau ihres Liebhabers höchst eigenartig. Sie machte mit den Kindern rätselhafte Reisen, sie rief aus fernen Städten an, sprach in dunklen Andeutungen von heraufziehenden Gefahren. Sie brauchte Geld. Sie brauchte Rat in Zahnarztfragen, Rat in Schulfragen, Rat in Fragen häuslicher Reparaturen. Manchmal drohte sie, sich und ihren Kindern etwas anzutun, wie sie es nannte.

Wenn ihr Liebhaber sie anrief, um über diese Dinge mit ihr zu sprechen, klang seine Stimme wund, verzweifelt, schuldbeladen. Er wählte ihre Nummer und ließ es einmal läuten, dann legte er auf, zum Zeichen, daß sie sich melden solle, sobald es ginge. Oft mußte sie warten, bis ihr Mann eingeschlafen war, dann schlich sie sich aus dem Schlafzimmer und wählte die Nummer ihres Liebhabers, stand barfuß fröstelnd in der Küche, weil sie sich nicht die Zeit genommen hatte, einen Bademantel überzuziehen.

War es seiner Frau ernst, war es nur psychische Erpressung?, sie erörterten das Thema endlos. Er wiederholte, daß er anständige Lösungen, vernünftige Lösungen wünschte. Er wollte das Richtige tun, wenn er nur wüßte, was das Richtige war.

(Einmal gestand ihr Liebhaber, die heftigen Gefühlsausbrüche seiner Frau hätten ihn seit jeher eingeschüchtert. Ihre Leidenschaft. Ihre sexuellen Bedürfnisse. Er habe immer den Eindruck gehabt, daß sie mehr wollte, immer mehr, als er ihr geben konnte, sagte er, und seine Stimme hob sich im Zorn. Sie waren in einem kühlen, hellen, luftigen

Zimmer im dreiundzwanzigsten Stock des Hyatt Regency, die dünnen weißen Vorhänge waren zugezogen, das Klimagerät im Fenster versetzte die Luft in Schwingungen. «Du kannst dir nicht vorstellen, wie manche Frauen sind», sagte er und streichelte ihre Schenkel, ihre Hüften, ihre Brüste. Sie hatte die Augen geschlossen, als schlafe sie. Eine kleine Ader pochte an ihrer Stirn. «Manche Frauen ...», sagte er, und seine Stimme versickerte. Sie regte sich nicht, sie ließ sich nicht los.)

Wann das Verhältnis endete, war nicht ganz klar, aber der Anfang vom Ende war wohl der Tag, an dem sie in ihrer Not ihren Liebhaber in seinem Büro anrief, aus einer Exxon-Tankstelle auf der Autobahn. Sie hatte einen leichten Unfall gehabt, ein unvorsichtig rechts überholender Fahrer hatte sie hart geschnitten, sie hatte nicht mehr rechtzeitig genug bremsen können, um einen Zusammenstoß zu verhindern, sie war sehr mitgenommen und atmete mühsam, aber verletzt war niemand, und der Unfall war nicht ihre Schuld. «Das ist die Strafe», dachte sie. Sie war mit ihren Gedanken anderswo gewesen, und das war die Strafe, selbst wenn sie keine Schuld an dem Unfall trug.

Ihr Wagen wurde zu der Exxon-Tankstelle abgeschleppt, und sie rief sofort ihren Liebhaber an. Sie rief ihren Liebhaber an, ehe sie ihren Mann verständigte. Wenn sie nun verletzt wäre, sagte sie. Wenn man sie ins Krankenhaus gebracht hätte.

«Was würden wir denn machen», sagte sie. «Was würden wir denn machen.»

Ihr Liebhaber war nervös, betroffen. Sie tat ihm leid. Aber sie war doch nicht verletzt, nicht? Und der Wagen nicht ernstlich beschädigt?

«Aber was würden wir denn machen», sagte sie und fing an zu weinen, «wenn einer von uns ins Krankenhaus müßte. Wenn einer von uns stürbe.»

Sie hörte, wie sich ihre Stimme hysterisch in die Höhe schraubte, konnte aber nichts dagegen tun. Daß die Leute in der Tankstelle mithören konnten, machte keinen Unterschied. Tränen quollen ihr aus den Augen, ihr Gesicht brannte. «Was würden wir denn machen, was würden wir denn machen», wiederholte sie immer wieder ratlos. «Wenn nun einer von uns stürbe ...» Ihr Atem kam in harten, stechenden Stößen, stechend wie gesplittertes Glas, obgleich sie unverletzt geblieben war, sie war nicht einmal mit der Stirn an die Windschutzscheibe geschlagen, nicht gegen das Lenkrad geschleudert worden.

Dann sagte sie: «So mag ich nicht leben, ich will sterben.»

Ihr Liebhaber redete ruhig und vernünftig auf sie ein. Sie habe einen Schock erlitten, sagte er, sie müsse sofort ihren Mann anrufen und ihm sagen, was passiert sei. Sie solle sich ein Taxi nach Hause nehmen. Sie solle einen Arzt aufsuchen. Sicher, sie sei nicht verletzt, aber sie habe einen Schock erlitten und müsse möglichst bald einen Arzt aufsuchen. «Hast du mich verstanden? Hysterie hilft uns nicht weiter.»

Sie verstand.

Sie und ihr Mann trafen sich mit ihrem Liebhaber auf einen Drink in einem Hotel der Innenstadt. Ein zwangloser Anlaß, der Geburtstag ihres Liebhabers vielleicht. Sie wollten eine Flasche Champagner leeren, sich auf eine Stunde zusammensetzen und plaudern. «Kommt selten genug vor», sagte ihr Mann, «daß wir drei zusammen sind.»

Wenn sie allein mit ihrem Mann war, dachte sie an ihren Liebhaber, und wenn sie allein mit ihrem Liebhaber war, dachte sie an ihren Mann, aber jetzt, da sie mit beiden Männern an einem der kleinen Tische saß, gerieten ihre Gedanken auf Abwege und verloren sich in dem sanft-silbrigen Plätschern eines Wasserfalls in ihrer Nähe. Die Cocktailbar lag ganz unten im Zentrum eines Atriums, das, zwölf Stockwerke hoch, in üppigem Mosaikschmuck prangte, in Jade, Smaragd und Gold, dazwischen Orangenbäumchen in Kübeln und hohe, schmale Spiegelglasstreifen.

Sie trank ein Glas Champagner und dann noch eins. Ihr Mann und ihr Liebhaber sprachen über einen gemeinsamen Bekannten, von dem das Gerücht ging, er stehe kurz vor dem Bankrott. Ihr Liebhaber vermied es, sie anzusehen, er saß angespannt und unnatürlich gerade auf seinem Stuhl und hielt den Blick auf ihren Mann gerichtet. Beide aßen Paranüsse aus einem Glasschälchen.

Sie entschuldigte sich, um zur Toilette zu gehen, die ein wenig abseits lag. So flaumig war der Teppich, so neu, ihre Absätze versanken in dem dicken Flor. Die Luft vibrierte und roch nach einem leicht säuerlichen Parfümspray. Sie sah ihr Spiegelbild, dieses hämisch-selbstzufriedene, fahle Gesicht, den zu dunklen Lippenstift, den sie so schick fand, das schlapp herunterhängende Haar, das gestern geschnitten worden war. «Wie schön du bist», hatte der eine von ihnen über sie gesagt und ihren Bauch gestreichelt, ihre Brüste, hatte ihr Gesicht mit seinen Händen umschlossen, oder waren es beide gewesen? Und wann? Sie war nicht betrunken, und sie war nicht hysterisch, aber sie ließ kaltes Wasser durchlaufen und spritzte es sich über die Handgelenke. Sie feuchtete Papierhandtücher an, drückte sie sich auf die Stirn und die klopfende Arterie am Hals. Jetzt würde ihr Liebhaber ihrem Mann beichten, daß er sie liebte, daß er sie heiraten wollte. Mit stockender, tapferer Stimme. Er hatte niemandem weh tun wollen, er hatte niemanden betrügen wollen, aber irgendwie war es geschehen. Betrug war ihm zuwider. Er wollte anständig handeln, verantwortungsvoll. Aber er war verliebt, verliebt. Und man mußte ...

Sie trocknete sich das Gesicht ab und schlug sich leicht auf die Wangen. In ihren Augen glänzte stählerner Triumph. Sie schmierte dunklen Lippenstift auf ihren Mund und tupfte ihn mit einer dramatischen Bewegung ab, die Wirkung gefiel ihr, ja, sie hatte wohl etwas Dramatisches an sich, eine Frau mit langer Erfahrung im Betrügen, eine Ehebrecherin. Eine hübsche, angetrunkene, mit Schmuck beladene Frau, schon etwas über die Lebensmitte, betrat die Damentoilette, bückte sich leicht, um sie im Spiegel zu betrachten, kicherte und sagte in charmant-betrunkenem, näselndem Virginiatonfall: «Jaja, so sieht ein glückliches Mädchen aus!», die Bemerkung wirkte ganz und gar nicht ungehörig, sondern durchaus passend, geradezu zwingend. Gleich darauf aber stolperte die Ältere, fiel schwer zu Boden und stieß einen erschrockenen kleinen Schrei aus.

Sie wandte sich sofort vom Spiegel ab und versuchte der Frau aufzuhelfen. Besoffen! Eine Trinkerin! Schon in der Cocktailbar hatte sie die Frau mit einigem Unbehagen beobachtet, sie hatte an einem Tisch in ihrer Nähe gesessen, zusammen mit einem älteren Herrn und einem jüngeren Mann mit lauter Stimme, vielleicht ihr Sohn. Während ihr Mann und ihr Liebhaber sich unterhielten, hatte sie das weich fließende gebleichte Haar registriert, das perfekt frisiert war, die hell gepuderte Haut, die ruhelosen Augen, das Aufblitzen von Brillanten an dünnen, zitternden Fingern. Die Frau trug einen weißen Hosenanzug mit Rüschen und Spitzen, in dem die meisten Frauen ihres Alters lächerlich gewirkt hätten. Und hochhackige, offene italienische Sandaletten. Und unter ihrem kunstvollen Make-up war sie noch immer eine schöne Frau oder wäre es gewesen, hätte sie sich nicht in diesem Augenblick plötzlich erbrechen müssen.

Ihr Mann und ihr Liebhaber schienen schon auf sie zu warten, war sie so lange fort gewesen? Zehn, fünfzehn Minuten, mehr nicht. Aber auch sie lächelten. Sie hatten alle Paranüsse vertilgt, die Bedienung brachte gerade eine neue Schale. «Sollen wir eine zweite Flasche Champagner bestellen, was meinst du?» Beide Männer standen höflich auf oder machten Anstalten aufzustehen, ihr Liebhaber in verlegener Hast, ihr Mann eher mechanisch, wobei er das gebrechliche Stühlchen vom Tisch zurückschob, damit sie sich setzen konnte. «Worüber habt ihr geredet», fragte sie, «was habe ich versäumt», und sie sagten, «wir haben ... ja, worüber haben wir eigentlich geredet? Über dies und das. Warum warst du so lange weg», fragte ihr Mann, und sie sagte, anmutig eine Schulter hebend: «Auf der Toilette ist einer Frau schlecht geworden, ich konnte sie doch nicht einfach sich selbst überlassen.»

MARTIN BUBER
Erwidrung im Streit

Die Ehefrau des Jehudi setzte ihm oft mit langen Streitreden zu. Er hörte an, was sie vorbrachte, schwieg und nahm es in Freuden hin. Einmal aber, als ihr Schelten das gewohnte Maß überstieg, gab er ihr ein paar Worte zurück.

Später fragte ihn sein Schüler Rabbi Bunam: «Was hat dieser Tag vor den andern voraus?»

«Ich sah», sprach der Jehudi, «daß ihre Seele am Abscheiden war vor wütendem Gram, weil ich von ihrem Schreien mich nicht anfechten ließ. Darum reichte ich ihr ein wenig Rede, damit sie fühle, die ihre bekümmere mich, und sich an ihrem Gefühl stärke.»

ANTON ČECHOV

Die Ehe in 10–15 Jahren

Alles auf dieser Welt vervollkommnet sich: die schwedischen Zündhölzer, Operetten, Lokomotiven, die Weine von Depré und die menschlichen Beziehungen. Auch die Ehe vervollkommnet sich. Wie sie war und wie sie heute ist, wissen Sie. Wie sie in 10–15 Jahren sein wird, wenn unsere Kinder herangewachsen sind, ist nicht schwer zu erraten. Hier haben Sie ein Schema für die Romane dieser nahen Zukunft.

Im Salon sitzt ein junges Mädchen von 20–25 Jahren. Gekleidet ist die Jungfrau nach der letzten Mode: Sie sitzt auf drei Stühlen zugleich, wobei einen Stuhl sie selbst einnimmt, die übrigen beiden ihre Turnüre. Am Busen eine Brosche von der Größe einer ordentlichen Bratpfanne. Die Frisur ist, wie es sich für eine gebildete Frau gehört, bescheiden: zwei-drei Pud Haare, nach oben gesteckt, und in den Haaren eine kleine Leiter für die Zofe. Auf dem Pianino liegt der Hut der Jungfrau. Auf dem Hut ist mit großer Kunst eine Truthenne auf Eiern in natürlicher Größe nachgebildet.

Es klingelt. Herein tritt ein junger Mann in rotem Frack, engen Hosen und in riesigen, an Schneeschilde gemahnenden Halbschuhen.

– Habe die Ehre, mich vorzustellen, – sagt der junge Mann mit einem Kratzfuß vor der jungen Dame, – Anwaltsgehilfe Balalajkin! ...

– Sehr angenehm ... Womit kann ich dienen?

– Die «Gesellschaft zur Vermittlung glücklicher Ehen» hat mich an Sie verwiesen.

– Sehr angenehm ... Setzen Sie sich!

Balalajkin setzt sich und sagt:

– Die «Gesellschaft» hat mir einige Bräute genannt, aber ich denke, daß Ihre Bedingungen auf mich am besten passen. Aus dieser Aufstellung hier, die mir der Sekretär der «Gesellschaft» gab, geht hervor, daß Sie in die Ehe mitbringen: ein Haus in der Pljuščicha, 40 Tausend in bar und etwa fünftausend an beweglichem Vermögen ... Ist das so?

– Nein ... Es sind nur 20 000, die ich mitbringe, – kokettiert die junge Dame.

– In dem Falle, gnädige Frau, pardon ... entschuldigen Sie, daß ich Sie behelligt habe ... habe die Ehre, mich zu verabschieden ...

– Nein, nein ... ich habe Spaß gemacht! – lacht die junge Dame. – Alles an Ihrer Aufstellung stimmt ... Das Geld, das Haus, das Vermögen ... Man hat Ihnen bei der «Gesellschaft» natürlich gesagt, daß die Renovierung des Hauses auf Kosten des Mannes vorgenommen wird ... und ... und ... – ich bin so schrecklich schüchtern! – und der Ehemann das Geld nicht alles auf einmal erhält, sondern in Raten verteilt auf drei Jahre ...

– Nein, gnädige Frau, – seufzt Balalajkin, – mit

Ratenzahlung heiratet heutzutage niemand mehr! Wenn Sie unbedingt auf Ratenzahlung bestehen, gebe ich Ihnen ein Jahr …

Die junge Dame und Balalajkin beginnen zu handeln. Die junge Dame gibt schließlich nach und ist mit einem Jahr einverstanden.

– Und darf ich jetzt bitte Ihre Bedingungen erfahren! – sagt sie. – Wie alt sind Sie? Wo angestellt?

– Genaugenommen bin nicht ich es, der heiratet, ich verhandle für einen meiner Klienten … Als Kommissionär …

– Aber ich hatte die «Gesellschaft» doch extra gebeten, mir keine Kommissionäre ins Haus zu schicken! – Die junge Dame ist beleidigt.

– Zürnen Sie nicht, gnädige Frau … Mein Klient ist ein älterer Mann, der an Rheumatismus und Gicht leidet … Er hat nicht die Kraft, auf Brautschau zu gehen, sich zu kümmern, so daß er nolens volens über Dritte handeln muß. Aber keine Sorge, meine Provision ist nicht hoch …

– Und die Bedingungen Ihres Klienten?

– Mein Klient ist ein Mann von 52 Jahren … Trotz dieses Alters hat er noch Menschen, die ihm Geld leihen. So hat er zwei Schneider, die auf Kredit für ihn nähen. In den Läden läßt er unbegrenzt anschreiben. Niemand versteht besser als er, dem Droschkenkutscher in eine Hauseinfahrt zu entwischen, usw. Ich will mich nicht in Lobeshymnen auf seine Geschäftstüchtigkeit ergehen, ich sage nur, um die Charakteristik zu vervollständigen, daß er es sogar fertigbringt, in der Apotheke auf Kredit einzukaufen.

– Und er lebt ausschließlich auf Pump?

– Das ist seine Hauptbeschäftigung. Aber als weite Natur gibt er sich mit dieser Betätigung allein nicht zufrieden ... Ohne Übertreibung kann man sagen, daß niemand so wie er ein gefälschtes Lotterielos an den Mann bringt ... Außerdem ist er der Vormund seiner Nichte, was ihm rund dreitausend im Jahr einbringt ... Ferner gibt er sich in den Theatern als Kritiker aus und erhält auf diese Weise von den Schauspielern das Abendessen kostenlos, außerdem Freikarten ... Zweimal hat er wegen Veruntreuung vor Gericht gestanden, und derzeit ist noch ein Gerichtsverfahren wegen Betruges anhängig ...

– Gibt es etwa immer noch Gerichte?

– Ja, als Relikt der noch nicht völlig überwundenen mittelalterlichen Moral ... Aber man darf hoffen, gnädige Frau, daß sich in ein-zwei Jahren der zivilisierte Mensch von dieser veralteten Institution für immer trennen wird ... Welche Antwort darf ich meinem Klienten übermitteln?

– Sagen Sie ihm, ich werde es mir überlegen ...

– Was gibt es da zu überlegen, gnädige Frau? Ich wage es nicht, Ihnen Ratschläge zu erteilen, aber da ich Ihnen Gutes wünsche, kann ich meine Verwunderung nicht verschweigen ... Ein anständiger Mensch, glänzend in jeder Hinsicht, und ... und da wollen Sie nicht sofort einverstanden sein, wohl wissend, wie verhängnisvoll ein Aufschub für Sie werden kann. Denn während Sie es sich überlegen, erringt er womöglich das Einverständnis einer anderen Braut!

– Das ist wahr ... In dem Fall bin ich einverstanden ...

– Das wurde aber auch Zeit! Darf ich Sie um eine kleine Anzahlung bitten?

Die junge Dame gibt dem Kommissionär 10–20 Rubel. Der nimmt sie, macht einen Kratzfuß und geht zur Tür.

– Und die Quittung? – hält die junge Dame ihn zurück.

– *Mille pardons**, gnädige Frau! Die hatte ich ganz vergessen! Ha-ha ...

Balalajkin schreibt eine Quittung, macht einen weiteren Kratzfuß und geht, die junge Dame aber schlägt die Hände vor das Gesicht und fällt aufs Sofa.

– Wie bin ich glücklich! – ruft sie, von einem neuen, unbekannten Gefühl ergriffen. – Wie bin ich glücklich! Ich ... liebe und werde geliebt!!

Schluß. Das ist die Hochzeit der nahen Zukunft. Aber, Leser, tragen Bräute nicht schon seit langem Krinolinen und die Bräutigame gestreifte Hosen und Fräcke mit Glitzerstern? Führt der Bräutigam nicht seit langem, ehe er sich in die Braut verliebt,

---

* Frz. «Bitte tausendmal um Entschuldigung».

Verhandlungen mit ihrem Herrn Papa und ihrer Frau Mama?

Nachtigallen, Rosen, Mondnächte, parfümierte Briefchen, Romanzen ... all das liegt weit, weit zurück ... Zu flüstern in dunklen Alleen, zu leiden, zu dürsten nach dem ersten Kuß usw. ist heute ebenso unzeitgemäß, wie sich den Harnisch anzulegen und Sabinerinnen zu rauben. Alles vervollkommnet sich!

Ein ernster Schritt

Aleksej Borisyč, der sich eben erst vom nachmittäglichen Morpheus getrennt hat, sitzt mit seiner Frau Marfa Afanasjevna am Fenster und ist knurrig. Ihm mißfällt, daß seine Tochter Lidočka im Garten spazierengeht mit Fëdor Petrovič, einem jungen Mann ...

– Ich kann es nicht leiden, – murmelt er, – wenn junge Frauen sich so weit vergessen, daß sie ihr Schamgefühl verlieren. In diesen Spaziergängen im Garten, in dunklen Alleen, sehe ich nichts als Unmoral und Sittenlosigkeit. Du bist die Mutter, und siehst nichts ... Übrigens, deiner Meinung nach muß es ja so sein, daß ein Mädchen Dummheiten macht ... Deiner Meinung nach macht es ja nichts, wenn sie ihre Amouren haben ... Du würdest ja auf deine alten Tage selber noch gern zum Rendezvous springen ...

– Was nörgelst du an mir herum? – ärgert sich die Alte. – Knurrt in einem fort und weiß selber nicht, warum. Glatzköpfiger Popanz!

– Ja nun? Wie du meinst ... Sollen sie sich dort küssen, umarmen ... Gut ... sollen sie ruhig ... Nicht ich werde mich dafür vor Gott zu verantworten haben, wenn man dem Mädchen den Kopf verdreht ... Küßt euch, Kinderlein! Begebt euch auf Freiersfüße!

– Sei nicht so schadenfroh ... Vielleicht wird es ja gar nichts mit ihnen ...

– Gebe Gott, daß es nichts wird ... – seufzt Aleksej Borisyč.

– Du warst schon immer ein Feind deines eigenen Kindes ... Außer Bösem hast du Lidočka nie etwas gewünscht ... Sieh dich vor, Aleksej, daß Gott dich nicht einmal bestraft für deine Grausamkeit! Ich fürchte für dich! Uns bleibt ja nicht mehr lange zu leben!

– Wie du willst, aber ich kann das nicht zulassen ... Er ist keine Partie für sie, außerdem hat sie keinen Grund, sich zu beeilen ... Unserm Vermögen und ihrer Schönheit nach zu urteilen, werden für sie noch bessere Freier erscheinen als der ... Übrigens, wozu rede ich hier mit dir? Das habe ich gerade nötig! Ihn rauswerfen, Lidka hinter Schloß und Riegel – und Schluß ... Genau das werde ich auch tun.

Der Alte spricht träge, unter fortwährendem Gähnen, so als kaue er auf Gummi; offensichtlich ist, daß er nur deshalb knurrt, weil es in der Herzgrube nagt und weil die Zunge keine Knochen hat, aber die Alte nimmt sich jedes seiner Worte sehr zu Herzen. Sie schlägt die Hände ineinander, hackt um sich und gackert wie ein Huhn. Tyrann, Unmensch, Mohammed, Ölgötze und andere ihr bekannte Schimpfwörter hüpfen ihr nur so von der Zunge, Aleksej Borisyč *directement* in die «Fresse» ... Die Sache hätte, wie immer, mit imposantem Ausspucken und Tränen geendet, doch da sehen die beiden Alten plötzlich etwas Ungewöhnliches: Ihre Tochter Lidočka, mit zerzauster Frisur, eilt die Allee entlang zum Haus. Zur gleichen Zeit zeigt sich an der Biegung der Allee über den Büschen der Strohhut Fëdor Petrovičs ... Dieses Mal ist der junge Mann bestürzend bleich. Er macht unschlüssig zwei Schritte nach vorn, winkt dann aber ab und schreitet schnell zurück. Dann ist zu hören, wie Lidočka ins Haus gelaufen kommt, durch alle Korridore fliegt und sich geräuschvoll in ihrem Zimmer einschließt.

Der Alte und die Alte wechseln in dumpfem Erstaunen einen Blick, schlagen die Augen nieder und erbleichen ebenfalls leicht. Beide schweigen und wissen nicht, was sie sagen sollen. Beide begreifen und spüren auch ohne Worte, daß sich soeben, während sie sich hier angeknurrt und aufeinander herumgehackt haben, das Schicksal ihrer Tochter entschieden hat. Es genügt das gewöhnlichste menschliche Gespür, ganz zu schweigen von einem elterlichen Herzen, um zu begreifen, welche Minuten Lidočka gerade durchmacht, eingeschlossen in ihrem Zimmer, und welch wichtige, schicksalhafte Rolle in ihrem Leben der sich entfernende Strohhut spielt ...

Aleksej Borisyč erhebt sich krächzend und beginnt, im Zimmer auf und ab zu schreiten ... Die Alte folgt seinen Bewegungen und wartet mit ersterbendem Herzen, daß er zu sprechen beginnt.

– Was für ein seltsames Wetter wir all die Tage hatten ... – bringt der Alte hervor. – Nachts die Kälte und tagsüber eine unerträgliche Hitze.

Die Köchin bringt den Samovar herein. Marfa Afanasjevna wäscht die Tassen ab, schenkt den Tee ein, aber niemand rührt den Tee an.

– Wir sollten sie ... Lida ... zum Tee rufen ... – murmelt Aleksej Borisyč, – sonst muß nachher ihretwegen der Samovar noch einmal angeheizt werden ... Ich kann Unordnung nicht leiden!

Marfa Afanasjevna möchte etwas sagen und kann nicht ... Ihre Lippen hüpfen, die Zunge gehorcht nicht, und ihre Augen umflort ein Schleier. Noch eine Minute und – sie weint. Aleksej Borisyč möchte die verwirrte Alte leidenschaftlich gern liebkosen und ist selbst nicht weit davon entfernt loszuheulen, aber der Stolz hindert ihn: Man muß Charakter zeigen.

– Das ist ja alles schön und großartig, – knurrt er, – nur hätte er zuerst mit uns sprechen sollen ... Jawohl ... Zuerst hätte er, wie es sich gehört, bei uns um Lidočkas Hand anhalten müssen ... Vielleicht hätten wir ja nicht eingewilligt!

Die Alte winkt mit beiden Händen, schluchzt laut auf und geht in ihr Zimmer.

«Das ist ein ernster Schritt ... – denkt Aleksej Borisyč. – So etwas entscheidet man nicht so leichthin ... das muß man ernsthaft, von allen Seiten überlegen ... Ich gehe, frage sie nach dem Wie und Was, ich werde mit ihr sprechen und dann entscheiden ... So geht es nicht!»

Der Alte schlägt die Schöße seines Chalats zusammen und trippelt zu Lidočkas Tür.

– Lidočka! – sagt er und greift unschlüssig nach der Türklinke. – Du ... ich meine? Bist du krank oder was?

Keine Antwort. Aleksej Borisyč seufzt, zuckt aus irgendeinem Grund die Achseln und geht von der Tür weg.

«So geht es nicht! – denkt er, in Pantoffeln den Korridor entlangschlurfend. – Das muß man von allen Seiten ... überlegen, besprechen, beurteilen ... Die Ehe ist ein Sakrament, demgegenüber man sich nicht leichtsinnig verhalten darf ... Ich sollte mit meiner Alten sprechen ...»

Der Alte trippelt zum Zimmer seiner Frau. Marfa Afanasjevna steht vor einer geöffneten Truhe und sortiert mit zitternden Händen Wäsche.

– Hemden sind überhaupt keine da ... – murmelt sie. – Gute Eltern, wenn sie etwas taugen, geben sogar Kinderwäsche als Mitgift, wir dagegen haben weder Kopftücher noch Handtücher … Man möchte meinen, sie sei nicht unsere leibliche Tochter, sondern ein Waisenkind …

– Wir müssen über ernste Dinge sprechen, und du faselst hier von Fetzen … Man schämt sich sogar hinzuschauen … Hier entscheidet sich eine Lebensfrage, und sie steht wie eine Kaufmannsfrau vor der Truhe und zählt Fetzen … So geht es nicht!

– Und wie dann?

– Wir müssen es überlegen, von allen Seiten beurteilen … besprechen …

Die beiden Alten hören, wie Lidočka ihre Tür aufschließt, das Dienstmädchen mit einem Brief zu Fëdor Petrovič schickt und sich wieder einschließt …

– Sie schickt ihm die entscheidende Antwort … – flüstert Aleksej Borisyč. – Diese Dummchen, Gott vergib! Sie kommen nicht mal auf den Gedanken, sich mit Älteren zu beraten! Das sind mir Menschen!

– Was mir eingefallen ist, Alëša! – schlägt die Alte die Hände ineinander. – Wir müssen in der Stadt ja eine neue Wohnung suchen! Wenn Lidočka nicht mehr bei uns wohnt, wozu brauchen wir dann noch acht Zimmer?

– Das ist alles dummes Zeug … Blödsinn … Wir müssen jetzt über ernste Dinge …

Bis zum Abendessen schleichen die beiden Alten wie Schatten durch die Zimmer und wissen nicht, wohin mit sich. Marfa Afanasjevna wühlt ohne jeden Sinn in der Wäsche, tuschelt mit der Köchin, schluchzt in einem fort auf, und Aleksej Borisyč knurrt, will über ernste Dinge sprechen und bringt nichts hervor als leeres Geschwätz. Zum Abendessen erscheint Lidočka. Ihr Gesicht ist rosig, ihre Augen sind leicht verschwollen.

– Ah, unsere Verehrung! – sagt der Alte, ohne sie anzusehen.

Sie setzen sich zum Essen und essen die ersten zwei Gänge schweigend ... Die Gesichter, die Bewegungen, der Gang der Dienstboten – alles verrät eine verlegene Feierlichkeit ...

– Lidočka, man müßte das, ich meine ... – beginnt der Alte, – ernsthaft beurteilen ... besprechen ... von allen Seiten ... Hm-ja ... Wie wärs mit einem Liqueur? Glafira, bring mal den Liqueur! Champagner könnte auch nicht schaden, aber da keiner da ist, Gott mit ihm ... Hm-ja ... so geht es nicht!

Der Liqueur wird serviert. Der Alte trinkt ein Gläschen nach dem andern ...

– Laßt es uns beurteilen ... – spricht er. – Die Sache ist ernst, eine Lebensfrage ... So geht es nicht!

– Schrecklich, wie gern du dich reden hörst, Papočka! – seufzt Lida.

– Nun nun ... – erschrickt der Alte. – Ich meine doch nur ... *pour se lepetant** ... sei nicht böse ...

---

* Verballhorntes Französisch.

Nach dem Abendessen tuschelt die Mutter lange mit der Tochter.

«Und wahrscheinlich reden sie über Lappalien, – denkt der Alte, durch die Zimmer schreitend. – Sie begreifen nicht, die Dummchen, wie ernst das alles ist ... und wichtig ... So geht es nicht, unmöglich!»

Die Nacht bricht herein ... Lidočka liegt in ihrem Zimmer und schläft nicht ... Nicht schlafen können auch die beiden Alten; sie tuscheln miteinander bis zum Morgengrauen.

– Die Fliegen lassen einen nicht schlafen! – knurrt Aleksej Borisyč.

Aber schuld sind nicht die Fliegen, sondern das Glück.

LENA BACH

Trotzdem

Ich hätte ihn nicht heiraten sollen!

Ja, er hat diese netten Grübchen, er kann gut kochen, er ist freundlich, beliebt.

Er hat einen gemütlichen Bauch.

Aber ich hätte ihn nicht heiraten sollen.

Ein ganzes Leben! Wie viele habe ich denn? Mit Sicherheit keine neun wie Katzen, sondern nur ein einziges. Also. Wie konnte mir das nur passieren. Nie mehr etwas anderes, jemand anderen ausprobieren. Und das mir. Immer mit einem. Heiraten heißt ja *für immer.* Bei mir wenigstens.

Aber das «Bis daß der Tod euch scheidet» spricht doch gegen die Ehe, die wahre Liebe währet ewiglich! Dieser Schatten der Begrenzung, des Endes macht doch jedes Hochzeitsfest zum Trauerritual. Außer eben bei mir. Ich liebe ihn sowieso immer weiter, egal, ob er tot ist.

Deshalb hätte ich ihn nicht heiraten brauchen.

Und ich hätte ihn nicht heiraten sollen!

Zu zweit wird alles doppelt kompliziert.

Wenn ich schon alleine am Wochenende morgens nicht weiß, wohin mit mir, wohin dann mit ihm *und* mir? Entweder ich vergewaltige ihn oder er vergewaltigt mich.

Ich gehe nicht gerne in die Berge, und er haßt es, auf dem Balkon zu sitzen.

Ist er ein fanatischer Leser bis spät in die Nacht, macht mich das Rascheln der umblätternden Seiten an meinem Ohr rasend. Entdecke ich meine Leidenschaft für ein schlafraubendes Werk, zieht er demonstrativ mit Decke zum Schlafen ins Wohnzimmer um. Raucht er, schicke ich ihn vor die Tür, rauche ich, verweigert er mir einen Kuß.

Ich esse keinen Käse und kann ihn auch nicht am Tisch ertragen. Die meisten Sorten, die er liebt, sehen einfach widerlich aus. Er mag keinen Knoblauch und kein Olivenöl. Wie soll Liebe da noch durch den Magen gehen?

Alleine ist das Leben schon schwer genug, was muß ich da noch jemanden mit hineinziehen. Weiß ich, wie ich gleich nach dem Aufwachen rieche? Und kann ich vielleicht etwas dafür? Aber ich weiß sehr wohl, wie er nach der Arbeit riecht, und er kann auch nichts dafür. Also, warum muß man das miteinander aushalten?

Ich hätte ihn einfach nicht heiraten sollen.

Und dann kommen Kinder, und das Elend wächst noch. Es nimmt nicht einfach zu, nein, es vervielfacht sich, je nach Anzahl der Nachkommen. Zudem haben die normalerweise das verdammte Pech, daß sie noch durchhalten müssen, wenn wir schon abgedankt haben. Die müssen mit allem fertig werden, was wir ihnen eiskalt hinterlassen.

Aber, hat er gesagt, allein macht das Leben doch

keinen Sinn. Du bist genau die Frau meiner Träume, laß es uns doch versuchen, du wirst sehen, es wird schön.

Ich muß eine Abwehrschwäche gehabt haben, ich erhörte ihn.

Aber ich hätte ihn nicht heiraten sollen.

Jeden Tag denselben Menschen sehen, bis an mein oder sein Lebensende, ihn jeden Tag anlächeln im Bett und im Bad und beim Frühstück und Abendessen und wieder im Bett ..., nein, das ist nicht meine Richtung.

«Du wirst dich daran gewöhnen, und du brauchst mich nicht anlächeln, nicht, wenn dir nicht danach zumute ist. Liebst du mich?»

Ja, ich liebe ihn wie niemand anderen auf dieser Welt. Aber ich hätte ihn nicht heiraten sollen.

Allein, wie schnell man abstürzen kann: mitten in der Liebe ein falsches Wort, etwas richtig Böses, schon tut sich der Abgrund auf, und beide sind verloren. Aus der Liebe abzustürzen ist das Allerschlimmste. Vor allem, wenn man verheiratet ist.

Seine Eltern waren auch dagegen. Such dir was Handfestes, die paßt nicht zu dir, haben sie zu ihm gesagt. Er hat nur gelächelt, überzeugt von seiner Liebe und von meiner.

Doch ich hätte alleine bleiben sollen. Ich gehöre zu den Menschen, die sich gut vorstellen können, auf einer Insel ganz weit draußen im Meer oder in einer Höhle hoch oben auf einem Berg zu leben, weitab von allen anderen Menschen. Ich würde einige unvergeßliche Liebesbriefe schreiben und dann, ohne weitere Spuren zu hinterlassen, ehrenwert und leise aussterben.

Und da verliebt der sich ausgerechnet in mich!

Gerade deshalb hätte ich ihn nicht heiraten sollen.

Vielleicht hätte er heilig werden können, wenn ich ihn nicht geheiratet hätte. Außer mir will er keine, hat er gesagt. Und hat nicht schon der Apostel Paulus diejenigen seliggepriesen, die ohne Frau auskommen. Vielleicht hätte er es ja geschafft.

Aber jetzt hat er sein Paradies auf Erden und kommt vielleicht in die Hölle.

Doch da geh' ich dann auf jeden Fall mit!

Ich laß ihn doch nicht allein.

TONINO GUERRA

Nie direkt

Er machte ihr nie geradeheraus Komplimente. Im Gegenteil trug er Gleichgültigkeit zur Schau und wenig Interesse. In Wirklichkeit aber empfand er eine zehrende Sehnsucht, jedesmal wenn seine Frau auch nur für kurze Zeit egal welches Zimmer verließ. Unmöglich, ihr nicht mit einer Aufwallung von Gefühlen nachzublicken, was sie, da sie ihm bereits den Rücken zukehrte, nicht sehen konnte. Manchmal, selten, drehte sich seine Frau, aus einem Gefühl, heimlich beobachtet zu werden, plötzlich um, er aber richtete seine Augen geschickt auf andere Gegenstände und gab zugleich zu verstehn, daß er sich belästigt fühle. Auch im Bett gingen den gewohnheitsmäßigen Gesten der Liebe keinerlei Wörter oder Blicke voraus, in denen irgendeine Sehnsucht spürbar war. So begann sie sich nach Zärtlichkeit und Komplimenten zu sehnen, die sie in ihrer häuslichen Umgebung nicht bekommen konnte. Und sie fand einen Anwalt, der sie mit Worten überhäufte, mit dem sie sich nie körperlich liebte, so sehr waren beide erfüllt von langen, sehnsuchtsvollen Blicken und einer Sprache maßloser Bewunderung.

Das Schachspiel

Ein Engländer und eine Russin lernten sich auf Capri kennen und hatten eine kurze, aber verzehrende Liebesbegegnung. Dann brach der Engländer nach London auf, und die Russin kehrte in ihre weite Ebene zurück. Sie hatten beschlossen, ihre Liebe weiterzuleben, indem sie eine lange Partie Schach miteinander spielten. Hin und wieder kam ein Brief aus Rußland mit dem nächsten Schachzug, und hin und wieder kam in Rußland ein Brief an mit den Ziffern aus London. In der Zwischenzeit heiratete der Engländer und hatte drei Kinder. Auch die Russin führte ein glückliches Eheleben. Die Schachpartie, mit einem Brief alle fünf, sechs Monate, dauerte zwanzig Jahre. Dann erreichte den Engländer eines Tages ein so listiger Zug mit dem Pferd, daß es ihn die Königin kostete. Und er verstand, daß diesen Zug eine andere Person gemacht hatte, um ihm zu sagen, daß die Dame tot war.

Drei Teller

Ein Bauer ließ, als er merkte, daß seine Frau ihn betrogen hatte, für drei Personen decken. Ihr ganzes Leben lang aßen sie, den Blick auf den dritten Teller gerichtet, der leer vor ihnen stand.

FRANK WEDEKIND

Die Schutzimpfung

Wenn ich euch, ihr lieben Freunde, diese Geschichte erzähle, so tue ich es keinesfalls, um euch ein neues Beispiel von der Durchtriebenheit des Weibes oder von der Dummheit der Männer zu geben; ich erzähle sie euch vielmehr, weil sie gewisse psychologische Kuriositäten enthält, die euch und jedermann interessieren werden und aus denen der Mensch, wenn er sich ihrer bewußt ist, großen Vorteil im Leben zu ziehen vermag. Vor allem aber möchte ich von vornherein den Vorwurf zurückweisen, als wollte ich mich meiner Übeltaten aus vergangenen Zeiten rühmen, jenes Leichtsinnes, den ich heute aus tiefster Seele bereue und zu dessen Betätigung mir jetzt, da meine Haare grau und meine Knie schlottrig geworden, weder Lust noch Fähigkeit mehr geblieben sind.

«Du hast nichts zu befürchten, mein lieber, süßer Junge», sagte Fanny eines schönen Abends zu mir, als ihr Mann eben nach Hause gekommen war, «denn die Ehemänner sind im großen ganzen nur so lange eifersüchtig, als sie keinen Grund dazu haben. Von dem Augenblicke an, wo ihnen wirklich Grund zur Eifersucht gegeben ist, sind sie wie mit unheilbarer Blindheit geschlagen.»

«Ich traue dem Ausdruck seines Gesichtes nicht», entgegnete ich kleinlaut. «Mir scheint, er muß schon etwas gemerkt haben.»

«Diesen Ausdruck mißverstehst du, mein lieber Junge», sagte sie. «Sein Gesichtsausdruck ist nur das Ergebnis jenes von mir erfundenen Mittels, das ich bei ihm anwandte, um ihn ein für allemal gegen jede Eifersucht zu feien und ihn für immer davor zu bewahren, daß er je von einem ihn beunruhigenden Verdacht gegen dich befallen wird.»

«Welcher Art ist dieses Mittel?» – fragte ich erstaunt.

«Es ist eine Art von Schutzimpfung. – An demselben Tage, als ich mich entschloß, dich zu meinem Geliebten zu nehmen, sagte ich ihm auch schon ganz offen ins Gesicht, daß ich dich liebe. Seitdem wiederhole ich es ihm täglich beim Aufstehen und beim Schlafengehen. Du hast allen Grund, sage ich, eifersüchtig auf den lieben Jungen zu sein; ich habe ihn wirklich von Herzen gern, und weder dein noch mein Verdienst ist es, wenn ich mich nicht gegen meine Pflichten versündige, sondern es liegt nur an ihm selber, daß ich dir so unerschütterlich treu bleibe.»

In diesem Augenblick wurde mir klar, warum mich ihr Mann bei all seiner Liebenswürdigkeit manchmal, wenn er sich von mir nicht beobachtet glaubte, mit einem so eigentümlich mitleidig-verächtlichen Lächeln ansah.

«Und glaubst du wirklich, daß dieses Mittel seine

Wirksamkeit auf die Dauer behält?» fragte ich befangen.

«Es ist unfehlbar», entgegnete sie mit der Zuversichtlichkeit eines Astronomen.

Trotzdem setzte ich noch großen Zweifel in die Unverbrüchlichkeit ihrer psychologischen Berechnungen, bis mich eines Tages folgendes Ereignis in staunenerregender Weise eines Besseren belehrte.

Ich bewohnte damals inmitten der Stadt in einer engen Gasse ein kleines möbliertes Zimmer im vierten Stock eines hohen Miethauses und hatte die Gewohnheit, bis in den hellen Tag hinein zu schlafen. – An einem sonnigen Morgen um neun Uhr etwa geht die Türe auf, und sie tritt ein. Was nun folgt, würde ich niemals erzählen, böte es nicht den Beweis für eine der überraschendsten und trotzdem begreiflichsten Verblendungen, die im Geistesleben des Menschen möglich sind. – Sie entledigt sich auch der letzten Hülle und gesellt sich zu mir. Weiter habt ihr lieben Freunde nichts Verfängliches, Anzügliches von meiner Erzählung zu gewärtigen. Ich muß immer wieder betonen, daß es mir nicht darum zu tun ist, euch mit Unschicklichkeiten zu unterhalten. – Kaum hat die Decke die Reize ihres Körpers verhüllt, als Schritte vor der Türe laut werden; es klopft, und ich habe eben noch Zeit, durch rasches Emporziehen der Decke ihren Kopf zu verbergen, als ihr Mann eintritt, schweißtriefend und pustend infolge der Anstrengung, mit der er die hundertundzwanzig Stufen zu mir heraufgestiegen war, aber mit glückstrahlendem, freudig erregtem Gesicht.

«Ich wollte dich fragen, ob du mit Röbel, Schletter und mir einen Ausflug machst. Wir fahren per Bahn nach Ebenhausen und von dort mit dem Rad nach Ammerland. Eigentlich wollte ich heute zu Hause arbeiten; nun ist meine Frau aber schon früh zu Brüchmanns gegangen, um zu sehen, was deren Jüngstes macht, und da fand ich bei dem herrlichen Wetter keine rechte Sammlung mehr zu Hause. Im Café Luitpold traf ich Röbel und Schletter, und da haben wir die Partie verabredet. Um zehn Uhr siebenundfünfzig fährt unser Zug.»

Derweil hatte ich etwas Zeit gehabt, mich zu sammeln. «Du siehst», sagte ich lächelnd, «daß ich nicht allein bin.»

«Ja, das merke ich», entgegnete er mit dem nämlichen verständnisinnigen Lächeln. Dabei begannen seine Augen zu funkeln, und die Kinnlade wackelte auf und ab. Zögernd trat er einen Schritt vorwärts und stand nun dicht vor dem Stuhl, auf den ich meine Kleider zu legen pflegte. Zuoberst auf diesem Sessel lag ein feines batistenes Spitzenhemd ohne Ärmel mit rotgesticktem Namenszug und darüber zwei lange schwarzseidene, durchbrochene Strümpfe mit goldgelben Zwickeln. Da nichts anderes von einem weiblichen Wesen sichtbar war, hefteten sich seine Blicke mit unverkennbarer Lüsternheit auf diese Garderobestücke.

Dieser Augenblick war entscheidend. Nur ein Moment noch, und er mußte sich erinnern, diese Kleidungsstücke irgendwo in diesem Leben schon einmal gesehen zu haben. Kostete, was es kosten wollte, ich mußte seine Aufmerksamkeit von dem verhängnisvollen Anblick ablenken und derart bannen, daß sie mir nicht mehr entglitt. Das war aber nur durch etwas Nochniedagewesenes zu erreichen. Dieser Gedankengang, der sich blitzartig in meinem Hirne vollzog, veranlaßte mich dazu, eine Roheit von solcher Ungeheuerlichkeit zu begehen, daß ich sie mir heute nach zwanzig Jahren, wiewohl sie damals die Situation rettete, noch nicht verziehen habe.

«Ich bin nicht allein», sagte ich. «Wenn du aber eine Ahnung von der Herrlichkeit dieses Geschöpfes hättest, würdest du mich beneiden.» Dabei preßte sich mein Arm, der die Decke über ihren Kopf gelegt hatte, krampfhaft auf jene Stelle, wo ich den Mund vermutete, um auf die Gefahr hin, ihr den Atem zu nehmen, jede Lebensäußerung ihrerseits zu verhindern.

Gierig glitten seine Blicke an den von der Decke gebildeten Wellenlinien auf und nieder.

Und nun kommt das Ungeheuerliche, das Nochniedagewesene. Ich ergriff die Decke an ihrem untersten Ende und schlug sie bis an den Hals empor, so daß nur ihr Kopf noch verhüllt war. – «Hast du je in deinem Leben eine solche Pracht gesehen?» fragte ich ihn.

Seine Augen standen weit aufgerissen, aber er geriet in sichtliche Verlegenheit.

«Ja, ja – das muß man sagen – du hast einen guten Geschmack – nun, ich – werde jetzt gehen – verzeih mir bitte, daß – daß ich dich gestört habe.» – Dabei zog er sich zur Türe zurück, und ich ließ den Schleier, ohne mich zu beeilen, wieder sinken. Darauf sprang ich rasch auf die Füße und stellte mich neben der Türe so vor ihn hin, daß er die Strümpfe, die auf dem Sessel lagen, unmöglich mehr sehen konnte.

«Ich komme jedenfalls mit dem Mittagszug nach Ebenhausen», sagte ich, während er die Klinke schon in der Hand hielt. «Vielleicht erwartet ihr mich dort im Gasthof zur Post. Dann fahren wir zusammen nach Ammerland. Das wird eine prächtige Tour. Ich danke dir bestens für deine Einladung.»

Er machte noch einige wohlgemeinte, jovialscherzhafte Bemerkungen und verließ darauf das Zimmer. Ich blieb wie angewurzelt stehen, bis ich seine Schritte unten im Hausgang verhallen hörte.

Ich will es mir ersparen, den entsetzlichen Zustand von Wut und Verzweiflung zu schildern, in dem sich die bedauernswürdige Frau nach dieser Szene befand. Sie war seelisch wie aus den Fugen gegangen und gab mir Beweise von Haß und Verachtung, wie ich sie nie in meinem Leben empfangen habe. Während sie sich hastig ankleidete, bedrohte sie mich damit, mir ins Gesicht zu spucken.

Ich verzichtete natürlich auf jeden Versuch, mich zu verteidigen.

«Wohin denkst du denn jetzt zu gehen?»

«Ich weiß nicht – – ins Wasser – – nach Hause – – oder auch zu Brüchmanns – um zu sehen, wie es deren Jüngstem geht. – Ich weiß es nicht.»

Am Mittag gegen zwei Uhr saßen wir zusammen unter den schattigen Kastanienbäumen neben dem Gasthof zur Post in Ebenhausen, Röbel, Schletter, mein Freund und ich, und erlabten uns an gebratenen Hühnern und hellschimmerndem saftigen Kopfsalat. Mein Freund, dessen Seelenzustand ich argwöhnisch beobachtete, beruhigte mich durch die ganz außergewöhnlich fröhliche Laune, in der er sich befand. Er warf mir scherzhaft treffende Blicke zu und rieb sich siegreich schmunzelnd die Hände, ohne indessen zu verraten, was sein Inneres so froh bewegte. Die Tour verlief ohne weitere Störung, und gegen zehn Uhr abends waren wir wieder in der Stadt. Am Bahnhof angekommen, verabredeten wir uns in ein Bierlokal.

«Erlaubt mir nur», sagte mein Freund, «daß ich eben nach Hause gehe und meine Frau hole. Sie hat den ganzen schönen Tag bei dem kranken Kinde gesessen und würde es uns übelnehmen, wenn wir sie nun den Abend zu Hause allein verbringen lassen.»

Bald darauf kam er mit ihr in den verabredeten Garten. Das Gespräch drehte sich natürlich um die überstandene Tour, deren Ereignislosigkeit von allen Teilnehmern nach Kräften zu erzählungswürdigen Abenteuern aufgebauscht wurde. Die junge Frau war etwas wortkarg, etwas betreten und würdigte mich keines Blickes. Er hingegen trug noch mehr als während des Nachmittags in seinem jovialen Gesicht jenes für mich so rätselhafte Siegesbewußtsein zur Schau. Seine überlegenen, triumphierenden Blicke galten jetzt aber mehr seiner versonnen dasitzenden Gattin als mir. Es war nicht anders, als hätte er irgendeine innere, ihn tief beseligende Genugtuung erfahren.

Erst einen Monat später, als ich mit der jungen Frau zum erstenmal wieder allein war, klärte sich mir dieses Rätsel auf. Nachdem ich noch einmal die heftigsten Vorwürfe über mich hatte ergehen lassen müssen, war eine oberflächliche Versöhnung erfolgt, nach deren mühevollem Zustandekommen sie mir anvertraute, wie ihr Mann, als sie am Abend jenes Tages zu Hause mit ihm allein war, ihr mit verschränkten Armen folgenden Vortrag gehalten hatte:

«Deinen lieben, süßen Jungen, mein Kind, den habe ich jetzt aber gründlich kennengelernt. Jeden Tag gestehst du mir, daß du ihn liebst, und ahnst dabei gar nicht, wie der sich über dich lustig macht. Heute morgen traf ich ihn in seiner Wohnung an; natürlich war er nicht allein. Freilich ist mir jetzt auch völlig klar geworden, warum er sich nichts aus dir macht und deine Empfindungen verächtlich zurückweist. Denn seine Geliebte ist ein Weib von so berückender, so überwältigender Körperschönheit, daß du mit deinen wenigen verblühten Reizen allerdings nicht mit ihr wetteifern kannst.» –

Das, meine lieben Freunde, war die Wirkung der Schutzimpfung. Ich habe sie euch nur geschildert, damit ihr euch vor diesem Zaubermittel bewahren könnt.

MARGUERITE DE NAVARRE

Die Reue

In der Stadt Tour lebte eine schöne und ehrbare Bürgersfrau, die um ihrer Sittsamkeit willen von ihrem Mann nicht nur geliebt, sondern auch geachtet und geschätzt wurde. Desungeachtet und der Unbeständigkeit der Männer gemäß, die oft des guten Brotes überdrüssig sind, war er in seine Meiersfrau verliebt. Und er verließ oftmals die Stadt, um seinen Meierhof aufzusuchen, oder, um es besser zu sagen, die Meierin. Dort verweilte er zwei oder drei Tage, und wenn er nach Tour zurückkehrte, war er alleweil so matt und krank, daß seine arme Frau gar viel zu tun hatte, um ihn zu kurieren. Und kaum war er genesen, kehrte er unweigerlich an den Ort zurück, wo er um der Lust willen all sein Leiden vergaß. Seiner Frau war es vor allem um sein Leben und seine Gesundheit zu tun. Da sie ihn nun regelmäßig in derart üblem Zustand wiederkehren sah, machte sie sich auf zu der Meierei, wo sie die junge Frau antraf, die die Geliebte ihres Mannes war. Und sie sprach ohne Zorn, vielmehr sehr wohlwollenden Antlitzes zu ihr und sagte, sie wisse durchaus darum, daß ihr Mann sie oftmals besuchen komme, doch mißfalle es ihr, wie sie ihn so schlecht behandele, daß er alleweil matt und krank heimkehre. Die arme Frau konnte aus Ehrerbietigkeit gegen ihre Herrin und gleichermaßen um der Wahrheit willen die Tatsache nicht leugnen, für die sie sie um Vergebung bat. Die Herrin begehrte die Kammer zu sehen und das Bett, in dem ihr Gemahl schlief, und sie fand sie derart kalt, schmutzig und schlechten Zustandes, daß es sie dauerte. Unverzüglich schickte sie daheim nach einem guten Bett, versehen mit Leinzeug, Überbett und Steppdecke, wie ihr Gemahl sie gern hatte, sie ließ die Kammer herrichten und mit Wandteppichen ausstatten, gab der Frau ordentliches Geschirr, damit sie dem Mann zu trinken und zu essen gebe, und ein Faß guten Weines, Leckereien und kandierte Früchte, und sie bat die Meierin, ihren Gemahl nicht mehr so matt und krank fortzulassen. Es währte nicht lange, und der Gemahl kam, wie er es gewohnt war, die Meierin besuchen. Er verwunderte sich sehr, ihre armselige Wohnbehausung so guten Zustandes zu sehen, und um so mehr, da sie ihm aus einem Silberbecher zu trinken gab. Er wollte wissen, woher diese guten Dinge stammten. Weinend erzählte ihm die arme Frau, daß es seine Gemahlin sei, die der schlechte Empfang, den sie ihrem Mann bereite, so sehr daure, daß sie ihr Haus solchermaßen ausgestattet und ihr seine Gesundheit anbefohlen habe. Als er nun die große Güte seiner Gemahlin sah, die ihm all seine bösen Schelmereien mit so viel Gutem vergalt, befand er seine Verfehlung für ebenso groß wie den ehrenwerten Schelmenstreich, den seine Frau ihm gespielt hatte. Und nachdem er der Meierin Geld gegeben und sie ermahnt hatte, fürderhin als ehrbare Frau zu leben, kehrte er zu seiner Gemahlin zurück und bekannte ihr seine Schuld; und sagte, daß es ihm ohne das Mittel ihrer großen Milde und Güte unmöglich gewesen wäre, je von dem Leben zu lassen, das er geführt habe. Und fortan lebten sie in schönstem Frieden und ließen das vergangene Leben ganz und gar vergangen sein.

Die Versagung

In der Stadt Paris lebten einst vier Jungfrauen, zwei davon Schwestern, die waren von so großer Schönheit, Jugend und Frische, daß ihnen Liebhaber zuhauf den Hof machten. Doch ein Adeliger in Diensten des König, den dieser zum Profos von Paris ernannt hatte und der wohlverstand, daß sein Herr jung war und in dem Alter, da man Begehr nach solcher Gesellschaft hat, wirkte auf alle viere so lange ein, bis sie – meinte doch eine jede, sie sei für den König bestimmt – in das einwilligten, was der besagte Profos wollte, nämlich sich zusammen bei einem Fest einzufinden, zu dem er seinen Herrn einlud. Dem erzählte er von seinem Vorhaben, das von selbigem Herrscher und zwei weiteren hochgestellten Persönlichkeiten seines Hofes für gut befunden wurde. Und alle drei kamen überein, an dem Handel teilzuhaben. Als sie nun aber nach dem vierten im Bunde suchten, stellte sich ein stattlicher und ehrenhafter Edelmann ein, der um zehn Jahre jünger war als die anderen drei; er wurde zu jenem Festmahl eingeladen. Er willigte ein und machte gute Miene dabei, sowenig Lust dazu er in seinem Herzen auch verspürte. Denn einerseits hatte er zu seiner größten Zufriedenheit eine Frau, die ihm wohlgestalte Kinder geschenkt hatte; sie lebten in solch schönem Einvernehmen, daß er sich um nichts auf der Welt bei ihr in bösen Verdacht bringen wollte. Anderenteils war er einer der schönsten Frauen, die es zu seiner Zeit in Frankreich gab, in Minne ergeben, und er liebte und schätzte sie dermaßen, daß ihm alle anderen im Verhältnis zu ihr als häßlich erschienen, so daß man ihn, in seinen frühen jungen Jahren und ehe er noch vermählt war, unmöglich dazu bringen konnte, andere Frauen wahrzunehmen oder zu besuchen, welche Schönheit sie auch immer besaßen; und es bereitete ihm mehr Freude, seine Angebetete zu sehen und als Ideal zu lieben, als alles, was eine andere ihm hätte gewähren können.

Dieser Edelmann begab sich zu seiner Frau und sprach ihr insgeheim von der Unternehmung, die sein Herr vorbereitete, und sagte, was ihn angehe, so würde er lieber sterben als das auszuführen, was er versprochen hatte. Denn ganz so, wie es keinen lebenden Mann gebe, den er im Zorn nicht anzugreifen wage, und wie er dagegen lieber sterben würde, als ohne Veranlassung aus dem Hinterhalt einen Mord begehen, wenn es seine Ehre nicht erzwinge, würde er ähnlich ohne eine äußerste Macht der Liebe, durch die auch tugendhafte Männer geblendet würden, lieber sterben, als seine Ehe brechen, nur weil es einem anderen so gefalle. Und da liebte und schätzte seine Frau ihn mehr als je zuvor, sah sie doch, daß er bei all seiner Jugend von so großem Ehrgefühl eingenommen war, und sie fragte ihn, wie er sich da herausreden könne, sei es doch so, daß die Herren dieser Welt oft jene für schlecht befänden, die nicht lobten, was ihnen gefalle. Doch da erwiderte er ihr: «Ich habe alleweil sagen hören, daß der Weise eine Krankheit oder eine Reise im Ärmel hat, womit er sich im Notfall behelfen kann. Deshalb habe ich beschlossen, vier oder fünf Tage vorher eine recht schwere Krankheit vorzuschützen, wobei mir Euer Gebaren von recht großer Hilfe sein kann.» – «Das dünkt mich», so sagte seine Frau, «eine fromme und gute Verstellung, und ich werde nicht ermangeln, Euch mit dem traurigsten Gesicht zu dienen, das mir zu Gebote steht. Denn glücklich ist, wer Verfehlung vor Gott und den Zorn der Herren der Welt zu meiden versteht.» Und wie sie es beschlossen hatten, so handelten sie auch; und der König war recht betrübt, durch die Frau von der Krankheit ihres Mannes zu erfahren. Welche aber nicht lange währte, denn über einigen dringenden Staatsangelegenheiten vergaß der König der Lustbarkeit, um seinen Pflichten zu obliegen, um deretwillen er aus Paris abreisen mußte. Und als er sich eines Tages an ihr Unterfangen erinnerte, das nicht zu Ende gebracht worden war, sagte er zu dem jungen Edelmann: «Wir waren recht dumm, daß wir so plötzlich abgereist sind, ohne die vier Jungfrauen gesehen zu haben, die man uns als die schönsten meines Königreichs gepriesen hat.» Der junge Edelmann erwiderte: «Ich bin es recht zufrieden, daß Euch das entgangen ist, denn es war mir während meiner Krankheit sehr leid, daß allein mir ein so schönes Abenteuer entgehen sollte.» Es waren diese Worten, deretwegen der König niemals der Verstellung des jungen Edelmanns gewahr wurde, der sich fortan noch mehr denn je der Liebe seiner Frau erfreute.

WILHELM UND JACOB GRIMM

Die kluge Bauerntochter

Es war einmal ein armer Bauer, der hatte kein Land, nur ein kleines Häuschen und eine alleinige Tochter, da sprach die Tochter: «Wir sollten den Herrn König um ein Stückchen Rottland bitten.» Da der König ihre Armut hörte, schenkte er ihnen auch ein Eckchen Rasen, den hackte sie und ihr Vater um, und wollten ein wenig Korn und der Art Frucht darauf säen. Als sie den Acker beinah herum hatten, so fanden sie in der Erde einen Mörsel von purem Gold. «Hör», sagte der Vater zu dem Mädchen, «weil unser Herr König ist so gnädig gewesen und hat uns diesen Acker geschenkt, so müssen wir ihm den Mörsel dafür geben.» Die Tochter aber wollte es nicht bewilligen und sagte «Vater, wenn wir den Mörsel haben und haben den Stößer nicht, dann müssen wir auch den Stößer herbeischaffen, darum schweigt lieber still.» Er wollt ihr aber nicht gehorchen, nahm den Mörsel, trug ihn zum Herrn König und sagte, den hätte er gefunden in der Heide, ob er ihn als eine Verehrung annehmen wollte. Der König nahm den Mörsel und fragte, ob er nichts mehr gefunden hätte. «Nein», antwortete der Bauer. Da sagte der König, er solle nun auch den Stößer herbeischaffen. Der Bauer sprach, den hätten sie nicht gefunden; aber das half ihm so viel, als hätt er's in den Wind gesagt, er ward ins Gefängnis gesetzt, und sollte so lange da sitzen, bis er den Stößer herbeigeschafft hätte. Die Bedienten mußten ihm täglich Wasser und Brot bringen, was man so in dem Gefängnis kriegt, da hörten sie, wie der Mann alsfort schrie: «Ach, hätt' ich meiner Tochter gehört! Ach, ach, hätt' ich meiner Tochter gehört!» Da gingen die Bedienten zum König und sprachen das, wie der Gefangene alsfort schrie: «Ach, hätt' ich doch meiner Tochter gehört!», und wollte nicht essen und nicht trinken. Da befahl er den Bedienten, sie sollten den Gefangenen vor ihn bringen, und da fragte ihn der Herr König, warum er alsfort schrie: «Ach, hätt' ich meiner Tochter gehört!» – «Was hat Eure Tochter denn gesagt?» – «Ja, sie hat gesprochen, ich sollte den Mörsel nicht bringen, sonst müßt' ich auch den Stößer schaffen.» – «Habt Ihr so eine kluge Tochter, so laßt sie einmal herkommen.» Also mußte sie vor den König kommen, der fragte sie, ob sie denn so klug wäre, und sagte, er wolle ihr ein Rätsel aufgeben, wenn sie das treffen könnte, dann wollte er sie heiraten. Da sprach sie gleich ja, sie wollt's erraten. Da sagte der König: «Komm zu mir, nicht gekleidet, nicht nackend, nicht geritten, nicht gefahren, nicht in dem Weg, nicht außer dem Weg, und wenn du das kannst, will ich dich heiraten.» Da ging sie hin, und zog sich aus splitternackend, da war sie nicht gekleidet, und nahm ein großes Fischgarn, und setzte sich hinein und wickelte es ganz um sich herum, da war sie nicht nackend: und borgte einen Esel fürs Geld und band dem Esel das Fischgarn an den Schwanz, darin er sie fortschleppen mußte, und war das nicht geritten und nicht gefahren: Der Esel mußte sie aber in der Fahrgleise schleppen, so daß sie nur mit der großen Zehe auf die Erde kam, und war das nicht in dem Weg und nicht außer dem Wege. Und wie sie so daherkam, sagte der König, sie hätte das Rätsel getroffen, und es wäre alles erfüllt. Da ließ er ihren Vater los aus dem Gefängnis, und nahm sie bei sich als seine Gemahlin und befahl ihr das ganze königliche Gut an.

Nun waren etliche Jahre herum, als der Herr König einmal auf die Parade zog, da trug es sich zu, daß Bauern mit ihren Wagen vor dem Schloß hielten, die hatten Holz verkauft; etliche hatten Ochsen vorgespannt, und etliche Pferde. Da war ein Bauer, der hatte drei Pferde, davon kriegte eins ein junges Füllchen, das lief weg und legte sich mitten zwischen zwei Ochsen, die vor dem Wagen waren. Als nun die Bauern zusammenkamen, fingen sie an sich zu zanken, zu schmeißen und zu lärmen, und der Ochsenbauer wollte das Füllchen behalten und sagte, die Ochsen hätten's gehabt: und der andere sagte nein, seine Pferde hätten's gehabt, und es wäre sein. Der Zank kam vor den König, und er tat den Ausspruch, wo das Füllen gelegen hätte, da sollt' es bleiben; und also bekam's der Ochsenbauer, dem's doch nicht gehörte. Da ging der andere weg, weinte und lamentierte über sein Füllchen. Nun hatte er gehört, wie daß die Frau Königin so gnädig wäre, weil sie auch von armen Bauersleuten gekommen wäre: ging er zu ihr und bat sie, ob sie ihm nicht helfen könnte, daß er sein Füllchen wiederbekäme. Sagte sie: «Ja, wenn Ihr mir versprecht, daß Ihr mich nicht verraten wollt, so will ich's Euch sagen. Morgen früh, wenn der König auf der Wachtparade ist, so stellt Euch hin mitten in die Straße, wo er vorbeikommen muß, nehmt ein großes Fischgarn und tut, als fischtet Ihr, und fischt also fort und schüttet das Garn aus, als wenn Ihr's voll hättet», und sagte ihm auch, was er antworten sollte, wenn er vom König gefragt würde. Also stand der Bauer am andern Tag da und fischte auf einem trockenen Platz. Wie der König vorbeikam und das sah, schickte er seinen Laufer hin, der sollte fragen, was der närrische Mann vorhätte. Da gab er zur Antwort: «Ich fische.» Fragte der Laufer, wie er fischen könnte, es wäre ja kein Wasser da. Sagte der Bauer: «So gut als zwei Ochsen können ein Füllen kriegen, so gut kann ich auch auf dem trockenen Platz fischen.» Der Laufer ging hin und brachte dem König die Antwort, da ließ er den Bauer vor sich kommen und sagte ihm, das hätte er nicht von sich, von wem er das hätte: und sollt's gleich bekennen. Der Bauer aber wollt's nicht tun und sagte immer: Gott bewahr! er hätt' es von sich. Sie legten ihn aber auf ein Gebund Stroh und schlugen und drangsalten ihn so lange, bis er's bekannte, daß er's von der Frau Königin hätte. Als der König nach Haus kam, sagte er zu seiner Frau: «Warum bist du so falsch mit mir, ich will dich nicht mehr zur Gemahlin: deine Zeit ist um, geh wieder hin, woher du gekommen bist, in dein Bauernhäuschen.» Doch erlaubte er ihr eins, sie sollte sich das Liebste und Beste mitnehmen, was sie wüßte, und das sollte ihr Abschied sein. Sie sagte: «Ja, lieber Mann, wenn du's so befiehlst, will ich es auch tun», und fiel über ihn her und küßte ihn und sprach, sie wollte Abschied von ihm nehmen. Dann ließ sie einen starken Schlaftrunk kommen, Abschied mit ihm zu trinken: Der König tat einen großen Zug, sie aber trank nur ein wenig. Da geriet er bald in einen tiefen Schlaf, und als sie das sah, rief sie einen Bedienten und nahm ein schönes weißes Linnentuch und schlug ihn da hinein, und die Bedienten mußten ihn in einen Wagen vor die Türe tragen, und fuhr sie ihn heim in ihr Häuschen. Da legte sie ihn in ihr Bettchen, und er schlief Tag und Nacht in einem fort, und als er aufwachte, sah er sich um und sagte: «Ach Gott, wo bin ich denn?», rief seinen Bedienten, aber es war keiner da. Endlich kam seine Frau vors Bett und sagte: «Lieber Herr König, Ihr habt mir befohlen, ich sollte das Liebste und Beste aus dem Schloß mitnehmen, nun hab' ich nichts Besseres und Lieberes als dich, da hab' ich dich mitgenommen.» Dem König stiegen die Tränen in die Augen, und er sagte: «Liebe Frau, du sollst mein sein und ich dein», und nahm sie wieder mit ins königliche Schloß und ließ sich aufs neue mit ihr vermählen; und da werden sie ja wohl noch auf den heutigen Tag leben.

ARTHUR SCHNITZLER

Ehediskurs

Sie: «Mein Lieber, was ich dir schon lange sagen wollte. 7 und 14 und 5 –»

Er, höflich und helfend: «Macht 26.»

Sie, zuckt zusammen: «Du irrst, es macht nicht 26.»

Er versucht zu erklären: «Doch! 7 und 14 macht 21, und 5 –»

Sie unterbricht ihn: «Und wenn auch, ich finde es höchst unzart –»

Er: «Zu addieren?»

Sie: «Nein. Auf solche Art in einer Frauenseele herumzubohren.»

MICHEL DE MONTAIGNE

Die Liebe

Die Liebe leidet es nicht, daß man sich anders als durch sie verbinde, und findet sich ungern zu den Vereinigungen ein, die unter einer andern Botmäßigkeit eingegangen und erhalten werden, wie die Ehe: Familienbande und Vermögen haben darin mit gutem Grund ebensoviel oder mehr Gewicht als Anmut und Schönheit. Man verehelicht sich nicht für sich, was man auch sagen mag; man verehelicht sich ebensosehr oder mehr für seine Nachkommenschaft und seine Familie. Der Nutzen und Sinn der Ehe betrifft unser Geschlecht weit über uns hinaus. Darum gefällt mir dieser Brauch, sie lieber durch die Hände Dritter als durch die eigenen ins Werk zu setzen, und mehr nach dem Sinn anderer als nach dem eigenen einzugehen. Wie weit entfernt ist das alles von den verliebten Einverständnissen! So ist es denn eine Art Frevel, in diese ehrwürdige und geweihte Versippung die Überbordungen und Ausschweifungen der Liebestollheit einzuführen, wie ich schon anderwärts gesagt zu haben meine. Man muß, sagt Aristoteles, seiner Gattin mit Ernst und Strenge nahen, auf daß nicht, wenn man sie zu mutwillig kitzelt, die Lust sie aus den Schranken der Vernunft treten lasse.

Was er in Ansehung des Gewissens sagt, das sagen die Ärzte in Ansehung der Gesundheit: daß eine unmäßig hitzige, geile und emsige Ergehung den Samen verderbe und die Empfängnis hindere; und anderseits sagen sie, daß man sich zu einer lässigen Vereinigung, wie es diese ihrer Natur nach ist, nur selten und in merklichen Abständen einstellen solle, um sie mit einer gehörigen und fruchtbaren Inbrunst zu erfüllen.

*Quo rapiat sitiens venerem interiusque recondat.**

Ich kenne keine Ehen, die schneller in die Brüche gehen und sich entzweien als jene, die von Schönheit und Liebesverlangen in die Wege geleitet werden. Es bedarf dazu stärkerer und dauerhafterer Grundfesten und eines besonnenen Vorgehens; dieses brodelnde Ungestüm taugt dabei nichts.

Eine gute Ehe, wenn es das gibt, versagt sich der Dazwischenkunft und den Bedingungen der Liebe. Sie strebt dem Vorbild der Freundschaft nach. Sie ist eine sanfte Gemeinschaft des Lebens voller Beständigkeit, Zutrauen und einer unendlichen Zahl nützlicher und wesentlicher gegenseitiger Dienste und Pflichten. Keine Frau, die von diesem Gerichte gekostet hat,

---

* Lat. «Damit sie, lechzend nach der Saat, sie recht tief in sich schlürfe.» (Vergil, Georgica, III, 137)

*optato quam iunxit lumine taeda,**

möchte bei ihrem Gatten die Rolle der Geliebten oder der Freundin spielen. Wenn sie als Gattin in seinem Herzen wohnt, so wohnt sie darin weit ehrenvoller und sicherer. Wenn er einer andern huldigt und schöntut, dann frage man ihn doch nur, wem er lieber eine Schmach zustoßen sähe, seiner Frau oder seiner Geliebten; wessen Unglück ihn tiefer kränken würde; welcher der beiden er mehr Ehre wünsche: In einer gesunden Ehe steht die Antwort außer Zweifel. Daß man ihrer so wenig gute findet, ist ein Zeichen ihres Wertes und ihrer Köstlichkeit. Wenn man sie recht anfaßt und recht betrachtet, gibt es keine trefflichere Einrichtung in unserer Gesellschaft. Wir können nicht ohne sie auskommen und suchen sie schlechtzumachen. Es geht damit wie mit den Käfigen: Die Vögel, welche draußen sind, möchten mit aller Gewalt hineinkommen; und ebenso ungestüm begehren jene, die drinnen sind, hinaus ins Freie. Sokrates antwortete auf die Frage, was besser sei, eine Frau, zu nehmen oder keine zu nehmen: «Tue, was du willst, es wird dich beides gereuen!» Es ist eine Verbindung, für die sehr treffend das Wort gilt: *homo homini Deus* – oder *lupus*.** Es gehört das Zusammentreffen vieler

* Lat. «die sich unter der Hochzeitsfackel dem Mann ihrer Wahl verband» (Catull, LXIV, 79).

** Lat. «Der Mensch ist dem Menschen ein Gott» oder «ein Wolf».

Eigenschaften dazu, sie aufzubauen. Man findet sie in unseren Tagen ungetrübter unter den einfältigen Gemütern und im einfachen Volke, wo die Üppigkeit, die Sucht nach Neuem und der Müßiggang sie nicht so sehr zerrütten. Flatterhafte Naturen, wie die meine, die jede Art von Bindung und Pflicht haßt, taugen dazu nicht so recht,

*Et mihi dulce magis resoluto vivere collo.**

Wäre es nach meinem Sinne gegangen, so hätte ich es ausgeschlagen, die Weisheit selbst zu ehelichen, wenn sie mich begehrt hätte. Aber wir mögen lange widerreden, der Brauch und das Herkommen des gemeinen Lebens sind stärker als wir. Die meisten meiner Handlungen folgen dem Beispiel, nicht dem freien Willen. Jedenfalls entschloß ich mich nicht eigentlich dazu, ich wurde hineingeführt und durch äußeren Anstoß dazu gebracht. Denn nicht die lästigen Dinge, sondern schlechthin alle, sie seien noch so häßlich, so verkehrt und so vermeidenswert, können nach Gelegenheit und Umständen annehmbar werden: So haltlos ist der menschliche Wille. Und ich wurde dazu gebracht, da ich gewiß schlechter darauf gerüstet und widerwilliger war, als ich es heute bin, nachdem ich sie erfahren habe. Und für so zügellos man mich auch

---

* Lat. «Und mir ist es angenehmer, mit freiem Nacken zu leben.» (Pseudo-Gallus, I, 61)

hält, habe ich in Wahrheit die Gesetze des Ehestandes strenger gehalten, als ich versprochen oder gehofft hatte. Es ist nicht mehr Zeit, gegen den Stachel zu löcken, wenn man sich einmal ins Joch spannen ließ. Man muß klüglich seine Freiheit bewahren; aber ist man einmal die Verbindlichkeit eingegangen, so muß man sich unter das Gesetz der gemeinen Pflicht beugen und zum mindesten sich bemühen, es zu tun. Jene, die diesen Handel eingehen, um dann ihren Widerwillen und ihre Mißachtung daran auszulassen, handeln ebenso unrecht wie unverständig; und diese schöne Regel, die ich bei den Frauen wie ein Orakel umgehen sehe,

> Dien' deinem Mann als deiner Obrigkeit
> Und trau dem Schurken keinen Finger breit,

was besagen will: benimm dich gegen ihn mit vorgespiegelter, feindseliger und argwöhnischer Ehrerbietung, dieser Fehde- und Kampfruf ist gleicherweise schimpflich und beschwerlich. Ich bin zu bequem für so feingesponnene Ränke. Die Wahrheit zu sagen, ich bin noch nicht zu solcher Vollkommenheit der Verschlagenheit und Geschmeidigkeit des Geistes gelangt, daß ich Unrecht für Recht hielte und alle Ordnung und Vorschrift verlachte, die nicht nach meinem Geschmack ist. Daß ich dem Aberglauben feind bin, heißt nicht, daß ich mich kopfüber in den Unglauben stürze.

Wenn man nicht immer seine Pflicht tut, so muß man sie doch immer hochhalten und anerkennen. Es ist Verräterei, sich zu verheiraten, ohne sich zu verbinden. Doch weiter.

Unser Dichter* schildert eine Ehe voller Eintracht und gutem Einvernehmen, in der gleichwohl nicht viel Treue herrscht. Hat er sagen wollen, es sei nicht unmöglich, sich den Berauschungen der Liebe hinzugeben und dem ungeachtet der ehelichen Pflicht einige Achtung zu bewahren, und man könne die Ehe knicken, ohne sie gänzlich zu brechen? Mancher Knecht hintergeht seinen Herrn, ohne ihn doch zu hassen. Die Schönheit, die Gelegenheit, das Schicksal (denn auch das Schicksal hat seine Hand im Spiele) haben sie an einen Fremden gefesselt, nicht so mit Leib und Seele vielleicht, daß sie nicht doch durch irgendeine Bindung noch an ihrem Gatten hängen könnte. Dies sind zwei Vorhaben, die verschiedene, nicht zu verwechselnde Wege gehen. Eine Frau kann sich einem Kerl hingeben, den sie keineswegs zum Gatten haben möchte; nicht in Rücksicht auf seine Vermögenslage, meine ich, sondern selbst in Rücksicht auf seine Person. Wenige Männer haben ihre Liebsten geheiratet, die es nicht bereut hätten. Und das bis ins Jenseits. Welch üblen Ehestand hat Jupiter mit seiner Gemahlin geführt, mit der er zuvor in Liebelei gebalzt und gebuhlt hatte. Das ist, was man

---

* Vergil.

nennt: seinen Nachttopf füllen, um ihn dann aufs Haupt zu setzen.

Ich habe zu meiner Zeit in einem ehrbaren Hause die Liebe schmählich und schimpflich durch die Ehe austreiben sehen: Die Bestimmungen sind allzuweit voneinander. Wir lieben, ohne uns dabei im Wege zu stehen, zwei verschiedene Dinge, die sich widersprechen. Isokrates sagte, die Stadt Athen gefalle nach Art jener Frauen, denen man Minnedienste leistet: Jeder liebe es, sich darin zu ergehen und seine Zeit zu verbringen; niemand liebe sie so, daß er sie zur Ehe nehmen, das heißt, sich darin niederlassen und ansiedeln möchte. Ich habe mit Unwillen gesehen, wie Ehemänner ihre Gattinnen nur um des Unrechts willen haßten, das sie selber ihnen zufügten; zum mindesten sollten wir sie wegen unserer Vergehen nicht weniger lieben; aus Reue und Mitleid sollten sie uns darum nur noch teurer sein.

Die Frauen haben nicht unrecht, wenn sie die in der Welt geltenden Sittengesetze ablehnen, zumal es die Männer sind, die diese Regeln ohne ihr Zutun aufgesetzt haben. Es ist natürlich, daß es Umtriebe und Zank zwischen ihnen und uns gibt; das innigste Einvernehmen, das wir mit ihnen haben, bleibt doch immer wirrselig und stürmisch.

Keine Leidenschaft ist drängender als diese, und wir wollen, daß sie allein ihr widerstehen, nicht nur, wie man einem Laster nach dem Maß seiner Schwere widersteht, sondern wie der Abscheulichkeit und der Verdammnis selbst, mehr als der Abgötterei und dem Vatermord; und wir geben uns ihr ohne Tadel und Vorwurf hin. Selbst jene unter uns, die versuchten, ihrer Herr zu werden, haben zur Genüge gestanden, wie hart oder vielmehr wie unmöglich es ihnen geworden sei, wiewohl sie körperliche Mittel anwendeten, ihren Leib abzutöten, zu entkräften und zu kühlen. Wir hingegen verlangen von den Frauen Gesundheit, Kraft, Frische, Wohlgenährtheit und Keuschheit obendrein; das heißt, wir wollen sie zugleich heiß und kalt haben: Denn die Ehe, der wir die Vorsorge überbinden, sie vor der Feuersbrunst zu bewahren, bringt ihnen, so wie wir sie üben, wenig Erquickung.

INGE MERKEL
Das Gewebe

Als die Freier immer ungeduldiger und unverschämter wurden, wies ihnen Penelope ein Gewebe vor, an dem sie arbeitete: ein Leichentuch für Laertes. Es sollte ein kunstvoller Teppich werden, damit der Schwiegervater, wenn seine Stunde gekommen war und er hinunter mußte, in würdiger Umhüllung gebettet würde. Odysseus hatte ihr beim Abschied die Sorge für seine Eltern ausdrücklich anempfohlen. Wenn das Tuch vollendet sei, gab Penelope zu verstehen, würde sie sich für einen der Bewerber entscheiden. – Auf diese Weise ließen sie sich noch eine Zeitlang hinhalten, ohne allerdings aufzuhören, täglich das Haus zu belagern und des Odysseus Gut zu verzechen.

Das Weben war für Penelope nicht die einfache Handarbeit, die jede Hausfrau beherrschte, in welcher die Mädchen schon früh unterwiesen wurden. Im Geschäft des Webens und Entwerfens der Muster war sie eine Begnadete. Für sie war das keine gewöhnliche Fertigkeit. Es war eine Kunst. Sie verstand es, aus bunten Wollfäden, die sie selbst färbte, die schönsten Bilder zu weben, kunstreich verschlungen, mit Ornamenten verziert, ausgewogen in der Verteilung der

Formen und Gestalten und in Farben prangend, die rein aufeinander abgestimmt waren. Göttern und Menschen, Pflanzen und Tieren verlieh sie die erstaunlichste Lebendigkeit, so daß man ihre Gewirke lange betrachten und lesen konnte wie eine Geschichte. – Odysseus war gerne bei ihr gesessen, hatte ihr zugesehen beim Weben und ihren Einfallsreichtum und ihre Geschicklichkeit auf das höchste bewundert. Er war gewissermaßen ein Kenner. Die Gabe des Fabulierens, die sich bei ihm im Erzählen niederschlug, trat bei ihr in Bildern zutage, die unter ihren Händen aus dem Webstuhl wuchsen.

Das Gewebe für Laertes, an welchem Penelope jetzt arbeitete, hatte aber eine ganz besondere Bedeutung. Hinter dem Zweck der Hinhaltung verbarg sich Wichtigeres. Für ein Leichentuch hätten sich Bilder geschickt aus dem Leben des Mannes, dem es dienen sollte, vielleicht auch die Götter der Unterwelt, Hermes, der Geleiter der Toten, der Pappelhain der Persephoneia.

Was aber da entstand unter Penelopes Händen – halb willentlich, halb träumend –, das waren Bilder aus ihrem eigenen Leben. Erinnerungen an Vergangenes, Szenen aus der Gegenwart mit all den schwierigen und heiklen Fragen, welche diese aufwarf.

Penelope war klug. Sie war fähig und auch gewöhnt, nachzudenken, sich selbst Rede zu stehen und zu sachlichen Entschlüssen zu kommen. Trotzdem waren der Gedanke und das Wort für sie nie so eindringlich und so voll lebendiger Wirklichkeit wie das Bild. Sie lebte und fühlte in Bildern, Bilder gaben ihr auch die Antwort auf ihre Zweifel.

In das Leichentuch des Laertes webte Penelope sich selbst, ihr ganzes Dasein hinein.

Das lebhafte, neugierige Mädchen mit seiner heftigen Unbedenklichkeit, das sich auf den Weiden Spartas herumtrieb, mit offenen Augen und Händen die Welt um sich aufnehmend, ohne aus höfischer Schicklichkeit irgend etwas auszulassen. Dann die lange Reihe der Werber um die Cousine Helena. Da geriet auch Odysseus ins Gewebe. Rotköpfig mit seinen großen, meergrünen Augen, wie er dastand und schaute. Dann erschien wieder sie selbst, ein mageres Jungfräulein, das sich diesem Odysseus ins Blickfeld stellte, damit er sie wahrnehme und erkennen konnte, was an ihr war. Bald standen sie auch schon dicht nebeneinander und lachten zusammen über die hahnenhaft daherstolzierenden Freier. Nun kam Ithaka ins Bild. Das Haus, seine Bewohner; und das Bett. Glutheiße Mittage wob sie ins Tuch in gelbem Ginster, und Eros hockte in der Steineiche als eine Riesenzikade. Jetzt ließ sie einen kupferroten Mond aus dem Teppich leuchten, und die Wehmütter tanzten, als sie niederkam mit Telemach, dem rotlockigen Ginsterfrüchtchen. Und schon spannten sich zwölf helle Segel auf malachitgrüner See, vom Landwind gebläht, und ganz klein vor Kummer stand sie selbst auf den Höhen darüber, des Odysseus Sandale an die Wange gepreßt. Auch die finstere Zeit verschwieg sie nicht dem Garn ihrer Erinnerung. Schwarze Wolle, graue und braune. Die Jahre der Verzweiflung und Verunstaltung. Selbst ihr betrunkenes Torkeln bekannte sie dem Webstuhl ein und die brandrot flackernde Stunde, als sie halbnackt auf dem Boden hockte und auf den verendenden Wendehals starrte.

Das kunstvolle Gewebe geriet in die Länge und Breite und hätte längst für den alten Laertes gereicht. Aber Penelope war noch lange nicht fertig. Bis jetzt war alles Erinnerung. Nun kam die Gegenwart und die große Frage: Für welchen von den jungen Kerlen, die sie und das Haus belagerten, sollte sie sich entscheiden?

Jeder kam ins Tuch, und bildend erkannte sie ihre Wesensart, verglich sie untereinander, wog ihre Vorzüge und Nachteile gegeneinander ab.

Antinoos, schön und feurig, beweglichen Mundes und mit unverschämten Augen. Fülliger und von einnehmenden Gesten Eurymachos, des Polybos Sohn, ein reicher Taugenichts. Neben ihn stellte sie klein und mit verworfenen Augen Melantho, die Dienstmagd, mit der er es trieb. Dann Amphinomos aus Dolichion, treuherzig-bieder, wie er die anderen zur Mäßigkeit mahnte. Sein Bild führte sie ziemlich genau aus und mit gewissen Einzelheiten der Statur und Kleidung.

In dieser Phase ihres Webens aber geschah etwas, das sie wunderte, gewissermaßen auch ärgerte und bestürzte. Unten in der Halle befaßte sie sich in der üblichen Weise mit den Freiern, wie es sich als Hausherrin für sie gebührte, und dabei beobachtete und beschaute sie jeden einzelnen scharf, prüfte ihn mit den Augen der Bildnerin, um ihn oben dann möglichst getreu ins Gewebe zu bringen. Sie nahm genaue Bilder mit hinauf in ihre Kammer, und die Gestalten gerieten ihr auch gut und treffend. Nur mit den Gesichtern wollte es nicht gelingen. Immer wieder stahlen sich da Züge und Farben ein, die nicht stimmten. Dann trennte sie alles wieder auf.

Unter dem bunten Gewoge der Freier war einer, der liebte sie wirklich. Das spürte sie. Amphinomos. Er dachte nicht mehr an ihren Besitz, er dachte nur mehr an sie als Frau, er hatte sich sterblich in sie verliebt. Penelope war nicht unempfindlich dagegen. Sie hatte sich in all den Jahren zwar daran gewöhnt, in einem leeren Bett zu schlafen, auch ihr Körper hatte sich darauf eingestellt oder damit abgefunden. Sie zerriß keine Leintücher mehr in schwülen Mondnächten. Aber es war ihr leid um all das, was sie nicht gehabt hatte. Sie trauerte um Odysseus, aber sie trauerte auch um die besondere Art der Freuden, die ein Mann einer Frau bescheren kann und die sie immer genossen hatte, die ihr – besonders in den ersten Jahren – sehr gefehlt hatten.

Wenn sie nun Amphinomos ansah und mit ihm

sprach, fragte sie sich zuweilen zwischen Neugier, Trotz und Verlangen: Warum eigentlich nicht? – Sie dachte sich den Amphinomos nicht als möglichen Gatten und Nachfolger des Odysseus. Sie dachte nur an einen Mann im Bett, und dafür erschien ihr Amphinomos der Geeignetste, weil er in sie verliebt und von sanfter Wesensart war und seine wohlgeformte Körperlichkeit ihr nicht mißfiel. Ohne es geradezu auszusprechen, ließ sie ihn erkennen, daß sie ihn, falls er sie in ihrem Schlafgemach besuchte, nicht vom Gesinde würde hinauswerfen lassen.

Als die Freier, wie üblich, zu einer bestimmten Stunde der Nacht das Haus des Odysseus verließen und zum Schlafen ihre eigenen Wohnstätten aufsuchten, ging auch er. Aber er kam wieder. Er achtete sehr darauf, daß er von niemandem bemerkt wurde, denn er ehrte Penelope.

Um ihre Scheu und Verlegenheit zu überwinden, hatte Penelope seit langem wieder einmal dem Süßen, Schweren etwas zugesprochen. Aber er lockerte nur die Zunge, nicht ihre Glieder. Die waren plötzlich bleischwer und kalt und trocken.

Amphinomos war sehr glücklich gewesen, als er begriffen hatte. Voll hoher Erwartung hatte er sich ins Haus geschlichen, und nun saß er, zitternd vor Aufregung, neben Penelope auf dem Bett und versuchte, ihr näher zu kommen. Er legte ihr den Arm um die Schulter und streichelte ihr Haar, ihren Hals. Küßte sie mit scheuer Zartheit nicht auf die Lippen, sondern auf die Mundwinkel und auf die Kehle. Er drängte sie sanft zum Hinlegen und legte sich neben sie.

Die Lampe war am Erlöschen, gab nur mehr ein kleines, unruhig flackerndes Licht. Penelope schloß die Augen. «Ich will», betete sie bei sich, «ich will! Kypris, schick deinen Sohn, er hat mich genug gequält, jetzt soll er mir die Glieder lösen.»

Amphinomos wurde dringlicher, aber zärtlich-behutsam. Er war nicht ungeschickt. Penelope fühlte das, und sie war nahe daran, sich hinzugeben, da wurde ihr plötzlich bewußt, daß es nicht Amphinomos war, der sie weichmachte, nicht irgendein angenehm aussehender Mann mit liebenden und wissenden Händen, sondern die Erinnerung an Odysseus. Odysseus drängte sich zwischen ihre Sinne und den anderen Mann. Sie fühlte, sie roch und sie sah hinter den geschlossenen Lidern Odysseus, und er war es, dem ihr Fleisch entgegenzusingen begann, nicht dem redlichen Amphinomos.

Penelope war anständig. Sie setzte sich auf im Bett – es fiel ihr nicht leicht, denn sie war schon ziemlich weit –, streichelte dem Bestürzten, nicht Verstehenden mütterlich über das Haar und sagte: «Sei mir nicht böse, Amphinomos, Lieber! Wenn ich's mit einem tun möchte, dann bist du es, denn ich hab' dich wirklich gern, und ich achte dich auch. Aber eben weil ich dich achte, kann ich es nicht tun. Du bist mir zu gut dazu, dich als eine Puppe für Odysseus zu mißbrauchen, und wenn du mir nahe kommst, seh' ich in deinem Gesicht plötzlich das seine. Schau, ich hätte meinen Odysseus gern mit dir betrogen, und wahrscheinlich hat er's auch verdient. Aber ich will dich nicht mit Odysseus betrügen. Verstehst du mich, mein Freund?» – Amphinomos sah so aus, als verstünde er nichts, aber er fügte sich, denn unklar spürte er, daß es keine Beleidigung war, was ihm widerfuhr, sondern etwas wie eine Ehrung. Das andere wäre ihm fast lieber gewesen. Er hätte in Wut kommen und Penelope ein bißchen heruntermachen können. Das hätte ihm den Abgang leichtergemacht. Aber er fügte sich und ließ beim Davonschleichen die gleiche sorgfältige Vorsicht walten wie bei seinem Kommen. Es sprach für seine aufrechte Wesensart.

Ihm war es wirklich nicht zur Last zu legen, daß Eurykleia* einen sehr leichten Schlaf hatte und zusätzlich noch eine scharfe Witterung in allen Dingen der Beziehung zwischen Mann und Frau. Sie blickte daher Penelope am nächsten Morgen voll ins Gesicht mit einem leichten Grinsen, das nicht ohne Wohlwollen war. Penelope übersah es und ging erhobenen Hauptes mit undurchdringlichem Gesicht an ihr vorüber.

In den folgenden Tagen empfahl es sich, ihr auszuweichen. Sie gemahnte an eine Katze kurz vor dem Fauchen. Es fiel ihr nämlich nicht leicht,

---

* Die alte Amme des Odysseus, die weiterhin in dessen Haus in Ithaka lebt.

diese peinliche Nacht zu verwinden. Nur widerstrebend fügte sie sich der Erkenntnis, daß sie Odysseus nicht zu betrügen vermochte. Sie hätte in dieser Nacht gerne und ohne die leisesten Bedenken sittlicher Art mit dem wohlgestalten und freundlichen Jungen geschlafen. Nichts hatte sie daran gehindert als das verfluchte Fleisch, das erst lebendig wurde und in Blüte kam, als sich im flakkernden Dämmer des Gemachs über die hübschen Züge des Amphinomos das Gesicht des Odysseus legte. Hätte sie sich nicht zusammengerissen und steil aufgesetzt, wäre sie in den nächsten Sekunden singend und selig über die Ginsterhänge Ithakas geflogen. Aber nicht in des Amphinomos, sondern in des Odysseus Armen. Sein Siegel konnte nicht gelöscht werden.

«Gezeichnet wie ein Stück Vieh! Sklavin meines gebrandmarkten Fleisches!» knirschte Penelope und zerfetzte wieder Bettlinnen.

Sie begriff nun auch, warum sie in ihrem Gewebe ausgerechnet die Gesichter der Freier nicht richtig darstellen konnte, ganz gegen ihr sonstiges Vermögen im genauen Abbilden. Es war das Gesicht, es waren die Züge des Odysseus, die ihr dazwischenkamen, ihre Augen blind und ihre Finger ungeschickt machten, so daß nichts als zwitterhafte Schemen entstanden.

Nun wußte sie auch, daß sie sich nicht wieder verheiraten konnte, ob nun Odysseus tot war oder nicht. Eine neue Ehe wäre ein Betrug des zweiten Gatten gewesen, und die Kinder, die daraus entstanden, nicht die seinen. «Ich kann doch nicht Larven des Odysseus in die Welt setzen, weil ich im Augenblick der Empfängnis sein Gesicht über mir sehe!»

Aber Penelope hatte noch eine Anfechtung zu bestehen, und die war nicht so harmlos wie der mißglückte Versuch des Ehebruchs mit dem verliebten Amphinomos. Da wurde sie von einer ganz anderen Verführung heimgesucht als der Lust auf die liebestrunkenen Zärtlichkeiten eines freundlichen, wohlgearteten Mannes. Diese Verführung ging von Antinoos aus.

Ausgerechnet Antinoos, der einzige von der ganzen Schar, die sie umlagerte, den sie wirklich haßte, und mit Recht. War er doch der Unverschämteste, der Roheste von allen. Er machte sich breit in ihrem Besitz, als wäre es schon der seine. Sie wußte auch, daß Antinoos ihren Telemach, wenn der sich nicht in sein Schicksal als Beraubter fügen sollte, rücksichtslos aus dem Weg räumen würde.

Für Antinoos war Penelope zunächst – wie für die anderen auch – nur ein Mittel gewesen, an die Habe und Stellung des Odysseus heranzukommen. Eines Tages aber, als er sie an der Schwelle der Halle stehen sah, überfiel ihn plötzlich eine wüste Begierde. Nicht nach Penelope als das Ganze, das sie war mit Leib und Seele. Nur dem Körper galt diese Begierde. Etwas reizte und erregte ihn auf einmal, diesen überreifen, gar nicht mehr blühenden Körper zu besitzen in einer Art, die die Seele ausschloß. Das Fleisch allein wollte er zum Sklaven seiner Lust machen, ohne Liebe, ohne Zärtlichkeit und Achtung.

Es war an sich kein böser Wille bei dieser Gier. Antinoos kam es nicht darauf an, Penelope zu demütigen, zu erniedrigen, ihr Wesen zu brechen. Wenn es allerdings dabei geschah, dann war ihm das gleichgültig. Aber wahrscheinlich dachte er gar nicht an diese Möglichkeit. Sein Geschlecht gierte nach dem ihren, sonst nichts. Und er war es gewohnt, sich keine Lüsternheit, die ihn befiel, zu versagen.

Natürlich wagte er es nicht, Penelope direkt ein freches Angebot zu machen. Er war verderbt und erfahren genug in der Kunst der Verführung, um zu wissen, daß er sie erst zermürben mußte, daß er Gelüste in ihr erwecken mußte, die ähnlich den seinen waren. Gewalt hatte er nicht im Auge. Das war ihm zuwenig. Sie mußte mittun, angestachelt von der gleichen Lust wie er selbst.

Er begann, sie mit den Augen zu verfolgen und ihren Blick einzufangen, und in seinen Augen war die Art seiner Wünsche zu lesen. Penelope sah diesen Blick, sie spürte ihn auf der Haut und deutete ihn richtig. Erst sah sie weg mit verfinsterter Braue, und ihr Gesicht wurde dunkel von einer Blutaufwallung der Empörung und der Scham. Unwillkürlich raffte sie ihre Schleier zusammen und wich der Verfolgung durch diesen Blick aus oder stellte sich ihm mit einem Gegenblick der Verachtung. Sie war entrüstet.

Antinoos aber war beharrlich. Und bald war Penelope gekitzelt von dem Zwang, sich durch einen kurz streifenden Blick zu überzeugen, ob Antinoos sie immer noch so ansah. Hatte sie sich vergewissert, nährte sie Abscheu und Empörung in sich und trieb diese Gefühle künstlich hoch, aber sie übersah auch nicht, daß sich eine kleine Befriedigung der Entrüstung beimengte, was eine pikante Mischung ergab, einen Reiz, der neu war für sie, und sie gestand sich ein, daß sie ungern darauf verzichtet hätte. Nach einer Weile merkte sie, wie ihr Körper sich langsam selbständig machte und sich der Kontrolle ihres Willens entzog. Mit Wut, Abscheu und Verwunderung beobachtete sie diesen Vorgang. Und schließlich mußte sie sich eingestehen, daß ihr Fleisch heimgesucht wurde von Gelüsten und Vorstellungen, deren Schamlosigkeit sie entsetzte; Wünschen einer Art, die ihr nicht einmal im Traum gekommen waren in jenen qualvollen heißen Nächten, in denen sie sich verzehrt hatte nach den Umarmungen des verschollenen Odysseus.

Sie erinnerte sich nun – da sie beständig daran dachte –, daß auch in den Augen des Odysseus manchmal die Hitze des Begehrens aufgeflammt war, aber sie hatte nie allein ihrem Fleisch gegolten. Immer nahm er ihre Seele mit hinein in diesen Blick. Einen Blick, der in ihr wohl den Wunsch nach Vereinigung erweckt hatte, aber nicht Gelüste, die denen ähnlich waren, die sie jetzt verzehrten, wenn sie des Antinoos rohe Begehrlichkeit auf ihrem Körper prickeln fühlte. Es überwältigte sie dann eine rasende Lust, sich die Kleider vom Leib zu reißen, nichts als ein Stück nacktes Fleisch zu sein, das in jeder Faser und Falte bereit, ja süchtig war, sich der tierischen Gier des Mannes hinzugeben, für den sie keinen Funken Zuneigung empfand, sondern nichts als Haß und Verachtung. Dennoch – auch das gestand sie sich ein – war dieser Wunsch brennender als die Lust auf die Zärtlichkeiten des Amphinomos, den sie achtete und gut leiden mochte, brennender als die Sehnsucht nach der Umarmung des Odysseus, den sie immer noch liebte.

So übermächtig wurde dieser schamlose Wunsch in ihr, daß der Leib sie schmerzte, als wäre er gegeißelt worden.

Wenn diese bestürzenden Begierden sie jetzt folterten und sich im Gewebe niederschlugen, entstand unter ihren Fingern, ohne bewußte Lenkung und Absicht, ein Abscheu erregendes Nachtgesicht, eine dreiste Schandorgie von Spukgestalten, halb tierisch, halb dämonisch, Sitte und menschliche Wohlgestalt verhöhnend und verhunzend. Oft waren es sogar nur Körperteile, einzelne Organe, die sich scheußlich vermischten, einander lustvoll zerfleischend mit Messern, Haken und Stacheln in trunkener Grausamkeit.

Penelope wartete die Nacht nicht ab, um diese Bilder, die sie abstießen und erregten zugleich, aufzutrennen; oft war's kein Trennen, sondern ein Zerreißen.

«Ich will des Antinoos Hure sein», gestand sie sich mit Entsetzen und Lüsternheit gleichzeitig, und die Knie wurden ihr mürb.

Es kam soweit, daß sie dem Antinoos seinen Blick zurückgab: frech, kalt und gierig.

Natürlich merkte Eurykleia etwas. Ihr scharfer Rattenblick hatte das Augenspiel der beiden aufgefangen.

Gerade zerfetzte Penelope wieder ihr Gewebe, da merkte sie, daß Eurykleia hinter ihr stand. Sie hatte sie nicht eintreten gehört, verstrickt wie sie in diesen Tagen war in den peitschenden Fangarmen ihrer Begierde.

«Ein hübscher Junge, der Antinoos», sagte Eurykleia. «Grade Glieder, ein schlanker Wuchs, harte Muskeln und eine freche Fratze. So jung, daß er dein Sohn sein könnte. Und wie er dich anschaut! Nicht dein Gesicht schaut er an oder deine in kleidsame Falten gehüllte Gestalt. Deinen nackten Körper mustert er durchs Gewand und schätzt ihn ab, und du läßt es dir nicht nur gefallen, sondern wirfst ihm den Blick zurück.» – Penelope erstarrte und schwieg.

«Dem Kerl sind die Hoden in den Schädel gestiegen und haben sein bißchen Gehirn verdrängt, sonst ließe er sich nicht ein auf dieses Spiel; nicht mit dir. Der kommt aus der Sache heraus als leergesogener, brüchiger Weinschlauch. Ihm gönnte ich's ja, dem Stinkbock mit seiner geilen Visage. Aber dir nicht, Schamlose! Mit Amphinomos, das wäre ein anständiger Ehebruch gewesen, wohltuend für euch beide und eine Erfrischung des Gemüts. Aber was du jetzt mit Antinoos vorhast und er mit dir, das ist ärger als Hurenwerk. Da ist nichts daran beteiligt als ein paar bestimmte Partien rohen Fleisches, die ohne die Segnung der Liebe häßlich und lächerlich sind, die einander nichts Gutes tun wollen, sondern sich gegenseitig mißbrauchen zur schlimm einsamen Lust. Schindluder ist das und Räuberei. Was der Liebe und Freude dienen sollte, wird zum Werkzeug der Ausbeutung und Zerstörung des andern.»

«Schweig, du, gerade du», fuhr Penelope auf wie eine getretene Natter, «worum ging es denn dir, wenn du dich im Finstern mit einem paartest, den du am Tag nicht wiedererkannt hast, als um Begierde und Lust. Gier nach Lust und Erlösung, die eben an ganz bestimmte Stellen des Körpers gebunden sind, die einander brauchen zur Stillung der Begierde. Und was glaubst du, was Odysseus jetzt tut? Warum Odysseus nicht heimgekommen ist nach Trojas Fall? Oh, ich weiß, daß er nicht tot ist. Ich seh' ihn vor mir, als stünde er vor meinen Augen, wie er fremde Weiber sich zügelt zu seinem Vergnügen mit ebensolchen Blicken, wie Antinoos sie mir schenkt. Warum hat Odysseus mich nie so angesehen? War ich ihm zuwenig reizvoll, zuwenig begehrenswert dazu? Ich war ihm nur gut genug, mir den Bauch voll zu machen, damit er einen Sohn hat, und als es soweit war, ging er und sah sich nach anderen um! Antinoos? Da hast du schon recht! Der pfeift auf meine Seele! Der will mein Fleisch ohne Drumherum von Liebe, Zärtlichkeit und Gleichklang des Herzschlags. Und ich? Ich schäme mich nicht, es herauszuschreien: Ich will es auch so. Gerade so will ich's! Er soll mich haben und tun mit mir, was er will, und ich werde ihn haben wie ein Instrument und tun mit ihm, was meiner Begierde dient. Jeder für sich allein die eigene Lust durch Gebrauch, meinetwegen Mißbrauch des andern. Benützen will ich ihn und dann wegwerfen, und er soll es mit mir tun auf die gleiche Art; wie ein Tier.»

Penelope hatte sich nicht umgedreht nach Eurykleia, als sie diese furchtbaren Anstößigkeiten heiser herausschrie mit einem totenbleichen Gesicht, einem fast sturen Blick in den stumpf brennenden Augen.

«Jetzt schweig, Herrin!» sagte Eurykleia. Nicht ätzend oder keifend, wie es sonst ihre Art war, sondern ernst, fast gebieterisch.

«Schweig, und es soll verschlossen bleiben in diesen meinen Ohren, was du gesagt hast, ich will es vergessen. Denn ich will dich weiterhin achten können als Penelope, die Gattin meines Herrn. Schweig und sprich dergleichen nie wieder aus.

Sicher, ich hab' viele im Bett gehabt, denn ich

habe die Lust geliebt. Aber niemals so wie jetzt du! Hörst du? Niemals habe ich mich so weit ins Fleisch verirrt, daß Lust zur Schändung wird. Die eigene und die des andern, wer immer das sein mag. Immer haben wir gemeinsam unsere Freude gehabt, und ich hab' darauf geachtet, daß es ihm wohltut und er sich nicht ausgibt, und keinen Schaden nimmt. Lustig, zufrieden und gestillt sind sie von meiner Schwelle gegangen, nicht auf allen vieren gekrochen; und lustig und zufrieden stand ich selber auf und machte mich erfrischt ans Tagwerk, keine Lemure der Nacht, sondern ein rüstiges Weib mit neuer Lust zum Leben, zur Arbeit, auch wenn's eine Plage war.»

Damit wandte sie sich und verließ das Gemach.

Penelope saß noch lange mit demselben starren Blick, steif aufgerichtet, die Hände zwischen den Knien ineinanderverkrallt, daß die Knöchel weiß hervortraten. Sie dachte nach. Eurykleias Worte hatten sie tief getroffen. Gerade weil sie von einer kamen, die in diesen Dingen nicht heikel war. Viel tiefer war sie getroffen, als hätte eine Frau ihres Standes, ihrer Erziehung ihr Vorhaltungen gemacht. Getroffen wie von einem harten Schlag ins Gesicht.

Als die Dämmerung einfiel, trat sie zum Fenster und sah hinaus auf den Hang, wo gerade der Ginster blühte und der Thymian roch. Sie seufzte tief. Und in diesem Seufzen war ein Verzicht. Aber auch eine Befreiung.

«Es muß so etwas geben», sagte sie versonnen, «etwas wie die Ehre des Fleisches. Man gibt es hin mit Liebe, und mit Liebe muß es genommen sein. Lust muß aus der Zärtlichkeit kommen und wieder in Zärtlichkeit enden. Zusammen muß man sie spüren in allen Fasern des Leibes und der Seele, in jedem Schlag des Herzens, zusammen und gleichzeitig und nicht jeder für sich allein als Beute, die er dem anderen entreißt.

Gemeinsame Lust verletzt nicht die Würde des Fleisches. Denn auch das arme Fleisch hat seine Würde und ist kein Fetzen, den man in die Ecke wirft, wenn man ihn benützt hat. Und das Herz ist es, das ihm diese Würde wahren muß. Es darf es nicht allein lassen. Sonst verliert und verirrt es sich in seiner Blindheit.»

Als sie gebadet, gesalbt und umgezogen war, ging sie in den Saal hinunter, wie sie es täglich tat, blieb wie gewöhnlich auf der Schwelle stehen und sah sich um, streifte jeden mit einem gleichmäßig freundlichen Blick, wie es der Herrin und Gastgeberin gebührt. Vergeblich suchte Antinoos das Hündische in ihren Augen, als sie auch ihn ansah.

Melantho, das verbuhlte Luder des Eurymachos, kam eines Nachts Penelope auf die Schliche mit dem Leichentuch und steckte es ihrem Bettfreund. Die Freier tobten und brachen nachts in Penelopes Gemach ein, als sie gerade trennte. Das Trugspiel war ausgespielt. Penelope war verzweifelt. Es wurde ihr keine Frist mehr gegeben. Sie mußte sich für einen der Freier entscheiden. – Ungefähr zur gleichen Zeit löste sich Odysseus von Kalypso.

Das Bilderweben war die Art gewesen, wie Penelope hinter die Schallmauer der Wirklichkeit ging. Während Odysseus in der Randzone zwischen Wirklichkeit und Traum von Grotte zu Grotte trieb, wirkte Penelope Bilder ins Gewebe. Beide hatten sie die Ehe gebrochen. Er auf die Art der Männer und sie auf die Art der Frauen. Sie hatten einander nichts vorzuwerfen. Keiner war dem anderen etwas schuldig.

JOHN UPDIKE

Werben um die eigene Frau

O meine Liebste. Ja. Hier sitzen wir, die Kinder zwischen uns, auf warmen, breiten Dielenbrettern im Halbkreis vor dem Feuer und essen. Das kleine Mädchen und ich teilen uns ein halbes Pfund Pommes frites; du teilst das andere halbe Pfund mit dem Jungen, und in der Mitte, hoch auf seinem Kinderstühlchen, mit niemandem teilend, sich selbst genug wie ein Edelstein, das Baby, das mit stirnrunzelnder Sachverständigkeit an seiner Flasche saugt, während seine eigensüchtigen, nachdenklichen Augen im gestohlenen Glanz der Flammen glitzern. Und du. Du. Du läßt es zu, daß dein Rock, derselbe schwarze Rock, in dem du heute früh mit der sanften Tapferkeit der Frau das Fahrrad bestiegen und dich aufgemacht hast, um auf dem alten Sonntagsschulklavier Choräle in schwierigen Tonarten zu spielen – du läßt es zu, daß dieser schwarze Rock von deinen hochgezogenen Knien über die Schenkel rutscht, die Schenkel *hinauf*gleitet, in die eigentliche Geographie deines Körpers, so daß die weißen Parallelen ihrer Unterseiten der Wärme des Feuers und meinem Blick preisgegeben sind. Oh. Es gibt da eine Zeile von Joyce. Ich versuche, sie in den legendären, unvollkommen erforschten Höhlen des «Ulysses» wiederzufinden: ein Strumpfband, das Blazes Boylan zu Gefallen in der Tiefe einer Dubliner Budike an einen Schenkel knallt. War's nicht so? Knallwarm. Das war das entscheidende Wort. Knallwarm an den prallen, warmen Weiberschenkel geknallt. So ungefähr. Ein großartiger Mann, so etwas zu empfinden. Das Knallwarme an der Frau. Großartig auch, das seltsame und kraftvolle, unerklärliche und unwiderleglich magische Leben zu spüren, das der Sprache innewohnt. Wie wir so im Halbkreis sitzen, ist mir, als kämen die Kinder, so groß sie sind, mit bronzener Haut und feuchten Fingern und Augen, aus deinem Schoß auf mich zu. Drei Kinder, fünf Personen, sieben Jahre. Sieben Jahre, seit ich das weite weiche warme weißschenklige Weib freite. Umwarb und freite. Weib. Ein messerscharfes Wort, das trotz seiner endgültigen Schärfe dem Werben kein Ende setzte. Zu meiner Verwunderung.

Wir essen Fleisch – Fleisch, das ich noch warm den rauhen Händen des Mädchens in der Imbißstube entriß, anderthalb Kilometer entfernt; ein wüster Ort von chromglitzernder, barbarischer Üppigkeit. Junge Raubtiere bedrohten mich, drekkige Witze knurrend, alte Männer langten mit kaffeewarmen Pfoten nach mir; ich zückte meine Brieftasche und kämpfte mich hinaus ins Freie. Die dicke, fettige braune Tüte mit den Boulettensemmeln lag in dem kalten Wagen warm neben mir;

der kleinere Beutel, zwei kleine Pommes frites-Schachteln enthaltend, strömte eine noch aufdringlichere Hitze aus.

Zurück durch die schwarze Winterluft zum Feuer, zu der traulichen Höhle, wo ich mit Hallo und Hurra empfangen wurde, ich und das erlegte Wild, das mit klaffendem Maul und bluttriefender, wattiger Kehle tot über meinen Schultern lag. Und nun du, neben dem weißen Rund des Tellers, auf dem die Kinder mit Quietschern des Abscheus die in die Bouletten eingekneteten, durchscheinenden Zwiebelringe abgelegt haben – du rückst mit den Zehen ein Stückchen näher an die Glut, das fahle Weiß der Innenseite deines unergründlichen Oberschenkels wird träge bloßgelegt, und das ewig elastische Strumpfband schnellt im Verborgenen knallwarm an mein Herz.

Wer hätte gedacht, mein weiches Weib, damals im weißen Zittern der Zeremonie (aus dem Augenwinkel sah ich trotz des ablenkenden Hagels ominöser Gelübde den an deine Taille gepreßten Stephanotisstrauß beben), daß sieben Jahre und der Weg durch viele warme Betten keine Entfernung zwischen uns und jenen bebenden Ausgangspunkt legen würden. Die Zellen erneuern sich alle sieben Jahre, und tief drinnen im Atom herrscht anscheinend eine seltsame Diskontinuität; als wollte Gott das Universum jeden Augenblick aufs neue. (Ach Gott, lieber Gott, großer Freund meiner Kindheit, ich will dich nie vergessen, auch wenn sie furchtbare Dinge sagen. Sie sagen, die Fensterrosen in den Kathedralen wären Vaginasymbole.) Deine Beine, ganz entblößt wie im Badeanzug, wollen tiefer in die heiße Bernsteinflut tauchen. Nun wohl: Laß uns beginnen. Ein grüner Feuerstrahl sprüht aus dem Harznest in einem Holzscheit kreischend seitwärts, und die orangenen Schatten an der Decke schwanken neu belebt. Also, beginnen wir.

«Weißt du noch, auf unserer Hochzeitsreise, wie durch die Platte des Petroleumofens der Feuerschein eine große Fensterrose an die Decke warf?»

«Hmm.» Dein Kinn senkt sich auf die Knie, du ziehst die Schienbeine an, alles ist eingezogen. Vielleicht keine besondere Erinnerung für dich; häßliche Blutflecken, Ungeschick aller Art. «Es war kalt für Juni.»

«Mammi, was war kalt? Was hast du gesagt?» fragt das kleine Mädchen, wild entschlossen artikulierend, damit die Sprache nicht auf ihrer Zunge ausrutscht und sie umwirft, und wir müssen lachen.

«Ein Haus, in dem Daddy und ich mal gewohnt haben.»

«Ich mag das nich'», sagt der Junge und wirft eine mit grünlichem Senf bestrichene halbe Boulettensemmel auf den Boden.

Du hebst sie auf und fragst in schönem, dunkel sinnendem Ton: «Ist das nicht komisch? Hat sonst jemand Senf darauf gehabt?»

«Ich *hasse* das», sagt der Junge störrisch. Er ist zwei Jahre alt, und die Sprache gleicht für ihn dikken Handgriffen, die vage an ihm vorüberwirbeln; er greift sich, was er erwischen kann.

«Hier. Er kann meine haben. Gib mir seine.» Ich reiche meine Semmel hinüber, du nimmst sie, er nimmt sie von dir, und nirgends eine Regung von Dankbarkeit. Auch kein Lob für meinen Heroismus, das Sonntagabendessen zu holen und dir die Arbeit zu ersparen. Listig spürst du – und spürst, daß ich spüre, was du weißt – meine Hoffnung, du würdest deine Energien für eine ekstatischere Gelegenheit horten. Wir spüren alles, was zwischen uns vorgeht, jede kleinste Regung, ob wirklich vorhanden oder nicht; es ist anstrengend. Der eigenen Frau den Hof machen, kostet zehnmal soviel Kraft wie die Eroberung eines unwissenden Mädchens. Die brennenden Scheite verschieben sich und zerstören Fetzen von Zeitungspapier, die in verblaßter Druckerschwärze die Gespenster ihrer Nachrichten tragen. Du schlingst die Arme um die Beine und ziehst den Rock herunter. Mit einem zischenden Laut, ähnlich dem Seufzen der erschöpften Holzscheite, saugt das Baby den Rest aus seiner Flasche, wirft sie samt ihrer trügerischen, abscheulich gehaltlosen Neige auf den Boden und fängt an zu weinen. Sein Egoistenmund öffnet sich – das zarte Häutchen seiner Sattheit zerreißt. Du nimmst den Kleinen hoch und stehst auf. Du liebst das Baby mehr als mich.

Wer hätte damals angesichts jener Blutflecken gedacht, daß keine Schranke niedergerissen war, daß du nach jedem Mal wieder heil und jungfräulich sein würdest? Groß und schön, dunkel, fern und liebenswürdig.

Wir bringen die Kinder zu Bett, eines nach dem anderen, in umgekehrter Reihenfolge ihrer Geburt. Ich bin grenzenlos geduldig, väterlich, gütig. Aber du weißt Bescheid. Wir sehen zu, wie die Tüten und Schachteln auf dem atmenden Aschenbett Feuer fangen, wir lesen, sehen fern, essen Cracker, es kommt nicht drauf an.

Es wird elf. Einen prickelnden Augenblick stehst du im Schlüpfer auf dem Schlafzimmerteppich und entwirrst dein Nachthemd; oh, dikkes weißes süßes dickes Fleisch. Im Bett liest du. Etwas über Richard Nixon. Er fasziniert dich; du haßt ihn. Du weißt, wie er Jerry Voorhis geschlagen, Mrs. Douglas gepeinigt, bei der Marine Poker gespielt hat, obwohl er Quäker ist, du kennst jeden seiner teuflischen Kniffe, seinen ganzen kläglichen Opportunismus. O mein Gott. Lassen wir den armen Mann schlafen gehen. Keiner von uns ist vollkommen. «He, wollen wir nicht das Licht ausmachen?»

«Augenblick. Er ist gerade dabei, Hiss zu überführen. Sehr merkwürdig. Hier steht, er hat redlich gehandelt.»

«Klar hat er das.» Ich strecke die Hand nach dem Lichtschalter aus.

«Nein. Noch nicht. Nur noch dies Kapitel zu Ende. Sicher kommt zum Schluß noch was.»

«Hiss war schuldig, Schatz. Wir sind alle schuldig. Wir werden in Fleischeslust empfangen und sterben reuelos.» Einst vermochten meine blumigen Worte dich zu locken.

Ich liege an deinen gewölbten Rücken geschmiegt. Du liest auf der Seite liegend, eine Bettgewohnheit. Durch die Fransen deines Haars sehe ich die Buchseite, scharf und weiß wie einen kristallenen Keil. Plötzlich rutscht sie weg. Das Buch ist deiner Hand entglitten. Du schläfst. Oh, so ein hundsgemeiner Trick! Hundsgemein. Im Dunkeln denke ich darüber nach. Hundsgemein. Die Scheinwerfer der Autos lassen dann und wann fächerförmige Lichtschlitze über Wände und Decke gleiten. Die große Fensterrose damals kam von den blütenförmigen Öffnungen in der Platte des schwarzen Petroleumofens, den wir mitten ins Zimmer gestellt hatten. Wenn die Flamme an dem kreisförmigen Docht flackerte, waberte der breite, sanfte Stern verschränkter Halbschatten, als wäre er auf Seidenstoff gedruckt und würde von leichter Hand gezupft oder von trägem Wind gebauscht. Seine Farbe war wie weich verwischtes Blut. Wir zahlen teures Blut für unser friedliches Heim.

Am Morgen bist du zu meiner Erleichterung häßlich. Das fahle Frühstückslicht des Montags macht dich bleich und fleckig, nimmt deiner Dicke das Gefällige, verwandelt den Bademantel in eine schlaffe, schmuddelige Röhre, die trostlos an dir herabhängt und ein teigiges Décolleté enthüllt. Die Haut zwischen deinen Brüsten ist traurig gelb. Ich schlürfe deine Reizlosigkeit mit meinem Kaffee. Jede Runzel, jede kränkliche Verfärbung ist mir Erleichterung und Rache. Die Kinder quengeln. Der Brotröster klemmt. Sieben Jahre haben diese Frau verbraucht.

Der Mann, er schießt davon zur Arbeit, er kämpft wacker um die Vorfahrt, er balanciert auf dem schmalen Grat der gesetzlich zulässigen Geschwindigkeit. Raus aus dem muddeligen Wirrwarr des Haushalts, aus allem Weiblichen, Blassen und Schlaffen – hinein in die Stadt. Stein ist sein Reich. Der Erwerb klingender Münze. Das Manipulieren von Abstraktionen. Fühllose Dinge ankurbeln. Oh, die unbeseelten, harten Freuden des Berufs!

Als ich nach Hause komme, ist mein Kopf in einem Mechanismus gefangen. Eine technische Angelegenheit, die dir zu erklären Wochen dauern würde, blockiert mein Gehirn; den ganzen Abend über fummle ich blind mit Formeln und Zahlen. Du servierst mir das Abendessen, wie eine Kellnerin – weniger als eine Kellnerin, denn ich habe dich gekannt. Die Kinder fassen mich schüchtern an, als wäre ich ein unglaublich hoher Träger in einem unbegreiflich hohen Gewölbe. Sie gleiten wohlbehütet in den Schlaf. Wir überleben ihr Entschlafen in übereinstimmender Gelassenheit.

Meine Gedanken durchlaufen in stetigen rechten Winkeln immer denselben blockierenden Gitterkreis desselben beruflichen Problems. Die Seiten deines Buches über Nixon rascheln; du entschwindest nach oben ins Bad; die Badezimmerrohre kreischen. Ich scheine endlich den verklemmten Schalter in meinem Kopf gefunden zu haben: ich rüttle daran: er klemmt; ich rüttle nochmals: er klemmt nach wie vor. Ich bin zappelig und schwindlig von zu vielen Zigaretten. Ich wandere ziellos im Zimmer herum.

So bin ich der Überrumpelte, als ich um die bedeutungsvolle zehnte Stunde wieder einmal kehrtmache und du feucht und mädchenhaft und munter mit einem Zahnpastakuß zu mir kommst. Die gewichtige Moral dieser Geschichte: Ein Geschenk, das man erwartet, ist des Schenkens nicht wert.

HERMANN KINDER

Glückliche Entfernung (ohne tragischen Ausgang)

Kleinlich, niederträchtig, ja, bösartig verweigerte sie einzusehen, daß es ihre, nicht Ls Schuld gewesen war, daß er sich im kleinen Laden, der, weil Geschäftsschluß bevorstand und sie, sie die Sahne für das Himbeerdessert, mit dem ihr zwölfjähriges Hochzeitsjubiläum gekrönt werden sollte, vergessen hatte, aufgesucht werden mußte von ihm, natürlich ihm, daß also er sich, aber doch eher schuldlos, statt der süßen eine saure Sahne hatte verkaufen lassen. Im Zorn stürzte L aus der Wohnung und entschloß sich, nie mehr zurückzukehren und auf der Parkbank zu nächtigen, die er schon so manches Mal in Sehnsucht nach Freiheit umkreist hatte. Die Mücken, die im Dunkeln umherschweifenden Hunde und Jogger, ach nein: die Sehnsucht vor allem ließ ihn in einem langen Lauf nach Hause eilen. Doch brach die Hoffnung nach Fortsetzung des alten oder nach dem Beginn eines neuen Glücks auf der Türschwelle wieder zusammen und wich einer kleinmütigen Unwirsche, da sie in betonener Dickköpfigkeit sich einzusehen weigerte, daß die saure statt der süßen Sahne erstursächlich ihre Schuld gewesen war, weil eben sie verabsäumt hatte, rechtzeitig die süße Sahne zu besorgen. Von diesem Abend an, der damit endete, daß sie das Festmenu ins Klo schüttete, um darauf sehr laut die Küche auf die vollendetste Weise aufzuräumen und blank zu scheuern, und daß er sich im Schlafzimmer am Jubiläumswein dermaßen betrank, daß sie es eklig vorzog, auf dem Wohnzimmersofa zu nächtigen, von diesem Abend an also gewöhnte sich L daran, ihrer gefährdeten Liebe folgendermaßen aufzuhelfen: Nach Dienstschluß trieb er sich in Kinos und hernach in Parks und Straßen umher, bis zu dem Zeitpunkt, an dem ihn plötzlich die innigste Sehnsucht nach ihr erfüllte, die ihn zum nächsten Telefonhäuschen rennen ließ, um ihr ins Ohr zu flüstern, wie sehr er ihr zugetan sei, worauf sie ihm ins Ohr flüsterte, daß sie ihn so liebhabe wie ein in der Tasche ihrer Wolljacke mümmelndes Kaninchen. Gleich, rief er, gleich bin ich bei dir. Oh gleich, rief sie, gleich bist du bei mir. Da jedoch, wenn sie sich kurz darauf über der Wohnungstürschwelle wieder begegneten, ihre verletzliche, aber durch nichts zu ersetzende Vertrautheit eine rätselhafte Entlüftung erfuhr, dehnte L seine Gänge bis weit über Mitternacht hin aus, um sich in ihre schlaftrunkene oder schon traumhafte Weichheit betten und vom Glück des Füreinanderbestimmtseins gänzlich durchströmen lassen zu können, das sich erst verlor, wenn sie oder er erwachte, weil sie oder er rücksichtslos laut zu einem neuen Tag aufstand. L bewarb sich auf einen Posten im fernen europäischen Ausland, der ihm nicht erlaubte, öfter als alle vier Monate nach Hause zu kommen. Rief er sie sonntags an, so war er zu bemerken gezwungen, daß nach den ersten frohesten Begrüßungsworten, in denen ihre Liebe fast zu riechen und zu schmecken war, die Kurve ihrer Sehnsucht abfiel, weshalb L sie nur noch selten und kurz anrief, was jedesmal eine so innige Nähe erzeugte, daß die immer länger werdende Zeit zwischen den Anrufen um so mehr vom sanften Feuer ihrer Zuneigung durchglüht wurde. Mit der Entfernung die Liebe zu steigern, beantragte L erfolgreich während einer Dienstreise durch die abgelegenste Region Südamerikas die Versetzung auf einen Posten am hiesigen Ort, so daß er schließlich am telefonlosen Ufer des Amazonas saß. Hier nun erfüllte ihn der Gedanke an sie bis unter die Haarspitzen mit Wärme; wie ein kleiner gepluderter Kolibri kuschelte sie sich in seine hohle Hand; und die starke Sehnsucht nach ihr machte L unverbrüchlich gewiß, daß sie, wenn er in den Ruhestand getreten und nach Hause zurückgekehrt sein werde, die glücklichsten Tage erleben würden, die je ein sich liebendes Paar auf Erden erlebt haben würde.

LAURENCE STERNE

Ehegespräch zu nachtschlafender Stunde

«Wir sollten wohl einmal», sagte mein Vater, wendete sich dabei halb im Bette herum und schob sein Kopfkissen ein wenig näher zu meiner Mutter hin, als er die Beratschlagung anhob, «wir sollten wohl einmal daran denken, Betty, dem Jungen Hosen zu geben.»

«Das sollten wir wohl», sagte meine Mutter.

«Wir schieben das, mein Kind», sagte mein Vater, «schändlicherweise auf, von einer Zeit zur andern.»

«Das tun wir freilich, mein lieber Shandy», sagte meine Mutter.

«Nicht, als ob das Kind nicht sehr hübsch aussähe», sagte mein Vater, «in seinem polnischen Rocke.»

«O ja! Er sieht sehr hübsch darin aus», versetzte meine Mutter.

«Und deswegen wäre es fast Sünde», fügte mein Vater hinzu, «ihn daraus herauszunehmen.»

«Das wäre es», sagte meine Mutter.

«Aber er wächst doch auch zum großen Knaben heran», fuhr mein Vater wieder fort.

«Er ist für sein Alter sehr gewachsen, freilich», sagte meine Mutter.

«Ich begreife es nicht» (den Hiatus zwischen den beiden E deutlich zu hören), sagte mein Vater, «wem er in aller Welt nacharten mag.»

«Ja, ich kann's auch nicht begreifen», sagte meine Mutter.

«Hm!» sagte mein Vater.

(Der Dialog hielt für einen Augenblick inne.)

«Ich bin selbst sehr klein von Statur», fuhr mein Vater ganz ernsthaft fort.

«Ja, du bist von Statur klein, mein Kind», sagte meine Mutter.

«Hm!» sagte mein Vater zum zweiten Male, leise für sich selbst, und wie er das murmelte, zog er sein Kissen ein wenig von meiner Mutter weg – und da er sich auf die andere Seite drehte, war es mit der Beratschlagung auf dreieinhalb Minuten vorbei.

«Wenn man ihm die Hosen machen läßt», rief mein Vater in einem lauteren Ton, «so wird es darin so dumm aussehen – wie ein Vieh!»

«Er wird sich am Anfang ziemlich unbehaglich darin fühlen», versetzte meine Mutter.

«Und 's wird ein großes Glück sein, wenn das noch das Ärgste ist», fügte mein Vater hinzu.

«Das wird ein großes Glück sein!» antwortete meine Mutter.

«Ich wollte doch meinen», erwiderte mein Vater, nachdem er erst eine kleine Pause gemacht hatte, «er würde ebenso aussehen wie andrer Leute Kinder.»

«Ebenso!» sagte meine Mutter.

«Ob mir das gleich leid tun sollte», setzte mein Vater hinzu, und damit geriet die Beratschlagung abermals ins Stocken.

«Es müssen wohl lederne sein», sagte mein Vater, der sich wieder umwendete.

«Die halten am längsten», sagte meine Mutter.

«Aber die können nicht gefüttert werden», versetzte mein Vater.

«Nein, das geht nicht an», sagte meine Mutter.

«'s ist wohl besser, daß man sie von Barchent machen läßt», sagte mein Vater.

«Es gibt nichts Besseres», erwiderte meine Mutter.

«Ausgenommen Kanevas», versetzte mein Vater.

«Ja, das ist wohl das Allerbeste», sagte meine Mutter.

«Er darf nur nicht so dünn sein wie ein Leilach», unterbrach sie mein Vater.

«Ja nicht!» sagte meine Mutter; – und damit stand der Dialog abermals still.

«Indessen will ich doch nicht», sagte mein Vater, der zum vierten Male das Stillschweigen brach, «daß er Taschen darin haben soll.»

«Er braucht auch keine», sagte meine Mutter.

«Ich meine in seinem Rock und Kamisol», rief mein Vater.

«Das meine ich auch», versetzte meine Mutter.

«Und doch, wenn er einmal einen Ball oder

Kreisel bekommt – die armen Dinger – sie freuen sich darüber wie über Zepter und Krone – so sollt' er's doch irgendwo unterbringen können.»

«Bestell du das, wie du's haben willst, lieber Shandy», versetzte meine Mutter.

«Hältst du's denn nicht für recht?» fügte mein Vater hinzu und legte ihr die Frage näher ans Herz.

«Vollkommen», sagte meine Mutter, «wenn's dir so gefällt, lieber Shandy.»

«Da haben wir's!» rief mein Vater auffahrend, «wenn's mir gefällt! – Du wirst doch in deinem Leben keinen Unterschied machen, Betty, ich mag soviel darüber predigen, als ich will, ob's aufs Gefallen oder aufs Rechtsein ankommt.»

Dies war an einem Sonntagabend, und weiter sagt dieses Kapitel nichts.

ROOT LEEB

Das Wichtigste

«Du vergißt so vieles!»

«Aber das Wichtigste weiß ich noch immer.» Erich lächelte hilflos und hob verlegen die mageren Schultern, die sich unter der grauen Altherrenstrickjacke abzeichneten. Trotz der hochsommerlichen Temperaturen trug er abends jetzt immer diese Jacke.

«Nein. Deine Schwester kommt am Wochenende, und du wolltest dich um den Einkauf kümmern, den Wagen zur Inspektion bringen, die Theaterkarten besorgen ...!»

«Beruhige dich, Paula, ich werde alles notieren.»

«Du hast dir doch bereits alles aufgeschrieben. Mehrmals, aber dann verlegst du immer deine Zettel ... Im Kopf mußt du es behalten, verstehst du?

Erich sah nun sehr unglücklich aus.

Paula schwieg.

Wie war es gekommen, daß sie jetzt hier saßen, so vergeßlich, fahl und erloschen. Ja, erloschen, das waren sie, und es mußte schon vor einer Weile passiert sein.

Von ihnen beiden unbemerkt.

Dabei hatte sie Glück mit ihm gehabt. Er war

immer ein Ruhiger und Geduldiger gewesen. Sie weniger.

Vor allem als die beiden Mädchen noch klein waren, als sie ihr Sportstudium noch abschließen wollte, mit Familie und Haushalt, da hatte sie oft die Nerven verloren. Aber Erich half, wo er konnte, und fing sie und ihre «Alltagspsychose», wie er es nannte, immer wieder auf.

Nicht als Pharmazeut, der er war, nicht mit Medikamenten, einfach als verständnisvoller Mann. Sie konnte sich auf ihn verlassen.

Und ein Treuer war er auch.

Nur einmal war sie sehr eifersüchtig gewesen. Er hatte gerade die Löwen-Apotheke übernommen und mit ihr eine sehr hübsche und tatkräftige Apothekenhelferin. Sie, Paula, war damals fest überzeugt, daß Übereifer und Dienstbeflissenheit dieser jungen Frau nur darauf abzielten, Erich den Kopf zu verdrehen. Aber als sie ihm Vorhaltungen in dieser Richtung machte, war er überzeugend ruhig geblieben. Und mit den Jahren hatte sie sich sogar mit der jungen Frau, die irgendwann einen Ingenieur heiratete, angefreundet.

Und dann war sie auf einmal vierzig gewesen und hatte sich entsetzlich alt gefühlt. Sie mußte eine schwere Operation über sich ergehen lassen. Mit einem kindskopfgroßen Myom wurden ihr zugleich Gebärmutter und Eierstöcke entfernt, und sie war wie ein Wrack durch die folgenden Wochen geschlingert.

Ja, und dann war sie in Kur geschickt worden. Und da war ihr diese Geschichte passiert.

Nein, nicht Ehebruch, nicht direkt. Aber diese Füße.

Als junges Mädchen hätte sie nicht zu sagen gewußt, was ein *gutaussehender* Mann ist, aber wie männliche Füße aussehen sollten, darüber gab es für sie keinerlei Zweifel: trocken, gepflegt, schmale Fersen, hoher Rist, nicht zu fleischig, nicht zu sehnig und dabei noch sonnengebräunt. Keinesfalls weißrosa und fleischig.

Als sie Erich kennen- und liebenlernte, diesen großen Rotblonden mit den goldenen Augenbrauen und den Haaren in gleicher Farbe auf Brust, Beinen und Zehen, da hatte sie ihre Sehnsucht nach braungebrannten Männerfüßen vergessen.

Und nun standen gleich am ersten Morgen auf der Frühstücksterrasse ihres Kurhotels diese Träume von Füßen vor ihrem Tisch. Eine Stimme sehr weit darüber fragte, ob wohl noch ein Platz frei sei. Als sie bejahte – in einer Kur hat man schließlich kein Recht auf einen Einzeltisch –, verschwanden die Füße unter dem Tisch und direkt vor ihr tauchte ein schmaler, aber muskulöser Oberkörper in einem hellgrünen Sommerhemd auf. Sie hörte die Stimme darüber sagen: «Darf ich mich vorstellen, ich heiße Luca.»

«Angenehm. Ich heiße Paula», hatte sie geantwortet und dann erst nach oben geschaut, in ein Gesicht, das ebenso braungebrannt war wie die

Füße. Und ebenso gepflegt. Die steilen Falten neben den Mundwinkeln ließen auf ein Magenleiden schließen, waren aber jetzt durch ein Lächeln in gleichseitige Dreiecke gezogen, was dem Mann ein spitzbübisches Aussehen verlieh. Und der Mann hatte sie aufmerksam betrachtet.

Paula schluckte jetzt noch in Erinnerung an diesen Blick.

Er hatte sich dann jeden Tag an ihren Tisch gesetzt. Und das, obwohl sie die Hand mit ihrem Ehering immer deutlich sichtbar plazierte und immer wieder einfließen ließ, daß sie gleich nach dem Essen ihren Mann zu Hause anrufen würde, der bereits voller Sehnsucht auf ihre Rückkehr wartete, «obwohl ich doch gerade erst abgereist bin», hatte sie einmal lachend mit glänzenden Augen hinzugefügt.

«Und Sie, Signora, haben Sie auch Sehnsucht?» hatte Luca gefragt, und sie hatte genickt. «Ja, ich auch.»

Und dann war sie trotzdem mit ihm schwimmen gegangen.

Der Sommer war derart heiß, und die Frist nach ihrer Operation, während der sie nicht baden durfte, war endlich abgelaufen, und so verabredete sie sich mit ihm für die Zeit nach den Anwendungen am Vormittag. Sie beschlossen, das Mittagessen zu schwänzen, und liefen ausgelassen zu einem nahe gelegenen Waldsee. Er trug ihre Tasche, was sie rührte.

Und dann hatte er den Arm um sie gelegt. Ganz leicht, wie um sie zu schützen.

Am See waren nur wenige Menschen. Versteckt in kleinen Lichtungen, die der Wald in Ufernähe freigab, lagen Paare. Junge Familien mit kleinen Kindern planschten im Wasser, Gespräche und Lachen wurden von der dunkelglänzenden Fläche des Sees nahezu vollständig verschluckt.

Sie hatten sich eine Stelle möglichst weit abseits von allen anderen gesucht, gingen bis zu der Grenze, von der an hohes Schilfgras die nördliche Hälfte des Seeufers unzugänglich machte. Zum Umkleiden trennten sie sich noch einmal. Da sie ihren Badeanzug bereits unter dem Kleid getragen hatte, war sie als erste im Wasser. Sie war immer schon eine leidenschaftliche Schwimmerin gewesen und hatte es oft bedauert, daß sie als Sportlehrerin die meiste Zeit am Beckenrand zubringen mußte. Und dann die Operation ... So konnte sie es nach dieser langen Pause nicht mehr erwarten und schwamm wie erlöst mit kräftigen Zügen hinaus.

Erst als sie schon fast in der Mitte des Sees war, drehte sie sich um und beobachtete, wie er, jetzt eher blaß wirkend, vorsichtig über die kleinen Steine im seichten Wasser lief, sich kurz abkühlte, dann mit einem flachen Sprung eintauchte und mit schnellen Kraulbewegungen auf sie zukam.

Da überkam sie diese Mischung aus Übermut und Unsicherheit. Sie wartete nicht auf ihn, sondern schwamm so schnell sie konnte vor ihm davon.

Ja, sie war eine gute Schwimmerin, die Herausforderung kitzelte, und dieses so jähe Zurückschrekken vor diesem fremden Mann trieb sie zusätzlich an.

Es dauerte eine ganze Weile, bis sie ihn dicht hinter sich hörte. Und dann spürte sie plötzlich, wie er sie von hinten umfing. Gleich darauf war er über ihr, faßte sie um die Taille, drehte sie blitzschnell zu sich und küßte sie auf den Mund. Kurz hatte sie das Gefühl, er würde ihren Badeanzug durchbohren ..., doch dann stöhnte er kurz auf und lag auf einmal merkwürdig schwer auf ihr, der Druck seiner Arme ließ nach, und sie sah, wie er nach Luft rang.

«Was hast du?» rief sie erschrocken, und instinktiv stützte sie ihn.

«Einen Krampf.»

Sie sah mit Schrecken, daß sie zu weit vom Ufer entfernt waren, um dort gehört zu werden, die anderen Badenden erschienen klein wie bunte Insekten, und ebensowenig hilfreich.

«Keine Angst. Bleib ganz ruhig. Und leg dich auf den Rücken.»

Sie löste seine klammernden Hände von sich und drehte ihn mit geübtem Griff um. Er ließ es mit schmerzverzerrtem Gesicht geschehen.

«Ja, ganz ruhig ...», redete sie auf ihn ein. «Ich kenn' mich aus, ich bin Sportlehrerin, da muß man retten können. Streck dich aus. Ja, so. Du mußt nur ruhig liegen, wie wenn du eine Luftmatratze unter dir hättest.» Sie schwamm hinter ihn, umfaßte seinen Kopf wie eine Schale, die Finger unter seinem Kinn, die Daumen an seinen Schläfen und zog ihn, selbst rückwärts schwimmend, langsam in Richtung Ufer. Es strengte sie sehr an, gottlob war er nicht schwer und hielt sich ruhig. Er blieb verkrampft und stöhnte leise mit geschlossenem Mund. Doch als sie aufmunternd sagte: «Weißt du, daß man ewig so schwimmen kann? Wenn nur das Wasser warm genug ist ...», spürte sie, wie er sich etwas entspannte. Aber er atmete immer noch schwer und sagte nichts. Sie sah über seine Schulter auf seine Füße, die aus dem Wasser ragten – von Schmerz gekrümmt erschienen sie ihr wie knorrige Gewächse. Fremd.

In Ufernähe rief sie um Hilfe.

Ein kräftiger, nicht mehr ganz junger Mann stützte Luca auf dem Weg aus dem Wasser und blieb bei ihm, während sie Badetaschen und Kleider holte. Dann brachte der Mann sie beide mit dem Wagen zum Kurhotel zurück.

Luca ging es nicht gut, und sie mußten seinen Arzt verständigen. Während sie vor dessen Sprechzimmer warteten, meinte Luca, er habe vielleicht übertrieben, beim erstenmal nach dieser schweren Magenoperation. «Gleich Weltmeister sein wollen», lachte er mit verzerrtem Gesicht. Und dann entschuldigte er sich.

«Wofür denn?» hatte sie verständnislos gefragt.

«Ich habe dir den Tag verdorben.»

«Nein», hatte sie geantwortet und in Gedanken hinzugefügt: nicht den Tag – und nicht mein Leben.

Luca mußte nachoperiert werden, und man überwies ihn in das benachbarte Krankenhaus.

Sie, Paula, hatte am selben Nachmittag noch Erich angerufen, um ihm zu sagen, daß sie früher nach Hause käme ..., ja, so unbeschreiblich Heimweh ..., nein, nicht wegen der Kinder, sie wisse schon, daß die von seiner Schwester bestens versorgt würden, aber einfach Sehnsucht ... nach ihm ..., ja, nach ihm.

Sie hatten einiges nachbezahlen müssen, damals. Eine abgebrochene Kur kann einen teuer zu stehen kommen. Aber das war es ihnen wert gewesen.

Von Luca hatte sie nie mehr gehört.

«Trinkst du noch ein Glas Wein?»

Paula schüttelte schweigend den Kopf.

«Meine Liebe, du siehst müde aus. Willst du nicht schlafen gehen?»

«Du hast recht, morgen ist ein anstrengender Tag. Ich richte das Haus und das Gästezimmer her, und du kümmerst dich um die Einkäufe und um die Theaterkarten, ja?»

«Ich werde es nicht vergessen, auch die Autoinspektion», antwortete Erich tapfer. Er erhob sich langsam, und Paula sah mit Rührung, wie gebeugt und mager der ehemals hünenhafte Mann geworden war.

Am nächsten Morgen wurde sie wach, weil jemand sich geräuschvoll in Küche und Eßzimmer zu schaffen machte. Sie wunderte sich, denn die Hausangestellte, die ihnen jeden Tag zur Hand ging, kam normalerweise erst am späten Vormittag. Aber noch bevor Paula sich weitere Gedanken machen konnte, war sie wieder eingeschlafen.

Als sie etwa zwei Stunden später ausgeruht und in bester Laune zum Frühstücken kam, blieb sie überrascht an der Tür zum Eßzimmer stehen. Der Tisch war festlich gedeckt, Kerzen brannten, die Servietten, genau passend zu Service und Tischdecke, waren kunstvoll zusammengesteckt. Sie hatte gar nicht gewußt, daß er so etwas konnte.

«Was für eine Überraschung», rief sie laut.

Erich, der in seinem Sessel auf sie gewartet hatte, erhob sich. «Gefällt es dir?»

«Ja sehr!» antwortete sie. Bei sich dachte sie: «O Gott, er hat schon wieder alles durcheinandergebracht, morgen kommen sie doch erst, die Gäste.»

«Aber es hat doch keiner Geburtstag heute», sagte sie schließlich leise.

Erich lächelte. «Aber weißt du denn nicht mehr? Heute vor genau fünfzig Jahren?»

«Nein, heute ist auch nicht unser Hochzeitstag, Erich.»

«Aber Paula, weißt du wirklich nicht mehr?»

Paula legte nachdenklich den Kopf nach hinten, sah schräg in die Ferne, aber es wollte ihr nichts einfallen. «Was meinst du?»

«Ach, hast du das wirklich vergessen? Genau

fünfzig Jahre ist es jetzt her, wir waren zum erstenmal gemeinsam verreist, nach Italien. Und dann in Sirolo, diesem kleinen verwunschenen Dorf oben auf den Felsen, man mußte zum Baden eine sehr steile Treppe zum Meer hinuntersteigen. Wir waren übermütig, und so jung ...»

«Und dann?»

«Wir sind gleich am ersten Morgen weit aus der kleinen Bucht hinausgeschwommen. Du warst ja so eine bezaubernde Schwimmerin, flink und ausgelassen wie ein Delphin. Und ich immer hinter dir her. Aber das Wasser war um einiges frischer da draußen, und die Strömung bemerkten wir auch fast zu spät. Ja, und dann ...»

«Und dann?»

«Du warst schon weit voraus. Und da bekam ich auf einmal Angst, ich spürte, daß meine Kraft gegen die Strömung nicht reichte, und eine unbeschreibliche Panik, gegen die ich mich nicht wehren konnte, ergriff mich, ich bekam nicht mehr genügend Luft. «Das ist das Ende», dachte ich. Da hast du dich nach mir umgesehen – und schon warst du bei mir. Du hast mich auf den Rücken gedreht und gesagt, ich solle einfach ganz ruhig liegenbleiben. Du hast mir den Kopf gestreichelt und mich geschoben und «Keine Angst», hast du gesagt, «weißt du, daß man ewig so schwimmen kann ...»

«... ja ... wenn nur das Wasser warm genug ist», ergänzte Paula mit brüchiger Stimme, und plötzlich erhellte ein Lächeln ihr faltiges Gesicht.

FRANCISCO AYALA

Die Schwalben vom Vorjahr

So geht's: Als wir letztes Jahr wieder einmal in das Restaurant essen gehen wollten, das mir immer so gut gefallen hatte – weißt du noch? –, und feststellten, daß es dieses Restaurant nicht mehr gab, daß das Lokal geschlossen war und an den Mauern die Spuren des Brands noch zu sehen waren, der es zerstört hatte, da bedeutete das an jenem Tag keine große Betrübnis; wir suchten uns einen anderen Ort, an dem wir essen konnten, und ich dachte nicht mehr daran.

Aber jetzt, da du nicht bei mir bist, steht auf einmal das Bild jenes Restaurants mir wieder vor Augen, in das du mich immer zum Essen hinfuhrst, und beim Gedanken, daß es nicht mehr existiert, fühle ich mich auf eigenartige Weise tieftraurig und untröstlich. Wie gut gefiel es mir doch dort! Wie gern las ich in deinen Augen die Freude, wenn du sahst, daß es mir so gut gefiel! Wir bestellten immer das gleiche: einen trockenen Wermuth mit Eis und dann das gegrillte Fleisch, das ihre Spezialität war. Wir hatten unsern Wagen nebenan geparkt oder gegenüber, und fast immer mußten wir eine Weile an der Garderobe warten, ehe ein Tisch frei wurde. Die Blicke der Leute an den Tischen richteten sich alle für einen Moment auf dich und begegneten dann den meinen: Es war nur ein kurzer Moment. Vielleicht machte ich während des Wartens zum Zeitvertreib dir gegenüber auch einmal eine Bemerkung über die stämmige Figur der Geschäftsführerin, wenn man sie so nennen konnte, die mit ihrem rundlichen, Zufriedenheit ausstrahlenden Gesicht und den hellen Augen ganz auffallend – nicht wahr? – einem beleibten deutschen Politiker von damals glich; und du sagtest, ja, das stimme tatsächlich ... Jetzt ... wie der Schnee vom Vorjahr, wie die Früchte der Äcker ... wo ist unser Restaurant geblieben? Was ist daraus geworden?

Es wird andere geben; wir werden andere schöne Lokale finden und – für immer vereint, eng beisammen, deine Hand in der meinen, werden wir neue Augenblicke süßen Glücks erleben. Aber dieses Restaurant, von dem ich den Namen nie wußte, nicht einmal, an welcher Straße es stand, denn du hast mich immer in deinem Wagen hingefahren und ich brauchte mich nie darum zu kümmern, dieses Restaurant wird, wie die Schwalben vom letzten Sommer, nie mehr Zeuge sein, wird nie mehr unser Glück in seinen Mauern beherbergen ... Es hatte rot tapezierte Wände und glänzende lackierte Ablagen in der Garderobe.

OTTO FLAKE

Das Bild

Durch grüne Ebene mit Hürden und Vieh fährt ein Zug so kurvenlos, daß er einem Pfeil gleicht, dessen Spitze das Ziel treffen wird. Nicht einmal die Landesgrenze beirrt ihn, er wird sie überfliegen.

Das Ziel ist eine Stadt am Meer. In ihr wartet eine junge Frau, jünger als die Frau des Mannes, der im Zug sitzt und das Gefühl hat, selber der Pfeil zu sein, den die Kraft des Verlangens vom Bogen abschnellt.

Ein Mann, der seine Frau zurückläßt, um allein in die Ferien zu fahren, wo er nicht allein sein wird, ist eine bürgerliche Angelegenheit. Der bürgerliche Mensch pflegt einer Familie anzugehören, die sich durchs Land verzweigt. Es ist durchaus natürlich, daß eine der Schwestern der Frau des Mannes in dem Grenzstädtchen wohnt, das für den Zug kein Hindernis ist.

Der Mann im Zug hat die Schwägerin und den Schwager noch nie besucht. Er hat versprochen, das zu tun, sobald er in die Gegend kommt. Dem größeren Konflikt, der ihn bewegt und seine Frau und sein Abenteuer betrifft, gesellt sich der kleinere zwischen der Unlust auszusteigen, und der, Versteck zu spielen. Wenn er den Verwandten aus dem Weg geht, spielt er Versteck. Er haßt es, sich selbst auszuweichen.

Es gibt ideale Reisetage, und dieser gehört dazu. Der Zug gleitet hin wie schwerelos, und keine Erschütterung stört seinen Gang. Auch ohne jeden andern Grund möchte man in ihm sitzen bleiben bis zum Ende. Kein lästiger Reisegenosse; Buch und Zigarette sind bessere Freunde. Es ist, als fahre man im eignen Wagen, in der Obhut aufmerksamen Personals, das sich diskret durch den Gang bewegt. Und der Himmel draußen ist silbergrau verhängt.

Er braucht seinen Wunsch nur auszusprechen und man wird alles erledigen, damit er sitzen bleiben kann. Aber er beginnt sein Gepäck zu ordnen. Er erlegt sich einen Abend auf, an dem sie ihn von seiner Frau unterhalten werden.

Da er sich nicht angemeldet hat, steht er einen Augenblick im Wohnzimmer des Schwagers allein. An der Wand hängen Familienbilder. Er erblickt eines, das er nicht kennt, aber sofort erkennt, denn es stellt seine Frau in jungen Jahren dar.

Noch während er die Erschütterung empfindet, tritt seine Schwägerin ein. Er wendet sich ihr zu; es ist jetzt nicht die Zeit, die verwickelten Gefühle zu ordnen, die das Bild an der Wand in ihm erregt. Er drängt sie zurück, wie man, wenn an die Tür geklopft wird, den Inhalt eines geöffneten Koffers zurückstopft. Aber er weiß, daß er nur auf den Augenblick wartet, wo der Koffer wieder aufspringt – später, wenn er allein ist.

Er kommt im Verlauf des Abends zwanzigmal an dem Bild vorüber und streift es jedesmal mit einem Blick. So jung, wie sie auf dem Bild ist, hat er sie nicht gekannt. Sie mag darauf zwanzigjährig sein. Als er sie kennenlernte, war sie fünfundzwanzig.

Zuletzt, da er das ja wohl darf, nimmt er das Bild von der Wand und betrachtet es am Licht. Die glatte Stirn mit dem reizenden Haaransatz, die zart geschwellte Brust, die strahlende Wärme der Augen – er ist in die Zwanzigjährige verliebt, als er das Bild wieder an seinen Platz hängt.

Es ist ihm, als sei er bei Fremden zu Besuch, erblicke die Fotografie eines Mädchens, das offenbar zur Familie gehört, und fühle den Wunsch, sie eintreten zu sehn. So stark ist diese Verzauberung, daß nicht viel fehlt und er hätte den Schwager gefragt, wie man in solchen Fällen zu tun pflegt: wer die junge Frau an der Wand sei.

Als er endlich auf seinem Zimmer allein ist, klopft es noch einmal. Die Schwägerin reicht ihm ein Album herein. Sie hat sein Interesse bemerkt. Er werde, erklärt sie, in dem Album das Bild an der Wand und eine Reihe andrer finden.

Er entdeckt unter den Bildern ein zweites, das er nicht kennt, wohl von einem Fotografen aufgenommen, der für die erste Gesellschaft zu arbeiten gewohnt ist. Es stellt das junge Mädchen als junge Dame dar, in Hut und Schneiderkostüm, in schlanker Eleganz.

Er erinnert sich, wie tief es ihn befriedigte, als er in den Zeiten ihrer ersten Bekanntschaft sah, daß sie nicht nur im Hauskleid reizvoll war. Das Mollige hat seine Rechte. Aber das Gefühl für eine Frau vertieft sich, wenn sie sich mit dem Abstand umgeben kann, der der Dame bewilligt wird.

Unerwartet ist er von der Vergangenheit umfangen. In der Sofaecke eine Zigarette rauchend, verwandelt er sich in den Mann, der er vor fünfzehn Jahren gewesen war. Er hat sich dem Mädchen noch nicht erklärt, aber es füllt ihn aus. Er ahnt die Süße, die ihre Weiblichkeit verspricht; er ist von ihren Hüften, ihren Schultern benommen, beglückt.

Der Mann in ihm, der fünfzehn Jahre älter ist, weiß, daß sie, als sie seine Frau wurde, alles erfüllt hat, was er von ihr träumte. Der Mann, der die Fotografien wie einer jener Könige in den morgenländischen Märchen betrachtet, die sich in das Bild einer fernen Prinzessin verlieben, träumt von der Erfüllung, die ihm zuteil werden könnte. Er löscht die fünfzehn Jahre aus, denn sie liegen noch vor ihm. Er begehrt, er ist in voller Entfaltung seiner ersten Jugend.

Er erhebt sich, um in der Reisemappe die Fotografie seiner Frau zu suchen. Es ist ihre letzte Fotografie, die sie ihm am fünfzehnten Jahrestag ihrer

Hochzeit geschenkt hat. Er zögert; er hat Angst, daß dieses Bild sich nicht gegen das des jungen Mädchens behaupten kann.

Er findet das Zögern unwürdig und stellt dieses Bild vor sich. Die Züge sind verändert, die Jahre nicht spurlos vorübergegangen.

Er stellt die zwei Bilder nebeneinander. Die Liebe, die er für die Zwanzigjährige empfindet, setzt ihn instand, das junge Mädchen in den Zügen der Vierzigjährigen zu erkennen. Das Mädchen durchbricht das Gesicht der Frau, ein Sturm von Gefühlen geht durch ihn.

Er denkt: Fünfzehn arme, kurze Jahre, und aus dem Zeichen der Jugend sind wir unter das des Alters getreten. So grausam ist das, daß nur Güte hilft, und Güte ist Wissen um diese Grausamkeit.

Die Güte verlangt, daß er seiner Gefährtin nicht weh tut. Also verlangt sie, daß er die Reise zum Meer nicht fortsetzt. In seiner Brieftasche ruht das Bild der Frau, die er am Meer treffen soll. Er legt die Brieftasche auf den Tisch neben die Bilder.

Wenn er sie öffnet, wird er ein drittes Bild in der Hand halten. Wenn er dieses Bild betrachtet, wird es mit seinem jungen, feurigen Reiz so zu ihm sprechen wie das Bild der Zwanzigjährigen, und es wird ihre Züge auslöschen.

Er nimmt das Bild aus der Brieftasche und legt es, die Rückseite nach oben, vor die beiden andern. Wird er den Mut haben, es umzudrehen? Wird er den Mut haben, zu verzichten?

Mut ist beides – und in gewissen Augenblicken alles Symbol, selbst eine so unscheinbare Handlung, wie die, ein Bild nicht umzuwenden.

HEINRICH VON KLEIST
Anekdote

Bach, als seine Frau starb, sollte zum Begräbnis Anstalten machen. Der arme Mann war aber gewohnt, alles durch seine Frau besorgen zu lassen; dergestalt, daß, da ein alter Bedienter kam und ihm für Trauerflor, den er einkaufen wollte, Geld abforderte, er unter stillen Tränen, den Kopf auf einen Tisch gestützt, antwortete: «Sagt's meiner Frau.» –

CLARICE LISPECTOR
Familienbande

Endlich saßen die Mutter und die Frau bequem in dem Taxi, das sie zum Bahnhof bringen sollte. Die Mutter zählte und zählte die beiden Handkoffer, bemüht, sich zu überzeugen, daß beide im Wagen waren. Die Tochter mit ihren dunklen Augen, denen ein leichtes Schielen einen ständigen Anflug von Spott und Kälte gab, schaute zu.

«Hab ich auch nichts vergessen?» fragte die Mutter zum drittenmal.

«Nein, nein, du hast nichts vergessen», antwortete die Tochter amüsiert, aber geduldig.

Sie stand noch unter dem Eindruck der halb komischen Szene, die sich zwischen ihrer Mutter und ihrem Mann in der Abschiedsstunde abgespielt hatte. Während der zwei Besuchswochen der alten Dame hatten die beiden sich gegenseitig kaum ertragen; in ihrem «Guten Morgen» und «Guten Abend» hatte jedesmal ein behutsames Zartgefühl mitgeklungen, das zum Lachen reizte. Als sie jedoch beim Abschied ins Taxi stiegen, hatte ihre Mutter sich in die exemplarische Schwiegermutter und ihr Mann sich in den guten Schwiegersohn verwandelt. «Verzeih, wenn ich ein böses Wort gesagt habe», hatte sich die alte Dame entschuldigt, und Catarina hatte zu ihrer Freude gesehen, daß Antônio, unschlüssig, was er mit den Koffern in der Hand machen sollte, verlegen stammelte – verwirrt, plötzlich der gute Schwiegersohn zu sein. «Wenn ich lache, denken sie, ich bin verrückt geworden», hatte Catarina gedacht und hatte die Augenbrauen gerunzelt. «Wer einen Sohn verheiratet, verliert einen Sohn, wer eine Tochter verheiratet, gewinnt einen dazu», hatte die Mutter hinzugefügt, und Antônio hatte seine Grippe ausgenutzt, um zu husten. Boshaft beobachtete Catarina ihren Mann: Seine Sicherheit war verflogen und machte einem dunkelhäutigen kleingewachsenen Mann Platz, der gezwungen war, der Sohn jener grauhaarigen kleinen Frau zu sein ... Die Lust zu lachen wurde noch stärker. Glücklicherweise mußte sie nie lachen, wenn sie Lust dazu verspürte; ihre Augen nahmen einen klugen, beherrschten Ausdruck an, sie schielten noch mehr – und das Lachen drang durch die Augen. Es schmerzte immer ein bißchen, lachen zu können. Doch sie konnte nichts dagegen tun: Seit ihrer Kindheit lachte sie mit den Augen, seit eh und je schielte sie.

«Ich sage es noch einmal: Der Kleine ist zu dünn», meinte die Mutter, während sie sich gegen das Rütteln des Wagens wehrte. Und obgleich Antônio nicht dabei war, sagte sie es in demselben herausfordernden und anklagenden Ton, den sie ihm gegenüber anschlug. Mit dem Erfolg, daß Antônio eines Abends in Harnisch geraten war:

«Nicht durch meine Schuld, Severina!» Er nannte die Schwiegermutter «Severina», da er vor der Hochzeit vorgeschlagen hatte, sie sollten doch eine moderne Schwiegermutter und ein moderner Schwiegersohn sein. Gleich beim ersten Besuch, den die Mutter dem Paar machte, war der Name «Severina» nur mühsam über seine Lippen gekommen, und diesmal hatte die Tatsache, daß er sie so nannte, nicht verhindert, daß ... Catarina sah die beiden an und lachte. «Der Kleine ist immer dünn gewesen, Mama», sagte sie.

Das Taxi fuhr eintönig weiter.

«Dünn und nervös», fügte die Senhora mit Entschlossenheit hinzu.

«Dünn und nervös», pflichtete Catarina nachsichtig bei.

Der Junge war ein nervöses, zerstreutes Kind. Während des Besuchs der Großmutter war er noch abwesender geworden, er hatte schlecht geschlafen, verstört von den übertriebenen Liebkosungen und den verliebten Tätscheleien der alten Dame. Antônio, der sich nie sonderlich um die Empfindsamkeit seines Sohnes gesorgt hatte, war so weit gegangen, Andeutungen vor seiner Schwiegermutter darüber zu machen, wie man «Kinder umhegen müsse».

«Habe ich auch nichts vergessen ...», fing die Mutter wieder an, als ein plötzliches Bremsen des Wagens die beiden gegeneinanderstieß und die Koffer übereinanderfielen. «Ah! Ah!» rief die

Mutter aus wie vor einem nicht wiedergutzumachenden Unglück. «Ah!» sagte sie und schüttelte überrascht den Kopf, plötzlich alt und arm geworden. Und Catarina?

Catarina sah die Mutter an, die Mutter sah die Tochter an; war auch Catarina ein Unglück zugestoßen? Überrascht blinzelten ihre Augen, hastig stellte sie wieder die Gepäckstücke, die Tasche aufrecht hin, bemüht, das Unheil so rasch wie möglich gutzumachen. Denn es war tatsächlich etwas geschehen, es ließ sich nicht verbergen: Catarina war gegen Severina geschleudert worden, in eine längst vergessene Vertrautheit der Körper, die aus einer Zeit stammte, in der man Vater und Mutter hat. Obwohl sie sich nie wirklich umarmt oder geküßt hatten. Mit dem Vater, ja, mit ihm war Catarina immer zärtlicher gewesen. Wenn die Mutter ihnen die Teller füllte und sie zwang, zuviel zu essen, hatten die beiden sich angesehen wie Verschworene, und die Mutter hatte es nicht gemerkt. Doch jetzt, nach dem Zusammenstoß im Taxi und nachdem sie wieder richtig saßen, fanden sie nicht mehr zu ihrem Gespräch zurück – warum waren sie noch nicht am Bahnhof?

«Habe ich auch nichts vergessen?» fragte die Mutter mit entsagender Stimme.

Catarina wollte sie nicht mehr ansehen und ihr auch nicht antworten.

«Hier, deine Handschuhe!» sagte sie, hob sie vom Boden auf und hielt sie ihrer Mutter hin.

«Ah! Ah! Meine Handschuhe!» rief die Mutter verblüfft.

Sie sahen sich erst wieder mit lauernden Blicken an, als die Koffer im Zug verstaut waren, nachdem sie Küsse getauscht hatten: als der Kopf der Mutter im Fenster erschien.

Nun sah Catarina, daß ihre Mutter gealtert war und glänzende Augen hatte.

Der Zug fuhr nicht ab, und beide warteten, ohne etwas zu sagen zu haben. Die Mutter zog ihren Taschenspiegel hervor und musterte sich prüfend mit ihrem neuen Hut, den sie beim Hutmacher ihrer Tochter gekauft hatte. Sie betrachtete sich und machte dabei eine übertrieben strenge Miene, in der es nicht an Bewunderung für sich selbst fehlte. Die Tochter beobachtete sie belustigt. «Niemand kann dich lieben außer mir», dachte die Frau, mit den Augen lachend; und das Gewicht der Verantwortung gab ihr einen Geschmack von Blut im Mund. Als seien «Mutter und Tochter» Leben und Ekel. Nein, sie konnte nicht sagen, daß sie ihre Mutter liebte. Ihre Mutter tat ihr weh, das war es. Die Alte hatte den Spiegel wieder in ihrer Tasche verwahrt und blickte sie lächelnd an. Ihr abgelebtes und trotzdem noch schlaues Gesicht schien sich anzustrengen, den anderen irgendeinen Eindruck zu vermitteln, zu dem auch der Hut beitrug. Plötzlich schellte die Bahnhofsglocke, ein ängstliches Hin und Her entstand, mehrere Personen begannen zu rennen, weil sie glaubten, der Zug fahre ab:

«Mama!» sagte die Frau. «Catarina!» sagte die Alte. Beide sahen einander überrascht an, der Koffer auf dem Kopf eines Gepäckträgers verstellte ihnen die Aussicht, ein junger Mann packte im Vorbeilaufen Catarina am Arm und brachte dabei den Kragen ihres Kleides in Unordnung. Als sie einander wieder sehen konnten, war Catarina drauf und dran, sie zu fragen, ob sie nichts vergessen hatte ...

«Habe ich auch nichts vergessen?» fragte die Mutter.

Auch Catarina kam es so vor, als hätten sie etwas vergessen, und beide starrten sich fassungslos an – denn wenn sie wirklich etwas vergessen hatten, jetzt war es zu spät.

Eine Frau zerrte ein Kind hinter sich her, das Kind weinte, wieder läutete die Stationsglocke ... «Mama», sagte die Frau. Was hatten sie nur einander zu sagen vergessen? Und jetzt war es zu spät. Es schien ihr, als hätten sie eines Tages folgendes sagen sollen: «Ich bin deine Mutter, Catarina.» Und sie hätte antworten sollen: «Und ich bin deine Tochter.»

«Paß auf, daß du keinen Luftzug abbekommst!» rief Catarina.

«Na, hör mal, Kleines, ich bin doch kein Kind mehr», sagte die Mutter, nicht ohne um ihre eigene Erscheinung besorgt zu sein. Die sommersprossige Hand, ein wenig zittrig, rückte vorsichtig den Hutrand zurecht, und Catarina verspürte plötzlich das Verlangen, sie zu fragen, ob sie mit ihrem Vater glücklich gewesen sei: «Viele Grüße an Tantchen!» rief sie.

«Ja, ja!»

«Mama», sagte Catarina, weil ein langer Pfiff ertönt war und die Räder sich in dem Rauch schon drehten.

«Catarina!» sagte die Alte mit offenem Mund und verwunderten Augen; beim ersten Ruck sah die Tochter, wie sie die Hände zum Hut hob: Er war ihr auf die Nase gerutscht und ließ nur noch das neue Gebiß sehen. Schon fuhr der Zug, und Catarina winkte. Das Gesicht der Mutter verschwand einen Augenblick und tauchte wieder ohne Hut auf, ihr Haarknoten löste sich auf, und in weißen Strähnen fiel ihr Haar wie bei einem jungen Mädchen auf ihre Schultern – ihr Gesicht war vorgeneigt, ohne zu lächeln, vielleicht ohne die schon ferngerückte Tochter zu erkennen.

Vom Rauch umgeben machte Catarina sich auf den Heimweg, die Brauen gerunzelt und in den Augen die Verschmitztheit der Schielenden. Ohne die Begleitung der Mutter gewann sie ihren festen Gang wieder: Allein war es leichter. Einige Männer sahen ihr nach, sie war sanft, ein wenig füllig vielleicht. Sie ging ruhig, modern gekleidet, das kurzgeschnittene Haar mahagonirot gefärbt. Die Dinge hatten sich in einer Art und Weise eingerichtet, daß die schmerzliche Liebe ihr vorkam wie Glück – alles war so lebendig und zärtlich ringsum, die schmutzige Straße, die uralten Straßenbahnen,

Orangenschalen –, schwer und üppig floß die Kraft durch ihr Herz. Sie war sehr hübsch in diesem Augenblick, so elegant; in völliger Übereinstimmung mit ihrer Zeit und der Stadt, in der sie geboren worden war, als hätte sie es sich so ausgesucht. Jeder hätte in den schielenden Augen dieser Frau ihren Gefallen an den Dingen der Welt erraten. Eindringlich spähte sie nach den Menschen und versuchte ihre Freude, die noch feucht war von den um die Mutter geweinten Tränen, an jene austauschbaren Gestalten zu heften. Sie ging von den Wagen fort und schmuggelte sich spöttisch umherspähend durch die wartenden Schlangen an den Omnibus heran; nichts würde diese kleine Frau, die da mit wiegenden Hüften ging, daran hindern, in ihren Tagen noch eine geheimnisvolle Stufe zu erklimmen.

Der Aufzug summte in der Hitze, die vom Strande kam. Sie öffnete ihre Wohnungstür, während sie mit der anderen Hand das Hütchen abnahm; sie schien entschlossen, die Weite der ganzen Welt zu genießen, jenen durch ihre Mutter geöffneten Weg, der ihr in der Brust brannte. Antônio hob kaum die Augen von seinem Buch. Der Samstagnachmittag hatte stets ihm gehört, und gleich nach Severinas Abreise hatte er ihn am Schreibtisch wieder mit Vergnügen in Besitz genommen.

«Ist ‹sie› fort?»

«Ja, sie ist fort», antwortete Catarina und stieß die Tür zum Kinderzimmer auf. Ah, ja, da war der

Kleine, dachte sie mit plötzlicher Erleichterung. Ihr Sohn. Dünn und nervös. Seit er stehen konnte, ging er stramm; doch obwohl er schon fast vier Jahre alt war, sprach er, als gäbe es keine Zeitwörter, er benannte die Dinge einfach nur, ohne sie miteinander zu verbinden. Da stand er und spielte mit dem nassen Handtuch, konzentriert und abwesend. Die Frau spürte eine wohlige Wärme und hätte den Kleinen am liebsten für immer an diesen Augenblick gefesselt; scheltend nahm sie ihm das Handtuch weg: dieses Kind! Doch der Junge blickte gleichgültig in die Luft, er war mit sich selbst beschäftigt. Er war immer zerstreut. Es war noch keinem gelungen, seine Aufmerksamkeit wirklich zu fesseln. Die Mutter schüttelte das Handtuch aus und verdeckte sich damit den Blick auf das Zimmer. «Mama», sagte der Junge. Catarina drehte sich rasch um. Es war das erstemal, daß er «Mama» in diesem Ton sagte und ohne um etwas zu bitten. Es war mehr als eine Feststellung: «Mama!» Die Frau schüttelte das Handtuch heftig weiter und überlegte, wem sie erzählen könnte, was geschehen war, aber sie wußte niemanden, der verstanden hätte, was sie nicht zu erklären vermochte. Kräftig glättete sie das Handtuch, bevor sie es zum Trocknen aufhängte. Vielleicht könnte sie es erzählen, wenn sie die Form veränderte. Sie würde erzählen, daß ihr Sohn gesagt hatte: «Mama, wer ist Gott?» Nein, vielleicht so: «Mama, Junge will Gott.» Vielleicht. Die Wahrheit paßte nur in

Sinnbilder, nur in Sinnbildern konnte der Mensch sie empfangen. Lächelnd über ihre Notlüge und vor allem über ihre Torheit, vor Severina zu fliehen, lachte die Frau tatsächlich unerwartet das Kind an, und nicht nur mit den Augen: Ihr ganzer Körper lachte gebrochen, gebrochen war eine Hülle, und eine Rauheit trat zutage wie Heiserkeit. «Häßlich», sagte jetzt der Junge, der sie musterte.

«Wir wollen spazierengehen!» antwortete sie errötend und ergriff seine Hand.

Sie ging durchs Wohnzimmer, sagte im Vorbeigehen zu ihrem Mann: «Wir gehen aus!» und schlug die Wohnungstür hinter sich zu.

Antônio fand kaum Zeit, den Blick vom Buch zu heben – überrascht spähte er in den leeren Raum. «Catarina», rief er, aber schon hörte er das Geräusch des abwärts fahrenden Aufzugs. «Wohin gehen sie?» fragte er sich unruhig, hustend und schnaubend. Denn der Samstag gehörte ihm, aber er wünschte, daß seine Frau und sein Sohn zu Hause blieben, wenn er seinen Samstag nahm. «Catarina!» rief er verärgert, obwohl er wußte, daß sie ihn nicht mehr hören konnte. Er stand auf, trat ans Fenster und sah eine Sekunde später seine Frau und seinen Sohn auf dem Gehsteig.

Die beiden waren stehengeblieben, vielleicht überlegte seine Frau, welchen Weg sie einschlagen sollten. Plötzlich gingen sie los.

Warum schritt sie so entschlossen aus und hielt dabei das Kind fest? Er sah vom Fenster aus, wie seine Frau die Hand des Kindes festhielt und rasch vorwärts schritt, die Augen vorausgerichtet; und auch ohne sie zu sehen, sah der Mann ihren verhärteten Mund vor sich. Das Kind, man wußte nicht, aus welch dunklem Begreifen, blickte auch geradeaus, verwundert und einfältig. Von oben betrachtet, verloren die beiden Gestalten ihr vertrautes Aussehen, sie schienen auf den Boden gepreßt und dunkler im Licht des Meeres. Das Haar des Kindes flog …

Der Mann wiederholte sich die Frage, die ihn trotz ihrer unschuldigen Alltäglichkeit beunruhigte: «Wohin gehen sie?» Er sah besorgt, daß seine Frau das Kind führte, und fürchtete, sie könne in dem Augenblick, in dem die beiden außer Reichweite waren, seinem Sohn erklären, daß … Aber was? «Catarina», dachte er. «Catarina, das Kind ist noch unschuldig!» In welchem Augenblick geschieht es, daß die Mutter, die ihr Kind an sich drückt, es in das Gefängnis der Liebe zwängt, die den künftigen Mann für immer beengen wird. Später einmal, als Mann, würde sein Sohn allein vor diesem Fenster hier stehen und mit dem Finger an die Scheibe klopfen: Gefangen. Gezwungen, einem Toten zu antworten. Wer würde je erfahren, in welchem Augenblick die Mutter dem Sohn ihre Erbschaft übergab. Und mit welch düsterem Vergnügen. Nun verstanden Mutter und Sohn einander in dem geteilten Geheimnis. Später würde niemand mehr wissen, aus welch schwarzen Wurzeln sich die

Freiheit eines Mannes nährte. «Catarina», dachte er zornig, «das Kind ist unschuldig!» Aber sie waren schon am Strand verschwunden. Das geteilte Geheimnis.

«Aber ich? Und ich?» fragte er bestürzt. Die beiden waren allein fortgegangen. Und er war geblieben. *Mit seinem Samstag.* Und seiner Grippe. In der aufgeräumten Wohnung, wo «alles wie am Schnürchen lief». Wer weiß, ob seine Frau mit seinem Sohn nicht vor dem Wohnzimmer mit seiner harmonischen Beleuchtung, mit seinen ausgesuchten Möbeln, mit seinen Vorhängen und Bildern floh? Das hatte er ihr geschenkt. Die Wohnung eines Ingenieurs. Und er wußte, wenn die Frau die Situation eines jungen, zukunftsreichen Mannes ausnutzte, so verachtete sie sie zugleich, mit ihren schlauen Augen: Sie floh mit seinem nervösen, mageren Sohn. Der Mann wurde unruhig. Weil er ihr auch in Zukunft nichts anderes bieten konnte als noch mehr Erfolg. Und weil er wußte, daß sie ihm dabei helfen würde und daß sie hassen würde, was sie zusammen erreichten. So war diese stille zweiunddreißigjährige Frau, die eigentlich niemals sprach, als hätte sie schon immer gelebt. Die Beziehungen zwischen beiden waren sehr ruhig.

Manchmal versuchte er sie zu demütigen und trat ins Zimmer, während sie sich umzog, weil er wußte, daß sie es haßte, nackt gesehen zu werden. Warum mußte er sie demütigen? Dennoch wußte er genau, daß sie nur einem Manne gehören würde, solange sie stolz war. Er hatte sich jedoch angewöhnt, sie auf diese Weise weiblich zu machen: Er demütigte sie mit Zärtlichkeit, und schon lächelte sie – ohne Groll? Vielleicht waren aus all dem ihre friedlichen Beziehungen entstanden und jene mit ruhiger Stimme geführten Gespräche, die eine häusliche Atmosphäre für das Kind geschaffen hatten. Oder war es manchmal gereizt? Manchmal war der Junge gereizt, er stampfte mit dem Fuß auf den Boden oder schrie in Alpträumen. War das hochgradig sensible kleine Geschöpf nicht das Ergebnis dessen, was seine Frau und er im Alltag erfahren hatten? Sie lebten so ruhig dahin, daß sie sich, wenn ein Augenblick der Freude nahe war, nur rasch und fast spöttisch anblickten, und ihrer beiden Augen sagten: «Wir wollen ihn nicht verbrauchen, wir wollen ihn nicht auf lächerliche Weise nutzen.» Als lebten sie seit Urzeiten.

Nun hatte er ihr durchs Fenster nachgeblickt, hatte sie mit dem Jungen Hand in Hand davonlaufen sehen und hatte sich gesagt: «Sie nimmt sich einen Augenblick der Freude – allein.» Er fühlte sich gescheitert, weil er seit langem nicht mehr ohne sie leben konnte. Ihr aber gelang es, sich ihre eigenen Augenblicke zu nehmen – allein. Zum Beispiel: Was hatte sie zwischen Zug und Wohnung gemacht? Nicht, daß er sie verdächtigt hätte, aber es beunruhigte ihn.

Das letzte Licht des Nachmittags war schwer und legte sich ernst auf die Gegenstände. Der Sand knisterte trocken. Der ganze Tag hatte unter der Bedrohung der Ausstrahlung gelitten. Die in diesem Augenblick, wenn auch ohne auszubrechen, immer dumpfer wurde und in dem unablässig fahrenden Aufzug des Gebäudes summte. Wenn Catarina zurückgekehrt war, würden sie zu Abend essen und dabei die Nachtfalter verscheuchen. Der Junge würde im ersten Schlaf schreien, Catarina würde für einen Augenblick die Mahlzeit unterbrechen … und der Aufzug, würde er nicht einen einzigen Augenblick anhalten? Nein, der Aufzug würde keinen Augenblick anhalten.

«Nach dem Abendessen gehen wir ins Kino», beschloß der Mann. Denn nach dem Kino würde es endlich Nacht sein, und dieser Tag würde sich mit den Wellen an den Felsen des *Arpoador* brechen.

SIDONIE-GABRIELLE COLETTE

Geheimnisse

«Es ist keine Verlobungsfeier, nein ... Aber niemand läßt sich täuschen. Morgen bin ich gezwungen – wenn ich nicht einen Skandal riskieren will –, überall auszuposaunen, daß Claudie Grey sich mit André Donat verlobt hat. Die Kleine hat ausschließlich mit ihm getanzt, und die beiden haben sich unter unseren Freunden lauter Komplicen gewonnen. Selbst Charles ...»

Madame Grey suchte mit den Augen ihren Mann und sah ihn an einem Pokertisch sitzen. «Na also, er fährt sich wieder mit dem Daumennagel über die Lippe. Wieder ... und immer wieder ... Vergangene Woche habe ich ihn kein einziges Mal dabei ertappt, daß er sich mit dem Daumennagel über die Lippe fuhr. Das kommt von diesem enervierenden Wetter, wo ewig kein Gewitter ausbrechen will ...» Sie seufzte, ließ den Blick auf ihrer Tochter und André Donat ruhen, die zum Klang eines Pianola tanzten. Claudie war ihr Abbild, genauso groß wie sie und so blond, wie sie es im selben Alter gewesen war.

«Blond ... nicht mehr lang. Dieses Blond bleicht bald, davon kann ich was erzählen. Aber die Kleine sieht gut aus, heute abend. Wirklich gut.

Ihrer Mutter würdig. Was das Gesicht betrifft, ist es verblüffend ähnlich, trotz dieser Verkleinerung der Züge. Weniger Nase, aber leider auch weniger Augen; Gott sei Dank weniger Mund als ich ... Sie ist wirklich gut ausgefallen. Ich kann sie sozusagen getrost signieren. Und ein braves Mädel ... Ah! Wie nah es mir geht, zu wissen, daß alles aus ist und sie mich verlassen wird! Ich singe ihr Lob, als ob ...»

Sie zügelte gewaltsam ihren Gedankengang und klopfte abergläubisch an das vergoldete Holz eines Fauteuils. Madame Grey brachte ihrer einzigen Tochter eine erfahrene Zärtlichkeit entgegen, die Verblendung ausschloß, eine Art kritischer Ergebenheit, wie sie den Trainer an den Champion bindet. Ihr gesunder Menschenverstand, ihr moralisches und physisches Gleichgewicht hatten sie meist unbestechlich und streng gegenüber weiblichen Schwächen gemacht, die sie nicht teilte: «Was, Migräne? Du hast Migräne? Wo hättest du dir denn Migränen aufgelesen, wenn ich doch nie wußte, was das ist! ... Einen tiefen Chignon? Du willst einen tiefen Chignon tragen? Dummes Gänschen, nichts stand mir schlechter in deinem Alter ... Dir paßt am besten eine helmartige Frisur mit freiem Nacken: Sieh dir doch mein Porträt von Ferdinand Humbert an!»

Madame Grey liebte in ihrer Tochter ein Mädelchen aus dem Jahre 1885, mit kurzem Röckchen und nackten Beinen, das in kaltem Wasser badete;

ein junges Mädchen von 1895, hoch zu Roß im Bois, mit Mozartzopf unter schwarzer Melone; eine «brave Kleine», leicht lenkbar, ein bißchen waghalsig, makellos wie ein rassiges Füllen; eine «große Hopfenstange», der nervöse Anfälle etwas Unbekanntes waren und die bei ihrer ersten Niederkunft nie und nimmer drei Ärzte bemühen würde …

Madame Grey maß ihren künftigen Schwiegersohn mit dem rachsüchtigen Auge der Schwiegermutter.

«Ja, er gilt als hübscher Junge. Und das Brot ist ihm schon vorgekaut, er übernimmt das Haus seines Herrn Papa. Neider, nichts als Neider wird diese Ehe finden. Und wenn ich meine Gedanken darüber verlauten ließe, würde ich was Schönes zu hören bekommen …!»

André Donat, der seinen Tango einen Augenblick unterbrach, um zum Buffet zu gehen, verbeugte sich im Vorübergehen vor Madame Grey, hauchte einen leichten Kuß auf ihre Hand, raubte ihr das kleine Taschentuch vom Handgelenk und entfloh lachend mit einem Aufblitzen seiner weißen Zähne. Madame Grey drohte ihm mit dem Fächer und lächelte ihm ohne Wohlwollen zu. Sie trat auf die Terrasse hinaus, setzte sich und atmete die staubdurchtränkte Frische des nächtlichen Bois ein. Ihre unbeugsamen fünfzig Jahre gaben ein wenig in der Einsamkeit nach, sie spürte ihre steifen Knie, und ihr stolzes Kreuz rief nach dem

Bett, nach dem gutgespannten Batistleintuch, der brennheißen und weichen Wärmflasche ...

«Er spielt mir gegenüber den Aufmerksamen, der Junge. Wie lange noch? ... Er hat mir beim Lachen seine vorspringenden Augenzähne gezeigt und seine kleinen Schneidezähne im Unterkiefer, sie sind zu kurz und wie abgefeilt: Brutalität, rasch aufwallende Sinnlichkeit ... Ich beklage meine Kleine, wenn sie hübsche Kammermädchen hat ... Und diese zu kurze Nase, der es an Urteilskraft fehlt ... Und dieses unten an der Wange angeklebte Ohrläppchen: ein Zeichen der Degeneration ... Übrigens hat er sich, als wir ihn besuchen waren, gerühmt, daß er nicht in Unordnung leben kann, daß er die Bücher nach der Farbe ihres Rükkens einreiht und daß er nachts aufsteht, um seine Schuhe über die Leisten zu ziehen ...»

Madame Grey erhob sich fröstelnd. Sie sah in der Erinnerung vor sich, der ganz jungen, aus allen Wolken gefallenen Frau, einen jungen Mann in Hemd und barfuß auf dem Mosaikboden eines Badezimmers stehen, einen jungen Mann, der ihr eben mit der schauerlichen Unschuld der Ahnungslosen gestand, er könne nicht einschlafen, wenn die Fransen der auf dem Handtuchständer hängenden Frottiertücher nicht in gleicher Höhe wären. «Es ist komisch, Liebste, sonst bin ich eher eine Bohemenatur, aber die Fransen der Frottiertücher ...»

«Das kann ich aber Claudie nicht sagen», dachte

Madame Grey erregt. «Nein. Das kann ich nicht. Wenn ich ihr das erzähle, und daß ich ihren Vater um ein Haar wegen dieses über die Lippe fahrenden Daumennagels verlassen hätte, würde sie lachen. Sie würde es nicht verstehen. Das sind übrigens auch Dinge, die man nicht erzählt. Man kann am Hochzeitsabend einem jungen Mädchen ängstliche, ungeschickte Worte ins Ohr flüstern, aber ich könnte ihr nie von den Fransen der Frottierhandtücher, noch von dem hundertmal über die Lippe fahrenden Daumennagel erzählen, noch ... oh! genug! genug! Auch sie wird mir Dinge verbergen ... kleine und schreckliche Dinge, Schimmelpilze am ehelichen Leben, Defekte, die einen männlichen Charakter an die Grenze des Kindischwerdens und des Irrsinns bringen ...»

«Meine arme Kleine ...», seufzte Madame Grey, richtete sich wieder zu voller Größe auf – freilich hatte ihre Figur an Zartheit verloren und an Majestät gewonnen – und kehrte in den Salon zurück. Sie nickte den beiden Boston Tanzenden nur leicht zu und beeilte sich, zum Pokertisch zu kommen. «Mach mir Platz, Charles, ihr seid nur zu viert.»

Sie hatte keinerlei Lust, Poker zu spielen. Aber sie setzte sich ihrem Gatten gegenüber, und ihre Hand, die Hand einer guten Gattin, ermahnte mit einem bedeutungsvollen Druck die ahnungslose Hand, die immer wieder, immer wieder mit dem Daumennagel über die Lippe fuhr ...

SULCHAN-SABA ORBELIANI

Die liebenden Ehegatten

Es waren einmal in Konstantinopel zwei Eheleute, die sich sehr liebten. Der Mann saß auf dem Markt, um etwas zu verkaufen. Eine Frau beobachtete ihn. Sie ging mehrmals um ihn herum, doch der Mann bemerkte ihre Liebe nicht. Da füllte die Frau eine Schale mit Wasser, deckte ein Platanenblatt darüber und stellte sie vor ihn hin.

Der Mann wunderte sich, begriff aber nichts. Er wurde krank.

Da sagte er zu seiner Frau: «Eine Frau hat mir dies angetan, seither bin ich krank und kann nicht wieder zu Kräften kommen.»

Die Frau erwiderte: «Die Frau hat sich in dich verliebt, und dadurch bist du krank geworden. Warum quälst du dich? Geh doch zu der Frau hin!»

Der Mann sagte: «Ich hab' keine Ahnung, wo sie wohnt.»

Da sagte seine Frau: «Wo vor dem Haus eine Platane steht und vor der Platane ein Becken ist, dort mußt du sie suchen, und dort wirst du sie finden!»

Da ging der Mann hin und fand den Ort. Die Tür des Hauses war verschlossen, und man öffnete ihm nicht. Da ging er heim und berichtete es seiner Frau.

Die Frau sagte: «Sie will nicht, daß du durch diese Tür hineingehst, geh durch eine andere hinein.»

Der Mann ging hin, trat durch eine andere Tür ein, traf die Frau an, und sie vergnügten sich miteinander und unterhielten sich.

Da kamen die Marktwächter und schlossen die Tür zu. Der Mann und die Frau boten ihnen viel Bestechungsgeld, doch die Wachen ließen sie nicht frei. Der Mann gab einem Wächter einen Pluri, schickte ihn zu seiner Frau und ließ ihr sagen: So ist es uns ergangen!

Die Marktwächter holten die beiden und warfen sie ins Gefängnis. Am nächsten Tag wollten sie sie vor den Kadi bringen und sie dann hinrichten.

Die Frau des Mannes schrieb dem Kadi einen Brief: «Gerechter Richter! Wann hat es das je während deiner Amtszeit gegeben, daß man Eheleute für ihr Beisammensein ergreift und ins Gefängnis wirft?»

Sie selbst hüllte sich in einen Umhang und ging dorthin, wo der Mann und die Hure gefangengehalten wurden. Sie flehte den Gefängniswächter an, der Mann sei ihr Geld schuldig, er möge sie zu ihm hineinlassen.

Nachdem der Wächter sie hineingelassen hatte, hüllte sie sich in den Umhang der Hure, hieß diese hinausgehen und setzte sich neben ihren Mann.

Als der Kadi ihr Schreiben erhielt, war er sehr gekränkt. Er schickte Männer aus und ließ die Festgenommenen und diejenigen, die sie festgenommen hatten, zu sich bringen. Die sie festgenommen hatten, schworen: «Sie haben gehurt, und wir haben sie dabei erwischt.»

Die Frau sagte: «Mein Vater ist der und der. Fragt ihn, ob ich die Frau dieses Mannes bin! Wenn ihr mich der Hurerei mit einem anderen Mann beschuldigt, so beleidigt ihr mich. Doch von der Hurerei mit meinem Mann kann ich mich durch kein Mittel befreien.»

MIRIAM LOEWY
Abrechnung mit Sechzig

Als die beiden vor vierzig Jahren heirateten, steckte Chaim Chaja einen alten Gardinenring an den Finger, während der Rabbiner die beiden zu Mann und Frau erklärte. Sie hatten damals weder Geld noch Zeit, sich in einer langen Zeremonie zu ergehen. Das Land der Juden war gerade als Staat anerkannt worden und mußte nun mit allen zur Verfügung stehenden Kräften aufgebaut werden.

In der Hochzeitsnacht gaben sich die beiden das Versprechen, einander weder zu verletzen noch zu betrügen. «Dazu ist das Leben zu kurz», sagte Chaim, und Chaja fragte: «Wenn aber doch etwas passiert und dir ein anderes Mädchen schöne Augen macht?» – «Es gibt kein schöneres Mädchen als dich», antwortete Chaim, der am nächsten Morgen früh auf das Feld mußte, und Chaja gab sich fürs erste zufrieden.

Aber nur fürs erste.

Sie wollte eine Absicherung haben, eine unumstößliche Gewißheit, daß *er* im Falle des Falles der erste sein würde, der sie über Abwege, fremde Versuchungen oder gar das Ende seiner Liebe zu ihr informieren würde und sie nicht der schundhaft erniedrigenden Erfahrung aussetzen würde, «schundhaft-erniedrigend», sagte sie so, wie sie es von ihrer Großmutter in ihrer Kindheit oft gehört hatte, wenn es um Niederträchtigkeiten und Schweinereien zwischen Menschen ging …

Sie hatten mit den Sümpfen und der Malaria zu kämpfen, mit den arabischen Nachbarn und mit der unerträglichen Hitze, die in manchem Jahr die Ernte verdorren ließ.

Nicht das eigene Glück stand im Vordergrund, sondern die Vision, ein Land aufzubauen für die Juden aus aller Welt. Die Sache mit dem persönlichen Glück und jetzt auch noch mit der Heirat machte Chaim ein schlechtes Gewissen.

Wichtig war, woher sie Baumaterialien für den Aufbau des Kibbuz bekommen würden, wie die wenigen Wege befestigt werden sollten, damit die heftigen Winterregen nicht jeden Pfad in einen braunen Erdbrei verwandeln würde. Wichtig war, ob man noch zwei oder drei Gewehre beantragen sollte, zur Verteidigung dieses winzigen Wehrdorfes, das sie möglichst schnell zu einem Kibbuz machen wollten. Und wichtig war noch, wen sie in ihre Gruppe aufnehmen würden, ein Thema, das immer wieder zu heftigen Diskussionen zwischen den sechsunddreißig Mitgliedern dieser kleinen Gemeinschaft führte, und Chaim wollte auf keinen Fall, daß diese wichtigen Fragen von schundhaften persönlichen Besitzansprüchen überschattet würden.

Er wußte aber genau, daß Chaja viel zu gescheit war, ihm unbedingte Treue bis ans Ende aller Tage abzuverlangen, sie verlangte nur Ehrlichkeit, wenn er sie – Gott behüte! – betrügen würde, und daß er sie nicht fremdem Hohn und Getuschel aussetzen würde.

Chaim mußte schon sehr früh vor Sonnenaufgang hinaus, die gerade angepflanzten Orangenhaine pflegen, dann auf die Felder und später in einen ebenso kleinen Nachbarort, wo junge Soldaten einen weiteren Kibbuz aufbauten, mit dem Arbeitsgerät und Erfahrungen ausgetauscht werden konnten.

Chaja arbeitete in der Wäscherei und in der Gemeinschaftsküche, und nachmittags erledigte sie die anstehenden Büroarbeiten. Sie war ausgebildete Krankenschwester und besuchte abends Kranke im eigenen Wehrdorf und in den kleinen Nachbarorten, sie war freundlich und bestimmt und sah, was die Krankenbetreuung betraf, ihre Hauptaufgabe darin, dafür zu sorgen, daß die Kranken möglichst schnell wieder arbeitsfähig wurden. Jeder einzelne wurde gebraucht, und jeder Arbeitsausfall bedeutete eine reale, schwere Belastung für die anderen.

Nur in seltenen Notfällen ließ man einen Arzt aus der Stadt kommen. Urlaub und Ferien gab es nicht, wollte man auch gar nicht haben, es ging um das Ziel, das Land bewohnbar zu machen und Tatsachen zu schaffen, die den Anspruch auf ein eigenes Land dokumentierten.

So geschah es oft, daß Chaim (was «Leben» bedeutet) und Chaja (zu deutsch «die Lebendige» oder «das Tier») einander nur eine halbe oder höchstens eine ganze Stunde am Tag sahen.

An ihren Geburtstagen schenkten sie sich Kleinigkeiten, eine Anemone vielleicht, die gerade zu blühen begann, eine Dose Oliven oder eine Flasche Limonade, manchmal war es aber auch nur ein seltsam geformter Stein oder eine erste Beere in dieser rauhen Landschaft.

Als Chaja zwanzig Jahre alt wurde, wollte Chaim ihr ein besonderes Geschenk machen; einen Gebrauchsgegenstand oder ein kleines Beet mit Radieschen. Es sollte aber etwas Besonderes sein, denn es war ihr erster Geburtstag nach der Heirat.

Aus der Gemeinschaftsküche ließ er sich zwei leere Dosen geben, um ihr vielleicht eine kleine Hibiskuspflanze in jede Dose zu pflanzen oder eine Kaktee.

Aus Deutschland kamen schlechte Nachrichten. Chaims Eltern und eine Lieblingstante, die nicht mit nach Palästina hatten fliehen wollen, als Chaim mit einer Jugendgruppe Abschied nahm, waren von der Gestapo verhaftet worden.

Chajas Eltern, die in Ungarn geblieben waren, weil sie sich nicht vorstellen konnten, irgendwo auf der Welt ein neues Leben zu beginnen, antworteten auf keine Post mehr. Chaja und Chaim sprachen nicht viel darüber, aber sie verbündeten sich noch mehr, als ahnten sie, daß sie allein die Garantie für das Überleben ihrer Familien waren.

Als Chaja am Morgen ihres Geburtstages aufstand, trat sie fast in die zwei leeren Dosen, die vor ihrem Bett standen. In der einen Dose lag ein zerknitterter Zettel, auf dem zu lesen stand:

> «Geliebte, in Eile, ich liebe Dich sehr und bitte Dich, schreib auf die eine Dose Deinen Namen und auf die andere meinen. Für jede schundhafte Begegnung wird jeder von uns jeweils eine Erbse in die Dose tun, und an meinem sechzigsten Geburtstag werden wir uns gegenseitig die Dosen übergeben, die Erbsen zählen und ihnen die Namen geben, die die Personen trugen, mit denen wir die Versuchung teilten. So können wir in den kommenden Jahren die kleinen Geheimnisse für uns bewahren und sie am Ende doch teilen. Erst zu meinem sechzigsten Geburtstag also, keinen Tag früher. Werde hundertzwanzig Jahre alt! Dein Chaim.»

Er hatte auch an diesem Morgen die kleine Holzbaracke, in der sie lebten, eilig verlassen, es waren noch ein paar Arbeiten im Orangenhain zu erledigen, bevor die Sommerhitze sich wieder schwer auf die ruppige Landschaft legte.

Die anderen Mitglieder des kleinen Wehrdorfs, vierunddreißig junge Männer und Frauen aus verschiedenen europäischen Ländern, Österreich, Ungarn, Polen, Deutschland, Frankreich und der Schweiz, machten sich auch in den frühen Morgenstunden an ihre Arbeit.

Der Älteste war sechsundzwanzig Jahre alt und hatte noch in Deutschland sein landwirtschaftliches Studium absolviert. Sie waren dem Aufruf einer zionistischen Gruppe gefolgt, hatten Theodor Herzls Vision, in Palästina einen jüdischen Staat aufzubauen, geteilt.* Die Idee des Kibbuz, einer sozialistischen Gesellschaft, in der kein individuelles, sondern nur gemeinschaftliches Eigentum produziert und wieder in das Gemeinwesen investiert wird, verband sie, und sie waren stolz, nichts zu besitzen und gemeinsam Schritt für Schritt alles herzustellen, was sie benötigten.

Einige von ihnen stammten aus wohlhabenden europäischen Familien, und es gehörte zu ihrem Stolz, keine Hilfe, weder materielle noch ideelle, von ihren Elternhäusern einzufordern.

Die Malaria machte ihnen zu schaffen, und die arabischen Nachbarn, die nicht schweigend hinnehmen wollten, daß sich Fremde in ihrem Land breitmachten, sorgten für manchen Konflikt. Das Heiraten und Gründen einer Familie wurde von den anderen Kibbuzniks mißtrauisch aufgenom-

---

* In seiner Schrift *Der Judenstaat* proklamierte Theodor Herzl (1860–1904) die Idee eines eigenständigen und autonomen jüdischen Staates.

men und kommentiert, denn es war tatsächlich noch kein Platz für Kinder da.

Erst drei Jahre nach der Heirat Chaims und Chajas heirateten die nächsten zwei Paare, und der Kibbuz verwandelte sich langsam in eine kleine Oase, deren Holzbaracken verschwanden und durch kleine Steinhäuser ersetzt wurden. Einige der Mitglieder starben an Malaria, andere starben während der immer wieder aufflammenden Kämpfe mit den arabischen Nachbarn.

In diese Zeit fiel die Geburt der ersten Kinder von Chaim und Chaja, Zwillinge, zwei Mädchen. Damit jeder seiner Arbeit nachgehen konnte, versorgten die Mitglieder abwechselnd die Kinder, keiner wollte sich auf die Küchenherd- und Kindererziehungsrolle festlegen lassen.

Dieses Verfahren führte dann später, als schon sechs Kinder im Kibbuz lebten, dazu, daß eines der kleinen Steinhäuser zum Kinderhaus erklärt wurde.

Alle Kibbuzmitglieder taten abwechselnd Dienst im Kinderhaus, auch die Mitglieder, die selbst noch keine Kinder hatten. Sie begannen, Avocadobäume zu züchten und Schleierkraut für den Export nach Europa anzupflanzen. Die ersten Traktoren wurden angeschafft, und ein richtiger Speisesaal wurde eingerichtet, die Mitgliederzahl wuchs auf hundertfünfzig an, und es bedurfte schon einer kleinen Verwaltung, um die Personalien, die Herstellung und den Vertrieb der im Kibbuz erzeugten Produkte zu organisieren.

Als die Kinder in das Schulalter kamen, errichteten einige Kibbuzim der Umgebung eine gemeinsame Schule für alle Kinder. Es gab einen Fahrdienst, der die Kinder zur Schule brachte und wieder abholte.

Einige der Lehrer waren Angestellte des Kibbuz und kamen jeden Morgen aus den Dörfern oder kleinen Städten der Umgebung zur Arbeit.

Es gab einen Produktionswettbewerb zwischen den Kibbuzim und auch spezielle Ausrichtungen der Produktion. Ein Kibbuz spezialisierte sich auf Früchteexport, ein anderer auf Tischlereiarbeiten, ein anderer wieder auf Obst- und Gemüseanbau für die Umgebung.

Der Fleiß und die Uneigennützigkeit der Kibbuzniks, wie die Mitglieder allenthalben genannt wurden, waren das Markenzeichen eines Teils der israelischen Gesellschaft. Die Kibbuzniks waren stolz auf ihre Leistungen, und die Gesellschaft war stolz auf sie.

Erzielte der Kibbuz viel Gewinne, konnten in manchen Jahren einige Kibbuzmitglieder zur Aus- und Fortbildung geschickt werden. Das neue Wissen und Können, das diese Mitglieder dann mitbrachten, wurde von allen als gemeinsames Eigentum angesehen, so daß kein Streit und Neid entstand.

Wie gesagt, dieses alte, rüstige Ehepaar, das alle Kriege des fünfzigjährigen Staates mitgemacht hat, lebt immer noch im selben Kibbuz, in dem sich im Laufe der Jahre vieles geändert hat. Heute wird den privaten Bedürfnissen der Mitglieder mehr Platz eingeräumt. Chaja und Chaim zogen vier Kinder groß und ließen keinen Tag in ihrer Arbeit für die Gemeinschaft aus, nicht einmal den Schabbat. Sie fühlten sich wie Pioniere und gaben sich alle Mühe, ihre Ideale an ihre Kinder weiterzugeben.

Chaim ist jetzt, da er schon in Pension ist, ein verwitterter Mann geworden, braungebrannt und ruhig. Sein Gesicht wird von kreisförmigen Falten und von gutmütigen grünen Augen geprägt und von einer weißen lockigen Haarpracht umrahmt, die sich, wenn er sich zu rasieren vergißt, mit harten Bartstoppeln über die Wangen und das Kinn ausdehnt.

Chaja, seine Frau, hat schon den Gang einer alternden Frau, sie geht ein wenig nach vorn gebeugt, aber nicht langsam. Ihre breiten Schultern, ihr zum Lachen bereiter Mund und ihre tiefe Stimme sind die unveränderten Merkmale, die ihr im Alter geblieben sind.

Die anderen Kibbuzmitglieder nennen die beiden «das Betonpaar», denn Chaim ist ohne Chaja und Chaja ist ohne Chaim nicht vorstellbar.

Ob im Speisesaal, in der Aula, in der Wäscherei

oder bei Ausflügen, die hin und wieder für die Senioren des Kibbuz organisiert werden, die beiden sind immer zusammen.

In einer Woche wird Chaim sechzig Jahre alt werden. Der Kibbuz plant eine große Feier zu Ehren dieses Gründungsmitgliedes.

Die Kinder und Enkelkinder aus Jerusalem, Tel Aviv und Haifa werden kommen und sogar Joav, der zweiundzwanzigjährige Enkel, der in New York studiert, wird erwartet; auf ihn freut sich Chaim besonders. Seine Familie würde ihm zu diesem großen Anlaß als Gesellschaft reichen. Aber die anderen Mitglieder bestehen auf einer großen Feier, und es gibt für ihn kein Entrinnen. Chaja hat sich sogar eine neue Bluse gekauft, obwohl sie meint, daß jede Neuanschaffung für Menschen ihres Alters überflüssig ist. Lieber stellt sie das Geld der Kibbuzjugend zur Verfügung.

Die Tage dieser Woche bis zur Geburtstagsfeier verschwinden wie Karten in einem Zaubertrick.

Schon am frühen Morgen seines Geburtstages wird Chaim von einem alten Mitstreiter besucht. Die Kette der weiteren Besucher will nicht abreißen, junge und alte Menschen, denen Chaim irgendwann in seinem Leben begegnet ist. Manch europäischer Jude trifft hier auf einen orientalischen Juden, und es entstehen Diskussionen über die Vergangenheit, über das damals geplante Land, die verschiedenen Visionen und darüber, wie doch alles ganz anders geworden ist.

Chaim nimmt seine ältere Tochter beiseite, sie arbeitet im Norden Israels als Ärztin in einem großen Krankenhaus, und er sagt: «Ich komme mir vor wie Humphrey Bogart, sieh dir die vielen Fotografen an und den da», er zeigt auf einen Gast, der mit seiner Filmkamera die Gesichter der Gäste abzugrasen scheint.

Chaim mag keinen Personenkult, er hat sich immer als einer von vielen verstanden.

Heute zweifelt Chaim an dem Motor, am Zionismus, der ihn für sein Land, für seinen Kibbuz so nützlich hat werden lassen. Manchmal fragt er sich, ob Theodor Herzl, der Begründer der zionistischen Idee, mit seinem Wunsch nach einer gleichberechtigten friedlichen Gesellschaft nicht einem Trugschluß aufgesessen ist.

Theodor Herzl war weder dogmatisch-religiös, noch stellte er sich einen Staat vor, der auf der Unterdrückung der Araber beruhte. Die frühen Zionisten wurden nicht durch ihre Religion zusammengehalten, sondern durch ihre Vision von einer freien sozialistischen Gesellschaft.

Chaim wußte schon immer, daß die «semitische Rasse», wie er es ironisch nennt, kein jüdisches Patent ist. Daß Arafat, Mubarak, ja selbst Saddam und Gaddafi einen gleichwertigen Anspruch auf dieses Patent haben wie er selbst.

Er sagt es seinen Enkeln, wenn er mit ihnen über den Friedhof des Kibbuz spaziert, und er fügt hinzu, daß nicht jeder, nur weil er Jude ist, Einsteins, Menuhins und Freuds Lorbeeren für sich beanspruchen kann. Er sagt ihnen, daß die Armee eine Entmündigungsanstalt schlechthin ist, aber er sagt es nur, wenn Chaja, seine Frau, nicht dabei ist.

Denn sie sieht die Dinge anders, identifiziert sich mit dem Genius Freuds und schöpft aus Einstein den Beweis, daß Juden etwas Besonderes sind. Sie will seinen Zweifel nicht hören. Ihre Überzeugung ist unerschütterlich, auch wenn in Chaim ungute Gefühle aufkommen, etwa auf dem Friedhof, während der Beerdigung eines jungen Soldaten, der, wie sie meint, das Beste für sein Land gegeben hat, oder im Krankenhaus, beim Besuch von Attentatsopfern, deren Schicksal sie in ihrer Meinung bestärkt, daß die Juden ein eigenes Land brauchen und zwar ausschließlich für sich, «ohne Feinde», sagt sie.

«Du mußt das nicht so eng sehen», sagt Chaim zu Chaja, und er unterstreicht das «so eng» mit einer Bewegung seiner beiden Hände, die er zusammenpreßt. «Es ist hier Platz für uns alle», fügt er in müdem Ton hinzu.

Und die Enkel, schon fast erwachsen, lieben dieses konträre Ehepaar, die Alten, die ihre Großeltern sind und ihnen das Land aufgebaut haben, in dem sie geboren sind. In ihrem Windschatten sind sie eine neue Generation, die Zukunft, die vielleicht besser wird ...

Joav, der Enkel, der aus New York angereist ist, setzt sich zu seinem Großvater und sagt: «Wenn ich hier weiterleben müßte, bräuchte ich Beruhigungsmittel.»

Chaim wundert sich nicht, er weiß, daß Joav nicht unbesonnen ist.

«Der Frieden wird verspielt», fügt Joav eindringlich hinzu, «aus der Ferne kann man das besser sehen, als wenn man hier mittendrin ist. Die heutigen radikalen Siedler mit ihrem größenwahnsinnigen Besitzanspruch haben nichts mehr mit eurer Pionierhaltung zu tun; damals gab es bei allen Kämpfen auch ein Geben und Nehmen mit den arabischen Nachbarn.»

Chaim legt seine Hand auf Joavs Schulter und lächelt: «Du kannst es auch von hier aus sehen; wir verkaufen Grabstellen auf unserem Friedhof für Tausende von Dollar an reiche Juden, die in Amerika leben und im Heiligen Land beerdigt sein wollen. Glaubst du, daß Großmutter und ich uns so etwas früher vorgestellt haben, als wir hier Stein auf Stein setzten?» Kein bitterer Ton, kein trauriger Gesichtsausdruck Chaims begleitet diesen Satz, nur ein kaum wahrnehmbares Schulterzucken.

«Bist du gar nicht enttäuscht?» fragt Joav und sieht seinem Großvater direkt in die Augen.

Chaim sieht auf den Boden und sagt ernst: «Nenn mir einen Maler, einen Dichter, einen Regisseur, der seine Idee in seinem Werk vollkommen wiederfindet, so etwas gibt es nicht, ich bin kein Idiot.»

Sie gehen langsam zu den anderen Gästen zurück, Chaja tanzt mit ihrem Schwiegersohn, ihre Wangen sind gerötet, «wie früher in unserer Jugend», denkt Chaim.

Es ist spät, Chaja und Chaim sind schon im Bett, die letzten Gäste sind gerade gegangen.

Chaja hat ihr langes weißes Nachthemd an, ihr langer Zopf weist schon weiße Strähnen auf. Als Chaim sie wie immer zur Nacht auf die Stirn küßt und sich gerade zum Schlafen abwenden will, sagt Chaja: «Moment, Chaim, die Erbsen. Heute bist du sechzig Jahre alt geworden.»

«Laß uns jetzt schlafen, wir sehen uns die Dosen morgen an, ich bin müde, bitte Chaja ...»

Chaja setzt sich auf und sagt: «Ich habe den ganzen Tag auf diesen Moment gewartet, Chaim.»

Chaim holt aus der hintersten Ecke seines Nachttisches die alte verrostete Konservendose heraus und überreicht sie Chaja.

Chaja sieht hinein. Eine kleine vertrocknete Erbse liegt darin. «Wer war sie?» fragt sie hellwach.

«Das war Rachel, Davids Witwe.»

«Bevor sie Witwe war, oder als sie schon Witwe war?»

«Als sie schon Witwe war, es ist schon lange her.»

«Ausgerechnet diese Querulantin, die immer zum Arzt rannte und andauernd Bücher las», murmelt Chaja und schüttelt den Kopf. «Wieso gerade sie?»

Chaim ist müde, er zieht die Schultern hoch und macht eine abwehrende Handbewegung.

«Ich will es aber wissen!» sagt Chaja etwas zu laut für die späte Nachtstunde.

Chaim ergibt sich in sein Schicksal. Er weiß, daß Chaja ihn nicht schlafen lassen wird, bevor die Erbsen gezählt und die Geschichten offenbart sind. Also geht er, noch immer vor Müdigkeit trunken, in die Küche und holt Chaja und sich etwas zu trinken.

Er kommt mit zwei großen Gläsern verdünntem Limonensaft zurück, gibt ihr eines davon und setzt sich auf ihren Bettrand. «Rachel», sagt er, «verstand es, auch in ihrer Arbeitskleidung mit dem Kopftuch bei der Feldarbeit immer noch so elegant auszusehen, als ob sie im nächsten Augenblick im besten Café von Budapest ein Rendezvous haben würde. Sie ist nie eine Landarbeiterin gewesen, auch wenn sie diese Tätigkeit ihr Leben lang ausgeübt hat. Es war ihr anzusehen, daß sie in die großen Bürgerhäuser gehörte, Empfänge geben konnte, wie geschaffen dafür war, in literarischen Salons Künstler um sich zu versammeln. Statt dessen grub sie im Erdreich herum, trug dieses Schicksal aber so souverän, wie ihre Vorfahren geschäftliche Rückschläge hingenommen haben würden. Der Kibbuz war für sie eine Episode, nur war diese Episode ihr Leben. Sie wußte, ihre Kinder, spätestens ihre Enkel würden wieder ein Leben führen, wie sie es für angemessen und selbstverständlich hielt.»

Chaim zögert, denkt einen Augenblick nach und fügt hinzu: «Wenn ich es recht bedenke, geht es vielen Kibbuzniks nicht anders. Die zionistische Begeisterung reicht für eine Generation, manchmal für zwei. Der Kibbuz war eine politische Notwendigkeit, keine Lebensform für viele. Du, meine Liebe, bist natürlich eine Ausnahme, für dich ist das hier die Welt.»

«Du lenkst ab», sagt Chaja sanft.

«Richtig, Rachel.» Chaim trinkt einen Schluck Limonensaft. «Wie du weißt, ist David im Sechstagekrieg* gefallen. Als sie die Nachricht bekam, hat sie sich drei Wochen in ihrem Zimmer eingeschlossen. Nach der Trauerwoche versuchten wir, sie mit den üblichen Appellen an ihr Pflichtbewußtsein wieder in den Alltag zu integrieren. Vergeblich, sie ist einfach verschwunden und erst nach einem Monat wieder zurückgekehrt. Einfach so, sie kam wieder, zog sich Arbeitskleidung an und ging aufs Feld. Über David sprach sie kein Wort.»

«Und was war mit euch beiden?» fragt Chaja unerbittlich.

«Das war zwei Jahre später», sagt Chaim. «Rachel und ich waren in der Avocadoplantage eingeteilt. Wir waren den ganzen Tag zusammen. Es war Frühling. Der Regen überraschte uns, wir liefen in den Geräteschuppen. Da ist es passiert. Sie

---

* Zwischen Israel und seinen arabischen Nachbarstaaten Ägypten, Jordanien und Syrien im Juni 1967.

war entschlossen und dabei so verletzlich. Etwas lang Unterdrücktes brach aus ihr heraus. Sie hat mich David genannt. Am Ende hat sie geweint. Kurz danach hat sie unseren Kibbuz für immer verlassen.»

Chaim und Chaja schweigen eine Weile und hängen ihren Gedanken nach.

«Und jetzt deine Büchse», bittet Chaim.

Chaja holt die Büchse aus ihrem Nachttisch und hält sie ihm hin.

Sie ist leer.

«Nichts?» fragt Chaim. «Gar nichts?»

«Hast du keine Augen im Kopf?» Chaja sieht ihn verschmitzt an.

Die doppeldeutige Antwort gefällt ihm. Er weiß, daß Chaja immer eine attraktive Frau war und die Kibbuzniks gern mit ihr Dienst in der Küche oder im Büro gemacht haben. «Doch, ich habe Augen im Kopf», antwortet er, «deshalb habe ich dich ja geheiratet.»

«Na also», sagt Chaja, «du bist ein erwachsener Mann und kein schmachtender Jüngling. Die eine oder andere Erbse ist schon in die Büchse gewandert.»

«Und wo sind sie jetzt?» fragt Chaim.

«Du hast sie gegessen», gibt Chaja ungerührt zurück.

«Gegessen, ich?» Chaim starrt sie an.

«Ja, du. Vor fünfzehn Jahren, als wir die schlechte Ernte hatten und du über das kärgliche Essen aus der Gemeinschaftsküche geklagt hast, habe ich dir eine Erbsensuppe gemacht, weißt du es denn nicht mehr?»

Chaim schnappt nach Luft. Er ist überrumpelt. Dann lacht er, er kann gar nicht wieder aufhören mit dem Lachen. Als er wieder zu Atem kommt, sagt er: «Du verrücktes Huhn hast mir aus deinen schundhaft-erniedrigenden Erbsen eine Suppe gemacht? Du bist klüger als ich. Wenn ich nicht dein Mann wäre, würde ich dich jetzt heiraten.»

«Es ist eben anders gekommen, als Theodor Herzl es sich vorgestellt hat», erwidert Chaja, «jetzt ist es Zeit zum Schlafen.»

MARCEL PRÉVOST

Gegenseitige Diskretion in der Ehe

Neulich wurde in einer Sitzung des Gerichtshofes diese Frage verhandelt: «Darf ein Ehemann an seine Frau gerichtete oder von ihr geschriebene Briefe öffnen?»

Der hohe Gerichtshof, ich beeile mich, es zu sagen, hat die Frage verneint, was sehr für die Galanterie und Wohlerzogenheit dieser Herrenversammlung in der schwarzen Robe spricht. Alle Frauenrechtlerinnen werden jetzt wohl einen Hymnus auf dies neu errungene Recht der Frauen anstimmen.

*

In der Theorie stimme ich dem hohen Gerichtshof vollkommen bei. Mag es tausendmal so sein, daß wir Gehorsam und Treue versprochen haben, der Mann uns aber nur Treue und ... Schutz (oh, wie gut beschützen sie uns in der Regel!), es geht doch nicht, ihnen daraufhin das Recht zu geben, unsre Schlösser aufzubrechen, das Geheimnis unsrer Briefe zu entschleiern, in die intimsten Gedanken unsrer Herzen zu dringen, diese unaussprechlichen Gedanken, die wir uns kaum selbst zu gestehen wagen. Was sollte in diesem Falle aus unserer Zurückhaltung, unseren Bedenken, unserer weiblichen Scham werden?

Ich weiß wohl, was die Herren mir antworten werden? In einer guten Ehe darf es keine Geheimnisse geben, alles, Schmerz, Freude, Befürchtungen, Hoffnungen, muß gemeinsam sein. Das trifft für alles, was sich zwischen Mann und Frau ereignet, unter der Bedingung zu, daß auch der Mann der Frau alles mitteilt, was ihn betrifft. Aber gibt es denn nicht auch fremde Geheimnisse, die man zu wahren hat? Wir haben eine Freundin oder einen Freund, der auf unsre absolute Verschwiegenheit rechnet – ja, meine Herren, lachen Sie nicht, es gibt noch diskrete Frauen –, die Freundin vertraut uns ein Geheimnis an, von dem ihr Glück oder ihre Ehre abhängen kann – und der Ehemann sollte, weil er mit uns vor dem Standesbeamten gestanden hat, ein Recht haben, dies Geheimnis zu erfahren, durch gewaltsames Aufbrechen eines Briefes sich in das Privatleben von Menschen einzudrängen, die ihr Vertrauen in uns gesetzt haben?

Das ist ganz einfach ungeheuerlich.

Die Frau, mit ihrem Bedürfnis, zu trösten und zu lieben, mit diesem Instinkt der Barmherzigkeit, diesem Wunsch in der Tiefe ihres Wesens, zu wissen und zu lindern, die Frau ist für eine ganze Anzahl von menschlichen Schwächen der auserlesene Beichtvater. Wir haben die beruhigenden Worte, den stillen Händedruck, das aufmunternde

Lächeln, und sehr oft entspringt unserm «kleinen Vogelgehirn», wie unser Herr Gemahl sich verächtlich ausdrückt, auf einmal der kluge, ehrliche, treue Rat, der dem Freunde geradeaus zu gehn und sich anständig aus einer schwierigen Situation zu ziehen gestattet. Was wird aus dieser unserer Rolle, wenn wir der brutalen Neugier unsres Herrn und Gebieters auf Gnade und Ungnade ausgeliefert sind; wenn wir trotz aller unsrer Zuverlässigkeit nicht imstande sind, das anvertraute Geheimnis zu verteidigen, dies Geheimnis, das uns nicht gehört und so plötzlich die Beute irgendeines Menschen wird, der nichts versprochen hat und daher alles verraten und unter die Leute bringen kann?

Das Recht! Gibt es für einen wohlerzogenen Mann in gewissen Dingen ein Recht? Gewiß; nach dem Gesetze gehört unser armer kleiner Körper dem Ehemann von den Spitzen der Wimpern bis zu den Fußspitzen; wir sind sein Eigentum, seine Sache, und er kann seine Blicke zu jeder Stunde des Tages und der Nacht nach Gefallen an uns ergötzen. Das ist schrecklich, aber es ist so.

Und doch, wo ist der Mann, der nicht zu gewissen Stunden dem Ankleidezimmer seiner Frau fernbliebe, der nicht den vorgeschobenen Riegel respektierte, der nicht unserer Schüchternheit, unserer fast kindlichen Zurückhaltung Rechnung trüge, der dem Veto, das wir mit zitternder Stimme einlegen, nicht gehorchte? Wer würde mit Gewalt die Tür sprengen, den heruntergelassenen Vorhang heben, um die Formen zu sehn, die sich ihm entziehen, um das Zimmer wie eine Festung zu stürmen?

Nun denn, das Lacksiegel, das unsre Episteln verschließt, die dünne Gummischicht, die unsre Briefumschläge zusammenklebt, das ist so ein vorgeschobener Riegel; so ein niedergelassener Vorhang; das ist das, was der Mann trotz Gesetzen, Advokaten, Richtern und Gendarmen nie anrühren darf.

Genau wie niemand das Recht hat, unsern Anblick zu erzwingen, oder uns zu vergewaltigen, so hat auch kein Mensch das Recht, zu lesen, was wir schreiben oder was an uns geschrieben wird.

Nachdem wir dies einmal festgestellt haben und ich alles gesagt habe, was ich darüber zu sagen hatte, bin ich allerdings gezwungen, zuzugestehen, daß der hohe Gerichtshof, trotz seiner Galanterie, die ich schon gleich zu Anfang anerkennend hervorgehoben habe, seinen Brei doch ganz einfach für die Katze gekocht hat.

*

Entweder – oder. Entweder ist der Ehemann wohlerzogen, oder er ist brutal; er ist ruhig oder eifersüchtig; gleichgültig oder im höchsten Grade verliebt. Im ersten Falle wird er sich selbst bezwingen, das Briefgeheimnis respektieren und von seiner Frau nur die Erklärungen fordern, die er für seine

Ruhe und sein Glück für nötig hält. Im zweiten Falle aber, ach! du armer hoher Gerichtshof, helfen deine Entschließungen wirklich nichts! Ein Mann hält ein Stück Papier zwischen den Fingern, von dem er glaubt, daß es ihm den Beweis für den Verrat liefern, daß es ihm sagen kann, ob das Geschöpf, das er vor sich hat, diese Frau, die er anbetet, der er seinen Namen, seine Ehre, das Beste in sich anvertraut hat, ob diese ihn nicht unwürdig betrogen hat, ob sie nicht einen andern mit den Liebkosungen, den Freuden, der Wollust überströmt hat, unter denen er schaudernd erbebte – wird dieser Mann den Brief am Ende nicht öffnen, wird er den Verschluß respektieren, wird er sich nicht das grausame Vergnügen verschaffen, das Schreckliche zu erfahren, zu erkennen, Rechenschaft zu fordern? Warum nicht? Weil der hohe Gerichtshof es verboten hat? Unsinn! Er wird verfahren, wie Olivier de Talin in der Demimonde es mit der Baronin machte. Er wird Gewalt anwenden, wird ihr Handgelenk umdrehen, ihre widerstehenden Finger auseinanderzwingen, er wird seine größere männliche Kraft brauchen, er wird ihr den verräterischen Brief ganz zerknittert entreißen.

Und dann wird er ihn lesen.

*

Um ganz aufrichtig zu sein, ich glaube, daß viele von uns Frauen es ebenso machen würden. Da wir aber von Natur körperlich schwächer sind als Sie, verehrte Herren der Schöpfung, da wir Ihnen die Briefe nicht gewaltsam aus den Fingern reißen können, sind wir genötigt, Sie zu überlisten, Ihre Abwesenheit zu benützen, Ihre Schubladen und Kästchen zu durchstöbern. Das ist vielleicht nicht sehr schön, aber es ist der Kampf der Schwachheit gegen die Stärke, es ist der Krieg, in dem wir unser Glück verteidigen, und unsere Entschuldigung, hoher Gerichtshof, ist ein Ding, an das die Herren in der schwarzen Robe vielleicht nicht gedacht haben – die Liebe.

RAFIK SCHAMI
Erinnerst du dich?

Erinnerst du dich an unsere erste Begegnung? Ich weiß das noch heute. Es war Ostern, und Damaskus hatte es wie immer eilig und bot seinen Bewohnern einen sommerlich heißen Tag. Du trugst dein dunkelblaues Kleid und dieses merkwürdige klotzige, vergoldete Herz an einer nicht dazu passenden dünnen Halskette. Ich ahnte sofort, daß du aus ärmlichen Verhältnissen kommst. Das ist das Geschenk, das reiche Eltern ihren Kindern mit auf den Weg geben: einen unbestechlichen Blick für die Armut, auch wenn sich diese mit Straß und Klunkern tarnt.

Aber als du mich angeschaut hast, war ich irritiert. Deinen Blick besaßen damals nicht einmal die Töchter der obersten Kreise. Nur Söhne der Feudalen hatten diesen herrischen Blick, der jedem sagte, hier bin ich der Herrscher, der dir gestattet, seine Anwesenheit zu genießen. Deine Antworten waren verwirrend frisch und begaben sich nie ins Labyrinth der arabischen Höflichkeiten, sondern zielten ins Schwarze und trafen mein Herz. Nur Kohle übertraf es an Schwärze. Ich war zwanzig und befand mich bereits am Ende einer Sackgasse.

Hast du nicht oft scherzhaft gefragt: «Hat jetzt eine weitere Tonne bitterer Galle dein Herz verlassen?»

Übertrieben hast du nie. Jahr für Jahr hast du eine Region meines Herzens von Bitterkeit befreit, bis ich mich nach zehn Jahren an deiner Seite eines schönen Morgens so federleicht fühlte, daß ich, wenn ich etwas mutiger gewesen wäre, hätte fliegen können.

Du hast mir viel Zeit gegeben. «Warum warst du so bitter gewesen?» fragtest du erst Jahre später; und ich wollte es dir immer erzählen, doch ich fand den Augenblick oder die Ruhe nicht. Jetzt ist der richtige Zeitpunkt gekommen.

Mein Vater, der große Georg Abiad, hatte mit seiner Schwester Amina, der steinreichen Witwe des ersten syrischen Bankiers, Joseph Hawi, ausgemacht, daß ich ihre Tochter Maissa heiraten sollte, um Ruhm und Reichtum zu vermählen. Ich mochte Maissa nicht. Sie war doppelt so groß wie ich, und ihr Hintern roch immer ekelhaft nach altem Ziegenbock. Woher ich das gewußt habe? Das hat eine kleine Geschichte.

Sie war drei Jahre älter als ich, und was ich von ihr aus längst vergangenen Kindertagen im Gedächtnis behalten hatte, war, daß sie mich immer schlug, mich zu Boden warf, sich auf meine Brust setzte und ihre Süßigkeiten kaute. Sie nannte mich nur Kissen und Docht oder Zahnstocher. Mit den Jahren bekam ich immer Angst, wenn ich hörte, daß Tante Amina mit ihrer Tochter Maissa zu uns kommen wollte. Ich versteckte mich, und obwohl unser riesiges Haus Nischen und Winkel hatte, die nicht einmal ich kannte, und obwohl mich keiner der vielen Bediensteten meiner Eltern verriet, saß Maissa schon nach einer Viertelstunde auf mir und kaute, bis irgend jemand Mitleid mit mir bekam und sie höflich bat, mich freizugeben. Sie sagte dann nur schlechtgelaunt: «Na, wenn es sein muß», und stand auf. Und danach rochen mein Hemd und meine Hose so sehr nach altem Ziegenbock, daß ich mich sofort umziehen mußte, wollte ich mich nicht erbrechen. Ich habe sie gehaßt, doch wie so oft im Leben sollte gerade sie mir zu meinem Glück verhelfen, aber das kam ja erst viel später.

An dem Tag, als ich dich sah, war ich also sehr verbittert. Mein Vater hatte am Morgen mit dem Bischof gesprochen und den Termin für die Hochzeit auf das darauffolgende Ostern festgelegt. Wir, meine Cousine und ich, sollten uns in dem verbleibenden Jahr näherkommen.

«Docht», sagte sie zu mir bei der nächsten Begegnung. Sie war dreiundzwanzig, und obwohl sie sich seit Jahren nicht mehr auf mich setzte, roch ich nach jeder Begegnung mit ihr sehr unangenehm und mußte mich duschen. «Docht, ich will dich nicht», sagte sie leise, «ich liebe einen anderen, einen Prachtkerl, der mich bei jeder Umarmung zerquetscht. Er ist verheiratet, aber er wartet, bis seine schwerkranke Frau stirbt, und ich will nur ihn. Geh zum Teufel mit deinem Vater und meiner Mutter.»

Ich liebte damals keine Frau. Ich wußte nicht einmal, was Liebe ist. Meine Eltern küßten sich nie. Ich erinnere mich noch daran, als ich einmal in der Küche den Chauffeur meines Vaters dabei ertappte, wie er unsere hübsche Köchin küßte, und wie ich schrie: «Mama, Mama, der Chauffeur frißt unsere Köchin.»

Mein Vater ging, was ich erst viel später erfuhr, jede Woche zu seiner Hure, und meine Mutter ertrug das damals mit der Geduld der arabischen Frauen. «Männer brauchen das», verschleierte sie später ihre sklavische Haltung mit dem Mantel der Weisheit. «Sonst steigen ihnen die Samenwürmchen ins Hirn und fressen es auf.»

Ich fand Maissa zum erstenmal in meinem Leben sympathisch und sehr mutig. Sie beging eine Todsünde und kümmerte sich nicht darum. Jeden Sonntag in der Kirche nahm sie die Kommunion und ging an mir vorbei zur Bank der Frauen. Sie ging mit verklärtem Blick, als wäre sie die heilige Therese persönlich. Als ich sie einmal unter vier Augen giftig darauf ansprach, lächelte sie. «Mein aufrechter Zahnstocher», sagte sie diesmal, weil ich mir besondere Mühe gab, mit geschwellter Brust vor ihr zu stehen, «Liebe ist nie Sünde, laß dir das gesagt sein. Die Pfaffen haben keine Ahnung davon. Sie leben zu lange hinter hohen Mauern, und wenn sie das Kloster verlassen, tragen sie die Mauer im Herzen. Nein, mein Gewissen ist reiner als eine Lilie, und wenn Halim, mein Geliebter, mich drückt, rieche ich das Paradies und manchmal sehe ich sogar Engel auf einer Wolke vorbeischweben.»

Damals dachte ich, sie spinnt, aber hast du mir nicht später auch immer wieder dieselben Worte gesagt, als hätte Maissa sie dich gelehrt?

Ja, Maissa. Sie wartete Jahre auf ihren Halim, doch er starb vor seiner Frau. Und sie? Sie wurde verrückt vor Trauer.

Aber auch das war ja erst viel später. Damals, als ich dich sah, war die Welt ein einziger Schmerz. Mein Vater hatte von meiner Mutter erfahren, daß ich Maissa nicht wollte.

«Und warum?» fragte er mich fast interessiert.

«Ich liebe sie nicht», sagte ich mit dem Mut der Verzweifelten. Er hatte mich als Kind oft wegen Nichtigkeiten halbtot geschlagen.

«Maissa ist eine gute Frau, und du wirst dich an sie gewöhnen, so wie ich mich an deine Mutter gewöhnt habe. Männer brauchen keine Liebe. Das ist Dichtung. Sie brauchen Rückendeckung und Stammhalter, und wie du siehst, habe ich keine schlechte Wahl mit deiner Mutter getroffen. Und wie lebt sie denn erst? Sie ist eine Königin. Sie braucht nur mit den Fingern zu schnippen, dann rennen alle im Haus, um ihr ihren Wunsch zu erfüllen.»

Mutter hatte mit ihren vierzig Jahren zehn Kinder auf und drei Kinder unter die Erde gesetzt. Sie war rund und rotbackig geworden und starb mit fünfzig an einem Hirnschlag. Und Vater hatte nicht gelogen. Sie war für die anderen Menschen eine Königin, aber eine Sklavin vor ihm. Er verehrte sie – vor allem vor Gästen. Sie war in der Tat eine Herrscherin über zehn Bedienstete, die im großen Garten, in der Küche, in den Wäscheräumen und den unzähligen Salons, Schlafzimmern, Bädern, Vorratsräumen, Kellern und Dachböden unablässig beschäftigt waren. Sie war eine einsame Herrscherin, todunglücklich, und hatte zu uns Kindern kein Verhältnis. Sie kam mir vor wie die Direktorin eines vornehmen Kinderheims.

Meine Eltern bewohnten damals das größte Haus in der Saitungasse. Es lag unmittelbar neben dem Sitz des katholischen Patriarchen. Ein Jahr nach unserer Flucht war das Haus ja dann in Brand geraten, und Vater war dem Tode nur durch ein Wunder entkommen. Er wollte das Anwesen nie wieder betreten. Er verkaufte den Grund für viel Geld der katholischen Kirche und baute sich davon eine Villa in der neuen Stadt in Salihije. Dort leben heute noch meine drei jüngsten Schwestern mit ihren Ehemännern und zwanzig Kindern. Du weißt, sie können uns alle nicht in die Augen schauen, weil sie sich ihres Reichtums schämen, den sie durch meine Enterbung an sich gerissen haben. Aber das kam ja erst viel, viel später.

Damals, als ich dich sah, war ich dem Tode nahe.

Kennst du das? Man weiß, man will etwas nicht machen, aber alle anderen machen es. Michel wie Georg, die Söhne unserer wohlhabenden Nachbarn, heirateten nach Plan und nahmen die Frauen, die ihnen von ihren Eltern bestimmt wurden. Dabei hatten sie im Gegensatz zu mir bereits mit achtzehn ein abenteuerliches Leben mit jungen Frauen und Huren hinter sich, und ich dachte, wenn ich ihre Schilderungen hörte, ich komme aus einem Kuhdorf in den Bergen. Ich glaubte, sie würden es weit bringen und mindestens eine englische oder spanische Prinzessin heiraten, während ich als Ehemann unter Maissa liegen würde. Aber die zwei kamen in ihrem ganzen Leben nicht weiter als Bab Tuma, dort, wo das Juweliergeschäft ihres Vaters war. Ihre Mutter bestimmte von da an ihr Leben, denn ihre Frauen wurden bald zu Bediensteten im großen herrschaftlichen Haus. Und wenn ich sie fragte, wie es ihnen gehe, antworteten sie bitter mit dem Refrain: *«C'est la vie»* oder: «Das Leben ist kein Film.»

Alle, auch meine Geschwister, gehorchten dem Gesetz der Sippe. Die Sehnsucht nach Macht und Sicherheit war stärker als der Traum vom Herzkitzeln, das niemanden satt macht. Und sie alle zählten mir auf, welche Macht oder wieviel Geld der Mann oder die Frau, die für sie bestimmt war, hatte. Und als ich einmal fragte, «wollt ihr leben oder den Staat mit Macht und Geld anführen?», lachten sie mich aus. Und dann ging es schief bei ihnen, und sie nannten es Schicksal, auch das, was sie selbst verschuldeten.

Nur ich wollte mich nicht beugen und war einsam wie ein Verstoßener in der Wüste. Heute kann ich darüber lachen, aber damals konnte ich nicht schlafen.

Als ich dich traf, war ich am Tiefpunkt meines Lebens. Ich wollte auf gar keinen Fall mit Maissa leben und wußte keinen Ausweg, und dann sah ich dich. Mich faszinierte dein leichter Fuß. Im Tanz wie im Leben.

Erinnerst du dich, wie dünn du warst? Du hättest unter der Tür durchschlüpfen können. Ich dachte, die arme Frau hungert, wenn ich mit ihr lebe, werde ich sie zu einer Schönheit herausfüttern, aber als ich dann gesehen habe, welche Mengen du in dich hineinstopfst und wie du trotzdem dünn bleibst, gab ich es auf mit dem Füttern. Ich weiß noch, du hast rote Schuhe getragen, und ich liebte sie an deinen Füßen, und dann hast du mit den anderen im katholischen Gemeindehaus getanzt. Und ich war eifersüchtig auf alle und wußte nicht, warum.

Pfarrer Samuel hatte mich damals eingeladen. Er konnte nicht verstehen, daß mein Vater mich gegen meinen Willen verheiraten wollte. Ja, Pfarrer Samuel, das war ein Kerl. Er soll in seinem Leben die Erde einmal querdurch bereist haben und einmal vertikal, durch Himmel und Hölle. Er war sechzig, doch sein Herz war jünger als unseres.

Er sagte mir, ich solle nicht so traurig dreinblikken, denn das passe nicht zu mir, und wenn ich Lust hätte, solle ich zu seinem Treff am Sonntagnachmittag kommen. Man singe und tanze zusammen und werde dann gemeinsam Abendbrot essen. Ich kam, ohne etwas zu erwarten, und ahnte nicht, daß mein Leben dort einen neuen Anfang nehmen würde und daß ich mit einer Liebe reich würde, die heute, mehr als fünfzig Jahre danach, noch heftiger in meinem Herzen pocht als an ihrem Anfang. Hörst du mein Herz?

Wenn mir das damals jemand gesagt hätte, so hätte ich gelacht und ihn gebeten, etwas weniger zu übertreiben, aber wie du immer sagtest, das Leben ist der größte Märchenerzähler aller Zeiten.

Erinnerst du dich noch? Als ich dich fragte, ich saß zufällig neben dir beim Abendbrot, was du so machst, da sagtest du frech: «Ach, was soll eine wie ich den ganzen Tag schon tun? Vierzehn Stunden Daumendrehen und acht Stunden Schlaf.»

«Aber es bleiben zwei Stunden übrig», sagte ich und schaute in die schönsten Augen der Welt, die vor Freude nur so sprühten.

«Ach ja, die übrigen zwei Stunden verbringe ich im Bad, um mich nach dem Daumendrehen zu erfrischen.»

Ich lachte.

Und im Laufe des Abends merkte ich, wie fremd auch du in dieser Versammlung warst. Erinnerst du dich noch? Du warst die einzige Frau, die nicht nur dann gesprochen hat, wenn man sie fragte, sondern auch dann, wenn *sie* das wollte.

Und du hast mir erzählt, daß du Dienstmädchen im Hause eines französischen Generals seist und daß die Herrin des Hauses sehr nett zu dir, aber nicht zu ihrem Mann sei. Und daß du schon seit zehn Jahren bei ihnen arbeitetest, damit deine verarmte Familie überleben könne.

Als ich dein Alter erfuhr, erschrak ich darüber, daß du schon mit acht Jahren deine Familie hast ernähren müssen.

«Ich hatte noch Glück. Meine anderen Geschwister müssen noch härter arbeiten und liefern zu viert nicht soviel ab, wie ich alleine. Die Franzosen sind großzügig.»

Ich hatte keine Ahnung von dieser Welt gehabt und bis dahin wie in parfümierter Watte gelebt, blind und taub für alles, was außerhalb meines Elternhauses passierte, und dann erzähltest du mir, wie ihr als kleine Kinder vor Hunger nicht schlafen konntet. Und das im selben christlichen Viertel von Damaskus.

Ich durfte dich dann zu dem Haus in Bab Tuma begleiten, aber vor Sonnenuntergang. Das war die Bedingung der französischen Hausherrin.

Erinnerst du dich noch? Als du mich beim Abschied fragtest, ob ich am nächsten Sonntag wieder zu Pfarrer Samuel kommen würde, war es um mich geschehen. Dieser Blick, mit dem du mich gefragt und zugleich gebeten und mir befohlen hast, brachte mich um den Schlaf. In jener Nacht sah ich im Traum, wie die Mauer am Ende der Sackgasse zusammenfiel und an ihrer Stelle eine Kreuzung erschien. Ich stand da und hatte Angst, und eine Stimme rief aus der Ferne nach mir.

Erinnerst du dich an unseren ersten Kuß? Es war an jenem zweiten Abend, und von da an war ich süchtig nach deiner Haut und deinem Geruch. Mein Vater merkte es als erster; gleich beim Abendessen sagte er laut zu meiner Mutter: «Dein Sohn ...», vor Schimpftiraden pflegte er sich immer von dem Beschimpften zu distanzieren. Für meine Mutter war dies das Signal, sich zu ducken, damit sie sich nicht an der Lava verbrannte. Ich fürchtete ihn aber zum erstenmal in meinem Leben nicht. Nicht seine Worte und nicht seine Hand, ich hatte schon beschlossen, mit dir zu gehen.

«Dein Sohn liebt eine Hure, und deshalb will er meine Nichte nicht. Nur wer Huren liebt, bekommt solche Teufelsaugen, an denen ein Messer zerbricht.»

Ich stand auf und ging.

Später sollte er dann erzählen, daß ich schon, als ich ihn verlassen, und nicht erst, als ich dich geheiratet hätte, enterbt gewesen sei.

Ich aber suchte dich und war so dumm, daß ich dachte, du würdest gleich mit mir abhauen und womöglich den Märtyrertod sterben.

«Salem», hast du gesagt, «ich will nicht mit dir sterben, sondern leben.» Und deshalb sollte ich meine und deine Taufscheine besorgen, die es uns erlaubten, bei jedem anständigen Pfarrer zu heiraten.

Deine Geistesgegenwart hat mich erschreckt, und sie sollte es in den nächsten Jahrzehnten noch öfter tun, lach nur. Ich dachte an den süßen Tod, und du wolltest sichergehen.

Ich mußte dir recht geben, denn um die Ecke lauerten bereits zwei Männer auf mich. Sie sollten mich im Auftrag meines Vaters zusammenprügeln und nach Hause schleifen.

Ich entkam ihnen und versteckte mich bei Pfarrer Samuel, der mir erst nicht glauben wollte, aber dann über seine Wege erfuhr, daß mein gekränkter Vater alles daransetzte, um mich gefügig zu machen.

«Er will dich lieber umbringen, als daß du sein Wort brichst», berichtete er mir besorgt.

Pfarrer Samuel verschaffte uns die Papiere, und gerade kam ich aus seiner Tür, da stieß ich Maissa fast um. Sie lachte breiter, als ihr Gesicht war. «Zahnstocher», rief sie, «und ich habe gedacht, in diesem winzigen Brustkörbchen könne nur das Herz eines Regenwurms Platz finden. Alle Achtung! Meine Alte tobt und heult, seit ihr Bruder ihr von deinem Nein berichtet hat.»

Und als sie von meinem Fluchtplan hörte, lief sie nach Hause und brachte mir zum vereinbarten Treffpunkt nahe der Omaijadenmoschee einen kleinen Samtbeutel mit fünfzig Goldlira. «Für das erste Jahr, bester Zahnstocher», sagte sie und verschwand in der Menge.

Und dann war ich auf einmal mit dir allein, in diesem Zimmer im Beiruter Daura-Viertel, und du umgabst mich mit deiner Liebe, ganze Tage, Monate und Jahre.

Als mein Vater starb, wollte ich nicht zu seiner Beerdigung, doch du hast mich gedrängt, und ich fuhr ohne dich und ohne unsere zwei kleinen Töchter. Die Beerdigung hätte ihm gefallen, an Pomp und Gloria fehlte nichts. Doch dann entdeckte ich meine zusammengeschrumpfte Mutter.

Ich hätte nicht auf sie hören sollen.

Sie weinte und bat mich, doch jetzt nach Damaskus zurückzukommen und in ihrer Nähe zu bleiben. Sie war auf einmal so klein und einsam.

Du warst arglos, und auch deine Sehnsucht nach den Orten deiner Kindheit blendete dich. Wir wären besser in Beirut geblieben, denn vom ersten Tag an war unser Leben in Damaskus aus den Fugen geraten. Plötzlich mußte ich dich nicht nur mit den Kindern, sondern auch mit deinen unendlich vielen Verwandten teilen, die ich ja gar nicht kannte. Ich begann, sie alle zu hassen. Ich wußte, daß die verlorenen Minuten nie wieder zurückzuholen waren, und deine Sippschaft, ja lach nur, so habe ich deine Verwandten immer gehässig genannt, also deine Sippe weckte uns am frühen Morgen und ließ von uns erst ab, wenn wir vor Müdigkeit wie erschlagen waren.

Sie liebten dich, wie der Krake seine Beute liebt. Du warst die Oase ihrer Einöde, und ich suchte vergeblich deine Nähe. Manchmal hatte ich mit dir am Tag nicht einmal eine halbe Stunde sprechen können, ohne daß sich eine fremde Nase zwischen uns schob. Ja, doch, doch, auch unsere Töchter Sahar und Samar.

In dieser Zeit öffnete sich ein feiner Riß zwischen uns, erst unbemerkbar, und dann, als ich ihn endlich wahrnahm, war es schon ein beängstigend klaffender Abgrund geworden.

Zu dieser Zeit litt meine Mutter sehr. Meine Mutter, der ich nun ein gelassenes Leben wünschte, konnte mit ihrem Leben ohne ihren Mann nichts anfangen. Sie fühlte Leere um sich und bedrängte mich oft, sie zu besuchen, und das habe ich dir verheimlicht, ohne den geringsten Gewissensbiß. Du hattest ohnehin keine Zeit mehr für mich. Ich ahnte nicht, daß ich bei jeder Begegnung mit meiner Mutter einen Schritt weiter von dir abrückte. Ich fühlte nur, daß meine Mutter mir so nahestand wie noch nie und daß sie mich brauchte. Bei dir hatte ich immer das Gefühl, du wärst sehr stark und bräuchtest niemanden. Eine unerschöpfliche Tankstelle.

Und dann begannen wir zu streiten. Weißt du noch, wann das erstemal war?

Ich schon. Es war an Weihnachten, als meine Mutter einmal mit uns feiern wollte. Sie geriet mit deiner Mutter in Streit. Da fragte ich dich, ob deine

Sippe uns nicht einen einzigen Tag in Ruhe lassen könnte. Ich habe dich angeschrien. Und von da an hatte ich das Gefühl, daß du meine Mutter nicht mochtest, obwohl sie dich und unsere zwei Mädchen gern hatte. Wir stritten bei jedem Besuch.

Liebte mich meine Mutter so sehr, daß sie die Zerstörung meines Glücks nicht wahrnahm? Oder nahm sie mein Unglück in Kauf, um sich vor der Einsamkeit zu retten? Sah sie den Augenblick ihrer Rache gekommen? Weil ich mir mit meiner Entscheidung für dich etwas genommen hatte, was sie und mein Vater nie gewagt hätten?

In dieser Zeit begingen wir zwei Fehler, und es ist tröstlich, zu wissen, daß wir uns gegenseitig die Schuld gaben. Wenn ich heute nachdenke, halte ich meine Schuld für größer. Damals, kurz nach unserer Rückkehr nach Damaskus, beging Yakub, dein langjähriger Verehrer aus der Ferne, Selbstmord, als er seine Hoffnungen endgültig zerstört sah. Ich wußte von alldem nichts. Das hättest du mir erzählen sollen, sagtest du später bei der Versöhnung. Aber ich hätte mich auch um dich kümmern müssen, statt den Richter zu spielen und dich in meinem Herzen zu verurteilen. Ich wußte nichts von dem Selbstmord und konnte mir nicht erklären, warum du mich nicht mehr, auch nicht harmlos, umarmen wolltest. Du hast dich mit deinem schlechten Gewissen hinter mehreren unsichtbaren Türen versteckt, und du hast dir in dieser Rolle der Schuldigen, die sich selbst anklagt, gefallen und dich dabei innerlich immer mehr von mir entfernt, wie du mir später dann erklärt hast. Sechs Monate vergingen so, und meine Lust nach dir brannte immer mehr in mir, und genau in dieser Zeit lernte ich bei einem Besuch bei meiner Mutter meine Cousine Laila kennen. Ich war ihr vorher nie begegnet. Sie war in Kanada geboren und nach ihrer Heirat mit einem Syrer nach Damaskus zurückgekehrt. Sie war todunglücklich über ihren Mann, der hier ein ganz anderer wurde als der weltoffene Emigrant, der er in Kanada gewesen war. Geizig, herrisch, gehorsam gegenüber seiner Sippe und, wie ich später erfuhr, impotent. Sie hingegen war die verkörperte Lust.

Meine Mutter ließ uns immer wieder einmal alleine, und irgendwann fielen wir zusammen auf eine Matratze. Laila befriedigte mich auf eine merkwürdige Art und war nach ihren eigenen Worten zum erstenmal seit ihrer Jugend befriedigt. Ich liebte sie nicht, aber sie war meine sinnliche Oase. Sehr attraktiv und dumm, beschäftigte sie nur meinen Körper. Und ich konnte durch sie gelassener mit deiner abweisenden Haltung umgehen. Aber es war mir gleich, ob wir uns dreimal am Tag trafen oder einmal im Monat. Doch ihr war es das bald nicht mehr. Und dumm war nicht sie, sondern ich, denn sie hatte genaue Pläne für unsere gemeinsame Zukunft in Kanada geschmiedet.

Ich war schockiert.

Nachdem ich ihr erklärt hatte, daß ich dich niemals verlassen würde, reiste sie zwei Tage später zurück nach Kanada.

Ich fühlte mich dir gegenüber schuldig und zwang mich, dir alles zu erzählen, und dabei erzähltest du mir zum erstenmal von deiner Trauer über den toten Freund Yakub, und wir beendeten das Gespräch mit vielen Tränen und dem schönsten Liebesspiel meines Lebens.

Erinnerst du dich daran?

Dennoch gab es noch einzelne dunkle Wolken, denn meine Mutter kam nach wie vor Woche für Woche am Sonntag zu uns.

Es kam zu einem ersten großen Krach, und dabei beleidigte ich dich zum erstenmal vor meiner Mutter. Und als ob das noch nicht schlimm genug gewesen wäre, fühlte ich mich verraten von euch beiden und wollte die Besuche meiner Mutter nur noch hinter mich bringen. Aber dann kam der Tag, der mich erschütterte, der Tag, an dem ich mich endgültig entscheiden mußte.

Es war ein Samstag, und am nächsten Tag stand uns wieder ein langer Besuch meiner Mutter bevor. Sie kam immer nach der Frühmesse, um mit uns zu frühstücken, blieb dann zum Mittag- und zum Abendessen, und dann erst begleitete ich sie nach Hause.

An jenem Samstag kamst du aufgeregt in mein Arbeitszimmer und hattest einen Stock in der Hand, ja eher eine furchterregende Holzlatte. Du hast geweint, zum Steineerweichen. Entschuldige, ich muß jetzt auch weinen bei der Erinnerung. Du riefst verzweifelt: «Nimm den Stock, und schlag mich, so lange du willst!» Ich war zu Tode erschrocken. «Schlage mich, so lange du willst, aber beleidige mich nie mehr vor deiner Mutter. Nicht, weil das mich, sondern weil es dich erniedrigt.»

Ich habe dich um Verzeihung gebeten und meiner Mutter am nächsten Tag gesagt, daß sie nicht mehr zu uns kommen sollte.

An jenem Samstag fühlte ich zum erstenmal, wie klein meine Liebe im Vergleich zu deiner war. Dieser Tag war wie eine neue Geburt. Ich war nicht mehr verliebt in dich. Nicht mehr dieses Feuer und Eis, die immer aufeinanderfolgten und mich süchtig nach dir machten, sondern ein stetiges Gefühl von Wärme, die mich täglich rettete. Dein Witz, deine leisen Schritte, deine Ausdauer und vor allem deine Nachsicht meinen Fehlern gegenüber. All das war die Liebe. Zum erstenmal in meinem Leben mußte ich das Alphabet lernen, mit dem ich die Liebe lesen kann. Nicht die atemlose Jagd nach Augenblicken höchster Erregung, die, wenn sie erfüllt sind, schnell erkalten, wie die Sehnsucht des Jägers nach der Erlegung seiner Beute.

Erinnerst du dich noch?

Dir war es zwischendurch peinlich, wenn ich dich verwöhnte. «Übertreibe nicht so, sonst werde ich unverschämt», sagtest du, und ich hatte das Gefühl, dich zum erstenmal gerecht behandelt zu haben. Das Alltägliche mit dir, das war das Überraschende. Erinnerst du dich? Du hast mich aufmerksam gemacht, daß wir uns in fünfzig Jahren nie zweimal auf die gleiche Weise geliebt, daß wir nie zwei Tage auf die gleiche Weise gelebt haben. Du hast recht, aber ich fragte mich, als du mir das gesagt hast, warum ich nicht selbst auf solche Gedanken gekommen bin. Ich glaube wirklich, daß Frauen die Erinnerungen anders speichern als Männer.

Bist du nicht auch der Meinung …

*

Es klopft an der Tür.

«Vater», sagt eine schwarzgekleidete Frau, «der Pfarrer wird ungeduldig. Er muß nach der Beerdigung noch zu einer Taufe.» Sie spricht fast flehend.

Der alte Mann schreckt auf. «Natürlich, natürlich», murmelt er, dreht sich noch einmal zu der Toten auf dem Bett. «Bis bald», sagt er leise.

EMILIA PARDO BAZÁN

Die Feministin

Die Bekanntschaft mit jenem Ehepaar machte ich im Badekurort Aguasacras: Der Mann, ein widerwärtiger, lästiger Griesgram, schleppte ein unheilbares Leiden mit sich herum, das ihn zwei Jahre später ins Grab bringen sollte; die Frau, hübsch von Angesicht, pflegte ihn mit heiterer, ergebener Miene und ging beflissen auf seine Launen ein, die wie bei allen Kranken eigentlich eine Rache an den Gesunden sind.

Bei aller Kränklichkeit hatte er doch Kraft genug, mit mürrischer Gereiztheit und unnachgiebigem Mißmut über Gott und die Welt herzuziehen und mit verbissener Sturheit seine Theorien zu entwickeln. Seine Denkweise war teils inquisitorisch, teils jakobinisch, eine gar nicht so seltene Mischung, wie man vielleicht vermuten könnte: Die Gegensätze haben sich hier nicht nur berührt, sie sind zu einer unauflöslichen Verbindung verschmolzen. Geistige Beweglichkeit und Feingefühl, die liebenswürdige Gelassenheit erzeugen, sind bei uns stets seltene Kleinode gewesen, und unser ohrenbetäubendes Geschrei, wenn wir in Cafés, an Stammtischen, bei Zusammenkünften auf Plätzen oder in Schenken miteinander reden, wäre genug Beweis, wenn andere Anzeichen es nicht zur Genüge bekunden würden.

Der Kranke, den ich hier meine, ließ nichts und niemanden ungeschoren. Es gab kaum jemanden, den er nicht mit größter Härte aburteilte. Die Zeiten waren verhängnisvoll und der Sittenzerfall erschreckend. In den Familien herrschte die Anarchie, denn das Autoritätsgefüge war zerfallen, die Frau wußte nicht mehr, was es heißt, Gattin zu sein, der Mann übte seine Befugnisse als Gatte und Vater nicht mehr aus. Die modernen Ideen wirkten zersetzend, und die Aristokratie trug das Ihrige zum Ärgernis bei. Solang nicht etliche Löcher in den Socken gestopft würden, war keine Rettung in Sicht. Die Verweichlichung der Männer erklärte das schamlose Geschnatter der Weiber, die sich nicht mehr daran erinnern wollten, daß sie geboren waren, um Pflichten zu erfüllen, Kinder zu säugen und die kochende Suppe abzuschäumen. Da ich merkte, daß der Mann sich in meiner Gegenwart noch mehr in seine Strafpredigten hineinsteigerte, machte ich es mir zur Gewohnheit, ihm recht zu geben, damit er sich nicht zu sehr ereifere.

Ich weiß nicht, was meine Aufmerksamkeit mehr fesselte, der endlose kampflustige Redeschwall des Ehemanns oder das stille geheimnisvolle Lächeln seiner Gemahlin. Ich habe bereits gesagt, daß sie hübsch, klein und schlank war und pechschwarze Augen hatte; ihr zierlicher Körper verriet jene Zähigkeit, die langes Leben verspricht und die Greisinnen in Gesundheit vertrocknen läßt wie zuckersüße Weinbeeren. Gewöhnlich schnitten ihre Anwesenheit, einer ihrer Blicke die Schmähreden und Strafpredigten ihres Gatten jäh ab, sie brauchte nicht einmal zu beschwichtigen: «Erhitze dich nicht, Nicolás, du weißt, was der Arzt gesagt hat.»

Meist stand der Kranke auf, bevor es soweit kam, und humpelte am Arm seiner Ehehälfte weg, zog sich zurück oder ging zu einem kleinen Spaziergang unter den saftgrünen Platanen.

Ich hatte das Ehepaar vollständig vergessen (wie man liebenswürdige oder unsympathische Gäste eines Badekurorts, die während zweier Wochen wie im Film an einem vorüberziehen, eben vergißt), als ich auf einer hinteren Zeitungsseite die Anzeige las: «Seine Exzellenz Don Nicolás Abréu y Lallana, Vorsteher der Verwaltung ... Seine untröstliche Witwe, Ihre Exzellenz Doña Clotilde Pedregales ...» Zufällig begegnete ich zwei Tage später auf der Straße dem leitenden Arzt von Aguasacras, dem klugen und feinsinnigen Beobachter, der aus beruflichen Gründen nach Madrid gekommen war, und wir gedachten neben andern Verstorbenen auch des verdrießlichen Herrn mit dem versauerten Geschwätz.

«Ach, Señor Abréu? Der mit den Hosen!» lächelte der Arzt.

«Der mit den Hosen?» fragte ich verwundert.

«Aber kennen Sie denn die Geschichte nicht?

Das erstaunt mich, denn in Badeorten gibt es keine Geheimnisse, und diese Begebenheit war nicht nur allgemein bekannt, sondern wurde auch genüßlich breitgetreten ... Na, so was! Allerdings reisten Sie einige Tage vor dem Ehepaar Abréu ab, und das Gelächter der Leute fing erst am Schluß so richtig an, als alle wußten ... Sie fragen sich, wie man Dinge erfährt, die sich hinter verschlossenen Türen abspielen? Das ist in der Tat verwunderlich: Man könnte glauben, es gebe Kobolde ... Die Zimmermädchen mußten wohl ausgespäht haben, was im Badehotel vorfiel, denn sie sind keine schlechten Spioninnen, oder die Nachbarn Wand an Wand, oder ... Kurz und gut, Hexenwerk im wirklichen Leben.

Die Vorgeschichte scheint bekannt gewesen zu sein, denn Abréu, der in seiner Jugend ein Nichtsnutz gewesen sein soll, prahlte gleich nach seiner Vermählung überall damit herum, ja gab sie sogar als besonders gelungene Tat aus und fand, daß es eigentlich alle Männer ihm gleichtun sollten, um die Herrschaftsrechte des Familienoberhaupts unmißverständlich zu zementieren. Und siehe da: Die beiden Vorfälle ergänzen sich. Abréu hatte nämlich, wie alle, die mit vierzig Jahren zu strengen Moralisten werden, eine vergnügte und bewegte Jugend hinter sich. Kleinere Unpäßlichkeiten und Beschwerden riefen ihn zur Ordnung, und da kam ihm das Heiraten in den Sinn, so wie man auf die Idee kommt, in eine gesündere Wohnung umzuziehen. Er fand das hübsche, wohlerzogene Mädchen Clotilde, und da es keinerlei gesellschaftlichen Rang hatte, willigten seine Eltern gern ein, denn Abréu verfügte über ausgezeichnete Beziehungen und kam immer zu erstklassigen Ämtern. Sie heirateten, doch als Clotilde am Morgen nach der Hochzeit erwachte, erschrak sie über die Wendung ihres Schicksals, denn ihr Angetrauter befahl ihr mit gebieterischer Stimme, aber mit einem Lächeln: ‹Meine liebste Clotilde, steh auf!›

Sie gehorchte, und sogleich befahl der Ehemann noch gebieterischer: ‹Und jetzt ... zieh meine Hosen an!›

Sprachlos entschied sich die junge Frau, nun ihrerseits zu lächeln, in der Meinung, es handle sich um einen Flitterwochenscherz ... einen groben und unangebrachten zwar ... aber wer weiß, vielleicht war es ein Brauch bei Hochzeitspaaren ...?

‹Hast du gehört?› wiederholte er. ‹Zieh dir sofort meine Hosen an, meine Liebste!›

Verwirrt und beschämt, dem Weinen schon näher als dem Lächeln, gehorchte Clotilde. Gehorsam ist Pflicht!

‹Setz dich dorthin!› gebot der Ehemann nun feierlich und gewichtig und zeigte auf einen Ohrensessel. Kaum hatte das behoste Mädchen sich hineinfallen lassen, sprach der Gatte: ‹Ich wollte, daß du die Hosen in diesem bedeutsamen Augenblick anziehst, damit du weißt, liebe Clotilde, daß du sie in deinem ganzen Leben nie mehr tragen wirst.

Denn es ist an mir, sie zu tragen, mit Hilfe Gottes, zu jeder Stunde und an jedem Tag, solange unsere Verbindung besteht, und das sind hoffentlich viele Jahre in heiligem Frieden, amen. Nun weißt du Bescheid. Du darfst sie wieder ausziehen.›

Was meinte Clotilde zu dieser Mahnung? Sie ließ nie etwas darüber verlauten, hüllte sich in das vollkommen undurchdringliche Schweigen, worin so viele zerbrochene Ideale eingewickelt sind, bescheiden ehrenhafte weibliche Jugendideale, welche Liebe fordern und nicht Knechtschaft ... Sie lebte still und ergeben, und wenn man den Leitspruch ‹Hüte den Herd, und spinn eifrig Wolle› der römischen Matrone nicht auf sie anwenden konnte, so, weil heute die Textilindustrie mit dem Spinnrocken und der Stopfkugel aufgeräumt hat.

Aber Abréu hatte trotz seiner ehelichen Gesundheitsvorkehrungen das Blei in den Flügeln. Die Reste und Überreste seines früheren ausschweifenden Lebens waren ihm als chronische Beschwerden geblieben, und als er sich in Aguasacras zum erstenmal an mich wandte, sah ich, daß ihm nicht zu helfen war, daß es nur darum ging, zu lindern, was nicht zu heilen war, außer in einem Jungbrunnen ... Und wo der sprudelt, wissen wir nicht!

Seine Frau pflegte ihn mit wahrer Selbstlosigkeit. Sie umsorgte ihn, wir wissen es, sie opferte sich auf für ihn, und anstatt sich zu vergnügen, schließlich war sie noch jung, kümmerte sie sich um seine Tränklein und Pillen. Aber jeden Morgen hörte der Gatte beim Aufstehen vom weichen Ruhelager ihr honigsüßes Flötenstimmchen mit dem – wenn auch wie Vogelgesang klingenden unnachsichtigen – Befehl: ‹Zieh dir meine Unterröcke an, lieber Nicolás, zieh dir sofort meine Unterröcke an!›

Unwillkürlich verfinsterte sich die Miene des Kranken; unhörbare Flüche drängten sich auf seine Lippen ... der Befehl wiederholte sich, stets mit Vogelstimme, der Mann senkte den Kopf und schnürte sich linkisch die Bänder der spitzenbesetzten Unterröcke um den Leib. Dann fügte die zärtliche Gattin in ebenso musikalischen wie lieblichen Flötentönen hinzu: ‹Damit du dir stets bewußt bist, daß du sie schon trägst, seit ich deine liebe kleine Krankenschwester bin. Verstehst du?›

Noch blieb Abréu eine Weile in weiblicher Unterwäsche da sitzen – mit Flüchen auf den Lippen –, ob aus Wut oder weil das Rheuma ihn zwickte, weiß man nicht. Unterdessen ging Clotilde im Zimmer umher und richtete alles Nötige für die umständlichen und schmerzhaften Kuren, die wirksamen Einreibungen und die vorsorglichen Wickel.»

ALFRED DÖBLIN

Der Dritte

Der berühmte Frauenarzt Dr. William Converdon in Boston erließ am 14. April eine Annonce in den *Täglichen Nachrichten*, in der er eine Sekretärin suchte. Er war durch seine Wahl zum Vorsitzenden der Gesellschaft für Gynäkologie mit Schreibarbeit übermäßig belastet worden; seine bucklige Haushälterin, der er seine Bedrängnis mitteilte, entschied sich dafür, eine Dame zu suchen; diese sei billig, vor allem leichter zu entlassen.

Am 18. April stellte sie ihm zum Schluß seiner Sprechstunde zwei Damen vor. Converdon drehte sich teilnahmslos auf seinem Stuhl um, nahm mit Kopfnicken die leichte Verbeugung eines scharfzügigen, schwarzen, intelligenten Fräuleins entgegen, richtete länger seine grauen kalten Augen auf das blonde Mädchen neben ihr, die ihm mit Erröten ihre Zeugnisse reichte. Wie er dann mit der Hand über sein breites Kinn fuhr, entschied er sich, ohne die Papiere zu öffnen, für die blonde, schüchterne, vollwangige, weil sie schöne Flechten trug und es ihn beunruhigen würde, ihre Reize auf die Straße zu schicken, und weil er hoffen konnte, ihrer rasch überdrüssig zu werden.

Bei Beginn der Diktate am nächsten Morgen

empfand der hagere Mann eine Störung seines Gedankengangs durch die Anwesenheit des Mädchens. Er zögerte daher, über den Läufer des Sprechzimmers hin- und hergehend, nicht lange, hinter dem Sessel halt zu machen, auf dem sie saß, in blauem Kleid, den Kopf mit sauber gewundenen Flechten über das Pult gebeugt. Bei Betrachtung ihres Rükkens blieb er an ihrem bloßen Nacken hängen; so hob er denn langsam ihren weißen Stehkragen auf und küßte sie in den Spalt hinein zwischen Kleid und Kragen. Sie fuhr zurück, ihre Augen leuchteten auf; als er ihre hellen Nackenhaare durch seine Zähne zog, legte sie kichernd ihre heiße Wange nach rückwärts an seinen Kopf und dehnte sich auf dem Stuhl. Dann, als er mit seinen schmalen Lippen ihre Wangen abtastete, warf sie sich plötzlich vorn über die Schreibplatte, vergrub den Kopf in den Armen, schluchzte sehr leise eine kleine Weile, während er nachdenklich hinter ihr stand, das scharfe Gesicht gesenkt, die linke Hand am Kinn. Sie schüttelte sich noch einmal, wischte sich die Augen mit einem sehr dünnen Taschentuch, stand auf, wandte sich um und sah ihn aus geröteten Augen von unten an. Das blondhaarige Fräulein, sie hieß Mary Walter, legte dann ihren Kopf an seine weiße Weste und bot ihm zu seiner großen Überraschung den Mund. Er wollte erst mit der freien linken Hand in die Rocktasche fahren nach seinem Kneifer, um die Erscheinung aus der Nähe zu betrachten, küßte sie aber entschlossen und nannte sie vorsichtig «liebes Fräulein Walter». Fräulein Walter setzte sich wieder auf ihren Sessel, er spazierte befriedigt über den Läufer, diktierte weiter. Er machte ihr am Ende der Arbeit, weil es ihm so einfiel, einige Liebeserklärungen, die sie erst gedankenlos mitstenographierte, dann aber beim Nennen ihres Namens verstand; sie spazierte Arm in Arm mit dem erschrockenen Mann über den Läufer; der beschäftigte Arzt freute sich aber herzlich über den raschen Ablauf des Vorgangs.

Er ging mit ihr ins Theater, speiste abends mit ihr zusammen, trieb dies ein paar Tage. Bis ihm nach genau einer Woche, als er bei Beendigung des Diktats auf seiner Chaiselongue saß und Fräulein Walter betrachtete, ein weiterer Gedanke kam. Sie band sich eben über ihren blauen Rock eine spitzenbesetzte weiße Schürze und sah dabei auf ihre weißen Tennisschuhe, als er um die Erlaubnis bat, die Schürze hinten zuzuknöpfen, und ihr bei dieser Tätigkeit dann mit stockender Stimme von hinten ins Ohr flüsterte, sie möchte heute das Nachtlager in seiner unmittelbaren Nähe aufschlagen. Sie betrachtete eine Weile ihre Fingerspitzen, löste sich mit einem Ruck von seinen Händen, stampfte dann mit dem Fuß auf, sagte zunächst leise: «Es geht nicht.» Er ebenso leise: «Warum» und duzte sie sofort in Vorbedacht der kommenden Situationen. Nun einfach darum nicht, weil sie doch zu Hause wohne. Es wurde nun noch die Depesche an die Mutter abgesandt, in der berichtet wurde, daß Fräulein Mary den Herrn Chef für einen Tag auf einer Reise begleiten müsse, die bucklige Haushälterin orientiert, welche ein hierfür seit langen Jahren benutztes Zimmer freundlich abstaubte; so daß Dr. Converdon seinem Plan entsprechend die fröhliche Nacht mit seiner Sekretärin verlebte.

Nur störte ihn im Verfolg seiner notwendigen Bemühungen an dem Fräulein mehreres, nämlich die große Energie ihres anfänglichen Widerstands, ihre auffallende Erregtheit während der ganzen Nacht, besonders aber der Befund einer unzweifelhaften Jungfräulichkeit. Über diesen Befund war Herr Dr. Converdon heimlich außerordentlich entrüstet. Er erhob sich sehr früh, machte dem Fräulein am Morgen vor der Waschschüssel laute Vorwürfe wegen ihres Lebenswandels; man sollte es nicht für möglich halten, wenn man sie betrachte mit ihren blonden Flechten; was wollte sie eigentlich von ihm; es zeuge von einer unglaublichen Unreife, von einem völligen Mißverstehen seiner Person; er wisse gar nicht, wie er über diesen Punkt ihrer Vergangenheit wegkommen solle. Sie weinte, im bloßen Hemd am Fenster sitzend, furchtbar, bettelte um Verzeihung; sie wisse ja selbst nicht, wie es gekommen sei. Er diktierte ihr wütend stundenlang am Vormittag; diktierte, bis sie halb schlafend über den Tisch sank; war außer sich über die Roheit dieser anscheinend harmlosen Person.

Sofort wollte er sie vor die Tür setzen. Aber er

überlegte sich, daß sie dann zu leichten Kaufs davonkäme. Es wäre ihr ein Vergnügen, jetzt zu entwischen nach diesem Verbrechen an seiner Seele. Er erklärte ihr abends, als sie zum Nachtessen erschien, daß er sie nunmehr fest engagiere, zunächst auf drei Monate; sie klatschte in die Hände; er verlangte dringend, daß sie einen förmlichen Vertrag, den er entworfen habe, unterschriebe. Sie unterschrieb ungelesen, hängte sich an seinen Hals. Er lächelte finster. Niemand erkannte den ernsten Mann tagelang in seiner explosiven Wut. Er mietete ihr schon nach einigen Tagen eine Wohnung in dem Nebenhause, entsetzte sie ihrer Stellung als Sekretärin, engagierte einen alten Bureaubeamten. Sie sollte als Gesellschaftsdame fungieren in seinem Hause. Sie hätte nichts weiter zu tun, als zugegen zu sein, wenn er es verlangte.

Sie stellte nun seine Möbel um, hing kleine Liebesbilder und Fähnchen auf, setzte sich allabendlich zu ihm an den Tisch. Er sprach tagelang mit ihr kein Wort, er duldete sie, gab ihr mit jeder Miene seine Verachtung zu erkennen. Eines Tages schwoll sein Gesicht, während sie ruhig aß, blaurot an, die Stirnader trat wie ein Bleistift hervor, seine Augen quollen heraus; er schlug mit der Faust neben sie auf die Platte: «Du hast hier nicht Abend für Abend an meinem Tisch zu sitzen. Dieser Stuhl hat frei zu sein an meinem Tische. Ich verbitte mir, daß irgend jemand auf diesem Stuhle sitzt.»

«Aber Lorry, wo soll ich denn sitzen?»

«Wo du willst, sollst du sitzen. Vor der Türe. Ich wünsche, daß dieser Platz frei bleibt.»

Sie stand weinend auf: «So wünschst du, daß ich gehe?»

«Daß du gehst? Das charakterisiert dich recht. Was willst du gehen? Warum? Wohin willst du gehen? Oh, ich kenne dich schon, du. Du willst gehen; das wolltest du schon lange. Aber du hast ohne meine Erlaubnis nicht das Zimmer zu verlassen. Du hast hier zu bleiben; ich sperre dich ein, bis du zahm und kirre bist – du Schamlose.»

Der alten buckligen Haushälterin aber trug er auf, Fräulein Mary zu behandeln, als wäre sie die Tochter des Hauses, oder als wäre sie seine Frau, mit der allererdenklichsten Rücksicht und Zartheit; so verlange er es.

Als der hagere Mann sich besänftigt hatte, ging er wieder mit dem blonden Fräulein spazieren auf den breiten Geschäftsstraßen Bostons; mit einer ernsten, bittenden Galanterie bewegte er sich um sie; öfter klagte eine verzweifelte, gequälte Demut aus seiner Stimme. Sie saßen einmal nebeneinander bei Sonnenuntergang am Fenster seines Sprechzimmers; da legte er überwältigt die kahle Stirn auf die runde Mädchenschulter. «Sieh, Mary, wie viele Straßen es gibt; drüben jenseits des Platzes fünf, über den Fluß weg Hunderte im Arbeiterviertel. Hundert Häuser stehen in jeder Straße, und in jedem Haus wohnen so viele Männer, jüngere als ich, bessere als ich, schönere als ich. In jedem Stock, hinter jedem dieser Fenster. Sie haben an nichts zu denken, sie haben den ganzen lieben Tag ihre Gedanken frei, stell dir dies einmal vor. Und wie gerne würden sie dich lieben, mit deinen treuen Augen, deinen runden Armen. Dein Fleisch ist so fest, deine Brüste sind so straff, mit rosigen Spitzen; ach Gott, was hast du für ein weiches, glattes Fell, Mary – und dies alles mir, den es nicht beglückt, den es belastet und die Atemluft benimmt. Bitte frage mich jetzt nicht wieder, ob du gehen sollst. Was hilft das mir? Ich würde dir nachlaufen müssen und weinen. Ich wäre unsäglich froh, wenn du nicht wärest. Ich würde mich gerne bücken hier am Fenster, dich auf die Arme nehmen und wie einen Blumenregen auf das Pflaster streuen, drüben in die Fenster hinein und über mich in das Zimmer. Der Gedanke macht mich schmelzen. Aber jetzt faß mich nicht an, tröste mich gar nicht, laß meinen Kopf auf deiner Schulter liegen, Mary, Mary.»

Das Mädchen umging ihn mit großer Vorsicht, sie bereitete ihm die Mahlzeiten, half ihm bei den Arbeiten mit Geduld und unendlichem Sanftsinn. Wenn er sie anbrüllte, sich mit den Händen gegen die Brust schlug, weil solch Verhängnis an ihn gekettet wäre, so schlich sie davon die Treppen hinunter, weinte zu Hause, kam nach ein paar Stunden wieder zurück und fragte ängstlich die Haushälterin, ob der Herr schon besser wäre. Und er zog sie schon auf dem Korridor an den

Händen zu sich hinein, polterte mit mürrischem Gesicht über eine kindliche Neigung zu dramatischen Spannungen, über ihre unreale, idealistische Auffassung des Menschen.

Nun saß sie auf seinen Visiten im Wagen neben ihm, in einem mächtigen Florentinerhut mit breiter blutigroter Schleife, deren Enden sie nach vorn um den Hals band. Wie seine Tochter saß sie auf dem Polster in feinem weißen Batistkleide neben dem hageren, glattrasierten Arzt, dessen hohe schmale Stirn, gerade Nase, tiefe Mundlinien in Marmor gehauen waren. Sein Schädel war kahl bis an den Wirbel; seine grauen durchdringenden Augen sahen gradeaus.

Ihre Lippen waren fein und keusch. Das reizte ihn tief, und er legte ihr die harte Hand auf den Mund in dem eiskalten Wunsch, mit einem schlanken Messer ihre Lippen zu umschneiden – dann wäre die ganze Keuschheit weg –, mit Porzellanglocken die demütige Sanftmut ihrer Augen zu verdecken; ihre welligen Haarflechten zu fassen, mit einem Ruck, mit einem langen skalpierenden Ruck vom Leibe abzuziehen das weiche schmeichelnde Fell, die weiße glatte Haut ganz und gar, daß sie daläge, Mary, vor ihm, zuckend rot, mit spielenden bloßen Muskeln, ein Präparat, ein krampfendes schnappendes Tier, Mary.

Er ließ sie ganz in seine Wohnung ziehen. Trotzdem sie im Gedränge der Straßen kaum einer beachtete, mußte sie dichte weiße Schleier tragen, und die kleine bucklige Frau begleitete sie. Der hagere Mann ging indessen heimlich des Nachts in die niedrigsten Quartiere der Vorstadt, lernte den verlorenen Geschöpfen ihre Obszönitäten und Verderbtheiten ab. Das streng bewachte, stille, blauverhängte Zimmer Marys zitterte unter den Rasereien der beiden Menschen. Sie saß neben ihm, umschlang ihn, bedauerte ihn wegen seiner Wildheit, aber er sann verzweifelt, wie er sie ganz verwüsten könnte, daß nichts von ihr übrigblieb, rang die Hände, daß sie noch immer neben ihm saß, als wäre nichts geschehen, mit treuen blauen Augen, mit den schlicht gewundenen Flechten, mit der kindlichen Stimme – wie er nur eine Spur in ihr hinterlassen könne, eine einzige kleine Spur. Bis sie einmal leise weinte an seiner Brust und ihn fragte, ob er schlecht von ihr denke, weil sie jetzt so bestialisch zueinander seien; da tröstete er sie ingrimmig, sie solle nicht so outriert fragen.

Er erklärte ihr am Tage darauf, daß er sie zur Schauspielerin ausbilden lassen wolle. Sie gehörte allen Menschen; jeder könnte sie nehmen, sollte sie nehmen. Sie sei so schön; sie singe so rein; es sei eine Versäumnis, dies zwischen seinen vier Wänden verdorren zu lassen. Sie trat als Tänzerin in einem kleinen Variété auf. Der Vorhang rauschte hoch, der hell beleuchtete Schädel des Arztes senkte sich – nun war er glücklich. Nun lag die Schönheit Marys auf allen Gesichtern im Saale; der breite Fleischermund neben ihm sog lüstern an ihrem süßen Lächeln, in die braunen Kalbsaugen der Dame neben ihm kam eine Starrheit, als die blonde Mary im Tanze die runden Linien ihrer Schenkel bog und streckte; ein junger kräftiger Fant in der ersten Reihe biß sich mit dem Opernglas in ihre Brüste ein. Nun fiel sie wie ein Blumenregen über den Raum. Er raste in seiner Equipage hochatmend und lachend weg, ließ sie allein den Zuschauern. Er versteckte sich in seinem Zimmer, schloß die Türen hinter sich ab; seine Haushälterin bediente ihn wie sonst in der guten Zeit allein, während die Stühle leer herumstanden, kein Gedeck neben seinem lag und er am Ende der Mahlzeit Tisch und Stühle umwarf und seine Beine vergnügt auf dem Sofa ausstreckte.

Kaum aber war nach der unruhigen Nacht der Morgen gekommen, da stand der Herr vor dem Fenster seines Sprechzimmers, sah die leere Straße herunter und streckte die Arme aus nach Mary, der Dirne, dem niedrigen seellosen Geschöpf, nach der Mörderin, dem Vampir. Keine Spinne konnte böser umgehen mit einer Fliege, als dieses Wesen mit ihm. Alle Dinge hier im Zimmer sprachen von der Pein, die sie ihm tausendmal bereitet hatte, von der Mühe, die er mit ihr hatte; aber sie wälzte sich im warmen Dreck. Keine Peitsche, sie zu schlagen! Wo steckte sie, wo steckte sie, sein Besitz! Seine Hündin!

Gegen fünf Uhr nachmittags klingelte sie, lächelnd, freudig erregt, im weißen Mädchenkleid, unter einem mächtigen Florentinerhut, fiel ihm um den Hals und plapperte, wie glücklich sie sei, wie gut sie gefallen habe, wie sie sich freue auf heute abend. Er fragte nicht, wo sie heute nacht gewesen sei. Er nahm sie wie eine Puppe in den Arm und fiel aufweinend über sie auf den Teppich nieder. Er küßte sie auf den Mund und redete verwirrt. Er bettelte mit heiserer Stimme, sie solle nicht mehr spielen, sie solle bei ihm zuhause bleiben. Sie könne ja gehen, wann sie wolle, aber sie möchte bei ihm bleiben. Das Mädchen brach in ein furchtbares Schluchzen aus, fragte, was ihm geschehen sei.

Sie zitterte, hob ihn auf, blickte den Mann an mit dem glühenden Gesicht, den triefenden Augen, den bebenden Lippen.

Am nächsten Vormittag fuhr er mit ihr auf das Standesamt, nach ein paar Tagen zum zweiten Male; da waren sie getraut.

Sie hatten wenige glückliche Wochen in einem Seebade verlebt. Da hörte sie eines Morgens, als sie sich zum Tennisspiel ankleidete, einen furchtbaren Schrei aus dem Nebenzimmer. Converdon stand in bloßen Hemdsärmeln aufrecht mitten im Zimmer, in der rechten Hand einen zerknitterten Brief. Er streckte die Arme nach der Decke, schrie gell Marys Namen, stürzte auf den Teppich nieder. Sie hob seinen heißen Kopf, er stammelte: «Es ist aus mit mir.» Dann, als er sich beruhigt hatte, sagte er, sie möchte ihn allein lassen, er hätte einen

Nervenanfall gehabt. In dem zerknitterten Brief stand:

Sehr geehrter Herr Doktor,
Ihre Frau ist sehr schön. Ich werde mich um sie bemühen. Es ist Ihnen, sehr geehrter Herr Doktor, ebenso sicher wie mir selbst, daß ich Ihre Frau gewinnen werde. Es wird mir schwierig, ja unmöglich sein, meine Bemühungen um Ihre Frau durchzuführen, ohne daß Sie es merken. Ich bitte Sie daher, erstens Kenntnis von meinem Plan zu nehmen; zweitens angesichts des zweifellosen Resultats, keine Schwierigkeiten zu machen. Ihnen selbst, sehr geehrter Herr Doktor, empfehle ich, gedrängt von einem großen Wohlwollen für Sie, sich am fünfundzwanzigsten dieses Monats im Charlespark mit genauer Angabe der Motive umzubringen.
P.S. Ich besitze ein Automobil und stelle Ihnen den Wagen zur Benützung bei der Regelung Ihrer Angelegenheiten zur Verfügung.
Paul Wheatstren, Parterregymnastiker.

Dr. Converdon antwortete nach einer knappen Stunde Herrn Paul Wheatstren, Parterregymnastiker. Er bestätigte den Empfang des freundlichen Briefes vom Heutigen, dankte für die gütige Festsetzung des Todes, bat um umgehende Zusendung des Automobils, das er sachgemäß instand halten werde.

Die erste Fahrt, die Dr. Converdon mit dem Wagen machte, war hinaus auf die Landvilla des Akrobaten, um mit ihm zu verabreden, daß von den kommenden Geschehnissen nichts zu Ohren Marys gelangte: Wheatstren empfing ihn, ein untersetzter, breitschultriger Mann mit viereckigem geröteten Gesicht, Ende dreißig, gewöhnliche Züge, aber klare, ruhige Augen. Er schüttelte dem Doktor lachend die Hand, erklärte ihm, wie er sich freue, seine schöne Frau kennengelernt zu haben und ihren ehrenwerten Gatten. Er hoffe mit Frau Mary glückliche Stunden zu verleben.

Sie setzten sich bei einem Glas Wein hin. Wheatstren versäumte nicht, nach dem ersten Glase schonend zu bemerken, daß an dem baldigen Ableben seines Gastes die Dame nicht schuld sei, und er auch nicht; vielmehr ergäbe sich das Ableben von selbst bei der Sachlage, und so wäre es auch vernünftig, den Selbstmord am fünfundzwanzigsten in voller Öffentlichkeit, wie jede andere schickliche Handlung, zu vollziehen. Dr. Converdon trat bei dem zweiten Glase mit gezogenem Revolver auf seinen erstaunten Wirt zu und besprach mit ihm die Möglichkeit, ihm selbst eine Kugel in das rechte Auge zu schießen, und zwar jetzt gleich; dies sei vorteilhaft darum, weil jener keine Waffe trüge und er auf seinen Browning gut eingeschossen sei. Der andere bestätigte ohne Überlegung die Möglichkeit eines solchen Verlaufs, fügte aber mit überlegenem Lächeln hinzu, ohne sich auf seinem Sessel zu rühren, daß an der Sachlage dadurch nichts geändert würde. Es würde dann im nächsten Monat ein anderer Mann Frau Mary schön finden und Herrn Dr. Converdon davon benachrichtigen. Mit einem vorwurfsvollen Blick ging Herr Wheatstren auf den Arzt zu, der beschämt den Revolver sinken ließ. Er hätte Herrn Converdon geschrieben, weil er ihn für einen vernünftigen Mann hielte; es sei doch wirklich nicht ihre Sache, den Eintritt notwendiger Ereignisse zu verzögern. Er nahm gutmütig lachend dem Arzt den Revolver ab, klopfte ihm auf die Schulter; sie tranken nachdenklich weiter.

Zu Hause warf sich Herr Dr. Converdon in Frack, setzte einen Zylinder auf und fuhr in die Kirche. Er hörte aufmerksam die Predigt an, ließ sich am Schluß des Gottesdienstes beim Pfarrer anmelden. Diesem erklärte er den Sachverhalt, indem er sich auf einen Stuhl an der Türe setzte, stellte ihm die Frage: ob er als Seelenkenner glaube, daß sich das Motiv des am fünfundzwanzigsten statthabenden Selbstmordes beheben lasse. Er sei Frauenarzt und daher mit Psychologie nicht vertraut. Der Pfarrer, ein junger, tieferntster Mann mit einem Jesuitengesicht, durchsprach mit ihm aufmerksam die Angelegenheit. Er explizierte am Schluß: Es sei, wie man wenigstens seitens der Psychologie sagen könne, ein gewisses Dunkel und eine Borniertheit in dem Arzt vorhanden; diese, eine angeborene Eigenschaft, durch Erziehung und

Lebensweise gepflegt, sei kaum mehr zu beheben. Die Situation sei erfreulich für die Frau Mary; ihn könne man nur trösten mit dem Hinweis auf die Belanglosigkeit seiner Existenz.

Damit war der beliebte Frauenarzt ganz ins Klare gekommen. Er hatte noch zwei Wochen zu leben. In diesen folgenden Tagen kam nun, als er sich die Situation klar überlegte, eine völlig unbekannte Ruhe über ihn. Er ging mit einem Gefühl der Freude einher, daß jedem der Glanz seiner Augen auffiel. Mit einer tiefen Dankbarkeit behandelte er insbesondere seine junge Frau, fuhr in dem Automobil mit ihr spazieren ins Grüne, war ihr wirklich innig zugetan in dieser Zeit. Sie hatte ihm diese schönen, hoffnungsvollen Tage beschert; über ein paar Tage war er wieder allein. Wie einfach sich alle seelischen Lächerlichkeiten lösen lassen durch eine mechanische Bewegung, gemäß dem guten Rat dieses Parterregymnastikers Paul Wheatstren. Täglich besuchte er mit Frau Mary die Variétévorstellungen, in denen der treffliche Mann auftrat, wurde nicht müde, seine Gelenkigkeit zu loben, kaufte sich sein Bild und stellte es in seinem Schlafzimmer an sein Bett. Zwei Tage vor seinem Ableben besuchte er noch alle Bekannten der nächsten Umgebung und teilte ihnen seinen Plan mit; er ging in den Kaufmannsladen, in den Gemüsekeller, in die Budike. Er fügte hinzu, daß er angesichts des Vergnügens, sie zu verlassen, ihnen Legate in Form von je tausend Dollar aussetze;

er werde ihnen auch eine Stunde vor seinem Verscheiden Telegramme mit den herzlichsten Flüchen schicken. Er beobachtete, daß diese Erklärung allseitig beifälliges Erstaunen hervorrief und daß man ihm dankbar die Hände küßte.

Am vierundzwanzigsten dekretierte er schriftlich, daß man ihn sorgfältig sezieren möchte. Am fünfundzwanzigsten morgens trennte er sich von seiner schönen Frau in unbändiger Freude; der ernste, kahlköpfige Arzt tanzte im Frack um sie herum, küßte sie und fand kein Ende, mit ihr zu lachen. Gegen zehn Uhr setzte er sich in das Automobil, gab die Telegramme auf, fuhr nach dem Charlespark, ließ den Wagen am Eingang des Parks warten, nachdem er einen Zettel hinterlassen hatte mit der Nachricht seines um halb elf stattfindenden Todes. Mitten im Gebüsch stehend, bemerkte er, daß er in seiner Freude den Revolver zuhause gelassen hatte, und hängte sich daher nicht ohne Schwierigkeiten an seinem Schlips auf.

Die Autopsie des Verstorbenen war völlig ergebnislos.

Am Abend der am sechsundzwanzigsten vorgenommenen Leichenschau besuchte Herr Wheatstren die Witwe, teilte ihr mit, daß er, wie sie wisse, ein Freund des Verblichenen sei. Er wolle keine großen Reden führen, sondern ihr nur mitteilen, daß er einige glückliche Stunden mit ihr zu verleben gedenke. Er bitte sie, das Gedächtnis des Verblichenen zu ehren, denn nur in Rücksicht auf ihr gemeinsames Glück habe er sich am fünfundzwanzigsten an seinem Schlips aufgehängt. Die gebrochene blonde Frau vergoß reichlich Tränen, sagte, sie erkenne Dr. Converdon daran; er sei immer so gütig gegen sie gewesen. Es käme ihr zwar alles so rasch, aber das Leben sei wohl so. Sie fuhr mit ihm in dem Automobil in seine Landvilla und verlebte ihrerseits mit ihm glückliche Stunden. Er seinerseits fühlte sich bald abgestoßen durch die Routine der sanften blauäugigen Dame in den Vergnügungen des Genusses; er hatte gehofft, ihr selbst diese beizubringen. So übernahm er denn nach einer Woche die Verwaltung ihres Vermögens, fluchte auf die Heimtücke des Dr. Converdon und fragte sie nach ihrer Herkunft. Als der Parterregymnastiker erfuhr, daß sie zuerst als Sekretärin bei Dr. Converdon beschäftigt war, bemerkte er, daß er keine Sekretärin brauche, er wisse als Akrobat wenigstens nicht, wozu. Er werde ihr Vermögen weiter gewissenhaft verwalten, ihr einen ausreichenden Zinsgenuß gewähren, aber sie scheine ihrer ganzen Anlage nach nicht für einen einzelnen Mann wie ihn geschaffen, auch wiesen die bezeigten Talente darauf hin. Und so empfahl er ihr dringend, ihre Begabung zu verwerten; auch das größte Kapital würde schließlich aufgezehrt. Sie verschloß sich seinen Darlegungen nicht. Und Herr Wheatstren führte die junge blonde Dame, die er auch heiratete, bald aus auf die Rennplätze, in die Theater; behandelte sie roh und mit Berechnung. Sie aber pries ihn auf Schritt und Tritt, weil er ihr das Höchste bot, was es auf Erden gäbe, nämlich erhebliche Abwechslung.

SEI SHONAGON

Aus dem Kopfkissenbuch einer Hofdame

Was würdelos aussieht

Eine Frau hat sich wegen einer Kleinigkeit aufgeregt und hält sich irgendwo versteckt. Sie war der Meinung, ihr Ehemann würde nicht versäumen, sich nach ihr auf die Suche zu machen; aber er sorgt sich nicht so sehr um sie, wie sie gehofft hatte. Da sie sich jedoch nicht auf ewig in ihrem Versteck aufhalten kann, taucht sie von selbst wieder auf und kehrt nach Hause zurück.

*

Was alles andere als beneidenswert ist

Eine Frau, die von einem argwöhnischen Mann stark geliebt wird.

*

Sinnlosigkeiten

Die Eltern zwingen ihre Tochter, einen Mann zu heiraten, den sie gar nicht mag, und beschweren sich nachher, daß die Ehe nicht so gut sei, wie sie erwarteten. So etwas ist höchst unlogisch.

Peinliche Situationen

Ein Ehemann, der seine lobenswerte Gewohnheit aufgegeben hat, abends rechtzeitig nach Hause zurückzukehren, trifft ganz unerwartet seinen Schwiegervater in einem Haus, das sittenstrenge Leute nicht besuchen.

*

Was sich nicht wiedergutmachen läßt

Mit viel Mühe und Sorgfalt hat man Blumen gepflanzt; doch als man eines Morgens sich erneut an ihnen freuen will, gräbt einer, ohne Rücksicht auf die Blumen, den Boden um. In Gegenwart eines hohen Würdenträgers hätte der Betreffende sicherlich nicht so gehandelt; so aber nützen alle Vorwürfe nichts, die man ihm macht. «Ja, ja, nur noch ein bißchen, dann bin ich fertig», sagt er und arbeitet unbekümmert weiter; denn er weiß gut, daß wir nur Frauen sind.

*

Was ein Mann nicht tun sollte

Ein Mann, mit dem du ein Verhältnis hast, spricht dir gegenüber lobend von einer Frau, die er früher gekannt hat. Sein Erlebnis gehört zwar inzwischen der Vergangenheit an; aber es ist dadurch für dich nicht weniger unangenehm und peinlich.

Was Herzklopfen verursacht

Man erwartet den Geliebten zu nächtlicher Stunde und achtet ängstlich auf jeden Laut. Plötzlich wird man vom Geräusch eines Platzregens aufgeschreckt, den der Wind gegen die Bambusjalousien peitscht.

*

Was glücklich macht

Viele Romanbücher zu besitzen, die ich noch nicht gelesen habe. Ich lese den ersten Band und finde ihn sehr schön. Wenn ich den zweiten Band bekomme, bin ich sehr glücklich. Nicht selten aber bin ich durch die Lektüre des zweiten Bandes enttäuscht ...

Ich bin glücklich, wenn ein Zierkamm, den ich extra machen ließ, über Erwarten gut gelungen ist.

Besonders glücklich bin ich aber, wenn einer glücklich ist, den ich liebe.

*

Was fern, doch nah ist

Das Paradies.

Der Abstand zwischen Mann und Frau.

WILLIAM SOMERSET MAUGHAM

Eine Vernunftehe

Ich verließ Bangkok auf einem schäbigen kleinen Schiff von vier- oder fünfhundert Tonnen. In dem schmuddeligen Salon, der auch als Eßraum diente, standen der Länge nach zwei schmale Tische mit Drehstühlen auf beiden Seiten. Die Kabinen lagen im Schiffsinneren und waren extrem schmutzig. Kakerlaken spazierten über den Fußboden, und man mag noch so heiteren Gemütes sein, es ist schwierig, sich nicht zu ekeln, wenn man zum Händewaschen ans Waschbecken geht und eine riesige Kakerlake gemütlich herausstolziert.

Wir tuckerten den breiten und träge fließenden freundlichen Fluß hinunter, und seine grünen Ufer waren gesprenkelt mit kleinen Hütten auf Pfählen, die nahe am Wasser standen. Wir durchfuhren die Barre; und die offene See, blau und ruhig, dehnte sich vor uns aus. Ihr Anblick und ihr Geruch versetzten mich in freudige Aufregung.

Ich war am frühen Morgen an Bord gegangen und entdeckte bald, daß ich mitten unter die seltsamste Ansammlung von Leuten geraten war, die ich je gesehen hatte. Es waren zwei französische Händler und ein belgischer Oberst, ein italienischer Tenor, der amerikanische Besitzer eines Zirkus mit seiner Frau und ein pensionierter französischer Beamter mit der seinen. Der Zirkusbesitzer war, was man einen geselligen Menschen nennt, ein Typ, den man je nach Stimmung begrüßt oder meidet, aber zufällig fühlte ich mich sehr zufrieden mit meinem Dasein, und ehe ich noch eine Stunde an Bord war, hatten wir um Drinks gewürfelt, und er hatte mir seine Tiere gezeigt. Er war ein sehr kleiner, dicker Mann, und sein Hemd, weiß, aber nicht allzu sauber, kehrte die stattlichen Proportionen seines Bauches hervor, aber der Kragen war so eng, daß man sich wundern mußte, warum er nicht erstickte. Er hatte ein rotes, glattrasiertes Gesicht, fröhliche, blaue Augen und kurze, unordentliche sandfarbene Haare. Er trug einen verbeulten Tropenhelm weit auf den Hinterkopf geschoben. Er hieß Wilkins und war in Portland, Oregon, geboren. Im Osten liebt man den Zirkus, und Mr. Wilkins reiste seit zwanzig Jahren mit seiner Menagerie und seinen Karussells kreuz und quer herum, von Port Said nach Yokohama (Aden, Bombay, Madras, Kalkutta, Rangun, Singapur, Penang, Bangkok, Saigon, Hue, Hanoi, Hongkong, Schanghai, lauter Namen, die auf der Zunge zergehen und die Phantasie mit Sonnenschein, fremdartigen Klängen und buntem Treiben füllen). Er führte ein seltsames Leben, und, so sollte man meinen, eines, das alle Arten außergewöhnlicher Erlebnisse bot, aber das Verrückte bei ihm war, daß er ein vollkommen alltäglicher kleiner Mann war, und man hätte ihn sich als Garagenbesitzer oder Leiter eines drittklassigen Hotels in einer zweitklassigen Stadt in Kalifornien vorstellen können. Tatsache ist – und das habe ich so oft bemerkt, daß ich nicht weiß, warum es mich immer wieder überrascht –, daß die Außergewöhnlichkeit des Lebens eines Mannes nicht zugleich ihn außergewöhnlich macht, sondern im Gegenteil, wenn ein Mann außergewöhnlich ist, wird er auch Außergewöhnliches aus einem so alltäglichen Leben wie dem eines Landpfarrers machen. Ich wünschte, ich könnte hier die Geschichte des Eremiten erzählen, den ich auf einer Insel in der Torres-Straße besuchte, eines schiffbrüchigen Matrosen, der dort seit dreißig Jahren alleine lebte, aber beim Schreiben ist man durch die vier Wände seines Sujets eingeengt, und obwohl ich zu meiner eigenen Unterhaltung gerne abschweifen würde, unterlasse ich es lieber, denn wegen meiner Vorstellung von dem, was zwischen zwei Buchdeckel gehört und was nicht, wäre ich am Ende gezwungen, es wieder zu eliminieren. Jedenfalls, das Ergebnis war, daß der Mann trotz seiner langen und engen Verbindung mit der Natur und seinen eigenen Gedanken am Ende dieser Zeit ein genauso dumpfer, unsensibler und vulgärer Dummkopf war, wie er es zu Beginn gewesen sein muß.

Der italienische Sänger ging an uns vorbei, und Mr. Wilkins erzählte mir, er sei Neapolitaner und unterwegs nach Hongkong, um sich wieder seiner Truppe anzuschließen, die er wegen eines Malariaanfalls in Bangkok verlassen mußte. Er war riesengroß und sehr dick, und als er sich auf einen Stuhl warf, knarrte der erschreckt. Er nahm seinen Tropenhelm ab, zeigte einen großen Kopf mit langen, lockigen, fettigen Haaren, durch die er mit seinen kurzen, dicken und beringten Fingern fuhr.

«Er ist nicht gerade gesellig», sagte Mr. Wilkins. «Er hat die Zigarre genommen, die ich ihm angeboten habe, aber einen Drink wollte er nicht. Sollte mich nicht wundern, wenn mit dem was Komisches los wäre. Sieht übel aus, der Kerl, oder?»

Dann kam eine kleine, dicke Frau in Weiß an Deck, die einen Affen an der Hand hielt. Er ging würdevoll an ihrer Seite.

«Das ist Mrs. Wilkins», sagte der Zirkusbesitzer, «und unser jüngster Sohn. Nimm dir einen Stuhl, Mrs. Wilkins, und sag dem Herrn hier guten Tag. Ich weiß nicht, wie er heißt, aber er hat schon zwei Drinks für mich bezahlt, und wenn er nicht besser würfelt als bisher, wird er dir auch einen bezahlen.»

Mrs. Wilkins setzte sich mit zerstreutem, ernstem Blick hin und meinte, die Augen auf das blaue Meer gerichtet, sie sehe nicht ein, warum sie nicht eine Limonade trinken könne.

«Mein Gott, ist das heiß», murmelte sie und befächelte sich mit dem Tropenhelm, den sie abgenommen hatte.

«Mrs. Wilkins leidet unter der Hitze», sagte ihr Mann. «Sie hat jetzt zwanzig Jahre davon genossen.»

«Zweiundzwanzigeinhalb», sagte Mrs. Wilkins, die immer noch auf das Meer blickte.

«Und sie hat sich immer noch nicht daran gewöhnt.»

«Das werde ich auch nicht, und du weißt das», sagte Mrs. Wilkins.

Sie war genauso groß wie ihr Mann und genauso dick, und sie hatte ein rundes rotes Gesicht wie er und das gleiche sandfarbene, unordentliche Haar. Ich fragte mich, ob sie geheiratet hatten, weil sie sich so ähnlich sahen, oder ob sie im Lauf der Jahre diese erstaunliche Ähnlichkeit angenommen hatten. Sie drehte ihren Kopf nicht, sondern blickte weiterhin abwesend auf das Meer.

«Hast du ihm die Tiere gezeigt?» fragte sie.

«Darauf kannst du wetten.»

«Was hält er von Percy?»

«Prima.»

Ich fühlte mich ungebührlich von einer Unterhaltung ausgeschlossen, deren Gegenstand ich wenigstens teilweise war, deshalb fragte ich:

«Wer ist Percy?»

«Percy ist unser ältester Sohn. – Da ist ein fliegender Fisch, Elmer. – Der Orang-Utan. Hat er heute morgen gut gegessen?»

«Sehr gut. Er ist der größte Orang-Utan in Gefangenschaft. Ich würde ihn nicht für tausend Dollar hergeben.»

«Und in welcher Verwandtschaftsbeziehung steht der Elefant?» fragte ich.

Mrs. Wilkins sah mich nicht an, sondern blickte mit ihren blauen Augen immer noch gleichgültig auf das Meer.

«Er ist kein Verwandter», antwortete sie. «Nur ein Freund.»

Der Boy brachte Limonade für Mrs. Wilkins, einen Whisky-Soda für ihren Mann und einen Gin Tonic für mich. Wir würfelten, und ich zeichnete die Rechnung ab.

«Es muß teuer werden, wenn er beim Würfeln immer verliert», murmelte Mrs. Wilkins zur Küste.

«Mir scheint, Egbert möchte einen Schluck von deiner Limonade, mein Liebes», sagte Mr. Wilkins.

Mrs. Wilkins drehte ihren Kopf ein wenig und sah den Affen an, der auf ihrem Schoß saß.

«Möchtest du einen Schluck von Mutters Limonade, Egbert?»

Der Affe quietschte ein bißchen, und, den Arm um ihn legend, gab sie ihm einen Strohhalm. Der Affe sog ein wenig an der Limonade, und als er genug getrunken hatte, sank er an Mrs. Wilkins schweren Busen zurück.

«Mrs. Wilkins hält große Stücke auf Egbert», sagte ihr Mann. «Kein Wunder, er ist unser Jüngster.»

Mrs. Wilkins nahm einen neuen Strohhalm und trank nachdenklich ihre Limonade.

«Egbert ist in Ordnung», bemerkte sie, «an Egbert stimmt alles.»

Da erhob sich der französische Beamte, der bis dahin gesessen hatte, und ging auf und ab. Er war von dem französischen Gesandten in Bangkok, einem oder zwei Sekretären und einem Prinzen der königlichen Familie an Bord begleitet worden. Es hatte viele Verbeugungen und Händeschütteln gegeben, und als das Schiff vom Kai ablegte, viel Schwenken von Hüten und Taschentüchern. Ganz offensichtlich war er ein bedeutender Mann. Ich hatte gehört, wie der Kapitän ihn mit Monsieur le Gouverneur anredete.

«Das ist das hohe Tier auf diesem Schiff», sagte Mr. Wilkins. «Er war Gouverneur in einer französischen Kolonie und macht jetzt eine Weltreise. Er hat meinen Zirkus in Bangkok besucht. Ich glaube, ich frage ihn mal, was er trinken will. Wie soll ich ihn anreden, Liebling?»

Mrs. Wilkins drehte langsam den Kopf und betrachtete den Franzosen mit der Rosette der Ehrenlegion im Knopfloch, der auf und ab schlenderte.

«Red ihn überhaupt nicht an», sagte sie. «Halt ihm einen Reifen hin, und er wird durchspringen.»

Ich mußte lachen. Monsieur le Gouverneur war ein kleiner Mann, weit unter Normalgröße, fein gebaut, mit einem sehr häßlichen, kleinen Gesicht und dicken, fast negroiden Zügen; und er hatte einen buschigen grauen Kopf, buschige graue Augenbrauen und einen buschigen grauen Schnurrbart. Er sah ein wenig wie ein Pudel aus und hatte die sanften, intelligenten und leuchtenden Augen eines Pudels. Als er wieder an uns vorbeikam, rief Mr. Wilkins:

*«Monsoo. Qu'est-ce que vous prenez?»** Ich kann seinen exzentrischen Akzent nicht wiedergeben. *«Une petite verre de porto?»*** Er drehte sich zu mir um. «Ausländer, die trinken alle Porto. Da kann man nichts falsch machen.»

«Nicht die Holländer», sagte Mrs. Wilkins mit einem Blick auf das Meer. «Die rühren nichts an als Schnaps.»

Der distinguierte Franzose blieb stehen und betrachtete Mr. Wilkins einigermaßen verwirrt. Woraufhin Mr. Wilkins sich an die Brust tippte und sagte:

*«Moa, proprietarre cirque. Vous avez visité.»****

Dann machte Mr. Wilkins, aus einem Grund, der mir entging, aus seinen Armen einen Reifen und beschrieb mit Gesten einen Pudel, der hindurchsprang. Dann deutete er auf den Wa-Wa, den Mrs. Wilkins immer noch auf dem Schoß hielt.

*«La petit fils de mon femme»*****, sagte er.

Das Gesicht des Gouverneurs erhellte sich, und er brach in ein besonders musikalisches und ansteckendes Lachen aus. Mr. Wilkins begann auch zu lachen.

---

* Frz. «Monsieur, was nehmen Sie?»

** Fehlerhaftes Frz., etwa «Eine kleine Glas Porto?»

*** Frz., etwa «Ich, Besitzer von Zirkus. Sie haben besucht.»

**** Frz., etwa «Die kleine Sohn von meine Frau.»

«Oui, oui», schrie er, *«Moa,* Zirkusdirektor. *Une petite verre de porto. Oui. Oui. N'est-ce pas?»*

«Mr. Wilkins redet Französisch wie ein Franzose», informierte Mrs. Wilkins das vorüberziehende Meer.

*«Mais très volontiers»**, sagte der Gouverneur, immer noch lächelnd. Ich zog ihm einen Stuhl heran, und er setzte sich mit einer Verbeugung gegen Mrs. Wilkins.

«Sag dem Pudelgesicht, er heißt Egbert», sagte sie, auf das Meer blickend.

Ich rief nach dem Boy und bestellte eine Runde.

«Du unterschreibst die Rechnung, Elmer», sagte sie. «Würfeln hat keinen Sinn bei Mr. Soundso, wenn er nicht mehr als ein Paar Dreien würfeln kann.»

«Vous comprenez le français, madame?» fragte der Gouverneur höflich.

«Er möchte wissen, ob du Französisch sprichst, Liebling.»

«Was denkt der, wo ich aufgewachsen bin? Neapel?»

Da brach der Gouverneur überschwenglich gestikulierend in einen Redeschwall von so abenteuerlichem Englisch aus, daß es all meiner Französischkenntnisse bedurfte, um zu verstehen, wovon er sprach.

---

* Frz. «Aber sehr gern».

Dann nahm Mr. Wilkins ihn mit hinunter, um ihm die Tiere zu zeigen, und etwas später versammelten wir uns zum Mittagessen in dem stickigen Salon. Die Frau des Gouverneurs erschien und bekam den Platz rechts neben dem Kapitän. Der Gouverneur erklärte ihr, wer wir alle seien, und sie nickte uns freundlich zu. Sie war eine breite Frau, groß und robust gebaut, vielleicht fünfundfünfzig, und etwas streng in schwarze Seide gekleidet. Auf dem Kopf trug sie einen riesigen runden Tropenhelm. Ihre Gesichtszüge waren so breit und regelmäßig, ihr Körper so statuesk, daß man an die massiven Frauen erinnert wurde, die an Prozessionen teilnehmen. Bei einer patriotischen Demonstration würde sie wunderbar in die Rolle einer Columbia oder Britannia gepaßt haben. Sie überragte ihren winzigen Mann wie ein Wolkenkratzer eine Bretterbude. Er redete unaufhörlich, mit Lebhaftigkeit und Witz, und wenn er etwas Amüsantes sagte, entspannten sich ihre schweren Gesichtszüge zu einem breiten, liebevollen Lächeln.

*«Que tu es bête, mon ami»**, sagte sie. Sie wandte sich an den Kapitän. «Sie müssen nicht auf ihn achten. Er ist immer so.»

Die Mahlzeit verlief wirklich amüsant, und als sie zu Ende war, trennten wir uns und verschliefen die Hitze des Nachmittags in unseren jeweiligen Kabinen. Nachdem ich meine Mitreisenden erst

---

* Frz. «Du bist unmöglich, mein Lieber».

einmal kennengelernt hatte, war es auf diesem kleinen Schiff ausgeschlossen, daß ich ihnen nicht zu jeder Tageszeit begegnete, sobald ich meine Kabine verlassen hatte, selbst wenn ich es vermeiden wollte. Der einzige, der sich abseits hielt, war der italienische Tenor. Er sprach mit niemandem, sondern saß alleine so weit vorne wie möglich und zupfte so leise auf seiner Gitarre, daß man die Ohren spitzen mußte, um die Töne zu hören. Wir blieben in Sichtweite der Küste, und die See war ruhig wie ein Eimer Milch. Wir redeten über dies und das, wir sahen den Tag zur Neige gehen, wir aßen zu Abend, und dann saßen wir wieder auf Deck unter den Sternen. Die beiden Händler spielten im heißen Salon Piquet, aber der belgische Oberst gesellte sich zu unserer kleinen Gruppe. Er war schüchtern und dick und öffnete den Mund nur, um eine Höflichkeitsfloskel zu äußern. Bald begann der italienische Tenor, vielleicht durch die Nacht beeinflußt und von der Dunkelheit ermutigt, die ihm dort vorne im Bug das Gefühl gab, allein mit der See zu sein, sich selbst auf der Gitarre begleitend zu singen, zuerst leise, dann ein wenig lauter, bis er schließlich, von seiner eigenen Musik bezaubert, in voller Lautstärke sang. Er hatte die echt italienische Stimme, ganz Makkaroni, Olivenöl und Sonnenschein, und er sang die neapolitanischen Lieder, die ich in meiner Jugend auf der Piazza San Ferdinando gehört hatte, und Teile aus *La Bohème* und *La Traviata* und *Rigoletto*. Er sang mit Gefühl und künstlicher Emphase, und sein Tremolo erinnerte einen an jeden drittklassigen italienischen Tenor, den man je gehört hatte, aber hier, in der Weite dieser lieblichen Nacht, ließ sein übertriebener Schmelz einen nur lächeln, und man konnte nicht umhin, im Herzen eine träge, sinnliche Freude zu empfinden. Er sang vielleicht eine Stunde lang, und wir schwiegen alle; dann war er still, aber er bewegte sich nicht, und wir sahen seinen riesigen Körper sich dunkel gegen den klaren Himmel abzeichnen.

Ich bemerkte, daß der kleine französische Gouverneur die ganze Zeit die Hand seiner großen Frau hielt, und der Anblick war absurd und rührend.

«Wissen Sie, daß heute der Jahrestag der ersten Begegnung mit meiner Frau ist?» sagte er, plötzlich die Stille durchbrechend, die sicherlich auf ihm gelastet hatte, denn niemals hatte ich einen redseligeren Menschen gesehen. «Außerdem ist es der Jahrestag ihres Versprechens, meine Frau zu werden. Und, das wird Sie überraschen, es war ein und derselbe Tag.»

*«Voyons, mon ami»**, sagte die Dame, «du wirst unsere Freunde nicht mit dieser alten Geschichte langweilen. Du bist wirklich ganz unausstehlich.»

Aber sie sprach mit einem Lächeln auf ihrem breiten, ruhigen Gesicht und in einem Ton, der

---

* Frz. «Nun, mein Freund».

darauf hindeutete, daß sie durchaus nichts dagegen hatte, es noch einmal zu hören.

«Aber es wird sie interessieren, *mon petit chou**.» So redete er seine Frau immer an, und es war komisch, ihn diese imposante, ja majestätische Dame so nennen zu hören. «Oder nicht, Monsieur?» fragte er mich. «Es ist eine Romanze, und wer hört nicht gerne eine Romanze, besonders in einer solchen Nacht?»

Ich versicherte dem Gouverneur, daß wir alle begierig seien, sie zu hören, und der belgische Oberst nutzte die Gelegenheit, eine weitere Höflichkeit anzubringen.

«Sehen Sie, wir sind eine Vernunftehe eingegangen, klar und einfach.»

*«C'est vrai»***, sagte die Dame. «Es wäre albern, das abzustreiten. Aber manchmal kommt die Liebe nach der Hochzeit und nicht davor, und dann ist sie besser; sie währt länger.»

Ich konnte nicht übersehen, daß der Gouverneur ihre Hand leicht und liebevoll drückte.

«Sehen Sie, ich war bei der Marine, und als ich dort aufhörte, war ich neunundvierzig. Ich war stark und aktiv und wollte sehr gerne eine andere Beschäftigung finden. Ich sah mich um; ich zog alle möglichen Fäden. Zum Glück hatte ich einen Vetter, der einigen politischen Einfluß besaß. Es ist

---

* Frz. «mein Herzchen».

** Frz. «Das stimmt».

einer der Vorteile des demokratischen Systems, daß ein Verdienst, der sonst unerkannt dahinschwindet, normalerweise entsprechend gewürdigt wird, wenn man genügend Einfluß hat.»

«Du bist die Bescheidenheit in Person, *mon pauvre ami*»*, sagte sie.

«Und prompt ließ mich der Kolonialminister zu sich rufen und bot mir den Posten des Gouverneurs einer bestimmten Kolonie an. Es war ein entlegenes Fleckchen Erde, wo sie mich hinstecken wollten, und sehr einsam, aber ich hatte mein Leben von Hafen zu Hafen wandernd zugebracht, und so störte es mich nicht weiter. Ich nahm mit Freuden an. Der Minister sagte mir, ich müsse in einem Monat startklar sein. Ich sagte, das sei einfach für einen alten Junggesellen, der nicht viel mehr als ein paar Kleider und ein paar Bücher auf der Welt habe.

‹*Comment, mon lieutenant*›**, rief er. ‹Sie sind Junggeselle?›

‹Sicher›, antwortete ich, ‹und ich habe die feste Absicht, es zu bleiben.›

‹In dem Fall muß ich mein Angebot mit Bedauern zurücknehmen. Für diesen Posten ist es erforderlich, daß Sie verheiratet sind.›

Die Geschichte ist zu lang, um sie Ihnen zu erzählen, aber das Wesentliche war, daß wegen des Skandals, den mein Vorgänger, ein Junggeselle,

---

* Frz. «mein armer Freund».

** Frz. «Wie, mein Leutnant».

dadurch hervorgerufen hatte, daß er eingeborene Mädchen in der Residenz wohnen ließ, und wegen der darauf folgenden Beschwerden der weißen Pflanzer und Beamtenfrauen entschieden worden war, daß der nächste Gouverneur ein Vorbild an Achtbarkeit sein müsse. Ich protestierte. Ich argumentierte. Ich erinnerte an meine Verdienste für das Vaterland und die Dienste, die mein Vetter bei der nächsten Wahl leisten könnte. Nichts half. Der Minister blieb hart.

‹Aber was soll ich machen›, rief ich bestürzt.

‹Sie können heiraten›, sagte der Minister.

‹*Mais voyons, Monsieur le Ministre*, ich kenne keine einzige Frau. Ich bin nicht der Typ für Frauen, und ich bin neunundvierzig. Was glauben Sie, wie ich eine Frau finden soll?›

‹Nichts ist einfacher. Annoncieren Sie in der Zeitung.›

Ich war verwirrt. Ich wußte nicht, was ich sagen sollte.

‹Nun, überlegen Sie es sich›, sagte der Minister. ‹Wenn Sie innerhalb eines Monats eine Frau finden, können Sie gehen, aber keine Frau – kein Posten. Das ist mein letztes Wort.› Er lächelte ein wenig, für ihn war die Situation nicht ohne Komik. ‹Und wenn Sie ans Annoncieren denken, empfehle ich den *Figaro*.›

Ich verließ tödlich getroffen das Ministerium. Ich kannte die Gegend, für die sie mich berufen hatten, und ich wußte, es würde angenehm für mich sein, dort zu leben; das Klima war erträglich, und die Residenz war großzügig und komfortabel. Die Vorstellung, ein Gouverneur zu sein, war weit entfernt davon, mir zu mißfallen, und da ich nicht viel mehr als meine Pension als Marineoffizier besaß, war die Bezahlung auch nicht zu verachten. Plötzlich entschloß ich mich. Ich ging zum Büro des *Figaro*, verfaßte ein Inserat und gab es zum Annoncieren ab. Aber ich kann Ihnen sagen, als ich hinterher die Champs-Élysées hinaufging, klopfte mein Herz wilder als jemals, wenn mein Schiff klar zum Gefecht gemacht wurde.»

Der Gouverneur beugte sich nach vorne und legte seine Hand nachdrücklich auf mein Knie.

«*Mon cher monsieur*, Sie werden es niemals glauben, aber ich bekam viertausenddreihundertzweiundsiebzig Antworten. Es war eine Lawine. Ich hatte ein halbes Dutzend erwartet; ich mußte ein Taxi nehmen, um die Briefe in mein Hotel zu bringen. Mein Zimmer wurde von ihnen überschwemmt. Es gab da viertausenddreihundertzweiundsiebzig Frauen, die gewillt waren, meine Einsamkeit zu teilen und die Frau eines Gouverneurs zu sein. Es war verblüffend. Jedes Alter war vertreten von siebzehn bis siebzig. Da waren Jungfrauen von untadeliger Abstammung und höchster Kultur; da waren unverheiratete Damen, denen einmal in ihrer Karriere ein kleiner Ausrutscher unterlaufen war und die ihre Lage nun wieder einrenken wollten; da waren Witwen, deren Männer unter höchst schrecklichen

Umständen gestorben waren, und da waren Witwen, deren Kinder der Trost meiner alten Tage sein würden. Sie waren blond und dunkel, groß und klein, dick und dünn; einige konnten fünf Sprachen sprechen, und andere konnten Klavier spielen. Einige boten mir Liebe, andere flehten darum; einige konnten mir nur eine solide Freundschaft bieten, aber mit Achtung gepaart; einige besaßen ein Vermögen und andere goldene Aussichten. Ich war überwältigt. Ich war verwirrt. Zuletzt verlor ich die Geduld, denn ich bin ein leidenschaftlicher Mann, und ich stand auf, trampelte auf all den Briefen und all den Fotografien herum, und ich schrie, ich würde keine von denen heiraten. Es war hoffnungslos, ich hatte jetzt kaum noch einen Monat und konnte in der Zeit nicht über viertausend Bewerberinnen um meine Hand überprüfen. Ich meinte, wenn ich sie nicht alle sehen könnte, würde ich für den Rest meines Lebens von dem Gedanken gequält werden, die eine Frau verpaßt zu haben, die das Schicksal für mich bestimmt hatte, mich glücklich zu machen. Ich gab es auf – es war hoffnungslos.

Ich verließ mein Zimmer, das mit all den Fotografien und zerknüllten Papieren schrecklich aussah, ging auf den Boulevard und setzte mich in das Café de la Paix, um meine Sorgen zu vergessen. Nach einer Weile sah ich einen Freund vorübergehen, und er nickte mir zu und lächelte. Ich versuchte zurückzulächeln, aber mein Herz war schwer. Es wurde mir klar, daß ich die Jahre, die mir noch blieben, in einer billigen Pension in Toulon oder Brest als *officier de marine en retraite** verbringen mußte. *Zut!*** Mein Freund blieb stehen, kam zu mir und setzte sich.

‹Warum siehst du so düster aus, *mon cher*?› fragte er mich. ‹Du, der fröhlichste aller Sterblichen.›

Ich war froh, jemanden zu haben, dem ich mein Herz ausschütten konnte, und erzählte ihm die ganze Geschichte. Er lachte ungeheuer. Inzwischen weiß ich, daß die Sache ihre komische Seite hat, aber damals, das versichere ich Ihnen, konnte ich nichts Erheiterndes daran finden. Das sagte ich meinem Freund auch schroff, und dann sagte er zu mir, indem er seine Heiterkeit unterdrückte, so gut es ging: ‹Aber mein lieber Freund, du willst wirklich heiraten?› Daraufhin verlor ich völlig die Fassung.

‹Du bist ein kompletter Idiot›, sagte ich, ‹wenn ich nicht heiraten wollte, und zwar sofort, innerhalb der nächsten vierzehn Tage, was glaubst du denn, warum ich drei Tage damit zugebracht hätte, Liebesbriefe von Frauen zu lesen, die ich nie im Leben gesehen habe?›

‹Beruhige dich und hör mir zu›, erwiderte er. ‹Ich habe eine Cousine, die in Genf lebt. Sie ist Schweizerin, nebenbei; und sie gehört zu einer der

---

* Frz. «Marineoffizier im Ruhestand».

** Frz. «Mist!»

bestangesehenen Familien der Republik. Ihre Moral ist makellos, sie ist im passenden Alter, eine alte Jungfer, denn sie hat die letzten fünfzehn Jahre ihre kranke Mutter gepflegt, die vor kurzem gestorben ist, sie ist gut erzogen und, *pardessus le marché**, sie ist nicht häßlich.›

‹Das klingt, als sei sie ein Muster an Tugend›, sagte ich.

‹Das will ich nicht sagen, aber sie kommt aus guter Familie und paßt in die Position, die du ihr zu bieten hast.›

‹Etwas vergißt du. Welchen Grund sollte sie haben, ihre Freunde und ihr gewohntes Leben aufzugeben, um einem Mann von neunundvierzig ins Exil zu folgen, der keineswegs eine Schönheit ist?›»

Monsieur le Gouverneur unterbrach seine Erzählung, hob die Schultern so weit, daß sein Kopf fast zwischen ihnen verschwand, und wandte sich uns zu.

«Ich bin häßlich. Ich gebe es zu. Ich bin von einer Häßlichkeit, die nicht Angst oder Respekt einflößt, nur Lächerlichkeit, und das ist die schlimmste Häßlichkeit. Wenn Leute mich zum erstenmal sehen, zucken sie nicht vor Angst zusammen, darin läge offensichtlich etwas Schmeichelhaftes, sie prusten vor Lachen. Hören Sie, als der vortreffliche Mr. Wilkins mir heute morgen seine Tiere zeigte, streckte Percy, der Orang-Utan, die Arme aus, und

* Frz. «obendrein».

wären die Käfigstäbe nicht gewesen, hätte er mich als einen lange vermißten Bruder an die Brust gedrückt. Und wirklich, einmal als ich im Jardin des Plantes in Paris war und man mir erzählte, daß einer der Menschenaffen ausgebrochen sei, ging ich so schnell wie möglich raus, in der Angst, daß sie mich in Verwechslung mit dem Flüchtigen pakken und trotz meines Protests ins Affenhaus sperren würden.»

«*Voyons, mon ami*», sagte Madame, seine Frau, mit ihrer tiefen, langsamen Stimme, «du redest noch mehr Unsinn als sonst. Ich sage nicht, daß du ein Apoll bist, und das ist in deiner Position auch nicht nötig, aber du hast Würde, du hast Haltung, du bist ein Mann, wie man sich ihn nur wünschen kann.»

«Ich will meine Geschichte weitererzählen. Als ich diese Bemerkung zu meinem Freund machte, erwiderte er: ‹Bei Frauen weiß man nie Bescheid. Es gibt etwas am Heiraten, das sie auf wunderbare Art und Weise anzieht. Es kann nicht schaden, sie zu fragen. Schließlich wird es von einer Frau als Kompliment aufgefaßt, wenn man sie um die Ehe bittet. Mehr als ablehnen kann sie nicht.›

‹Aber ich kenne deine Cousine nicht und weiß nicht, wie ich ihre Bekanntschaft machen soll. Ich kann nicht in ihr Haus gehen, sie sprechen wollen, und wenn ich in den Salon geführt werde, sagen: *Voilà*, ich bitte Sie, meine Frau zu werden. Sie würde denken, ich sei ein Verrückter, und um

Hilfe rufen. Nebenbei, ich bin ein extrem schüchterner Mann und würde niemals einen solchen Schritt wagen.›

‹Ich werde dir sagen, was du tun mußt›, sagte mein Freund. ‹Fahr nach Genf und bring ihr eine Schachtel Pralinen von mir. Sie wird froh sein, von mir zu hören, und dich mit Freuden empfangen. Ihr könnt euch ein bißchen unterhalten, und wenn sie dir nicht gefällt, gehst du, und nichts Schlimmes ist passiert. Andererseits, wenn du sie magst, können wir die Sache weiterverfolgen, und du kannst förmlich um ihre Hand anhalten.›

Ich war verzweifelt. Es schien die einzige Möglichkeit zu sein. Wir gingen sofort in einen Laden und kauften eine riesige Schachtel Pralinen, und in der Nacht nahm ich den Zug nach Genf. Kaum war ich angekommen, schickte ich ihr einen Brief, um ihr zu sagen, daß ich der Überbringer eines Geschenkes von ihrem Cousin sei und daß ich mich sehr freuen würde, wenn ich es ihr persönlich überreichen dürfe. Innerhalb einer Stunde erhielt ich ihre Antwort, die besagte, daß es ihr eine Freude sei, mich um vier Uhr nachmittags empfangen zu können. Die Zwischenzeit verbrachte ich vor dem Spiegel und band siebzehnmal meinen Schlips. Als die Uhr vier schlug, präsentierte ich mich vor ihrer Haustür und wurde sofort in den Salon geführt. Sie erwartete mich. Ihr Cousin hatte gesagt, sie sei nicht häßlich. Stellen Sie sich meine Überraschung vor, eine junge Frau zu sehen, *enfin** eine junggebliebene Frau, von vornehmer Haltung, mit der Würde einer Juno, den Formen einer Venus und in ihrem Ausdruck der Intelligenz einer Minerva.»

«Du bist zu absurd», sagte Madame. «Aber inzwischen wissen diese Herren, daß man nicht alles glauben kann, was du sagst.»

«Ich schwöre Ihnen, daß ich nicht übertreibe. Ich war so verblüfft, daß ich beinahe die Pralinenschachtel fallen gelassen hätte. Aber ich sagte mir: ‹*La garde meurt mais ne se rend pas.*›** Ich überreichte ihr die Pralinen. Ich erzählte ihr Neues von ihrem Cousin. Ich fand sie liebenswürdig. Wir sprachen eine Viertelstunde miteinander, und ich sagte mir: ‹*Allons-y.*›*** Und dann sagte ich zu ihr: ‹Mademoiselle, ich muß gestehen, daß ich nicht nur gekommen bin, um Ihnen eine Schachtel Pralinen zu bringen.›

Sie lächelte und bemerkte, daß ich offensichtlich wichtigere Gründe als das gehabt haben müsse, um nach Genf zu kommen.

‹Ich bin gekommen, Sie um die Ehre zu bitten, meine Frau zu werden.›

Sie fuhr zurück.

‹Aber Monsieur, Sie sind verrückt›, sagte sie.

‹Ich flehe Sie an, nicht zu antworten, bevor Sie

---

* Frz. «jedenfalls».

** Frz. «Die Garde stirbt, aber sie ergibt sich nicht.» Angeblich Worte General Cambronnes in der Schlacht von Waterloo.

*** Frz. «Kommen wir zur Sache.»

die Tatsachen gehört haben›, unterbrach ich sie, und ehe sie etwas sagen konnte, erzählte ich ihr die ganze Geschichte. Ich erzählte ihr von der Annonce im *Figaro*, und sie lachte, bis ihr die Tränen über das Gesicht liefen. Dann wiederholte ich meinen Antrag.

‹Sie meinen das ernst?› fragte sie.

‹Ich habe nie in meinem Leben etwas ernster gemeint.›

‹Ich will nicht leugnen, daß Ihr Antrag eine Überraschung ist. Ich habe nicht mehr an Heirat gedacht, ich bin über das Alter hinaus; aber anscheinend ist Ihr Antrag nicht so, daß eine Frau ihn ohne zu überlegen ablehnen sollte. Ich bin geschmeichelt. Wollen Sie mir ein paar Tage Zeit zum Überlegen lassen?›

‹Mademoiselle, ich bin zutiefst betrübt›, antwortete ich, ‹aber ich habe nicht soviel Zeit. Wenn Sie mich nicht heiraten wollen, muß ich nach Paris zurück, um die Durchsicht der fünfzehn- oder achtzehnhundert Briefe zu beenden, die noch auf mich warten.›

‹Es liegt auf der Hand, daß ich Ihnen nicht sofort antworten kann. Bis vor einer Viertelstunde habe ich Sie noch nie gesehen. Ich muß meine Freunde und meine Familie um Rat fragen.›

‹Was haben die damit zu tun? Sie sind volljährig. Die Angelegenheit drängt. Ich kann nicht warten. Ich habe Ihnen alles erklärt. Sie sind eine intelligente Frau. Folgen Sie Ihrer ersten Regung. Was könnte durch weiteres Nachdenken gewonnen werden?›

‹Sie wollen doch wohl nicht, daß ich jetzt sofort ja oder nein sage? Das ist ungeheuerlich.›

‹Genau das will ich. In zwei Stunden geht mein Zug zurück nach Paris.›

Sie sah mich nachdenklich an.

‹Sie sind ganz offensichtlich ein Verrückter. Sie sollten eingesperrt werden, sowohl zu Ihrer eigenen als auch zur Sicherheit der Öffentlichkeit.›

‹Nun, wie lautet die Antwort?› sagte ich. ‹Ja oder nein?›

Sie zuckte die Achseln.

*‹Mon Dieu.›** Sie wartete eine Minute, und ich saß wie auf Kohlen. ‹Ja.›»

Der Gouverneur deutete mit der Hand auf seine Frau.

«Und da ist sie. Wir heirateten nach vierzehn Tagen, und ich wurde Gouverneur einer Kolonie. Ich heiratete ein Juwel, meine verehrten Herren, eine Frau mit dem zauberhaftesten Charakter, eine unter tausend, eine Frau mit männlicher Intelligenz und weiblicher Sensibilität, eine bewundernswerte Frau.»

«Nun halt aber den Mund, *mon ami*», sagte seine Frau. «Du machst mich genauso lächerlich wie dich.»

Er wandte sich an den belgischen Oberst.

---

* Frz. «Mein Gott.»

«Sind Sie Junggeselle, *mon colonel*? Wenn ja, empfehle ich Ihnen dringend, nach Genf zu fahren. Es ist ein Nest (*une pépinière** war das Wort, das er gebrauchte) voll der anbetungswürdigsten jungen Frauen. Dort finden Sie eine Frau wie sonst nirgends. Außerdem ist Genf eine zauberhafte Stadt. Verlieren Sie keine Minute, sondern fahren Sie hin, und ich werde Ihnen einen Brief an die Nichten meiner Frau mitgeben.»

Madame faßte schließlich zusammen:

«Tatsache ist, daß man in einer Vernunftehe weniger erwartet und daher weniger wahrscheinlich enttäuscht wird. Da man keine übertriebenen Ansprüche an den anderen stellt, gibt es keinen Grund zur Verbitterung. Man erwartet keine Vollkommenheit und ist deshalb den gegenseitigen Fehlern gegenüber tolerant. Leidenschaft ist schön und gut, aber nicht die richtige Grundlage für eine Ehe. *Voyez-vous*, damit zwei Menschen in der Ehe glücklich sein können, müssen sie in der Lage sein, sich gegenseitig zu respektieren, sie müssen in einer ähnlichen Verfassung sein, und ihre Interessen müssen sich ähneln; wenn sie dann noch anständige Leute und gewillt sind, zu geben und zu nehmen, zu leben und leben zu lassen, gibt es keinen Grund, warum ihre Verbindung nicht so glücklich sein sollte wie unsere.» Sie hielt inne. «Aber, natürlich, mein Mann ist besonders bemerkenswert.»

---

* Frz. «eine Pflanzschule».

AUGUST STRINDBERG

Ein Puppenheim

Seit sechs Jahren waren sie verheiratet, aber sie sahen wie Verlobte aus. Er war Kapitän bei der Flotte und jeden Sommer ein paar Monate auf See. Zweimal hatte er eine große Expedition gemacht; die kleinen Fahrten taten ihm gut. Hatten sich während des winterlichen Stillesitzens Anzeichen von Muffigkeit angekündigt, so frischte die Sommerfahrt seine Laune wieder auf. Die erste Sommerreise aber war schwer! Da schrieb er seiner Gattin richtige Liebesbriefe, und er traf keinen einzigen Segler draußen auf dem Meer, ohne nicht gleich «Post» zu signalisieren. Und als er schließlich bei der Schärenküste wieder auf schwedisches Land stieß, wußte er nicht, wie er es anstellen sollte, um sie so schnell wie möglich wiederzusehen. Sie aber wußte es wohl. Bei Landsort erhielt er ein Telegramm, daß sie ihm nach Dalarö entgegenkomme. Und als sie dann bei Jutholm vor Anker gingen und er auf der Terrasse des Gasthofs ein kleines blaues Taschentuch entdeckte, da war ihm klar, daß sie es war. Aber an Bord war noch so viel zu erledigen, daß es Abend wurde, bevor er an Land gehen konnte. Als er dann endlich mit dem Ruderboot ankam, der vorderste Ruderer bei der

Landebrücke den Stoß auffing und er sie auf dem Steg erblickte – gleich jung, gleich schön, gleich frisch wie immer –, da war ihm, er erlebe seine Flitterwochen noch einmal. Und als sie in den Gasthof hinaufkamen – welch ein schönes Souper hatte sie da zu arrangieren verstanden in den zwei kleinen Zimmern, die sie bestellt hatte! Wieviel sie einander zu erzählen hatten – von der Reise, den Kleinen und der Zukunft! Der Wein funkelte, die Küsse schmatzten, und dann hörte man vom Wasser her den Zapfenstreich. Aber das störte ihn nicht; er würde nicht vor ein Uhr gehen.

Wie? Er würde gehen? – Natürlich, er müsse an Bord übernachten, aber wenn er zur Weckzeit zurück sei, so genüge es. – Wann denn Weckzeit sei? – Um fünf! – Pfui, so früh! – Aber wo sie denn diese Nacht schlafen werde? – Das brauche er nicht zu wissen! – Er ahnte es aber und wollte sich den Ort gleich ansehen, doch sie stellte sich vor die Tür! Er küßte sie, nahm sie wie ein Kind auf den Arm und öffnete dann die Tür. – Oh, was für ein großes Bett! Wie die große Barkasse! Wo sie denn dieses Ding herbekommen habe? – Gott, wie sie errötete! Aber sie hatte doch seine Briefe so verstanden, daß sie im Gasthof «wohnen» würden. – Gewiß würden sie hier wohnen, wenngleich er zur Weckzeit an Bord zu sein habe; dieses verd– Morgengebet, das konnte ihm gestohlen werden. – Hu, wie er bloß rede!

«Nun wollen wir Kaffee haben und ein Feuerchen, denn die Leintücher fühlen sich feucht an!»

Was für ein kleiner verständiger Schelm sie doch war, ein so großes Bett besorgt zu haben! Wie sie sich das bloß beschafft habe? – Sie habe es doch nicht «beschafft»! – Nein, das glaube er gern. Und wie er das glaube! – Wie dumm er doch sei! – Er? Dumm? – Und dann umarmte er sie. – Nein, er solle doch artig sein! – Artig, das sei leicht gesagt.

«Da kommt das Mädchen mit dem Holz!»

Als die Glocke zwei Uhr schlug und es im Osten über den Schären und dem Wasser rot zu glühen begann, saßen sie am offenen Fenster. Es war, als sei sie seine Geliebte und er ihr Geliebter. War es nicht so? Und jetzt sollte er sie verlassen! Aber um zehn Uhr, zum Frühstück, würde er wiederkehren, und nachher wollten sie segeln. Da setzte er auf seinem Reisekocher Kaffee auf, und sie tranken Kaffee zum Sonnenaufgang und zum Gekreische der Möwen. Draußen auf dem Wasser lag das Kanonenboot, und von Zeit zu Zeit sah er den Säbel der Bugwache aufblitzen. Die Trennung war schwer, aber es war gut zu wissen, daß man sich so bald wieder sehen würde. Und dann küßte er sie zum letzten Mal, schnallte den Säbel um und ging. Als er zur Brücke hinunterkam und «Boot ahoi» rief, da versteckte sie sich hinter den Gardinen, als schämte sie sich. Er aber warf ihr mit beiden Händen Küsse zu, bis die Matrosen mit dem Boot ankamen. Dann ein letztes «Schlaf gut und träum von mir», und als er sich mitten auf dem Wasser umwandte und das Fernrohr vor die Augen setzte, erblickte er in der Kammer eine kleine weiße Gestalt mit schwarzem Haar; die Sonne schien auf ihr Hemd und ihre bloßen Schultern: Sie sah aus wie eine Seejungfrau!

Und dann wurde zur Tagwache geblasen. Die langen Töne des Signalhorns rollten zwischen grünen Inseln hinaus über das blanke Wasser und kamen hinter den Nadelwäldern auf Umwegen wieder zurück. Und ebenso «Alle Mann an Deck», und das «Vaterunser», und «Jesus, laß mich stets beginnen». Der kleine Glockenturm auf Dalarö antwortete mit einem kurzen Läuten, denn es war Sonntagmorgen. Und nun kamen in der Morgenbrise die Kutter angefahren, Flaggen flatterten, Schüsse knallten, helle Sommerkleider leuchteten auf der Zollbrücke, das Dampfboot mit der roten Wasserlinie kam von Utö herein, die Fischer zogen ihre Netze ein, und die Sonne strahlte auf das leicht gewellte, blaue Wasser und über das grünende Land.

Um zehn Uhr legte das Boot ab und fuhr mit sechs Mann an den Rudern auf das Land zu. Und dann hatten sie sich wieder. Als sie im großen Speisesaal frühstückten, flüsterten die anderen Gäste untereinander: «Ist das seine Frau?» Er sprach halblaut wie ein Liebhaber, und sie schlug die Augen nieder und lachte oder gab ihm mit der Serviette eins auf die Finger.

Das Boot lag bei der Brücke bereit, und *sie* sollte

sich an die Ruder setzen. Er wollte sich um das Focksegel kümmern. Aber er konnte seine Augen nicht abwenden von ihrer hellen, leichtgekleideten Gestalt mit der hohen festen Brust, dem kleinen, entschlossenen Gesicht und dem sicheren Blick, der den Wind beobachtete, während die Hand im Wildlederhandschuh die große Schote hielt. Er wollte nur immer plaudern und nahm es beim Wenden nicht so genau. Da erhielt er einen Verweis wie ein Schiffsjunge, und das belustigte ihn unendlich.

«Warum hast du nicht die Kleine mitgebracht?» sagte er, um sie zu reizen.

«Wohin hätte ich sie denn legen sollen, was meinst du?»

«In die große Barkasse natürlich!»

Und darauf lachte sie, und er fand es herrlich, sie auf diese Weise lachen zu sehen.

«Na, und was sagte denn die Wirtin heute morgen?» fuhr er fort.

«Was hätte sie sagen sollen?»

«Fand sie, sie habe diese Nacht ruhig geschlafen?»

«Und warum hätte sie nicht ruhig schlafen sollen?»

«Woher soll ich das wissen. Aber es hätten ja etwa Ratten an den Dielen nagen oder ein altes Dachfenster hätte knarren können; man kann ja nicht wissen, was den leichten Schlaf eines alten Fräuleins beunruhigt.»

«Wenn du nicht gleich still bist, mache ich die Schote fest und werfe dich ins Wasser!»

Sie landeten bei einer Insel und nahmen einen Mittagstrunk aus einem kleinen Korb; und darauf schossen sie mit dem Revolver auf eine Scheibe. Dann legten sie Angeln aus und gaben vor zu fischen, aber kein Fisch biß an, so daß sie weitersegelten, hinaus in die Fjorde, wo die Eiderenten strichen, hinein in den Sund, wo die Hechte im Schilf sprangen, und dann wieder heraus; und er wurde es nie satt, sie anzuschauen, mit ihr zu plaudern und sie zu küssen, wenn er in ihre Nähe kam.

So trafen sie sich sechs Sommer lang auf Dalarö; immer waren sie gleich jung und gleich ausgelassen, und sie waren glücklich.

Im Winter saßen sie jeweilen auf Skeppsholm in seiner kleinen Kajüte. Dann bastelte er an Booten für seine Jungen oder unterhielt sie mit Abenteuern aus China und von den Südseeinseln, und seine Frau saß dabei, hörte zu und mußte über seine tollen Geschichten lachen. Es war ein entzückender, mit nichts anderem zu vergleichender Raum. Japanische Sonnenschirme und Rüstungen waren aufgehängt, ostindische Miniaturpagoden, australische Pfeilbogen und Lanzen, Negertrommeln und getrocknete fliegende Fische, Zuckerrohr und Opiumpfeifen. Und Papa, dessen Haar sich langsam zu lichten begann, ging immer noch nicht gerne von seinem Zuhause weg. Zuweilen machte er ein Brettspiel mit dem Gerichtsrat, und manchmal spielte man eine Partie Vira* und genehmigte sich einen ordentlichen Grog dazu.

Früher hatte die Frau auch mitgespielt, aber seitdem sie die vier Kinder hatten, fand sie die Zeit dazu nicht mehr; doch sie saß gern ein Weilchen dabei und guckte in die Karten, und wenn sie an Papas Stuhl vorbeikam, umfaßte er sie und fragte sie, ob er seine lumpigen Karten ausspielen solle.

Die Korvette sollte wieder einmal auslaufen und sechs Monate wegbleiben. Dem Kapitän war es schrecklich, denn die Kinder waren schon groß, und der Mama wurde es etwas schwer, dem ganzen weitläufigen Haushaltsministerium vorzustehen. Der Kapitän war auch nicht mehr so jung und unternehmungslustig wie früher, aber – es mußte sein, und so reiste er. Bei Kronborg schickte er schon seinen ersten Brief ab, der den folgenden Wortlaut hatte:

Mein geliebtes kleines Wundermädchen!
Wind schwach. SSO, plus 10° C. 6 Halbstunden auf der Freiwache. Ich kann Dir nicht beschreiben, wie fern von Dir ich mich auf dieser Reise fühle. Als wir den Wurfanker vor Kastellholm einholten (6 Uhr 30 nachmittags bei starkem NNO), war es mir, wie wenn sie mir einen Pflock in den Brustkorb gesteckt hätten, und ich fühlte mich genau, wie wenn man mir die Kette

* Kartenspiel, an dem drei Personen teilnehmen.

durch beide Ohrgänge zöge. Man sagt, Seeleute hätten ein Vorgefühl für Unglücksfälle. Davon weiß ich nichts, aber bevor ich nicht Deinen ersten Brief bekomme, bin ich ganz unruhig! An Bord ist nichts passiert, aus dem einfachen Grund, weil nichts passieren darf. Wie geht es Euch zu Hause? Hat Bob seine neuen Stiefel schon bekommen? Wie passen sie? Ich bin ein schlechter Briefschreiber, wie Du weißt, und schließe jetzt! Mit einem großen Kuß mitten auf dieses Kreuz hier

Dein alter Pall

P. S. Du solltest Dir ein wenig Gesellschaft suchen (weibliche natürlich). Und vergiß nicht, das Fräulein auf Dalarö zu bitten, die große Barkasse gut instand zu halten, bis ich nach Hause komme! (Der Wind nimmt zu; auf die Nacht hin haben wir ihn aus Norden!)

Vor Portsmouth erhielt der Kapitän den folgenden Brief von seiner Frau:

Lieber alter Pall!
Hier ist es schrecklich ohne Dich, Du kannst es mir glauben! Und schwer ist es gewesen, denn Alice hat nun ihren Zahn bekommen; der Doktor hat gesagt, das sei ungewöhnlich früh, und es bedeute (tja, das darfst Du nicht wissen!). Bobs Stiefel passen ausgezeichnet, und er ist sehr stolz

darauf. – Du hast in Deinem Brief gesagt, ich solle mir weibliche Bekanntschaft suchen. Das habe ich schon getan, oder besser gesagt, sie suchte mich. Sie heißt Ottilia Sandegren und war auf dem Seminar. Sie ist sehr ernsthaft; Pall braucht also keine Angst zu haben, daß sie seine Wunderfrau auf Abwege führt. Außerdem ist sie auch religiös. Ja, ja, wir könnten es auch vertragen, wenn es jeder von uns mit der Religion etwas genauer nähme. Sie ist, mit einem Wort, ein außerordentlicher Mensch. Und nun schließe ich für diesmal, denn Ottilia kommt und holt mich ab. Sie ist gerade angekommen und bittet, Dich unbekannterweise zu grüßen!

Ganz Deine Gurli

Dem Kapitän gefiel dieser Brief nicht! Er war zu kurz und nicht so munter wie gewöhnlich. – Seminar, religiös, ernsthaft – und Ottilia. Zweimal Ottilia! Und dann auch «Gurli»! Warum nicht «Gullan» wie früher! Hm!

Acht Tage später, vor Bordeaux, erhielt er einen neuen Brief und dazu ein Buch unter Kreuzband.

«Lieber Wilhelm!» – Hm, Wilhelm! Nicht mehr Pall! – «Das Leben ist ein Kampf vom ...» – Was zum Teufel? Was haben wir mit dem Leben zu tun! – «... vom Anfang bis zum Ende! Ruhig wie ein Bach in Kidron ...» – Kidron! Das ist ja doch die Bibel! – «... ist unser Leben dahingeflossen. Wie Schlafwandler sind wir über Abgründe gegangen, ohne sie zu sehen!» – Seminar, Seminar! – «Aber so kommt das Ethische» – Ethische! Ablativus! Hm, hm! – «und macht sich geltend in seinen höheren Potenzen!» – Potenzen? – «Da ich nun aus unserem langen Schlaf erwache und mich selber frage: ‹Ist unsere Ehe eine rechte Ehe gewesen?›, so muß ich mit Schuld und Scham bekennen, daß sie das nicht gewesen ist! Die Liebe ist himmlischen Ursprungs (Matth. XI, 22 ff.).*» – Der Kapitän mußte aufstehen und sich ein Glas Wasser mit Rum einschenken, bevor er weiterlas. «Wie irdisch, wie sinnlich ist doch die unsrige gewesen. Haben unsere Seelen in jener Harmonie gelebt, von der Platon spricht (*Phaidon*, Buch VI, Kap. II, § 9)**? Nein, müssen wir zur Antwort geben! Was bin ich für Dich gewesen? Deine Haushälterin – und, o Schande! – Deine Geliebte! Haben unsere Seelen einander verstanden? Nein, müssen wir zur Antwort geben!» – Zu allen Millionen Teufeln und Ottilien und allen Satansseminaren! Ist sie meine Haushälterin gewesen? Sie ist meine Gattin gewesen und die Mutter meiner Kinder! – «Lies das Buch, das ich Dir sende! Es wird Dir Antwort auf alle diese Fragen geben. Es hat ausgesprochen, was durch Jahrhunderte hindurch im Herzensgrund

* Die angegebene Bibelstelle handelt nicht vom himmlischen Ursprung der Liebe.

** Platons Dialog ist nicht in Bücher, Kapitel und Paragraphen eingeteilt.

aller Frauen versteckt blieb! Lies es und sag mir dann, ob unsere Ehe eine rechte Ehe gewesen ist! Das bittet auf ihren Knien Deine Gurli.»

Das war also seine böse Vorahnung gewesen! Der Kapitän war ganz außer sich, und er konnte nicht verstehen, was mit seiner Gattin geschehen war! Das war viel schlimmer als alles fromme Getue!

Er riß das Kreuzband auf und las auf dem Umschlag eines gehefteten Buchs: «Ein Puppenheim. Von Henrik Ibsen.»* Ein Puppenheim! Ja! Und was noch! Sein Heim hatte einem kleinen, feinen Puppenhaus geglichen, und seine kleine Frau war sein Püppchen, und er war ihre große Puppe. Wie im Spiel waren sie zusammen den steinigen Schotterweg des Lebens gegangen, und sie waren glücklich gewesen! Was fehlte ihnen denn? Welches Unrecht hatten sie denn begangen? Er mußte nachsehen, da es ja in diesem Buche zu lesen war.

Nach drei Stunden hatte er die Lektüre beendet. Sein Verstand stand fast still. Was ging all das ihn und seine Frau an! Hatten sie etwa Wechsel gefälscht? Nein! Hatten sie sich etwa nicht geliebt? Doch! – Er schloß sich in seiner Kajüte ein und las das Buch ein zweites Mal; er strich mit Blau- und Rotstift Stellen an, und als der Morgen nahte,

---

* Ibsens Bühnenstück von 1880 rechnet in radikaler Weise mit der Realität der bürgerlichen Ehe ab, die die Frau als Verfügungsobjekt und Besitztum des Mannes entmündigt.

setzte er sich hin, um seiner Frau zu schreiben. Er schrieb:

Ein wohlgemeinter kleiner Ablativus über das Stück «Ein Puppenheim», zusammengeschustert vom alten Pall an Bord der «Vanadis» im Atlantischen Ozean, vor Bordeaux (lat. 45°, long. 16°)*.

§ 1 Sie hatte ihn geheiratet, weil er sie liebte, und daran tat sie verdammt recht, denn hätte sie gewartet, bis derjenige gekommen wäre, den *sie* liebte, so hätte der Kasus eintreten können, daß *er* sie nicht geliebt hätte, und da hätte sie den Leibhaftigen am Röstkausch** gesehen, denn daß beide Teile bis über beide Ohren ineinander verliebt sind, ist ein Fall, der äußerst selten eintritt.

§ 2 Sie fälscht einen Wechsel. Das war dumm; aber sie soll nicht sagen, sie habe es nur für ihren Mann getan, denn sie hat ihn ja nie geliebt; wenn sie sagen würde, es sei für sie beide gewesen und für das Kind, spräche sie die Wahrheit! Ist das klar?

§ 3 Daß er sie nach dem Ball lieben will, zeigt nur, daß er sie gern hat, und das ist kein Fehler von ihm; aber daß es im Theaterstück gezeigt wird, ist ein Fehler. *«Il y a des choses qui se font mais*

---

* Der Nullmeridian von Greenwich löste den 1634 eingeführten von Ferro erst 1884 ab.

** Von Strindberg konstruierter Seemannsausdruck ohne echten seetechnischen Inhalt.

*qui ne se disent point»** hat, glaube ich, ein Franzose gesagt. Im übrigen hätte der Verfasser, um gerecht zu sein, auch den umgekehrten Fall zeigen müssen: *«La petite chienne veut, mais le grand chien ne veut pas»***, sagt Ollendorff. (Vergleiche die Barkasse auf Dalarö!)

§ 4 Daß sie im Moment, wo sie bemerkt, daß der Mann ein Esel ist – und das ist er, da er ihr verzeihen will, weil der schlechte Streich nicht entdeckt worden ist –, die Kinder verlassen will, «weil sie nicht wert ist, sie großzuziehen», ist eine wenig scharfsinnige Koketterie. Wenn sie schon eine Kuh gewesen ist (denn man wird wohl auf dem Seminarium nicht lernen, es sei erlaubt, Wechsel zu fälschen) und er ein Ochs, so müßten sie von nun an gut zusammenpassen. Zum allerwenigsten sollte sie die Erziehung ihrer Kinder einem solchen Gockel, den sie verachtet, überlassen.

§ 5 Nora hat noch mehr Grund, bei den Kindern zu bleiben, wie sie zu sehen bekommt, was für ein Vieh ihr Mann ist.

§ 6 Daß ihr Mann sie nicht früher nach ihrem wahren Wert eingeschätzt hat, dafür kann er nichts, denn ihren wirklichen Wert erlangte sie ja erst mit ihrem Kunststückchen.

---

* Frz. «Es gibt Dinge, die man tut, aber die man nicht ausspricht.»

** Frz. «Die kleine Hündin will, aber der große Hund will nicht.»

§ 7 Nora war früher eine dumme Gans; das bestreitet sie selber nicht.

§ 8 Es liegen alle Garantien dafür vor, daß die beiden in Zukunft den Karren gleichmäßiger ziehen werden: *Er* hat seine Schuld erkannt und will sich bessern, und *sie* auch! *Bon!* Da, meine Pfote, und beginnen wir von vorn! Gleich und gleich gesellt sich gern! Gehauen wie gestochen. Du warst eine Kuh, und ich habe mich aufgeführt wie ein Rindvieh! Du, meine kleine Nora, warst schlecht erzogen, ich altes Aas hatte es nicht besser gelernt. Beklagen wir uns beide! Werfen wir faule Eier nach unseren Erziehern, aber schlage nicht mir allein den Schädel ein. Ich bin, obschon ich ein Mann bin, ebenso unschuldig wie du! Vielleicht noch etwas unschuldiger, denn ich habe dich aus Liebe geheiratet, du aber nur ums liebe Geld. Deshalb: Laß uns Freunde sein und gemeinsam unseren Kindern etwas von der teuren Lehre beibringen, die das Leben uns beschert hat!

Ist das klar? *All right!* – Selbiges hat der Käpt'n Pall geschrieben mit seinen steifen Fingern und seinem trägen Verstand!

Und nun, meine kleine geliebte Puppe, nun habe ich Dein Buch gelesen und meine Meinung gesagt. Aber was geht uns das denn an? Haben wir uns nicht geliebt? Lieben wir uns nicht noch immer? Haben wir uns nicht gegenseitig erzogen und unsere Kanten abgeschliffen? Denn Du erinnerst Dich wohl, daß es anfangs so einiges an Ästchen und dürrem Zeug gegeben hat! Was hast Du denn plötzlich für Grillen? Zum T… mit allen Ottilien und Seminarien! – Da hast Du mir ein mühsames Buch geschickt. Es war wie ein schlecht markiertes Fahrwasser, wo man jeden Moment aufzulaufen droht. Aber ich habe mein Besteck genommen und mir auf der Karte einen Weg ausgesteckt, wo ich ruhiges Wasser fand. Meiner Seel, das tue ich kein zweites Mal mehr. Soll da der verfluchte Satan sich hinsetzen und solche Nüsse aufknacken, die innen schwarz sind, wenn man erst einmal ein Loch hineinbekommt. Und jetzt wünsche ich Dir Frieden und Glück – und Deinen alten guten Verstand zurück. Wie geht es meinen Kleinen? Du hast das letzte Mal vergessen, von ihnen zu schreiben! Das war wohl wegen der starken Anteilnahme am Schicksal der gesegneten Gören dieser Nora (die nirgends existieren als im Theater). Weint mein Sohn, spielt mein Kleinstes, singt meine Nachtigall, tanzt mein Püppchen*? Das soll sie immer tun, dann freut sich der alte Pall. Und nun segne Dich Gott und lasse keine bösen Gedanken zwischen uns kommen. Ich bin so traurig, daß ich es gar nicht sagen kann. Und da verlangt man von mir, daß ich Rezensionen über Theaterstücke schreibe! Gott behüte Dich und die Kleinen, und küsse sie mitten auf den Mund von Deinem alten treuen Pall.

---

* Anspielung auf das schwedische Volksmärchen *Kleine Rosa und Große Leda.*

Als der Kapitän den Brief abgeschickt hatte, ging er hinunter in die Offiziersmesse und genehmigte sich einen Grog – der Arzt war mit dabei. «Hoi», sagte er, «hast du gemerkt, wie es nach alten schwarzen Hosen stinkt. Hoi! Surabaja! Soll mich der Satan holen, verdammt noch mal! Am Ankerhaken am Fockmast sollte man sie auslüften bei einem gründlichen Nord-Nordwest.» – Der Arzt begriff kein Wort! – «Ottilia, Ottilia soll mir …! Eine tüchtige Portion Schläge brauchte sie. Schick diese graue, stinkende Hexe in den Mannschaftsraum hinunter und laß die zweite Besatzung bei fest geschlossenen Luken auf sie los. Man weiß, was sich für eine alte Nutte gehört!» – «Was ist denn mit dir los, alter Pall?» fragte der Doktor. – «Plato, Plato! Hurensohn von einem Plato. Na ja, wenn man während sechs Monaten auf hoher See ist, da kommt man einem eben mit Plato! Da wird man ethisch! Ethisch! Hol, ich wette ein Spleißeisen auf einen Doppelhaken: Wenn Ottilia ihr warmes Fressen kriegte, so würde sie, hol mich der Teufel, nicht mehr über Plato reden! Was hier los ist? – Ach! nichts, nichts. Hör zu! Du bist Arzt! Wie ist das eigentlich so mit den Frauenzimmern? Was? Ist es nicht vielleicht gefährlich, lange unverheiratet zu sein? Werden sie nicht etwas … na ja, hm, soso … an der einen Ecke des Segels? Was?» – Der Arzt äußerte seine Meinung und schloß mit der bedauernden Einsicht, daß eben nicht alle Weibchen befruchtet werden könnten. In der Natur, wo das Männchen meist in Polygamie lebe, was es in den meisten Fällen zu tun vermöge, da die Nahrung für die Jungtiere ausreiche (außer bei den Raubtieren), da existierten solche Abnormitäten wie unverheiratete Weibchen nicht. In der zivilisierten Welt jedoch, wo es einem Glückstreffer gleichkomme, ausreichend Brot zu erhalten, da sei das ganz üblich, vor allem da es mehr Frauen gebe als Männer. Deshalb solle man mit unverheirateten Mädchen nett sein; ihr Los sei zu beklagen! – ja, nett sein! Das sei leicht gesagt. Aber wenn *sie* nicht nett sein wolle! – Und damit floß alles aus ihm heraus, sogar, daß er eine Theaterrezension geschrieben habe. – «Ach was, es wird ja so viel Mist geschrieben», sagte der Doktor und legte den Deckel auf die Grogkanne. «Die Wissenschaft ist es, welche die großen Fragen letzten Endes entscheidet! Die Wissenschaft!»

Als der Kapitän nach sechsmonatiger Abwesenheit und einem unerfreulichen Briefwechsel mit seiner Frau, die seine Theaterkritik als scharfe Zurechtweisung empfunden hatte, schließlich auf Dalarö an Land ging, wurde er von seiner Frau, allen Kindern, zwei Dienstmädchen und Ottilia empfangen. Seine Frau war liebenswürdig, aber nicht herzlich. Sie reichte ihm zum Kuß ihre Stirn. Ottilia war lang wie eine Latte und hatte die Haare so geschnitten, daß sie im Nacken wie ein Schrubber aussah. Das Nachtessen war langweilig – mit Tee. Die Barkasse wurde mit den Kindern vollgestopft, und der Kapitän bekam eine Dachkammer zugewiesen. Oh, wie war das anders als früher! Der alte Pall sah wirklich alt aus, und außerdem war er beleidigt. Es war die reine Hölle, dünkte ihn, verheiratet zu sein und doch keine Frau zu haben!

Am nächsten Morgen wollte er mit seiner Frau segeln. Aber Ottilia vertrug das Meer nicht. Bei der Herreise war ihr doch im Baggensfjord so übel geworden! Und im übrigen war es Sonntag. Sonntag? Da hatten wir es! Aber man könnte statt dessen einen Spaziergang machen. Sie hatten ja doch vieles zu besprechen! Ja sicher, und was sie nicht alles zu besprechen hätten! Doch Ottilia sollte nicht mit dabeisein!

Arm in Arm gingen sie weg. Aber sie sprachen nicht viel; und was sie sagten, waren eher Worte, die die Gedanken verbergen sollten, als Gedanken, die in Worte gefaßt waren. Sie kamen an dem kleinen Cholerafriedhof vorbei und wählten den Weg ins Schweizertal hinunter. Eine schwache Brise zog durch die Fichten, und hinter den dunklen Zweigen leuchtete der Fjord so blau. Dann setzten sie sich auf einen Stein. Er zu ihren Füßen. «Gleich wird es losgehen», dachte er. Und so war es auch.

«Hast du etwas über unsere Ehe nachgedacht?» begann sie.

«Nein», sagte er, als wenn er seinen Gegenschlag schon im voraus überlegt hätte; «ich habe sie nur gefühlt! Ich finde nämlich, daß die Liebe eine Gefühlssache ist; segelt man und kennt und spürt das

Land, so läuft man glatt im Hafen ein, nimmt man aber den Kompaß und die Karte zu Hilfe, läuft man auf Grund.»

«Ja, aber unsere Ehe war doch nichts anderes als ein Puppenheim!»

«Lüge, mit Verlaub. Du hast niemals einen Wechsel gefälscht, du hast niemals deine Strümpfe irgendeinem syphilitischen Doktor gezeigt, von welchem du Geld zu leihen suchtest gegen Sicherheit in natura; du warst niemals so romantisch-stupide, zu erwarten, dein Mann gehe hin und zeige sich für ein Verbrechen an, das seine Ehefrau aus Dummheit begangen hat, das aber nicht zum Verbrechen wurde, weil sich kein Ankläger fand; du hast mich niemals belogen! Ich habe dich ebenso anständig behandelt wie Helmer seine Frau, als er sie zu seiner Vertrauten machte, sie zu Bankangelegenheiten sich äußern und bei der Besetzung von Stellen ihre Meinung sagen ließ ... *and so on*! So waren wir Gatte und Gattin nach allen Begriffen, den altmodischen sowohl wie den neumodischen!»

«Ja, aber ich war deine Haushälterin!»

«Lüge, mit Verlaub. Du hast nicht in der Küche gegessen, du hast keinen Lohn empfangen, du hast niemals über das Geld Rechenschaft ablegen müssen, hast niemals Schelte bekommen, weil dies oder jenes nicht in Ordnung war! Und betrachtest du meine Arbeit: zu holen und zu brassen, Taue zu fixieren, ‹Präsentiert!› zu schreien, Heringe abzuzählen und Schnapsportionen einzugießen, Erbsen zu wägen und Mehl zu prüfen – scheint dir das ehrenvoller, als Mägde zu betreuen, zum Markt zu gehen, Kinder zu gebären und großzuziehen?»

«Nein, aber du wirst dafür bezahlt; du bist dein eigener Meister, du bist ein Mann und du bestimmst!»

«Mein liebster Schatz! Willst du wirklich Lohn haben von mir? Willst du wirklich meine Haushälterin werden? Daß ich ein Mann bin, ist doch ein Zufall; sagt man nicht, das Geschlecht sei vor dem sechsten Monat nicht auszumachen! Es ist betrüblich. Neuerdings ist es ein Verbrechen, ein Mann zu sein – aber ein Vergehen ist es nicht. Und der Teufel soll den holen, der die beiden Hälften der Menschheit gegeneinander aufgehetzt hat! Seine Verantwortung ist groß. Bestimme ich? Bestimmen wir nicht beide? Tue ich irgend etwas Wichtiges, ohne dich um Rat zu fragen? Was? Aber du, du erziehst deine Kinder nach deinem Kopf! Weißt du noch, wie ich das Kinderwiegen, das ich sträflich fand, untersagen wollte, da es doch bedeutet, die Kinder zu berauschen, wenn man sie so einschläfert. Da hattest du das letzte Wort! Ein andermal wieder bestimmte ich, und das nächste Mal bestimmtest du! Einen Mittelweg gab es nicht, denn zwischen Wiegen und Nichtwiegen gibt es keinen Kompromiß! Trotzdem kamen wir gut aus zusammen – bis jetzt! Du hast mich Ottilias wegen aufgegeben!»

«Ottilia! Immer Ottilia! Hast du sie mir nicht selbst aufgenötigt?»

«Nicht ausgerechnet sie! Aber jetzt ist sie es, die bestimmt!»

«Von allem, was mir lieb ist, willst du mich trennen!»

«Ist Ottilia alles? So sieht es mir aus!»

«Aber ich kann sie doch nicht wegschicken, wo ich sie für den Pädagogik- und Lateinunterricht der Mädchen eingestellt habe!»

«Latein! Ablativus! Herr Jesus, sollen auch sie verderben?»

«Ja, sie sollen gleich viel wissen wie ein Mann, wenn sie sich einmal verheiraten. Damit es eine rechte Ehe wird!»

«Aber du gute Seele, nicht alle Ehemänner können Latein! Ich selber kann nicht mehr als ein einziges Wort Latein, und das ist Ablativus! Und wir sind trotzdem glücklich! Im übrigen ist man ja dabei, das Latein als nutzloses Fach für die Männer abzuschaffen. Müßt ihr denn dieselbe Strafe auf euch nehmen? Könnt ihr nicht aus dem Beispiel lernen! Ist es nicht schon schlimm genug, daß das ganze Geschlecht der Männer verdorben ist? Muß man nun auch die Frauen verderben? Ottilia, Ottilia – warum hast du mir das angetan!»

«Ich will über diese Sache nicht mehr sprechen! Aber unsere Liebe, Wilhelm, war nicht, wie sie hätte sein sollen. Sie war sinnlich!»

«Mein liebes Herz, wie hätten wir Kinder haben

sollen, wenn unsere Liebe nicht sinnlich – auch sinnlich – gewesen wäre! Aber sie war nicht nur sinnlich!»

«Kann eine Sache zugleich schwarz und weiß sein! Das frage ich dich? Gib mir Antwort!»

«Ja, das kann sie: Dein Sonnenschirm ist außen schwarz, innen aber weiß!»

«Sophist!»

«Hör zu, mein lieber Schatz, sprich mit deiner eigenen Zunge und mit deinem eigenen Herzen, nicht mit Ottilias Büchern! Nimm Vernunft an und werde wieder du selber, meine eigene kleine geliebte Frau!»

«*Deine, deine eigene*, Eigentum, das du kaufst mit dem, was *du* bei *deiner* Arbeit verdienst!»

«Genau so, paß auf, bin ich *dein* Mann, *dein eigener* Mann, den keine andere Frau anschauen darf, wenn sie ihre Augen im Kopf behalten will, und den du erhalten hast als Geschenk, nein, als Ersatz dafür, daß er dich bekommen hat! Ist das nicht *partie égale*?*»

«Aber wir haben doch unser Leben mit Spielereien verbracht, nicht? Hatten wir irgendwelche höheren Interessen, Wilhelm?»

«Ja, wir haben die höchsten Interessen gehabt, Gurli; wir haben nicht immer getändelt, denn es hat auch ernste Stunden gegeben! Wir haben die höchsten Interessen gehabt, die man haben kann;

---

* Frz. «dieselben Bedingungen?»

wir haben dem zukünftigen Geschlecht Leben gegeben; wir haben uns ganz tapfer geplagt und geschunden – und du nicht am wenigsten – für die Kleinen, die groß werden sollen. Bist du nicht ihretwegen viermal dem Tod nahe gewesen? Hast du nicht, um sie zu wiegen, auf deinen nächtlichen Schlaf und, um sie zu pflegen, auf die Vergnügungen des Tags verzichtet? Hätten wir uns nicht eine Wohnung mit sechs Zimmern und Küche und einen Bedienten an der Drottninggata leisten können, wenn wir die Kleinen nicht gehabt hätten, statt in der ‹Langen Reihe› zu wohnen? Hätte nicht meine Gulla in Seide und Perlen gehen können, und hätte der alte Paul nicht darum herumkommen können, in ausgebeulten Hosen umherzulaufen, wenn wir uns nicht für die Kleinen entschieden hätten? Sind wir wirklich solche Puppen? Sind wir denn so egoistisch, wie jene alten Jungfern behaupten, welche die Männer zumeist verschmähen, weil sie jenen nicht passen? Hör, such mal alle Gründe, warum so viele Mädchen nicht verheiratet sind! Sie alle werden sich damit wichtig machen, daß sie Angebote erhalten hätten, und trotzdem gefallen sie sich in der Rolle des Märtyrers! Höhere Interessen! Latein lernen! Sich für wohltätige Zwecke halbnackt kleiden, aber die Kinder wund liegen lassen in ihren nassen Windeln! Ich glaube, ich habe höhere Interessen als Ottilia, wenn ich gesunde, glückliche Kinder haben will, die einmal im Leben das ausrichten können, was wir nicht geschafft haben! Aber mit Latein geht das nicht! Leb wohl, Gurli! Nun muß ich auf die Wache. Kommst du mit?»

Sie blieb sitzen und antwortete nicht. Er ging; mit schweren, ach, wie schweren Schritten. Der blaue Fjord wurde düster, und die Sonne leuchtete nicht mehr für ihn. «Paul, Paul, wohin wird das noch führen», seufzte er vor sich hin, als er beim Friedhof über den Zauntritt kletterte, «ich wünschte, ich läge dort unter einem Holzkreuz, dort unten zwischen den Baumwurzeln; aber ich könnte bestimmt keine Ruhe finden, wenn ich allein dort läge! Gurli! Gurli!»

*

«Jetzt geht bei uns alles schief, Schwiegermutter», sagte der Kapitän an einem Herbstabend, als er bei der Alten an der Sturegata vorbeikam.

«Was ist denn jetzt wieder los, lieber Willi?»

«Gestern waren sie bei uns zu Hause. Vorgestern waren sie bei der Prinzessin. Und da wurde es der kleinen Alice schlecht. Das war natürlich Pech, aber ich wagte nicht, nach Gurli zu schikken, denn sie hätte doch nur geglaubt, es sei ihretwegen in Szene gesetzt worden. Ach! Wenn das Vertrauen einmal erschüttert ist, so ... Ich war in den letzten Tagen beim Kriegsgerichtsrat und fragte ihn, ob man nach schwedischem Gesetz das Recht habe, die Freundinnen der Ehefrau zu Tode zu räuchern! Nein, das habe man nicht. Und auch wenn man es hätte, man würde es nicht wagen, denn mit allem wäre dann Schluß. Teufel, wieviel besser, wenn man es mit einem Liebhaber zu tun hätte; den könnte man am Nacken packen und hinausschmeißen. Was soll ich tun?»

«Ja, ja, ein schwerer Fall, lieber Willi, aber wir werden uns etwas einfallen lassen müssen. So ein starker Kerl wie du kann doch nicht auf diese Weise frauenlos weiterleben.»

«Nein, das sage ich ja auch!»

«Ich habe ihr letzthin in aller Schärfe gesagt, wenn sie nicht lieb sei, werde ihr Mann bald einmal schnurstracks zu den Mädchen laufen!»

«Na, und was meinte sie darauf?»

«Sie sagte: ‹Soll er's doch tun; für seinen Körper trägt jeder die Verantwortung selbst.›»

«Sie selbst demnach auch, versteht sich! Hübsche Theorien. Schwiegermutter, ich bekomme davon noch graue Haare!»

«Eine alte, bewährte Methode ist es, sie eifersüchtig zu machen. Das pflegt eine Radikalkur zu sein, denn da kommt die Liebe hervorgekrochen – wenn sie noch da ist!»

«Sie ist noch da!»

«Sicher! Denn Liebe erstirbt nicht Knall auf Fall; sie kann sich abnützen im Lauf der Jahre – wenn überhaupt! Los, mach Ottilia den Hof, dann werden wir weitersehen!»

«Den Hof? Dieser Person?»

«Versuch's! Gibt es etwas, das du verstehst und das sie interessiert?»

«Laß mich sehen, ja! Sie haben's im Moment mit der Statistik! Gefallene Frauen, ansteckende Krankheiten, pfui! – Wenn man das in ein mathematisches Problem hinüberlenken würde ... das immerhin kann ich!»

«Na, dann haben wir's! Beginn mit der Mathematik, geh über zum Umlegen des Halstuchs und zum Stiefelknöpfen. Begleite sie abends nach Hause. Trink mit ihr und küsse sie, wenn Gurli es sieht. Wenn nötig, sei zudringlich. Ach! Sie wird es nicht übelnehmen, glaub mir. Und dann: viel Mathematik, so viel, daß Gurli dabeisitzen, zuhören und schweigen muß. Komm in acht Tagen wieder und berichte mir!»

Der Kapitän ging nach Hause, studierte die allerneuesten Broschüren über die Unsittlichkeit, und danach schritt er zur Tat.

Acht Tage später saß er fröhlich und zufrieden bei seiner Schwiegermutter und ließ sich einen guten Sherry schmecken. Er war richtiggehend glücklich.

«Erzähl, erzähl», sagte die Alte und schob die Brille hoch.

«Nun, siehst du, am ersten Tag ging es schwer, denn sie mißtraute mir. Sie dachte, ich treibe mein Spiel mit ihr. Da sprach ich aber davon, welchen unerhörten Einfluß die Wahrscheinlichkeitsrechnung in Amerika auf die Sittlichkeitsstatistik gehabt habe. Sie habe ganz einfach Epoche gemacht. Ach so, das wußte sie nicht – und das ärgerte sie. Ich gab ein Beispiel und wies mittels Zahlen und Buchstaben nach, daß man mit einer gewissen Wahrscheinlichkeit errechnen könne, wieviel Frauen zu Fall kommen würden. Das erstaunte sie. Nun sah ich, daß sie neugierig wurde und sich für das nächste Treffen einen neuen Trumpf verschaffen wollte. Gurli war froh, zu sehen, daß wir Freunde wurden, und sie spornte uns richtig an. Sie schob uns in mein Zimmer und schloß die Tür; und da saßen wir und rechneten den ganzen Nachmittag. Sie war selig, diese Person, daß sie bei mir etwas für sich herausschlagen konnte, und drei Stunden später waren wir Freunde. Beim Nachtessen fand meine Frau, daß Ottilia und ich so alte Bekannte seien, daß wir ‹du› zueinander sagen sollten. Ich holte meinen alten guten Sherry hervor, um das große Ereignis zu feiern. Und dann küßte ich sie mitten auf den Mund, Gott verzeihe mir meine Sünden. Gurli sah etwas erschrocken aus, wurde aber nicht böse. Sie war eitel Glück. Der Sherry war stark, und Ottilia war schwach. Ich half ihr in den Mantel, brachte sie nach Hause, drückte ihr auf der Skeppsholmbrücke den Arm und erklärte ihr die ganze Sternkarte. Ach! Sie war hingerissen. Hatte schon immer die Sterne geliebt, aber nie lernen dürfen, wie sie hießen. Diese armen Frauen dürfen ja nichts lernen. Sie schwärmte ordentlich, und wir trennten uns wie die allerbesten Freunde, die sich so lange, ach, wie lange verkannt haben. Am Tag darauf mehr Mathematik. Wir saßen bis zum Nachtessen zusammen. Gurli kam einige Male herein und nickte uns zu. Bei Tisch sprach man nur von Mathematik und von Sternen; Gurli saß schweigend dabei und hörte zu. Dann begleitete ich sie nach Hause. Beim Quai begegnete ich Kapitän Björn. Wir bogen ab zum Grandhotel und genehmigten uns ein Glas Punsch. War um ein Uhr zu Hause.

Gurli war noch wach. ‹Wo bist du so lange gewesen, Wilhelm?› sagte sie. Da fuhr mir der Teufel in den Leib, und ich gab zur Antwort: ‹Wir gingen und redeten so lange auf der Holmbrücke, daß ich ganz vergaß, wie spät es war.› – Der Nagel saß. – ‹Ich finde es nicht richtig passend von dir, in der Nacht mit einem jungen Frauenzimmer spazierenzugehen›, sagte sie. Ich tat, wie wenn ich verlegen würde, und stammelte, daß man nicht immer wisse, was passend sei, wenn man sich so viel zu sagen habe. ‹Worüber habt ihr denn gesprochen?› fragte Gurli und verzog das Gesicht. Daran konnte ich mich nun nicht mehr erinnern.»

«Gute Arbeit, mein Junge», sagte die Alte, «erzähl weiter.»

«Am dritten Tag», fuhr der Kapitän fort, «kam Gurli mit einer Arbeit herein und blieb bis zum Schluß der Mathematikstunde sitzen. Das Nachtessen war nicht so recht vergnügt, aber um so astronomischer. Ich half der Person in die Stiefel hinein, was einen tiefen Eindruck auf Gurli machte, und sie wandte Ottilia, als diese ging, nur die Wange zum Kusse hin. Ich drückte ihr auf der Holmbrücke den Arm und sprach über die Sympathie der Seelen, über die Sterne als Seelenheimat. Trank Punsch im Grandhotel und kam um zwei Uhr nach Hause. Gurli war noch wach; ich sah es, ging aber gleich in mein Zimmer, Junggeselle, der ich war; Gurli schämte sich nachzukommen und mich zu befragen. Am Tag darauf: Astronomie. Gurli erklärte, sie habe große Lust mitzutun, aber Ottilia fand, wir seien im Fach zu weit fortgeschritten und sie werde Gurli später in die ersten Gründe einweihen. Gurli war gereizt und ging hinaus. Zum Abendessen viel Sherry. Als Ottilia sich für die Mahlzeit bedankte, nahm ich sie um den Leib und küßte sie. Gurli war blaß. Beim Stiefelknöpfen griff ich mit der Hand etwas um … hm …»

«Genier dich nicht vor mir, Wille», sagte die Alte, «ich bin eine alte Frau!»

«… um das Bein. Übrigens nicht so schlecht! Hm! Wirklich nicht so schlecht! Au! Aber als ich meinen Mantel anziehen wollte, da, *hast du mir gesehen,** stand unsere Lina bereit, um das Fräulein heimzubringen. Und Gurli hatte eine Entschuldigung bereit für mich: Ich hätte mich abends zuvor

* Deutsch in Strindbergs Text: stehende Wendung im Schwedischen, Verballhornung für: «Hat man so etwas je gesehen?»

erkältet und fürchte die Nachtluft. – Ottilia sah betroffen aus und küßte Gurli nicht, als sie ging. Am Tag darauf sollte ich Ottilia um zwölf Uhr oben in der Schule astronomische Instrumente zeigen. Sie kam auch, war aber verstimmt. Sie komme eben von Gurli, die mit ihr unfreundlich gewesen sei. Konnte die Ursache nicht verstehen. Als ich zum Essen nach Hause kam, war Gurli völlig verändert. Sie war kalt und stumm wie ein Fisch. Sie litt. Ich sah es. Aber nun sollte das Messer noch ganz hinein. – ‹Was hast du Ottilia gesagt, daß sie so traurig war?› begann ich. – Was sie gesagt habe? Ja doch, sie habe ihr gesagt, sie sei eine Kokette. Das habe sie gesagt. – ‹Wie konntest du nur so etwas sagen›, meinte ich. ‹Du bist doch nicht eifersüchtig!› – ‹Ich, eifersüchtig auf so eine!› brauste sie auf. ‹Ja, das würde mich auch verwundern, denn einer so intelligenten und verständigen Dame würde es doch niemals einfallen, sich nach dem Mann einer anderen umzublicken!› – ‹Nein› (und nun kam es aus ihr heraus), ‹aber dem Mann einer anderen könne es einfallen, sich gegenüber einer anderen Dame schlecht aufzuführen. Huhuhuhu!› – Jetzt war es soweit! Ich nahm Ottilia in Schutz, bis Gurli sie eine Nutte nannte, und ich fuhr fort, sie in Schutz zu nehmen. Und an diesem Nachmittag kam Ottilia nicht. Sie schrieb einen lauwarmen Brief und entschuldigte sich. Sie sehe wohl ein, daß sie überflüssig sei. Ich protestierte und machte mich daran, sie herzuholen. Aber da wurde Gurli wild. Sie sehe genau, daß ich in diese Ottilia verliebt sei, daß sie, Gurli, mir nichts mehr bedeute; sie wisse, daß sie eine dumme Gans sei, daß sie sich auf nichts verstehe, zu nichts tauge, und daß, huhuhu, Mathematik für sie ganz unmöglich sei. Ich schickte nach einem Pferdeschlitten, und wir fuhren zur Lidingöbrücke. Dort tranken wir Glühwein und tafelten, daß es krachte – es war wie auf einer zweiten Hochzeit! Und dann fuhren wir nach Hause.»

«Und dann, und dann?» fragte die Alte und blickte über die Brille hinweg.

«Und dann! Hm! Gott vergebe mir meine Sünden! Ich habe sie verführt. Hol mich der Teufel, aber ich habe sie in meinem eigenen Junggesellenbett verführt; so geht es zu bei einer Hochzeit! – Was sagst du dazu, Großmutter?»

«Recht hast du gehabt! Und dann?»

«Ach dann! Dann, ja, da war alles *all right*, und nun sprechen wir über Kindererziehung und die Befreiung der Frauen von altem Aberglauben, Altjungferntum, Romantisiererei, vom Satan und seinem Ablativus; aber wir sprechen wieder unter vier Augen, und da versteht man sich am besten! Nicht wahr, Mütterchen?»

«Ja, mein Guter, da werde ich euch auch bald wieder einmal besuchen.»

«Mach das! Da sollst du sehen, wie die Püppchen tanzen und die Lerchen und die Spechte singen und pfeifen, du siehst das Glück bis unters

Dach, denn da ist niemand, der auf Wunder wartet, die es nur in den Märchenbüchern gibt, hörst du! Da bekommst du ein richtiges Puppenheim zu sehen!»

MULLAH NASRUDIN HODSCHA*

Wer füttert den Esel?

Der Stall lag weitab von der Wohnung. Im Winter war es besonders unwirtlich. Um den Hausfrieden zu bewahren, teilten sich der Hodscha und seine Frau den Fütterungsdienst. Von Tag zu Tag abwechselnd, mußte sich jeweils einer der beiden um den Esel kümmern.

Eines kalten Wintermorgens gerieten der Hodscha und seine Frau in Streit darüber, wer denn an der Reihe sei. Sie konnten sich einfach nicht einigen. Nach langem Hin und Her verständigten sie sich schließlich darauf, daß den Esel füttere, wer von beiden zuerst ein Wort sage.

Der Hodscha setzte sich stumm ins Wohnzimmer und starrte in der Hoffnung vor sich hin, seine redselige Frau werde die Stille nicht ertragen. Die Frau aber ging, als das Schweigen ihres Mannes kein Ende nehmen wollte, zu den Nachbarn hinüber und unterhielt sich den ganzen Tag über auf das köstlichste.

---

* Mullah Nasrudin Hodscha (türkisch: Nasrettin Hoca) verkörpert den Weisen, Narren, Richter, Bettler und Gelehrten. Unzählige Anekdoten und Satiren, Witze und Bonmots tragen seinen Namen als Autor, viele heitere Episoden werden ihm angedichtet.

In der Zwischenzeit schlich ein Einbrecher in Hodschas Haus, und als der das Wohnzimmer betrat, rührte sich der Mann dort nicht vom Fleck. Der Einbrecher hielt ihn für einen taubstummen Gelähmten und nahm alles Wertvolle an sich, sogar den Turban. Der Hodscha gab keinen Mucks von sich.

Da es Abend wurde und die Frau allmählich Mitleid mit dem Esel und seinem Herrchen bekam, kehrte sie nach Hause zurück. Sie erschrak fast zu Tode, als sie den Diebstahl bemerkte, und eilte ins Wohnzimmer, um nach dem Hodscha zu sehen. Als sie ihn eingenickt vorfand, meinte sie, er sei vom Einbrecher ermordet worden. Sie schrie auf: «O mein geliebter Gatte!»

Dieser hob den Kopf und rief: «Du fütterst den Esel!!!»

❧

Aber meine Frau …

Des Hodschas Frau wusch ihre Wäsche am großen Fluß. Da rutschte sie aus, und die anderen Frauen schrien um Hilfe. Ein kleiner Junge eilte zum Hodscha und berichtete ihm, seine Frau sei ertrunken, und mehrere Männer seien flußabwärts gelaufen, um nach ihr Ausschau zu halten. Er aber lief vom Waschplatz flußaufwärts.

Verwundert fragten ihn die Leute, ob er den

reißenden Fluß und die Gesetze der Natur nicht kenne.

Er lächelte und antwortete: «Doch, aber meine Frau kenne ich besser.»

Alsbald sah man ihn Hand in Hand mit ihr nach Hause gehen.

Zwei Paare im Ehebett

Nach dem Tod seiner geliebten Frau heiratete der Hodscha eine Witwe, die ihren verstorbenen Mann um nichts weniger liebte.

Gleich in der ersten Nacht schwärmte die Frau vom verblichenen Ehemann. Der Hodscha ärgerte sich und malte sich vor lauter Trotz das Phantasiegebilde seiner seligen Frau in den schönsten Farben aus.

In der darauffolgenden Nacht sagte die Frau, er, der Hodscha, erinnere sie in mancher Hinsicht an ihren früheren Mann, und lobte ganze zwei Stunden lang die Verbindung von Männlichkeit, Tugendhaftigkeit und Sanftmut an ihm. Der Hodscha ärgerte sich noch mehr als in der ersten Nacht und lobte seinerseits die verstorbene Gattin, so daß jede noch lebende Frau vor Neid erblassen mußte. So ging es auch seiner neuen Gefährtin.

In der dritten Nacht, als der Hodscha unter die Decke geschlüpft war und sie anfaßte, sagte die

Frau, ihr viel zu früh dahingegangener Ehemann hätte weit zartere Hände gehabt als die des alten Hodscha. Da riß diesem der Geduldsfaden, und er schubste die Frau, daß sie aus dem Bett fiel.

«Was? Du trittst mich im Ehebett?»

«Meine liebe Frau», sagte der Hodscha, «ich habe dich nicht getreten, aber dieses hier ist ein Doppelbett, und wir liegen seit drei Tagen zu viert darin, da kann es schon einmal passieren, daß einer runterfällt.»

IAN MCEWAN

Ein Vierteljahrhundert später

Perowne vertritt die Meinung, daß Kaffee paradoxerweise auch ermüden kann, so wie jetzt, als er sich schwerfällig durch die Küche schleppt und das Licht ausmacht; nicht nur die zu kurze Nacht, sondern die ganze Woche und auch die vorigen Wochen scheinen nun auf ihm zu lasten. Als er die Treppe hinaufgeht und sich dabei am Geländer festhält, hat er weiche Knie, die Quadrizepssehnen. So wird es sich anfühlen, wenn er siebzig ist. Er geht über den Flur, getröstet von der Kühle der glatten Steinfliesen unter den nackten Füßen. Auf dem Weg zur Haupttreppe bleibt er vor der Doppeltür am Eingang stehen. Sie führt direkt auf den Bürgersteig und die Straße um den Platz. Erschöpft, wie er ist, wirkt sie mit all ihren seltsamen Vorrichtungen auf einmal bedrohlich: die drei kräftigen Banham-Schlösser, die zwei schwarzen Eisenriegel, alt wie das Haus, die beiden Sicherheitsketten aus gehärtetem Stahl, der Türspion mit seinem Messingdeckel, der Schaltkasten für die Gegensprechanlage, der rote Knopf, die sanft schimmernden Ziffern der Alarmanlage. Was für ein Verteidigungsaufwand, eine bürgerliche Befestigungsanlage: Hüte dich vor den Armen der Stadt, den Drogensüchtigen, den Übeltätern.

Vor dem Bett läßt er im Dunkeln den Morgenmantel zu Boden fallen und tastet sich blind über das kalte Laken zu seiner Frau. Sie liegt auf der linken Seite, von ihm abgewandt, die Knie immer noch hochgezogen. Er schmiegt sich an ihre vertraute Gestalt, legt ihr einen Arm um die Taille und rückt näher. Als er ihren Nacken küßt, murmelt sie etwas im Schlaf – es klingt einladend, erfreut, doch wie ein zu schweres Gewicht, das sie nicht heben kann, will ihr das Wort nicht über die Lippen kommen. Er spürt, wie ihre Körperwärme durch den seidenen Schlafanzug auf seine Brust und seinen Unterleib ausstrahlt. Die drei Treppen nach oben haben ihn munter gemacht, seine Augen sind in der Dunkelheit weit offen; die Anstrengung, der leicht gestiegene Blutdruck, verursacht eine örtliche Reizung seiner Retina, weshalb gespenstische Schwärme purpurroter und irisierend grüner Flecken vor seinem Auge über eine endlose Steppe ziehen, sich in Tuchballen zusammenrollen, geschwungene Samtbahnen, zurückgezogen wie Theatervorhänge vor neuen Bühnenbildern, neuen Gedanken. Er will überhaupt nicht denken, aber jetzt ist er hellwach. Der arbeitsfreie Tag liegt vor ihm wie ein Pfad über die Steppe; nach dem Squashspiel, das er verlieren wird, wenn er nicht bald schläft, muß er zu seiner Mutter. Ihr jetziges Gesicht will sich ihm nicht zeigen. Statt dessen sieht er die Siegerin im Bezirksschwimmwettkampf vor sich – er weiß von Fotografien, wie sie damals aussah –, die Blümchenbadekappe, die ihr Ähnlichkeit mit einer kecken Robbe verlieh. Er war stolz auf sie, obwohl sie ihn in seiner Kindheit quälte und an Winterabenden in laute städtische Bäder schleppte, wo auf dem Betonfußboden der Umkleidekabinen abgezogene Heftpflaster mit hellrosa und dunkelroten Flecken aufgeweicht in lauwarmen Pfützen schwammen. Sie drängte ihn, mit ihr noch vor der Badesaison in unheimliche grüne Seen und die graue Nordsee zu steigen. Es sei ein anderes Element, sagte sie oft, als wäre das eine Erklärung oder gar ein Ansporn. Doch seine magere, sommersprossige Gestalt in ein anderes Element einzutauchen, genau das behagte ihm nicht. Am stärksten litt er an der Trennungslinie zwischen den Elementen, diese unfreundliche Oberfläche, die wie eine empfindlich beißende Schnittkante über seinen eingezogenen Gänsehautbauch wanderte, während er sich ihr zuliebe Anfang Juni an der Küste von Essex auf Zehenspitzen ins trübe Wasser vorwagte. Er konnte sich nie in die Fluten stürzen, wie sie es tat und von ihm erwartete. In ein anderes Element einzutauchen, täglich aufs neue, jeden Tag zu etwas Besonderem zu machen, das wollte sie und wünschte es sich für ihn. Nun, dagegen hatte er nichts einzuwenden, solange das andere Element nicht gerade kaltes Wasser war.

Die frische Schlafzimmerluft dringt ihm in die Nase, und er ist leicht erregt, als er sich enger an Rosalind schmiegt. Wie eine Brise, die durch einen Tannenwald rauscht, kann er den ersten Verkehr auf der Euston Road hören. Leute, die an einem Samstag um sechs Uhr früh irgendwo arbeiten müssen. Doch anders als sonst macht ihn die Vorstellung nicht schläfrig. Er denkt an Sex. Gehorchte die Welt seinen Wünschen, würde er Rosalind jetzt ohne Vorspiel lieben, eine sehr willige Rosalind, um hinterher klaren Verstandes und doch wie besinnungslos in Schlaf zu versinken. Aber selbst despotische Könige, selbst die alten Götter konnten sich die Welt nicht stets ihren Wünschen gemäß erträumen. Nur für unmündige Kinder sind Wunsch und Erfüllung eins; vielleicht haben Tyrannen deshalb etwas Kindisches an sich. Sie beharren auf dem, was sie nicht haben können. Werden sie enttäuscht, ist der mörderische Wutausbruch nie fern. So sieht Saddam nicht bloß wie ein feistwangiger Tyrann aus, er erinnert auch an einen in die Höhe geschossenen, enttäuschten Jungen mit dem pausbäckigen Gesicht eines Lümmels und dunklen Augen, die angesichts dessen, was sie nicht erzwingen können, geradezu verblüfft dreinschauen. Absolute Macht und ihre Freuden liegen knapp außerhalb seiner Reichweite und entziehen sich ihm jedesmal aufs neue. Er weiß nun: Noch einen katzbuckelnden General in die Folterkammer zu schicken, noch eine Kugel in den Kopf irgendeines Verwandten zu jagen – das befriedigt letztlich nicht.

Perowne ändert seine Stellung und liebkost Rosalinds Hinterkopf, atmet den schwachen Duft nach parfümierter Seife ein, der sich mit dem Geruch nach warmer Haut und frisch gewaschenem Haar verbindet. Was für ein Glück, daß die Frau, die er liebt, auch seine Ehefrau ist. Seltsam nur, wie rasch seine Gedanken vom Erotischen zu Saddam abgeschweift waren – der zu einem gründlichen Schlamassel gehört, einem Gebräu aus verschiedensten Zutaten, aus Vorahnungen und Sorgen. Schlaflos in den frühen Morgenstunden richtet man sich in den eigenen Ängsten häuslich ein – es muß einen Überlebensvorteil bedeutet haben, sich daraus schlimmstmögliche Entwicklungen und Auswege zusammenphantasieren zu können. In einer gefährlichen Welt ist Schwarzmalerei ein Erbe der natürlichen Auslese. Noch vor einer Stunde hatte er sich wilder Unvernunft hingegeben, hatte sich in einen Wahn der Überinterpretation hineingesteigert. Und es tröstet ihn nicht, daß heutzutage jeder andere an seiner Stelle dieselben Schlußfolgerungen gezogen hätte. Zu Mißverständnissen kommt es überall auf der Welt. Wie können wir uns da noch trauen? Er sieht jetzt die Details, die er nicht recht wahrhaben wollte, weil sie seine Angst nicht schürten: Daß das Flugzeug auf kein öffentliches Gebäude zusteuerte, daß die Maschine zu einer normalen, kontrollierten Landung angesetzt hatte, daß sie auf einer häufig genutzten Route flog – nichts davon paßte zu seinem unguten Gefühl. Er sagte sich, daß es immer nur zwei Möglichkeiten gab – die Katze ist tot, oder sie lebt. Dabei hatte er sich längst für die erste Variante entschieden, obwohl er es gleich hätte ahnen können: nur ein Unfall. Kein Anschlag auf unsere Lebensweise.

Ihn nur vage wahrnehmend, ändert Rosalind ihre Lage, räkelt sich mit einer sanften Drehung der Schultern zurecht, bis ihr Rücken sich an seine Brust schmiegt. Mit dem Fuß fährt sie sein Schienbein entlang und stützt sich mit dem Spann auf seinen Zehen ab. Er spürt, wie seine Erregung wächst und gegen ihr Kreuz drückt, weshalb er nach unten greift, um sein Glied zu befreien. Ihr Atem hat zu einem gleichmäßigen Rhythmus zurückgefunden. Reglos liegt Henry da und wartet auf den Schlaf. Nach heutigen Maßstäben, wenn nicht nach jeglichen Maßstäben, ist es nahezu pervers, daß er nie genug davon bekommt, mit Rosalind zu schlafen, daß er nie ernsthaft von jenen Gelegenheiten in Versuchung geführt wird, die sich ihm dank der gefälligen Logik medizinischer Hierarchien bieten. Wenn er an Sex denkt, denkt er an sie, an ihre Augen, ihre Brüste, ihre Zunge, ihr Willkommen. Wer sonst könnte ihn so verständnisvoll, mit solcher Zuneigung und solch neckischem Humor lieben, wer eine so reiche Vergangenheit mit ihm aufbauen? Ein Leben würde nicht genügen, eine zweite Frau zu finden, die er mit derartiger Hemmungslosigkeit und großem Geschick befriedigen könnte, mit der er lernen könnte, so frei zu sein. Ein charakterlicher Zufall will es, daß ihn Vertrautheit stärker als der Reiz des Neuen erregt. Bestimmt ist irgendwas in ihm betäubt, mangelhaft ausgebildet oder allzu furchtsam. Oft genug lassen sich schließlich Freunde auf ein Abenteuer mit einer jüngeren Frau ein; gelegentlich explodiert auch eine solide Ehe in einem Feuerwerk gegenseitiger Vorwürfe. Perowne registriert dies mit wachsender Besorgnis und fürchtet, ihm fehle ein Element maskuliner Lebenskraft, ein kühner, gesunder Erfahrungshunger. Wo bleibt seine Neugier? Was stimmt mit ihm nicht? Doch er kann sich nicht ändern. Auf den fragenden Blick, den ihm gelegentlich eine attraktive Frau zuwirft, antwortet er mit einem nichtssagenden, gleichmütigen Lächeln. Eine solche Treue könnte wie Tugend oder auch Hartnäckigkeit wirken, doch ist sie keines von beiden, denn eigentlich hat er keine Wahl. Was er braucht, das sind: Besitz, ein Gefühl der Zugehörigkeit und Wiederholung.

Eine Katastrophe – ein Anschlag auf ihre gesamte Lebensweise – führte Rosalind in sein Leben. Das erste Mal sah er sie von hinten, als er an einem späten Nachmittag im August durch die Frauenabteilung der Station für Neurologie ging. Ihn verblüffte die Fülle rotbrauner Haare – fast hinab bis zur Hüfte – bei einer so kleinen Frau. Im ersten

Moment hielt er sie für ein großgewachsenes Kind. Sie saß auf dem Bettrand, noch angezogen, und redete mit dem diensthabenden Arzt, die Stimme belegt, als verberge sie nur mühsam ihre Angst. Im Vorbeigehen schnappte Perowne ein wenig von der Krankengeschichte auf, das übrige erfuhr er später aus der Akte. Ihr allgemeiner Gesundheitszustand war gut, doch hatte sie im letzten Jahr hin und wieder unter Kopfschmerzen gelitten. Sie zeigte mit der Hand auf die entsprechende Stelle. Ihre Hände, fiel ihm auf, waren sehr klein. Das Gesicht glich einem vollkommenen Oval mit großen, hellgrünen Augen. Einige Male war ihre Periode ausgeblieben, und bisweilen hatten ihre Brüste eine Flüssigkeit abgesondert. Am heutigen frühen Nachmittag war sie in der juristischen Bibliothek des University College gewesen, um etwas über Schadenersatzrecht nachzulesen – in diesem Punkt war sie sehr genau –, als ihr Blick schummerig wurde, wie sie sich ausdrückte. Kurz darauf konnte sie die Ziffern ihrer Armbanduhr nicht mehr erkennen. Sie ließ die Bücher liegen, schnappte sich ihre Handtasche und ging, ans Geländer geklammert, die Treppe hinunter. Während sie über die Straße zur Notaufnahme taumelte, wurde es um sie herum dunkel. Sie dachte, es sei eine Sonnenfinsternis, merkte dann aber überrascht, daß niemand sonst zum Himmel aufschaute. Die Notaufnahme hatte sie unverzüglich hierhergeschickt, und nun konnte sie kaum noch die Streifen auf dem Hemd des Arztes erkennen. Als er seine Finger hochhielt, konnte sie sie nicht zählen.

«Ich will nicht blind werden», sagte sie mit kleinlauter, schockierter Stimme. «Bitte, lassen Sie mich nicht blind werden.»

Wie war es möglich, daß solch große klare Augen die Sehkraft verlieren konnten? Als Henry losgeschickt wurde, um den leitenden Neurochirurgen zu holen, der auf den Pieper nicht reagierte, packte ihn ein unprofessionelles, schmerzliches Gefühl des Ausgeschlossenseins, eine plötzliche Angst, daß er es sich nicht leisten konnte, den Arzt – einen von der glatten, raubtierhaften Sorte – mit einem so kostbaren Geschöpf allein zurückzulassen. Er, Perowne, wollte alles tun, um sie zu retten, auch wenn er nur eine rudimentäre Ahnung davon besaß, um welches Problem es sich bei ihr handeln könnte.

Der leitende Chirurg, Mr. Whaley, befand sich in einer wichtigen Besprechung. Er war eine imposante, großgewachsene Erscheinung und trug gewöhnlich einen dreiteiligen Nadelstreifenanzug mit Uhrkette und einem purpurfarbenen Seidentuch, das aus der oberen Anzugtasche hervorlugte. Perowne hatte Whaleys Glatze oft schon von weit her in den düsteren Fluren leuchten sehen. Seine bühnenreif dröhnende Stimme wurde gern von den Assistenzärzten parodiert. Perowne bat die Sekretärin, ihn aus der Besprechung zu holen. Während er wartete, ging er in Gedanken noch einmal alles durch, er wollte den mächtigen Mann mit seiner prägnanten Darstellung beeindrucken. Whaley kam und hörte mit gerunzelter Stirn zu, als Perowne von den Kopfschmerzen einer Neunzehnjährigen erzählte, der plötzlichen Beeinträchtigung ihres Sehfeldes und einer Anamnese von Amenorrhö und Galaktorrhö. «Herrgott, Junge. Unregelmäßige Menstruation, Brustwarzentröpfeln!» dröhnte er mit der abgehackten Stimme eines Kriegsnachrichtensprechers, eilte aber gleichzeitig den Flur entlang, das Jackett unter dem Arm.

Ein Stuhl wurde gebracht, damit er der Patientin gegenüber Platz nehmen konnte. Doch noch während Whaley ihre Augen untersuchte, verlangsamte sich sein Atem. Perowne beobachtete, wie die Frau mit ihrem schönen, blassen, klugen Gesicht zu dem Chirurgen aufsah. Er hätte viel darum gegeben, wenn sie ihm so gebannt zugehört hätte. Visueller Anhaltspunkte beraubt, war sie auf jede Schwankung in seiner Stimme angewiesen. Die Diagnose kam rasch.

«Nun, meine junge Dame, wie es aussieht, haben Sie einen Tumor an der Hypophyse, einem ungefähr erbsengroßen Organ in der Hirnmitte, und die Blutung rund um dieses Geschwür drückt auf Ihren Sehnerv.»

Hinter dem Kopf des Oberarztes befand sich ein hohes Fenster, und Rosalind konnte offenbar noch Konturen erkennen, denn ihre Blicke schienen sein Gesicht abzutasten. Sie schwieg einige Sekunden. Dann sagte sie verwundert: «Also könnte ich tatsächlich blind werden.»

«Nicht, wenn wir sofort was unternehmen.»

Sie nickte. Whaley trug dem Diensthabenden auf, zur Sicherheit auf dem Weg zum Operationssaal noch ein CT machen zu lassen. Dann beugte er sich vor, sprach leise mit Rosalind, beinahe zärtlich, und erklärte, daß der Tumor Prolaktin produziere, wie während einer Schwangerschaft, weshalb die Regel aussetze und die Brüste Milch bildeten. Er beruhigte sie, sagte, die Geschwulst sei vermutlich gutartig, sie werde bestimmt vollständig genesen. Sie müßten nur sofort handeln. Nach einer flüchtigen, die Diagnose bestätigenden Untersuchung ihrer Brüste – Henrys Blick war verstellt – stand Mr. Whaley auf und erteilte, wieder mit gewohnt lauter, öffentlicher Stimme, seine Anweisungen. Dann schritt er davon, um sämtliche Nachmittagstermine zu verschieben.

Henry begleitete Rosalind, die voller Angst auf dem fahrbaren Krankenbett lag, von der Radiologie zum OP. Er war ein Assistenzarzt mit kaum vier Monaten Praxis, weshalb er nicht mal so tun konnte, als kenne er sich mit dem aus, was auf sie zukam. Und während sie im Flur auf den Anästhesisten warteten, unterhielt er sich ein wenig mit ihr und fand heraus, daß sie Jura studierte und keine Verwandten in erreichbarer Nähe hatte. Ihr Vater war in Frankreich, die Mutter tot. Eine geliebte Tante lebte in Schottland auf den Western Isles.

Den Tränen nahe, kämpfte Rosalind gegen mächtige Gefühle an, aber ihre Stimme klang fest, als sie auf einen Feuerlöscher deutete und sagte, da sie vielleicht zum letzten Mal die Farbe Rot sehe, wolle sie sich diese einprägen. Ob er sie näher heranschieben könne? Selbst als sie davorstand, vermochte sie kaum etwas zu erkennen. Er sagte, die Operation werde zweifellos erfolgreich verlaufen. Dabei wußte er überhaupt nicht, wovon er redete, und sein Mund war trocken, als er ihr Bett mit weichen Knien näher an die Wand schob. Klinische Distanz mußte er noch lernen. Mag sein, daß dies der Augenblick war – und nicht etwa später auf der Station –, in dem er sich in sie verliebte. Die Schwingtüren öffneten sich, und gemeinsam betraten sie den OP; er ging neben ihrem Bett her, das von einem Pfleger geschoben wurde, während sie das Papiertaschentuch in ihrer Hand knetete und zur Decke starrte, als sei sie hungrig nach letzten Eindrücken.

Ihr Sehvermögen hatte schlagartig abgenommen, mitten in der Bibliothek, und nun mußte sie mit dieser Katastrophe fertig werden. Sie beruhigte sich mit tiefen, langsamen Atemzügen. Als der Anästhesist eine Kanüle in ihren Handrücken schob und Thiopenton verabreichte, starrte sie auf sein Gesicht. Dann war sie weg, und Perowne eilte in den Waschraum. Man hatte ihm geraten, bei diesem Eingriff genau zuzuschauen. Transsphenoidale Hypophysektomie. Eines Tages würde er ihn selbst ausführen. Und noch heute, nach so vielen Jahren, beruhigte es ihn, wenn er daran dachte, wie tapfer sie gewesen war. Und wie diese Katastrophe sich in ihrem Leben zum Guten gewendet hatte.

Wie half der junge Henry Perowne dieser schönen, an einer Apoplexie der Hypophyse leidenden Frau außerdem noch, die Sehkraft zurückzugewinnen? Er packte mit an, als ihr narkotisierter Körper vom Krankenhausbett auf den Operationstisch gehoben wurde. Er gehorchte den Anweisungen des diensthabenden Arztes und stülpte sterile Abdeckungen über die Handgriffe an den OP-Lampen. Er sah zu, wie die drei Stahlspitzen der Einspannklammer fest an ihrem Kopf fixiert wurden. Whaley hatte kurz den Raum verlassen, weshalb es auf erneute Anweisung des Diensthabenden geschah, daß er Rosalinds Mund mit antiseptischer Seife auswusch und dabei feststellte, wie makellos ihre Zähne waren. Später, nachdem Whaley einen Einschnitt in den oberen Gaumen gemacht, die Nasenpassage geöffnet, die Haut beiseite gerollt und das Septum von der Nasenschleimhaut befreit hatte, half Henry das wuchtige Operationsmikroskop zu justieren. Es gab keinen Bildschirm, auf dem er den Eingriff verfolgen konnte – damals war Videotechnologie noch neu und mußte im OP erst noch installiert werden. Doch während der gesamten Operation ließ ihn der Diensthabende häufig einen Blick durch das Okular werfen. Und so sah Henry zu, wie Whaley sich zur Keilbeinhöhle vorarbeitete, sie durchschnitt, nachdem er die Vorderwand beseitigt hatte, dann die Knochenlamelle der Fossa hypophysialis geschickt mit Meißel und Bohrer bearbeitete und nach nicht mal fünfundvierzig Minuten die prall geschwollene, purpurne Drüse in ihr freilegte.

Perowne beobachtete aufmerksam den entschiedenen Schnitt des Skalpells und sah zu, wie dunkle Klumpen und ockergelbes Tumorgewebe aufgesogen wurden und in der Spitze von Whaleys Absauger verschwanden. Als plötzlich klarer Liquour auftauchte – Zerebrospinalflüssigkeit –, beschloß der Chirurg, das Leck mit einem Bauchfettransplantat zu schließen. Er machte einen kleinen schrägen Schnitt in Rosalinds Unterbauch und entfernte mit einer Chirurgenschere ein Stück subkutanes Fett, das er in eine Nierenschale fallen ließ. Mit äußerster Sorgfalt wurde das Transplantat dann durch die Nase gezogen, in die Reste der Keilbeinhöhle bugsiert und durch eine Nasentamponade fixiert.

Die Eleganz dieser Operation schien einen bestechenden Widerspruch zum Ausdruck zu bringen: Die Prozedur war so simpel wie Klempnerarbeit, so elementar wie das Reinigen eines verstopften Rohres – der Druck auf den optischen Nerv wurde verringert, die Gefahr für Rosalinds Sehkraft beseitigt. Und doch war der sichere Weg zu diesem entlegenen, tief verborgenen Ort im Kopf Ergebnis eines Meisterwerks an technischem

Können und höchster Konzentration. Direkt durch das Gesicht zu gehen, den Tumor durch die Nase zu entfernen, die Patientin wieder ins Leben zu rufen, kein Schmerz, keine Infektion, die Sehkraft wiederhergestellt – das war ein Wunder menschlicher Genialität. Fast hundert Jahre des Scheiterns und nur kleiner Erfolge gingen dieser besonderen Operation voraus, andere Wege, die probiert und verworfen wurden, aber auch jahrzehntelang verbesserte Entwicklungen, wie dieses Mikroskop und die Glasfaseroptik. Die Operation war mutig und human – die Kühnheit eines Hochseilaktes gepaart mit Erbarmen. Bis zu diesem Tag war Perownes Entschluß, Neurochirurg zu werden, stets ein wenig abstrakt geblieben. Er hatte sich fürs Gehirn entschieden, weil ihm das interessanter als Blase oder Knie schien. Jetzt aber wandelte sich sein Ehrgeiz zu einem tiefen Verlangen. Als die Wunde geschlossen und das Gesicht, dieses besondere, schöne Gesicht, ohne den geringsten Makel wiederhergestellt wurde, dachte er voller Aufregung an die Zukunft und konnte es kaum erwarten, das nötige Können zu erwerben. Er verliebte sich in ein Leben. Und natürlich verliebte er sich auch in sie. Beides war untrennbar miteinander verbunden. In seinem Jubel hatte er sogar ein wenig Liebe für den Maestro persönlich übrig, für Mr. Whaley, dessen massige Gestalt sich über seine minuziösen, präzisen Aufgaben beugte und der hinter seiner OP-Maske schnaubend durch die Nase atmete. Sobald er sich überzeugt hatte, daß der Tumor mit allen Klümpchen entfernt war, schritt er zum nächsten Patienten. Es blieb dem raubtierhaften Diensthabenden überlassen, Rosalinds schöne Züge endgültig wiederherzustellen.

War es ungehörig von Henry, sich im Aufwachraum so hinzustellen, daß er, wenn sie zu sich kam, die erste Person sein würde, die sie sah? Glaubte er wirklich, daß sie, deren Sinne und Empfindungen noch auf einer sanften Morphiumdünung schaukelten, ihn wahrnehmen und von ihm fasziniert sein würde? Doch es kam anders, Perowne wurde von dem hektischen Anästhesisten und seinem Team verscheucht. Man sagte ihm, er solle verschwinden, sich woanders nützlich machen. Trotzdem blieb er und stand einige Schritte hinter ihrem Kopf, als sie sich zu regen begann. Schließlich sah er sie die Augen aufschlagen. Ihr Gesicht blieb starr, während sie angestrengt versuchte, sich an ihre Lebensgeschichte zu erinnern, dann ein vorsichtiges, schmerzliches Lächeln, als sie begriff, daß ihr Augenlicht zurückkehrte. Noch nicht vollständig, aber in wenigen Stunden würde es soweit sein.

Einige Tage später machte er sich tatsächlich nützlich, zog die Nähte aus ihrer Oberlippe und half, die Nasentamponade zu entfernen. Er blieb noch nach seiner Schicht, um mit ihr zu reden. Sie kam ihm einsam vor, wie sie da saß, blaß von der Anstrengung, Kissen im Rücken, von juristischen

Wälzern umgeben, das Haar in zwei dicke Schulmädchenzöpfe geteilt. Ihre einzigen Besucher waren zwei Studentinnen, mit denen sie zusammenwohnte. Da das Reden schmerzte, nippte sie zwischen den Sätzen etwas Wasser. Sie erzählte, ihre Mutter sei vor drei Jahren bei einem Autounfall gestorben, damals war Rosalind sechzehn, und ihr Vater, der berühmte Dichter John Grammaticus, wohne zurückgezogen in einem Château am Fuß der Pyrenäen. Um Henrys Gedächtnis auf die Sprünge zu helfen, nannte Rosalind «Mount Fuji», ein Gedicht, das in allen Schulanthologien abgedruckt wurde, doch schien es ihr nichts auszumachen, daß er weder davon noch vom Autor je etwas gehört hatte. Es kümmerte sie offenbar auch nicht, daß Henry aus weniger exotischen Verhältnissen stammte – eine immer gleiche Vorortstraße in Perivale, Einzelkind und ein Vater, an den er sich nicht erinnerte.

Als schließlich Monate später ihre eigentliche Liebesaffäre nach Mitternacht in der Kabine einer Fähre auf einer winterlichen Überfahrt nach Bilbao begann, neckte ihn Rosalind mit seinem «langen und genialen Verführungsfeldzug». Ein listenreiches Heldenstück, nannte sie es ebenfalls. Doch Stil und Tempo wurden von ihr bestimmt. Er hatte gleich gespürt, daß sie sonst fliehen würde. Ihre Isolation blieb nicht auf die Station für Neurologie beschränkt. Sie war immer da, jene alle Spontaneität dämpfende, alle Begeisterung abkühlende Vorsicht. Rosalind hielt ihre Jugend wie unter einem Deckel, und sie war sogar durch ein unvermutetes Picknick auf dem Lande aus der Fassung zu bringen, durch die überraschende Ankunft einer langjährigen Freundin oder die Aussicht auf Freikarten fürs Theater am selben Abend. Gut möglich, daß sie sich mit allem einverstanden erklärte, doch war die erste Reaktion stets ein Abwenden, ein heimliches Stirnrunzeln. In jenen Tagen fühlte sie sich zwischen ihren juristischen Büchern sicherer, vergraben im bekannten, längst abgeschlossenen Fall von Donoghue gegen Stevenson. Dieses Mißtrauen gegen das Leben konnte auch auf ihn übergreifen, wenn er sich unvorhersehbar verhielt. Er mußte auf zwei Frauen Rücksicht nehmen, denn wenn er sich das Vertrauen der Tochter verdienen wollte, hatte er alles über die Mutter herauszufinden und alles an ihr zu mögen. Dieser Geist wollte ebenfalls umworben sein.

Nicht daß Rosalind noch sehr um Marianne Grammaticus trauerte, doch sprach sie viel mit ihr. Ihre Mutter war stets gegenwärtig, hemmte die Tochter, wachte über sie und mit ihr. Das war das Geheimnis von Rosalinds Argwohn, ihrer Introvertiertheit. Zu sinnlos war der Tod der Mutter gewesen, als daß man ihn begreifen konnte – ein Betrunkener, der spätabends bei der Victoria Station eine rote Ampel übersah –, weshalb Rosalind auch drei Jahre später nicht damit fertig wurde. Sie blieb in stummem Kontakt mit einer imaginären

Vertrauten und bezog sich ständig auf ihre Mutter, die sie schon immer beim Vornamen genannt hatte, auch als kleines Mädchen. Sie redete mit Henry offen über sie, nannte oft beiläufig ihren Namen und stellte sich ihre Reaktion vor. Marianne hätte es gefallen, sagte Rosalind etwa, wenn sie sich einen guten Film angesehen hatten. Oder: Marianne hat mir gezeigt, wie man diese Zwiebelsuppe macht, aber meine schmeckt einfach nicht so gut wie ihre. Oder zum Falklandkrieg*: Ist schon komisch, aber sie wäre nicht dagegen gewesen. Sie hat Galtieri schlichtweg gehaßt. Viele Wochen nach Beginn ihrer Freundschaft – liebevoll, körperlich, aber zurückhaltend, mehr war es wirklich nicht – wagte Henry sie zu fragen, was ihre Mutter wohl von ihm gehalten hätte. Die Antwort kam ohne Zögern: «Sie hätte dich vergöttert.» Er fand das bedeutsam und küßte sie später an jenem Abend mit ungewohnter Freizügigkeit. Rosalind reagierte angemessen, wenn auch nicht gerade hemmungslos, war dann aber fast eine Woche lang abends zu beschäftigt, um sich mit ihm treffen zu können. Arbeit und Einsamkeit bedrohten ihr Inneres nicht so sehr wie Küsse. Er ahnte, daß er sich auf einen Wettstreit eingelassen hatte. Daß er ihn letztlich gewinnen würde, lag in der Natur der Sache, doch nur, wenn er sich mit der erprobten Langsamkeit eines Plumplori anschlich.

---

* 1982 zwischen Großbritannien und Argentinien.

Auf einer schmalen Koje in der schwankenden Kabine der Fähre fiel schließlich die Entscheidung. Es war nicht leicht für Rosalind. Um ihn lieben zu können, mußte sie ihre treuste Begleiterin aufgeben – die Mutter. Als sie am Morgen aufwachte und an die Grenze dachte, die sie überquert hatte, weinte sie – ebenso aus Freude wie aus Kummer, wie sie vergeblich beteuerte. Das Glück kam ihr wie ein Verrat am Prinzip vor, doch war es unumstößlich Glück.

Sie gingen an Deck, um sich den Morgen anzuschauen, der über dem Hafen heraufdämmerte. Es war eine harsche, fremde Welt. Ein heftiger Wind fuhr klagend durch Stahlkabel und fegte Regenböen über flache Zollgebäude gegen graue Kräne. An der Anlegestelle, auf der sich riesige Pfützen gebildet hatten, war die einsame Gestalt eines älteren Mannes zu sehen, der ein schweres Seil um einen Poller wand. Er trug eine Lederjacke über einem Hemd mit offenem Kragen. Im Mund stak eine erloschene Zigarre. Als er fertig war, ging er gemächlich zum Zollgebäude, unempfindlich gegen das Wetter. Sie wichen vor der Kälte zurück, stiegen die vielen Stufen in die klammen Tiefen des Schiffes hinab, liebten sich noch einmal in ihrer engen Kabine, lagen anschließend reglos da und lauschten der Lautsprecheransage, die die Passagiere aufforderte, das Schiff zu verlassen. Wieder war Rosalind den Tränen nahe, und sie sagte, sie könne seit kurzem den besonderen Tonfall der Stimme ihrer Mutter nicht mehr hören. Es sollte ein langer Abschied werden. Noch über manchen schönen Augenblick fiel ein Schatten. Selbst damals, als sie ineinander verschlungen lagen und dem Gepolter und den gedämpften Rufen der durch die Korridore hastenden Passagiere lauschten, begriff er den Ernst dessen, was begann. Da er sich zwischen Rosalind und den Geist ihrer Mutter drängte, mußte er Verantwortung übernehmen. Unausgesprochen hatten sie einen Pakt geschlossen, denn offen gesagt, mit Rosalind zu schlafen hieß, sie zu heiraten. Ein vernünftiger Mann an seiner Stelle hätte mit Anstand davor zurückschrecken können, aber Henry Perowne konnte diesem Arrangement nur das reinste Glück abgewinnen.

Hier liegt sie nun, fast ein Vierteljahrhundert später, regt sich in seinen Armen und ahnt im Schlaf, daß der Wecker bald klingelt. Bis zum Sonnenaufgang – auf dem Land gewöhnlich ein Ereignis, in der Stadt bloße Abstraktion – sind es noch anderthalb Stunden. Die City hat einen kräftigen Appetit auf Samstagsarbeit. Um sechs Uhr tobt auf der Euston Road bereits das Leben. Motorräder übertönen jetzt gelegentlich den Geräuschteppich, kreischen wie eifrige Holzsägen. Um diese Zeit etwa erklingt auch der erste Polizeisirenenchor, schwillt an und verhallt mit Doppler-Effekt: Für schlechte Taten ist es nicht mehr zu früh. Endlich wendet sie ihm jene Seite der menschlichen Gestalt zu, die einladende Wärme ausstrahlt. Während sie sich küssen, stellt er sich vor, wie ihre grünen Augen seinen Blick suchen. Dieser Kreislauf des Einschlafens und erneuten Aufwachens, in der Dunkelheit, unter schützender Decke, mit einem anderen Geschöpf, einem bleichen, weichen, zärtlichen Säugetier, die Gesichter in einem Ritual der Zuneigung aneinandergedrückt, kurzzeitig geborgen im ewigen Bedürfnis nach Wärme, Behaglichkeit und Sicherheit, Glieder, die einander umschlingen, um näher beisammen zu sein – ein simpler, alltäglicher Trost, fast zu selbstverständlich, bei Tageslicht leicht zu vergessen. Hat ein Dichter je darüber geschrieben? Nicht über das einmalige Ereignis, sondern über seine stete Wiederholung im Laufe der Jahre? Er mußte seine Tochter fragen.

Rosalind sagt: «Mir kam es vor, als wärest du die ganze Nacht aufgewesen. Rein und raus aus dem Bett.»

«Ich bin um vier aufgestanden und habe unten mit Theo in der Küche gesessen.»

«Geht's ihm gut?»

«Hmmm.»

Dies ist nicht der richtige Augenblick, um ihr von dem Flugzeug zu berichten, erst recht, da der Vorfall an Bedeutung verloren hat. Was das Glücksgefühl angeht, so fehlt es ihm jetzt an Einfallsreichtum, um davon zu erzählen. Später. Er wird es später tun. Sie wacht auf, während er eindämmert. Doch seine Erektion wächst weiter wie durch wiederholtes Einatmen, wird immer größer. Kein Ausatmen. Vielleicht macht ihn seine Erschöpfung so empfindlich. Oder fünf Tage Enthaltsamkeit. Wie auch immer, es liegt eine vertraute Spannung in der Art, wie sie dichter an ihn heranrückt, ihn mit ihrem Übermaß an Körperwärme röstet. Er selbst ist in keiner Verfassung, um die Initiative zu ergreifen, und so zieht er es vor, auf sein Glück zu hoffen, auf ihr Verlangen. Sollte es nicht passieren, ist es auch gut. Nichts wird ihn am Einschlafen hindern.

Sie küßt ihn auf die Nase. «Ich will versuchen, Dad gleich nach der Arbeit abzuholen. Daisy kommt um sieben aus Paris. Bist du dann da?»

«Mmm.»

Sinnliche, intellektuelle Daisy, feingliedrig, blaß und korrekt. Gab es außer ihr noch eine graduierte angehende Dichterin, die Kostüme mit kurzen Röcken und frischen weißen Blusen trug, selten trank und ihre beste Arbeitszeit morgens vor neun Uhr hatte? Sein kleines Mädchen, das ihm in effiziente Pariser Fraulichkeit entglitt und auf die Veröffentlichung ihres ersten Lyrikbandes im Mai wartete. Und das durchaus nicht bei irgendeiner Handpresse, sondern bei jener ehrwürdigen Institution am Queen Square, gleich gegenüber dem Krankenhaus, in dem er sein erstes Aneurysma abgeklemmt hatte. Sogar ihr streitsüchtiger Großvater, sonst vornehm intolerant gegenüber aller Gegenwartsliteratur, schickte aus seinem Château einen kaum leserlichen Brief, der sich nach der Entzifferung als geradezu begeisterter Glückwunsch erwies. Perowne besitzt in solchen Dingen kein Urteil, freut sich aber natürlich für seine Tochter, doch machen ihm ihre Liebesgedichte zu schaffen, die Tatsache, daß Daisy so viel weiß oder so lebhaft von den Körpern einiger Männer träumte, die er nie kennengelernt hat. Wer ist der Strolch, dessen steifes Glied einer «aufgeregten Gießkanne» glich, die sich einer «besonderen Rose» näherte? Wer der andere, der unter der Dusche «wie Caruso» sang, während er sich «beide Bärte» einschäumte? Er muß seine Entrüstung zügeln – wohl kaum eine literarische Reaktion. Also hat er versucht, das väterliche Besitzdenken abzulegen und die Gedichte als Kunstwerke zu betrachten. Schon hat er sich an die nicht so eindeutig befrachtete, doch schaurige Zeile aus einem anderen Gedicht gewöhnt, derzufolge «jede Rose an einem Schmarotzerstengel wächst». Das bleiche junge Mädchen mit den Rosen ist lange nicht daheim gewesen. Seine Ankunft erwartet ihn wie eine Oase am fernen Ende dieses Tages.

«Ich liebe dich.»

Das ist nicht bloß zärtlich dahergesagt, denn Rosalind langt nach unten, nimmt ihn in sicheren Griff, dreht sich um, ohne loszulassen, und faßt nach hinten, um den Wecker abzustellen, eine anstrengende Streckbewegung, weshalb ein Muskelzittern über die Matratze läuft.

«Ich dich auch.»

Sie küssen sich, und Rosalind sagt: «Ich bin schon eine Weile wach und konnte spüren, wie du an meinem Rücken hart geworden bist.»

«Und wie war das?»

«Ich bekam Lust auf dich», flüstert sie. «Aber ich habe nicht viel Zeit. Ich darf nicht zu spät kommen.»

Welch mühelose Verführung! Sein Wunsch erfüllt, kein Finger gerührt, von Göttern und Despoten beneidet, so wacht Henry aus seiner Benommenheit auf, nimmt sie in die Arme und gibt ihr einen innigen Kuß. Ja, sie ist bereit. Damit endet die Nacht, und hier beginnt er den Tag, um sechs Uhr früh, wobei er sich erstaunt fragt, ob das Wesentliche aller ehelichen Kompromisse achtlos in einen Augenblick gepackt wurde: in Dunkelheit, in Missionarsstellung, in Eile, ohne Vorspiel. Doch das sind Äußerlichkeiten. Jetzt ist er frei von Gedanken, von Erinnerungen, vom Vergehen der Sekunden und den Sorgen um den Zustand der Welt. Sex ist ein anderes Medium, in dem sich Zeit und Empfinden brechen, ein biologischer Hyperraum, vom bewußten Sein so fern wie Träume oder wie das Wasser von der Luft. Ein anderes Element, wie seine Mutter sagte; es verändert den Tag, Henry, wenn du schwimmen gehst. Und dieser Tag wird anders als alle anderen.

GABRIELLE ROY
Um eine Heirat zu verhindern

Mutter und ich saßen im Zug und fuhren nach Saskatchewan, um eine Heirat zu verhindern.

Ich erinnere mich noch: Mein Vater war an einem Abend ganz blaß und aufgeregt von einer Reise zu den Doukhobors* zurückgekehrt. Er hatte zu Mutter gesagt: «Fahr du hin, Eveline, und bring sie zur Vernunft! Ich habe es ja versucht; aber du kennst mich: Ich muß zu grob gewesen sein. Ich kann nicht richtig mit ihr reden. Also geh du, Eveline, und verhindere diese Heirat um jeden Preis!»

Mutter hatte dann gesagt: «Aber was machen wir mit unserer Kleinen, Eduard?»

Seit meiner Geburt hatte Mutter mich nicht einen einzigen Tag allein gelassen. Und mein Vater hatte gesagt: «Nimm sie mit! Hier ist die Fahrkarte. Und für sie brauchst du nichts zu zahlen – oder höchstens den halben Preis.»

---

* Wörtl. «Geistesringer», christlich-orthodoxe Sekte russischen Ursprungs, die vor allem in Kanada eine zweite Heimat fand. Trotz des von ihnen vertretenen Pazifismus trugen Mitglieder gewalttätige Konflikte mit der kanadischen Regierung aus, um gegen staatliche Landnahme oder allgemeine Schulpflicht zu protestieren.

Es war praktisch, klein auszusehen und gratis mit dem Zug fahren zu können. In der Zeit bin ich viel gereist, aber ich bin so jung gewesen, daß ich mich an wenig erinnere – diese Reise ausgenommen.

Wir waren schon ziemlich lange im Zug. Mutter saß mir gegenüber, die Hände im Schoß, und schaute zum Fenster hinaus. Sie mußte sich überlegen, was sie zu meiner großen Schwester Georgianna sagen würde. Ich hatte nie viel von Georgianna gesehen; als ich zur Welt gekommen war, hatte sie uns verlassen, um in Saskatchewan zu unterrichten. Eine Fotografie von ihr hing in der Stube. Sie hatte ihr Haar in zwei dicke, schwarze Zöpfe geflochten, über die Ohren gelegt und mit einer Schleife befestigt; und sie hatte sehr ausdrucksvolle Augen. Sogar auf der Fotografie schien Georgianna zu sagen: «Das bin ich!» ... und dann über die offenen Mäuler der Leute in Gelächter auszubrechen.

Mutter saß auf der Bank und zog von Zeit zu Zeit ein ärgerliches Gesicht; sie runzelte die Stirn; sie bewegte die Lippen, als ob sie jemandem Vorwürfe mache. Dann erinnerte sie sich wohl daran, was mein Vater gesagt hatte: «freundlich mit ihr reden ... geduldig sein ...», denn es schien auf einmal, als ob sie jemanden anflehte, ganz unglücklich sah sie aus. Es tat mir leid, zu sehen, wie Mutter im Innern mit sich selbst Zwiesprache führte.

Meistens hatte ich die Nase am Fenster. Es ist

merkwürdig: Es schien mir – es scheint mir noch immer so –, daß es die ganze Zeit Nacht gewesen war. Und doch mußten wir einen guten Teil der Reise bei Tag gemacht haben. Übrigens erinnere ich mich, daß die Landschaft wie verbranntes Brot aussah: Nachts hätte ich das nicht sehen können, auch nicht, daß sie die Farbe des Heues und der Erde hatte. Das Land war zuerst flach, dann etwas hügelig, dann wieder ganz flach. Ein paar hölzerne Dörfer standen um dunkelrote Weizenspeicher herum. Ich habe immer gedacht, daß das Wort «Estavan», welches ich mit keinem bestimmten Erlebnis verbinden kann, auf diese Reise zurückgehen muß; vielleicht hatte ich es auf einem kleinen Bahnhof in der Prärie gelesen? Ich las auch die großen, schwarzen Wörter auf den Weizentürmen: «Manitoba Wheat Pool» zuerst, nachher «Saskatchewan Wheat Pool» …

«Sind wir in Saskatchewan?» fragte ich Mutter, und ich freute mich; denn von einer Provinz in die andere zu fahren, schien mir ein großes Abenteuer zu sein; Mutter und ich würden wohl ganz andere Menschen werden – glückliche Menschen.

Aber Mutter, die sonst sehr für das Abenteuerliche war, schüttelte zerstreut den Kopf, als ob es in Saskatchewan genauso traurig sei wie in Manitoba.

Wir sind ausgestiegen, und diesmal muß es wirklich nachts gewesen sein, denn von diesem großen Ort weiß ich nur noch den Namen, den ich im Licht einer Laterne entziffert hatte: «Shonovan».

Wir haben lange auf einen anderen Zug gewartet, der uns zu Georgianna bringen sollte. Wir saßen nebeneinander in dem schlecht erleuchteten Wartsaal. Mutter hatte ihren Mantel um mich gelegt und sagte, ich solle schlafen. Aber ich konnte nicht. Es gab keine Namen an Bahnhöfen oder Weizenspeichern mehr zu lesen, und ich fühlte mich von einer Art Furcht gepackt – Furcht vor diesem schwarzen, unbekannten Saskatchewan, wo wir so allein auf einer Bank gestrandet waren. Mutter streichelte manchmal meine Wangen; sie glaubte wohl, ich sei eingeschlafen, oder sie tat es, um mich zu beruhigen ... ich spürte den goldenen Ehering an ihrer Hand.

Aber ich mußte nachdenken. Und ich fragte sie plötzlich: «Soll man nicht heiraten ... einfach so?»

Sie erklärte mir, es sei manchmal gut, sogar sehr gut.

«Aber warum müssen wir Georgiannas Heirat um jeden Preis verhindern?»

«Weil sie noch zu jung ist», sagte Mutter.

«Muß man alt heiraten?»

«Nicht zu alt», sagte Mutter.

Und dann sagte sie zu mir: «Denk nicht mehr daran. Wir können es vielleicht noch verhindern. Bete, daß es uns gelingt!»

Es war lieb von ihr, so zu tun, als ob ich beim

Zweck der Reise auch mithelfen könnte. Ich muß eingeschlafen sein. Gewiß trug Mutter mich auf den Armen zum Zug und dann ins Haus, wo Georgianna wohnte, denn als ich erwachte, lag ich in einem Bett und hörte, wie Mutter und Georgianna im Nebenzimmer miteinander sprachen.

Diese Szene, glaube ich, muß sich nachts abgespielt haben, ich bin ziemlich sicher ... obgleich über der ganzen Reise eine Verschwommenheit liegt – vielleicht nicht so sehr Verschwommenheit als Mangel an Klarheit –, unbestimmte Farben, vermischt mit dem Rattern der Räder und lauten Rufen von Leuten.

Mutter mußte vergessen haben, was mein Vater ihr ans Herz gelegt hatte. Ich hörte sie sagen: «Red nicht so laut, sonst weckst du die Kleine!» Aber sie selbst sprach ganz laut: «Georgianna, jetzt hör einmal zu! Dein Vater sagt, dieser Kerl taugt nichts.»

«Das ist nicht wahr», sagte Georgianna.

Und Mutter sagte noch lauter: «Warum willst du unbedingt ins Unglück rennen?»

Und Georgianna wiederholte immer wieder dasselbe: «Ich liebe ihn. Ich heirate. Ich liebe ihn ...»

Von da an habe ich nie mehr einen Menschen sagen hören «Ich liebe ...», ohne daß ich mich im Herzen für ihn gefürchtet und ihn am liebsten in die Arme genommen hätte – um dieses so verletzliche Wesen zu beschützen.

Ich kannte Georgianna nicht gut genug, um für sie gegen Mutter Partei zu ergreifen. Jedoch schien mir, daß jemand auch auf ihrer Seite hätte sein sollen.

Als sie fortfuhr, klang ihre Stimme stolz: «Ich liebe ihn, verstehst du, ich liebe ihn! Kein Mensch kann meinen Entschluß ändern.»

«Arme Georgianna», sagte Mutter da, «du sprichst von Liebe, als ob sie ewig sei ... Aber wenn sie vergeht ... wenn nichts anderes an ihren Platz tritt ... das ist furchtbar!»

Sie mußten im Zimmer auf und ab gehen, während sie redeten; vielleicht ging eine auf die andere zu oder von ihr weg. Vom Zimmer aus, wo ich lag, sah ich ihre Schatten an den Wänden. Eine Lampe warf ihre Bewegungen an die Wand, und ich erkannte schließlich diejenigen von Mutter – sie waren hilflos – und diejenigen von Georgianna ... Ab und zu warf Mutter ihre Arme zum Himmel empor, wie man es macht, wenn man nicht mehr weiter weiß.

Ich weiß fast nichts mehr vom zweiten Tag, den wir bei Georgianna verbracht haben müssen, fast nichts von unserem Aufenthalt bei ihr; meine Erinnerung setzt erst wieder ein, als wir wieder im Zug saßen. Den Zweck unserer Reise hatten wir nicht erreicht.

Auf der Rückfahrt sah ich alles noch einmal: die kleinen Dörfer Saskatchewans, rot und dunkel, die Weizenfelder und die Speicher mit den großen, schwarzen Buchstaben.

Aber dann geschah etwas.

Die Doukhobors hatten eine Eisenbahnbrücke abgefackelt, um gegen ein neues Gesetz der Regierung zu protestieren. Es waren nur die Schienen und einige halbverkohlte Schwellen übriggeblieben. Der schwere Zug konnte nicht hinüber. Alle mußten mit dem Gepäck aussteigen, und wir wurden zu fünft oder sechst in einem Schienenauto hinübergefahren. Die Erwachsenen waren alles andere als tapfer; mehrere schrien, daß wir abstürzen würden, und wurden hysterisch. Aber ich fürchtete mich nicht; ich saß am Rand des Wägelchens und ließ meine Füße über das Wasser baumeln; Mutter hielt mich gut fest. Ein Arbeiter setzte den kleinen Wagen mit der Hand in Bewegung; er fuhr ziemlich schnell. Ich fand das lustig. Ich war noch nie über einen Fluß gefahren, dessen Wasser ich unter einer fast völlig verbrannten Brücke sehen konnte.

Die Reisenden waren wütend auf die Doukhobors. «Man sollte sie ins Gefängnis werfen», sagte einer, und ein anderer fragte: «Warum nimmt unser Land Leute auf, die nicht nach unseren Gesetzen leben wollen?» Ich wollte eben sagen, daß mein Vater die Doukhobors gern hatte, daß er mitgeholfen hatte, sie nach Saskatchewan zu bringen, und daß er nichts an ihnen auszusetzen hatte. Mutter fuhr dazwischen und sagte mir, ich solle schweigen; sie sagte, daß es jetzt nicht günstig sei, zu verbreiten, daß mein Vater mit diesen Doukhobors befreundet sei. Als wir auf der anderen Seite des Flusses waren, kam der Zugführer persönlich zu uns und sagte, daß die Eisenbahndirektion dafür sorgen werde, daß wir nach Regina kämen. Wir sollten uns keine Sorgen machen; von dort könnten wir dann mit dem gewöhnlichen Zug weiterfahren.

Auf der anderen Seite des Flusses war ein kleiner Hügel, und alle setzten sich ins Gras. Es muß Nachmittag gewesen sein. Ich erinnere mich: Es ist das einzige Mal, daß ich auf dieser Reise die Sonne gesehen habe; sie schien auf den Hügel herab und auf die Gesichter, aus denen der Ärger immer mehr verschwand. Ich war das einzige Kind unter den Reisenden, und ich bekam so viele Orangen und Bonbons, daß Mutter die guten Leute bat, mir keine mehr zu geben. Dort auf dem Hügel war es wie beim Picknick: Das Gras war mit Orangen- und Nußschalen und mit Butterbrotpapieren übersät, und alle sangen – außer Mutter und mir. Da wollte ich mir die Zeit vertreiben und einen kleinen Strauß Feldblumen pflücken, aber Mutter rief mich wieder zurück: Ich durfte mich heute keinen Schritt von ihr entfernen.

Der Ersatzzug kam; er bestand aus zwei Güterwaggons, rot wie die Weizenspeicher, ohne Öffnungen außer den großen Türen. Die Leute waren unzufrieden; sie sagten: «Da sieht man es wieder, wie die Gesellschaft für uns sorgt! Im Güterwaggon reisen!» Bald wurde es Nacht; ich glaube, sie kommt in Saskatchewan viel schneller als anderswo. Ein Schaffner schwenkte seine Laterne; er leuchtete uns zum Eingang und half uns, ohne Stufen in den Waggon zu klettern. Mich nahm er in die Arme und warf mich wie ein Paket hinein. Um uns war die Landschaft pechschwarz; man konnte keine Farmen sehen; es war die wirkliche Prärie – ohne Häuserlichter. Aber am Bahndamm herrschte Betrieb; große Laternen eilten den Schienen entlang. Stimmen fragten und antworteten auf englisch: «Alles in Ordnung? ... Ja ... Fertig? ... Abfahren ...»

Dann wurde eine Lampe an der Decke des Waggons befestigt. Sie leuchtete nicht viel, gerade genug, um die rohen Bretter, zwischen denen wir eingepfercht waren, erkennen zu lassen. Fast alle Reisenden saßen auf dem Fußboden. Mutter und ich saßen auf unserem Koffer. Mutter hatte wieder ihren Mantel um mich geschlagen. Und bald fühlten wir, daß wir fuhren, aber sehr langsam; die Strecke mußte ziemlich stark beschädigt worden sein; hinter den großen Türen, die uns einschlossen, fühlten wir uns wie in einem Traum: Man weiß, daß man sich vorwärtsbewegt; warum weiß man es eigentlich?

Jemand hatte einen Plattenspieler und ein paar Platten bei sich, und er spielte Blues und Jazz ... Einige Paare begannen zu tanzen – auf dem bißchen Platz zwischen den beiden Reihen von Reisenden, die auf dem Fußboden saßen.

Die Laterne war schwach; die Paare warfen große Schatten, die an der Wand tanzten ... Schatten, die sich vorwärts und rückwärts bewegten ... Manchmal trennten sie sich voneinander ... dann vereinigten sie sich wieder ...

Eine alte Dame, die bei Mutter saß, beklagte sich: «Ist es nicht furchtbar? Junge Leute, die sich vor einer Stunde noch nicht gekannt haben, umarmen sich! Unter solchen Umständen zu tanzen!»

Dann tanzten sie etwas noch Schlimmeres: Tango. Ich fühlte, wie Mutter ganz steif wurde. Mein Kopf ruhte in ihrer Achselhöhle. Sie legte mir die Hand über die Augen, damit ich sie schließen sollte, vielleicht auch, um mich daran zu hindern, die Tänzer zu sehen. Aber durch ihre Finger sah ich die Schatten an der Wand ...

Und dann fragte ich Mutter: «Georgianna hat dir nicht gehorcht? Wird sie unglücklich sein, wie du gesagt hast? ...»

Mutter sagte, daß sie das nicht hoffe.

Da habe ich sie gefragt, was man brauche, um heiraten zu dürfen.

«Man muß sich lieben ...»

«Georgianna hat gesagt, daß sie liebt ...»

«Sie denkt, daß sie liebt», sagte Mutter.

«Und die Doukhobors, warum verbrennen sie Brücken?»

«Es sind Fanatiker», sagte Mutter; «sie tun das Schlechte, um das Gute zu erreichen.»

«Weiß man es nicht sicher, wenn man liebt ...?»

«Manchmal nicht», sagte Mutter.

«Hast du es gewußt?»

«Ich habe geglaubt, ich wisse es.» Dann verlor meine Mutter die Geduld. Sie schien sich über mich zu ärgern. Sie sagte: «Du grübelst zuviel! Das geht dich nichts an … das alles … Vergiß es! … Mach die Augen zu!»

JEAN GIRAUDOUX

Der anonyme Brief

Am 15. Februar fand Herr Lenard eine Briefkarte in seiner Morgenpost. Er suchte das Datum, um das Postamt des Absendeortes und die Eisenbahngesellschaften anzuklagen, und die Unterschriften, um seine Freunde zu rügen, aber er wurde enttäuscht. Der Brief war anonym und ließ sich durch nichts einordnen, weder zeitlich noch räumlich.

Es stand dort nur folgendes zu lesen: «Monsieur Lenard! Ihre Frau Gemahlin betrügt Sie. Sie sind der einzige, der es noch nicht gemerkt hat. Geben Sie ein Zeichen, ein einziges Zeichen, und ein treuer Freund wird Ihnen Auskunft geben.»

Herr Lenard las diese Worte mit dem Ausdruck größter Gleichgültigkeit. Nicht daß er ein langmütiger oder gutgläubiger Ehemann gewesen wäre, oder verschlagen genug, um lange eine schreckliche Rache vorzubereiten. Er war ganz einfach Junggeselle. Keine Frau war je in seinem Gesichtskreis aufgetaucht, oder höchstens so flüchtig, daß er nicht einmal wie bei einer Sternschnuppe Zeit gefunden hatte, einen Wunsch auszusprechen. Deshalb zerriß er, wie der starke Mann auf dem Jahrmarkt, das Schreiben in immer kleinere Stücke.

Aber im folgenden Monat kam, weiterhin anonym, der Brief am gleichen Tage.

«Monsieur Lenard», stand dort wiederum, «die Frau, welche die Ehre hat, Ihren Namen zu tragen, betrügt Sie in der unwürdigsten Weise, und Sie sind nach wie vor der einzige, der es nicht merkt. Fassen Sie Mut. Geben Sie uns ein Zeichen, ein einziges Zeichen.»

Herr Lenard zerriß das Schreiben, aber diesmal langsamer. Er sammelte die Stücke sogar wieder auf, um den Satz noch einmal richtig zusammenzustellen. Da er nie anonyme Briefe empfangen oder geschrieben hatte, brachte er nicht allzuviel Verachtung dafür auf. Für einen Ehemann mag es unangenehm sein, als betrogener Gatte zu gelten. Für einen Junggesellen hingegen entbehrt es nicht eines gewissen Reizes. Herr Lenard fühlte sich geschmeichelt, nicht wegen des Irrtums, sondern durch den Eintritt des Geheimnisvollen in sein Leben. Es schien ihm, als empfinge er den Besuch einer nicht nur unbekannten, sondern auch verschleierten Person. Als im darauffolgenden Monat der Brief wieder eintraf, hätte er gerne das Zeichen, das einzige Zeichen gegeben. Aber es stand ja nicht da, welches. Seine ersten Regungen nahmen allmählich eine andere Richtung. Er fühlte eine gewisse Zuneigung zu dem Ehemann in sich aufsteigen, mit dem ihn das öffentliche Mitleid offenbar verwechselte. Früher hatte er, wenn abends die tiefstehende Sonne sogar die Kuppel des Invalidendoms vergoldete, wohl gesagt: «Was für ein schönes Wetter!» Jetzt überfiel ihn der Gedanke: «Der arme Mann!» Und er, der stets mit zu Boden gerichtetem Blick einherging, ohne übrigens je das Glück zu haben, ein Fünfzigcentimes-Stück zu finden – er ertappte sich dabei, wie er eine Frau betrachtete.

Es geschah an einem Regentag im Omnibus. Er saß im Inneren des Wagens und bot ihr seinen Platz an. Ehrlich gesagt vor allem deswegen, weil er bei der nächsten Haltestelle ausstieg. Sie lächelte ihn so dankbar an, daß er mehrere Minuten länger auf der Plattform stehen blieb, um seine Gefälligkeit nicht im Wert herabzusetzen. So mußte er durch schlammige Pfützen nach Hause gehen.

In zwanzig Jahren Einsamkeit hatte Herr Lenard nicht gemerkt, wie allein er lebte. Aber nach dieser Begegnung von einer halben Minute fühlte er sich verlassen. Sogar sein Zimmer schien ihm für einen anderen bestimmt; die Fensterbretter waren zu breit; im Schrankspiegel sah er sich nur bis zur Kragenhöhe, und wenn er sich den Schlips band, glaubte er, einen Enthaupteten zu bekleiden. Seine Lampe war ihm zu hell, sein Ofen zu klein. Wenn er zuweilen einer schönen Frau begegnete, die er nie kennenlernen würde, so trauerte sein Herz schon um sie, und er grüßte sie wie einen Leichenzug. Sein Gruß wurde übrigens selten erwidert, weder von der ersteren noch vom letzteren.

Die großen Veränderungen im Leben kommen zwar manchmal gerade dann, wenn man sie am meisten herbeisehnt, aber sie kommen immer unbemerkt, wie der Schlaf. Eines schönen Tages war Herr Lenard mit der Modistin Jenny verlobt.

Jenny hieß in Wirklichkeit Eugenie. Aber die Pariserinnen ziehen manchmal den Namen der Arbeiterin dem der Kaiserin vor. Jenny fühlte sich wohl in ihrer Haut, und das genügte ihr; ob andere Leute es auch taten, interessierte sie nicht weiter. Sie hatte Pausbacken und ein schmales Kinn, lange Beine und kräftige Waden. Sie war, wenn man so will, weder richtig schlank noch richtig dick. Ob Herr Lenard ihr gefiel? Diese Frage stellte sie sich gar nicht, und Herr Lenard stellte sich auch keine derartige Frage.

In Vincennes, ihrer Gemeinde, fand die Trauung statt, die nicht ohne Zwischenfälle ablief. Ein durchgegangenes Pferd überquerte die Straße gerade vor den Wagen des Hochzeitszuges. Wie es heißt, bringt schon ein Hase Unglück. Dann stürzte die Hochzeitskutsche um. Die Schaulustigen und die Schutzleute waren an inszenierte Hochzeitszüge für Filmaufnahmen gewöhnt und glaubten, es handele sich um ein Lustspiel. So hüteten sie sich, einzugreifen. Man wartete fast darauf, sie wie in der Geschichte vom Bäckerjungen und vom Kohlenträger aus ihrer Kutsche steigen zu sehen: sie ganz in Schwarz, er ganz in Weiß. Ein böses Vorzeichen, so unmittelbar vor der Vermählung! Zu allem Überfluß verschüttete beim Essen ein Gast noch das Salzfaß in seine Suppe.

Oft sind die Sandbänke gerade an der Einfahrt der sichersten Häfen am gefährlichsten. Nachdem sie endlich verheiratet waren, verbrachten die Eheleute ein Jahr ohne Störung. War dies nun das große Glück? Herr Lenard, der nie glücklich gewesen war, konnte das schlecht beurteilen. Er nahm neue Gewohnheiten an, und das war gut so. Die alten behielt er sorgfältig bei, was noch besser war. Er trank weiterhin seinen Kaffee ohne Zukker, legte Patiencen und empfing jeden Monat den anonymen Brief. Der Wortlaut und die Schrift änderten sich bisweilen. Er bewahrte diese Beweise einer fehlgeleiteten, aber treuen Nächstenliebe sorgfältig auf.

Eines Tages aber kam am 15. morgens das Schreiben nicht. Diese Verspätung beunruhigte ihn. Weil er den Briefträger erwartete, öffnete er auf jedes Klingeln und mußte eine ganze Reihe von Rechnungen bezahlen, die er eigentlich auf später hatte verschieben wollen. Am folgenden Tage bezahlte er Strafporto für einen unfrankierten Brief, der noch dazu nur ein Werbeschreiben enthielt. Am dritten Tag trieb ihn ein unbehagliches Gefühl, das er sich gar nicht erst zu erklären suchte, zum Schalter für postlagernde Sendungen. Aber es war kein Brief für ihn da. Er war genervt wie jemand, dem ungewollt täglich eine Zeitung zugeschickt wird, und der sie nun plötzlich nicht mehr bekommt.

Dasselbe Schweigen im folgenden Monat. Herr Lenard wurde unruhig. Das Schicken dieser anonymen Briefe hatte überhaupt keinen Sinn gehabt, aber vielleicht war dieses plötzliche Aufhören von Bedeutung? Ob der wirkliche Ehemann die Bescherung inzwischen entdeckt hatte? War der anonyme Briefschreiber der Sache überdrüssig geworden? Sehr unglaubhafte Erwägungen. Also mußte er, der Empfänger, sich geändert haben. Herr Lenard war plötzlich geradezu betroffen von der Tiefgründigkeit seiner Schlußfolgerungen. Handelte es sich nicht vielleicht um einen Scherz, den ein Freund sich so lange erlaubt hatte, wie er harmlos war, und mit dem er nun aufhörte, weil irgendeine Gefahr damit verbunden war? Kurz, sollte Frau Lenard ihn etwa betrügen?

Er beobachtete sie. Sie verließ und betrat das Haus zur gewohnten Stunde. Er schalt grundlos, um sie auf die Probe zu stellen. Ihre Zornesausbrüche ließen nicht auf sich warten. Wie zufällig erwähnte er einige seiner Leibgerichte. Sie setzte ihm Kalbfleisch vor, das er nicht ausstehen konnte. Dies alles bestärkte ihn, und so beschloß er eines Tages, ihr nachzugehen.

Er folgte ihr bis zum Jardin des Plantes.

Und hier geht unsere Geschichte zu Ende. Zwischen dem Seelöwen und den Flamingos sah Herr Lenard einen jungen Mann auf seine Frau zugehen. Er grüßte als erster. Sie lächelte als erste. Und so mußte Herr Lenard erfahren, daß, wenn es das Unglück will, die Rätsel unserer Vergangenheit sich nachträglich lösen können.

FRIEDERIKE MAYRÖCKER

Ernst Jandl und seine Götterpflicht

ach herzzerreiszende Welt ich weisz es ist alles ganz anders – es ist alles ganz anders, telephoniert er mir, und springt in meiner Vorstellung als Kind durch blendend weisze Narzissenwiesen, Halbmonde auf der Stirn, es geht uns alles ab, telephoniert er mir, und wir wollen eine volle Kompensation im literarischen Bereich, aber man sollte sich dessen bewuszt sein, dasz man sich auf ein sehr riskantes Spiel eingelassen hat, das einem nicht immer Gewinne anzubieten hat, und es gibt Stunden, in welchen man sich tatsächlich fragt WAS HABE ICH DA BEGONNEN, WORAUF HABE ICH MICH DA EINGELASSEN, und das sind nicht immer die besten, und man hat sein ganzes Leben für die Literatur eingesetzt, und es kommt noch immer nichts heraus dabei – seine Vorzüge sind im ganzen so glänzende dasz man ihm keine Fehler nachweisen könnte, seine Geistigkeit flöszt mir Liebe und Hochachtung ein, er ist eine angenehme Gesellschaft, ein Meteor in einer Dunkelheit, er ist ein freier Geist, ein Meister der Konzisheit, der Sorgfalt, der Ordnungsliebe, er ist cholerisch (wie es sein Vater war), er ist melancholisch gelassen, zuweilen wird er von einer Besessenheit emsiger Akkuratheit, von einer ängstlichen Penibilität erfaßt, niemand kann ihn da erlösen, er klebt eine Briefmarke auf und es ist eine heilige Handlung, mit zwei blaszblauen Falterflügeln, Halbmonde auf der Stirn, sehe ich ihn als Kind, auf vergilbten Photos, das sind die Flügel seiner Kindheit, er sieht darauf seiner früh verstorbenen Mutter ähnlich die hätte ich immer gerne kennengelernt, wahrscheinlich hätte ich mich gut verstanden mit ihr, was für ein Stammbaum, ruft er, und meint die Teerose, ich habe ihm eine einzelne gelbe Rose auf den Tisch gestellt, er hütet sein Medikamentenarsenal, hält es vor mir versteckt, und im Wiener Arsenal haben ja auch seine Großeltern von Mutterseite gelebt, sein Profil zeigt jetzt noch manchmal den Kopf jenes Kindes auf dem Photo, die weit geöffneten Augen, der weit geöffnete Mund und während er seine hinreiszenden Verse hinausschmettert; seine Augen können aber auch traurig blicken, blaugraue Blumenbälle. Blumen im Zimmer liebt er so sehr, dasz er sie bis zu ihrem äuszersten Verwesungszustand im Glase beläszt, die wenigsten kennt er mit Namen, und was die Liebe zu den Tieren angeht, ist es ein Anliegen von ihm seit es ein Anliegen von mir ist, er ist auch ein Pflichtmensch. Seine blaugrauen Augen können ängstlich blicken, aber meist ist er unangreifbar solide in seinem Geist und Gesicht, ein streitbarer : ein friedenstiftender Geist, ein spontaner : ein zurückhaltender Geist, mit seiner Stimme kann er fast alles, er ist für alles kompetent, oder scheint es zu sein, er ist voll Vielfalt, er ist voll Bedächtigkeit, er ist voll Bescheidenheit, er ist voll Würde, er ist voll unbestechlicher Radikalität, er hat Löwenkräfte, er ist furchtlos, ausdauernd, beherzt; seine Gedanken so feingliedrig dennoch festgefügt und facettenreich so dasz sein Facettenauge – ich meine, keine Philosophie darüber!, ach ganz gemein und gewöhnlich bin ich in meinen Gedanken wenn ich sie an den seinen messe, ich schneide schlecht ab, ich stehe mit leeren Händen da, bin unbeständig und unentschlossen, meiner nicht sicher, er hingegen so eine Existenz – du bist so eine Existenz, rufe ich, worüber er Tränen lacht. Mit seinen Facettenaugen sieht er die Welt jeden Augenblick neu, von einem Augenblick zum anderen verändert sich seine Welt, verändern sich seine Menschen, die Nachtstunden sind seine inspiriertesten, das sind Kostbarkeiten die er von sich gibt, man müszte immer gleich alles aufschreiben.

Es musz wohl so sein dasz man einander zuweilen Schmerz zufügt, also der fortschreitende Altersprozesz macht auch ungerecht oder gleichgültig für einander, zwei weisze Hunde dabei, two beagles, Englisch schreibt er wie Deutsch, aber nicht von daher ist der Mops gekommen, nicht von daher der Mops im Gedicht, sondern aus seiner Liebe zu den Vokalen. Du machst ein Gesicht, sagt er zu mir über den Gasthaustisch wo wir nachtmahlen, als würdest du wieder irgend einen Hund sehen, in den du dich verliebt hast …

wie stehe ich da, ein Gefühl allgemeiner Erniedrigung hat mich erfaszt, eine Subordination auf allen Linien, als literarischer Underdog grüsze ich aus meiner Versteinerung, usw. Ich habe es ja immer schon mit den Hunden gehabt, usw., nosing the path ... aber das ist alles ganz anders, auch spielt die Zeit keine Rolle, wir kennen einander schon seit ewigen Zeiten, Elefantenmusik, ich meine seine große Liebe gehört der Musik, namentlich der Jazzmusik, als ich in den Sechzigerjahren anfing, für Rockmusik zu schwärmen, belächelte er meine Begeisterung, wurde aber bald darauf selbst davon angesteckt, inzwischen bin ich wieder zu Chopin, Brahms, Schubert, Schumann und Bach zurückgekehrt, neuerdings habe ich Satie für mich entdeckt, er aber auch, so kreuzen sich unsere Vorlieben ein wenig vordergründig nicht wahr, oder dem Herzen Beine gemacht, denn die Wirklichkeit ist immer ganz anders. Ein Wort vor ihm zur unrechten Zeit kann die beste Stimmung über den Haufen werfen, ein unpassendes Wort kann einen ganzen Abend zerstören, die Unterhaltung einer Freundschaft ist wie so vieles andere ein Balanceakt, im letzten Paradox seiner Wachzustände bis in die frühen Morgenstunden, Phönix vermutlich eine quälende Morgenröte, ich meine durch die Belehrung in der Musik. Immer schon ist er gegen BELEHRUNG gewesen, er hat immer alles gegen BELEHRUNG gehabt, aber alles für UNTERHALTUNG, AMUSEMENT, ANIMATION wie er sagt, er ist selbst ein groszartiger Animator also EINHAUCHER, Atemmensch. Die Esche vor seinem Fenster, die wir beide nicht aufhören können zu bewundern weil sie einst dem spärlichen Erdreich einer Mauerritze entsprungen ist, wächst ihm ins Zimmer, wie sehr Schreiben etwas Waghalsiges und ein gar nicht immer befriedigendes Unterfangen ich meine UNTERGANG ist, weisz er selbst am besten und man oft davon fortgetragen ist auch manchmal in Krankheit und Erschöpfung. In jüngster Zeit lacht er selten, früher hatten wir das Lachen erfunden. Halbmond oder -bruder, einen halbkreisförmigen Horizont auf dem Grunde seines Aschenbechers zeichnend, er zeichnet gerne und gut, sitzt er vor mir, unsere Übereinstimmung im Fühlen und Denken scheint vollkommen, aber auch unser Auseinanderdenken in manchen Bereichen, er FÜR, ich GEGEN die Trivialkünste, ich GEGEN, er FÜR die puristischen Formen der Konkreten Poesie, er FÜR, ich GEGEN den Free Jazz, etc., also alles Verstehen zugleich ein Nichtverstehen, Fragment eines Schattenarms, vielleicht habe ich mir etwas zuschulden kommen lassen, vielleicht scheitere ich jeden Morgen an mir selbst, aber ich habe wieder in seinen Gedanken gelesen, ich schaue in meinen Wahrheitsspiegel: SEIN AUGENPAAR.

JULES SUPERVIELLE

Das Vorbild der Ehegatten

Es war damals, als man noch nicht wußte, ob die Erde den Menschen gehören würde oder den Göttern. Die Dörfer entstanden und vertrieben die Gottheiten in die Wälder und Felder. Die Götter bedauerten dies nicht: Sie liebten es, verborgen zu bleiben, und fühlten sich nur wohl, wenn sie von Bäumen, reinem Wasser und hohen Büscheln des Schweigens umgeben waren.

Aber schon trieben die Holzfäller in den Wäldern ihr Wesen. Da war besonders einer, der so gewaltige Axthiebe austeilte, daß der Baum sich, wie vom Blitz getroffen, sogleich geschlagen gab. Einmal, als er zur Arbeit ging, sah er voller Überraschung das Bein einer jungen Frau aus einem Baumstrunk hervorragen. Und je näher er kam, desto unbeweglicher schien das Bein. Er faßt es an der Fessel, betrachtet es prüfend und zieht es dann behutsam an sich. Es lebt, aber es rührt sich noch immer nicht. Da beschließt er, es mit seinen derben, von fünfzehn Jahren Axthieben schwielig gewordenen Händen zu streicheln und gleichzeitig festzuhalten. Und das Bein bleibt unentwegt leblos vor ihm. Er kann schließlich nicht ewig da so stehen bleiben, mit einem Baumnymphenbein in der Hand. Er läßt probeweise los. Sogleich verschwindet das Bein im Baum, nicht aber aus seinem Herzen.

Als er am nächsten Tag wieder dorthin kam, sah er das Bein in der gleichen Stellung wie am Vortag und mußte wohl oder übel zugeben, daß die Abdrücke seiner Finger sichtbar waren. Wie kräftig er zugepackt hatte! Und sogleich holte er Quellwasser in der hohlen Hand, um die Spuren auszulöschen. Bei der Berührung des kühlen Wassers steht die Göttin unvermittelt aufrecht vor ihm. Und der Holzfäller sucht diese zornigen Lippen mit einem Kuß zu beschwichtigen.

«Schämt Ihr Euch nicht!» sagte sie. «Und dazu noch im Beisein meines Baumes! Ihr gebt Euch nicht damit zufrieden, die Eichen zu fällen, jetzt wollt Ihr außerdem noch ihre Baumnymphen haben! Und Ihr bildet Euch ein, daß Ihr ungestraft so die Geheimnisse der Natur aufstören dürft.»

Der Holzfäller betrachtete den Baum wortlos, mit Kennerblicken, und versuchte viel beschützerische Sympathie in seinen Ausdruck zu legen.

«Ich weiß schon, daß mein Baum alt ist», sagte die Göttin, «und daß die anderen Baumnymphen sich über mich lustig machen. Einen jungen Baum, das haben sie gern! Sie spielen die Gattinnen und sagen ‹Liebling› zu Holz und Laub, diese armen Dinger, die zum Eingesperrtsein in der Faser verdammt sind, zur Waldeskeuschheit.»

«Du hast recht», sagte der Holzfäller, «komm

in meine menschlichen Arme, das ist besser als Zweige.»

Und sosehr die Baumnymphe versicherte, es handle sich um ein Mißverständnis, erlebte der Holzfäller endlich, was eine Göttin war.

Plötzlich glaubte er ein leises, ersticktes, kreisrundes Lachen zu vernehmen, das ihm um so mehr auf die Nerven ging, als es überaus diskret war. Satyrn und Faune machten ihre Glossen zu diesem Ereignis.

Und das Paar verbarg sich, um den Bocksfüßen ungestörter zuzuhören.

«Ich begreife nicht», sagte einer, «wie eine Baumnymphe ihn anziehen kann. Man ist einer Gottheit schnell überdrüssig. So viel Reinheit und Frische sind ein und dasselbe wie das ewige Eis. Schnell, schnell einen zu großen, aber dafür sterblichen Mund, fleischige Lippen, eine rote, aber menschliche Nase, zwei oder drei Pickel im Gesicht, vor Kälte blaue Hände, Augen, denen wir Liebestränen entlocken werden! Schnell, schnell eine Frau, die einen Schnupfen kriegt, rote Augen, Fieber! Wie soll man sich von einer Frau betören lassen, die nicht weiß, was der Tod ist, ja nicht einmal eine Erkältung? Ein Zuwenig, ein Zuviel, darin besteht das Leben! Die vergänglichen Frauen sollen hochleben, und zum Kuckuck mit ihren Männern, die an unsere Bärte Feuer legen, weil sie hoffen, uns impotent zu machen!»

Als der Holzfäller sich wieder einmal zur Baumnymphe begab, sah er nur noch das hervorlugende Bein, wie am Anfang ihrer Liebe. Und als er seine Hand ausstreckte, um es zu berühren, spürte er einen sehr heftigen Schmerz in einem seiner Beine, das Tausende von Insekten plötzlich mit ihren kleinen, eigenwilligen Mündern stechen zu wollen schienen. Und als er sich umdrehte, entdeckte er an sich einen Bocksfuß, der in eine gespaltene Klaue mündete. Das andere Bein hatte sich nicht verändert.

Der Holzfäller – aber war er es wirklich noch? – spürte, daß das neu angekommene Bein ungeduldig war, sich in Bewegung zu setzen. Das menschliche Bein machte seinerseits Einwände und schien in seinen stillen Überlegungen gar nicht aufs Gehen erpicht. Da es jetzt das einzige seiner Art war, trübsinnig und hilflos, kam es dem Holzfäller mindestens ebenso verdächtig und unerträglich vor wie das andere, und ausgerechnet ihm schienen nun die Fragen und der Spott der Natur zu gelten.

«Wie soll ich jetzt nur mit zweierlei Beinen nach Hause gehen», sagte sich der Holzfäller. «Meine Frau mag noch so einfältig sein ...»

Es war ein schöner Morgen. In der Ferne vernahm man Axthiebe. Bäume wurden mitsamt ihren Baumnymphen gefällt ... Plötzlich hörte er rufen: «Papa! Papa!» Eines seiner Kinder rief ihn. Der Holzfäller legte sich auf die Erde, verbarg sein Bocksbein unter dürrem Laub und ließ nur das andere, das unschuldige, sichtbar bleiben.

Wer war nur die Frau, die da auf ihn zulief? Aber das war ja seine eigene! Und auch sie fing an zu rufen: «Papa!» Die ganze Familie war erschienen, und der am Boden liegende Holzfäller sputete sich, sein Bocksbein noch ein bißchen besser unter dem dürren Laub zu verstecken.

«Was ist ihm nur zugestoßen? Warum liegt er da? Und es riecht nach Bock!» sagte sie. Und ihre Nase führte sie zu dem verräterischen, unter den Blättern verborgenen Bein.

«Bleibt, wo ihr seid!» rief sie ihren Kindern zu, da sie dunkel ahnte, daß eine solche Geschichte nichts für ihr Alter war.

«Die haben mich behext», sagte der Holzfäller.

«Und deine Hörner, die dir gewachsen sind! Aber jetzt bist du ja in einen Halbgott verwandelt!» Und sie streichelte linkisch abwechselnd dieses Bein und diese Stirn, die beiden Komplizen.

Der Holzfäller zeigte trübselig sein menschliches Bein vor, und seine Frau wußte nicht, was sie sagen sollte, da ihre Gedanken von der einen ehelichen Extremität zur andern hin und her wanderten.

«Was willst du», sagte er, «das sind die kleinen Mißgeschicke des Handwerks.»

Trotz allem war die Frau von dieser, wenn auch nur teilweisen Verwandlung entzückt. In Ermangelung von etwas Besserem fand sie diesen halben Satyrn hinreißend. Sie reichte ihrem Mann mit einer mehr als zur Hälfte triumphierenden Miene den Arm.

Sie war auf ihren Mann sehr stolz und sagte zu ihren Freundinnen: «Jetzt hab' ich meinen Bock.»

Sie setzte große Hoffnungen auf den bocksfüßigen Neophyten. Aber sie wurde rasch enttäuscht und warf ihm seinen Mangel an Wildheit vor.

«Das hat sich wahrhaftig nicht gelohnt, ein solches Bein zu haben! Wenn du dir einbildest, es sei angenehm, mit einem halben Tier zu schlafen! Auf deine Hammelkeule hätte ich gut verzichten können.»

Im Dorf nahm man großen Anteil am Holzfäller, dessen Geschichte nun allen bekannt war. Eine alte Freundin der Familie, übrigens eine gottesfürchtige Frau, sagte eines Tages zu ihm: «Es ist noch Zeit für Sie, diese Baumnymphe zu vergessen. Es hängt ganz von Ihrem guten Willen ab, ob Sie Ihre beiden menschlichen Beine wiederbekommen. Noch ist nichts verloren. Es ist bloß eine Warnung des Himmels. Ich bete jeden Abend für Sie zu Jupiter.»

Der König des Olymps spitzte schließlich die Ohren. Er konnte halbfertige Arbeiten nicht ausstehen und hatte Mitleid mit diesem Invaliden der Metamorphose. Aber was dem Holzfäller vom Himmel herab zugesandt wurde, war ein zweites Bocksbein. Es war die moralische Lösung.

Nun, da er ein richtiger Bocksfuß geworden war, vergaß der Holzfäller alsbald seine Baumnymphe und fühlte sich immer heftiger von seiner menschlichen Frau angezogen, die für ihn sehr viel an Geheimnis gewonnen hatte. Man sah die beiden zärtlich Arm in Arm ausgehen. Er trug den grobwollenen Rock der Dorfbewohner; und nur seine Füße lugten darunter hervor: gespaltene Klauen.

Ja, nun waren sie das Vorbild der Ehegatten.

PETER ALTENBERG

Ehebruch

«Und welche Folgen hat bei Euch der Ehebruch, Samson Adukuè?!?»

«Wie meinst Du es, Herr?!?»

«Nun, prügelt er sie, schickt er sie zurück zu den Eltern, tötet er sie sogar?!?»

«Weshalb sollte er solches unternehmen, Herr?!? Er hat sie ja geheiratet, weil er sie liebhat!?»

«Nun, irgendwelche Folgen muß es dennoch nach sich ziehen?!?»

«O ja, Herr, schreckliche Folgen. Bis dahin hat er die große Liebe zu ihr gehabt, von da an hat er nur mehr die kleine Liebe!»

EMMANOUIL ROIDIS

Geschichte eines Hühnerhofs

Von all denen, die ich das Glück oder Unglück hatte kennenzulernen, bin ich wohl der einzige Mensch, der, wenn man ihn «Rindvieh» nennen würde, dies nicht als Beleidigung auffassen würde. Je mehr ich mit den Tieren verkehre, desto mehr gelange ich zu der Überzeugung, daß es zwischen ihnen und den Menschen nicht überhaupt keinen Unterschied gibt, wie ein paar Leute behaupten wollen, die Monstrositäten erzählen, sondern nur, daß die Dinge, in denen wir uns von den Tieren unterscheiden, nicht alle die menschliche Überlegenheit beweisen.

Das, was sie hauptsächlich von uns unterscheidet, ist, daß sie von den Menschen übernommen haben, was es bei denen an Gutem gibt, und es vermieden haben, Untaugliches, Schädliches und Lächerliches nachzuahmen. Noch nie war bei ihnen die Rede von Neujahrsbesuchen, dem Rauchen, der Tabaksteuer oder sonst einer; sie spielen keine Karten, sie trinken nur Wasser oder Milch, wenn sie klein sind; sie unterhalten keine Armeen, wissen nicht, was Vaterland und Eigentum ist, und strengen deswegen auch keine Prozesse an und führen keine Kriege, sondern nur Zweikämpfe wegen Dingen, die sie unmittelbar und persönlich interessieren, z. B. die Weiderechte auf einer fetten Wiese oder die Gunst einer schönen Artgenossin, einer Katze, Hündin, Löwin, Stute oder Hirschkuh. Und diese Familienbande haben sie auf die nötigen und nicht störenden beschränkt. Sie haben Vater und Mutter, aber keine Onkel, Vettern, Großväter, Enkel, und das Wichtigste: keine Schwiegerväter und Schwiegermütter.

Da sie nach der Weisung des Evangeliums leben, also mit dem, was ihnen die göttliche Vorsehung zukommen läßt, unterliegen sie nicht der Verpflichtung, ein Testament zu verfassen, und wissen auch nicht, daß es auf der Erde Notare gibt, wie auch Henker, Gerichte, Ärzte, Zuchthäuser, Kasernen, Krankenhäuser, Armenhäuser und Volksküchen. Wenn ich das sage, habe ich keineswegs im Sinn, an der Nützlichkeit und Notwendigkeit dieser Personen und Einrichtungen zu zweifeln, sondern nur zu sagen, daß es schwierig ist, den Menschen glücklich zu preisen für das, was die schlechte Qualität seines Körpers und seiner Seele zur Notwendigkeit erhoben hat, oder es als nur kleinen Vorzug der Tiere zu betrachten, daß sie ohne Köche essen, daß sie sich ohne Schneider kleiden, ohne Popen heiraten, ohne die Hilfe einer Amme gebären und ohne die Mithilfe des Arztes oder Henkers sterben.

Obiges genügt wohl, um zu beweisen, wie sehr sich diejenigen täuschen, welche die Tiere für vernunftlose Lebewesen halten. Es trifft zu, daß die Generation der Philosophen am Aussterben ist, die sie als eine Art Maschinen ansehen, die von einer geheimnisvollen Macht angetrieben werden, ungefähr so, wie der Dampf die Maschinen der Dampfschiffe antreibt oder der Wind die Flügel der Windmühlen. Diese Macht haben sie «Instinkt» genannt, nach der Gewohnheit der Weisen, die sich damit begnügen, alles zu taufen, was sie nicht erklären können, und meinten, diese Macht habe nichts gemein mit der Seele und dem Verstand der Menschen und sei daher unfähig zur Unsterblichkeit. Diese Ansicht war schon veraltet, bevor sie alt wurde, es gibt aber noch viele, die gern zugeben, daß auch die Tiere eine Seele haben, aber verbissen behaupten, daß die Leidenschaften und Gefühle dieser tierischen Seele nichts mit der menschlichen zu tun haben. Zum vollen Nachweis, daß sie sich auch darin irren, und daß sich die Seelen der Tiere und Menschen wie Zwillingsschwestern nicht nur im Ganzen und Groben ähneln, sondern sogar in den feinsten Abtönungen des Gefühls, genügt wohl die folgende Geschichte, die sich in meinem Hühnerhof zugetragen hat.

Im Hühnerstall oder besser Hühnerhof des Landhauses auf Chios, wo ich die Sommer verbrachte, bevor das Erdbeben es zum Einsturz brachte, lebte ein reizendes und verliebtes Pärchen, das aus einem Hähnchen und einem Hühnchen bestand. Sie waren von der Art, welche die Ornithologen

«Leioptera»* nennen. Ich weiß aber nicht, wie sie bei den Hühnerzüchtern heißen. Kennzeichnend für sie ist der eher kleine Wuchs, die weiße Farbe, die seidige Feinheit der Federn, die Grazie und Behendigkeit. Wenn sie zum Schlafen auf der Stange saßen und ihren Kopf im Gefieder versteckten, hätte man glauben können, zwei Schneebälle zu sehen, und ihre hochgerichteten Federn sahen aus, als wirbelte der Wind Schneeflocken auf.

Nur dem, der die Tiere liebt und sich an ihrer genauen Beobachtung erfreut, und zwar nicht nur der Gattungen und Arten wie die Wissenschaftler, sondern auch der einzelnen Individuen, gelingt es mit der Zeit, in ihrer Physiognomie auch die folgenden Variationen festzustellen, aufgrund deren man mit Sicherheit auf den Charakter eines jeden Tieres, wie auch jedes Menschen, schließen kann. So war z.B. mein weißes Hühnchen das Musterbild einer guten Ehe- und Hausfrau, rechtschaffen, sittsam, immer sauber und gutfrisiert, aber ohne Pracht oder übertriebene Eitelkeit. Der Hahn hingegen war der Typ eines Gecks, Pomadenhengstes, eines eitlen Schönlings, Salonlöwen, tollen Kerls, oder wie man noch je nach Zeit und Ort diejenigen bezeichnet, die sich gern aufblasen und das Wesen eines Herzensbrechers und Eroberers annehmen. Außer seinem Verhalten ließ ihn auch seine Stimme einem Tenörchen ähneln, der allerdings Brechreiz verspürt.

* Glattfedrige.

Aber trotz seiner Veranlagung lebte er zufrieden mit seiner Henne, war um sie besorgt, begleitete sie auf ihren Spaziergängen und ließ ihr beim Fressen den Vortritt. Zu dieser tadellosen Führung trug nicht wenig auch die angeborene Gewohnheit der Hähne und Hennen bei, sich nicht, wie die Hunde, mit anderen Rassen ihrer Gattung einzulassen, es sei denn, es fehlte an solchen derselben Rasse, aber eine andere gleichrassige Henne gab es in diesem Hof nicht.

Dieses angeborene Empfinden war, wie es scheint, nicht hinreichend entwickelt, um den Anfällen des individuellen Charakters meines perversen Hahns begegnen zu können. Zahlreiche Anzeichen ließen mich seit einigen Tagen vermuten, daß das niederträchtige Hähnchen, dessen eheliche Treue ich bewunderte, hinter einer jungen Henne her war, die natürlich nicht zur selben Rasse gehörte, sondern zu einer anderen, verwandten, dem sogenannten Gartenhuhn. Sie war nicht so wohlgestaltet wie die Gattin, aber charmant, lebhaft, geschmückt wie ein Rebhuhn; von morgens früh an ging sie geschniegelt und geputzt mit erhobenem Kopf spazieren, wippte mit dem Hinterteil wie eine Bachstelze und ähnelte mehr einer Hure als einer anständigen Henne.

Der Unstete raspelte sein Süßholz anfangs mit einer gewissen Hemmung, aber allmählich kam es dazu, daß er nichts mehr fürchtete und sich vor niemandem schämte. Er folgte der Schmucken in alle Ecken und Winkel, schrie sich mit seinen schönsten Weisen heiser und scharrte den Boden, um Würmer für seine Geliebte zu finden. Er kompromittierte sie so, daß alle Hennen, die auf ihren guten Ruf bedacht waren, den Umgang mit ihr einstellten.

Die verlassene Ehefrau wird natürlich sehr gelitten haben, aber ihr Stolz und ihre Würde erforderten, daß sie ihre Trauer verbarg. Ich konnte sie nur bewundern, wenn ich sie auf dem Hof allein dahinschreiten sah, wie sie an dem Treulosen und seiner Geliebten vorbeikam und sich so stellte, als sähe sie als einzige nicht, was alle sahen. Oft überkam mich die Lust, die sündige Henne vom Fenster aus zu erschießen, um die tugendhafte von den Qualen des Verlassenseins und der Eifersucht zu befreien, aber die göttliche Vorsehung kam mir zuvor.

Vielleicht von den unzähligen Pickküssen wachte die erschlaffte Henne eines Morgens mit Hühnerschnupfen auf, einer für alles Geflügel üblen Krankheit. Ich vergaß ihre Verirrungen, und aus Mitleid mit ihren Qualen hieß ich die Dienerin, alles für ihre Rettung zu tun. Es stimmt, daß ich einige Tage zuvor Lust verspürt hatte, die Ehebrecherin zu erschießen, aber das ist kein Widerspruch. Die guten Menschen, zu denen ich mich zählen möchte, sind in der Aufwallung ihres Zorns auf die Schufte zu allem fähig, aber sie können keinen leiden sehen.

Die Chirurgin führte die Operation nach allen Regeln der Kunst durch, entnahm mit einer Nadel das die Atmung verschließende Häutchen, brannte die Wunde mit Essig aus und bestrich sie dann mit einer Mischung aus Honig und Butter. Es nutzte aber nichts, und die Sünderin verschied am Abend, aber «völlig geheilt», wie Molières Arzt zu sagen pflegte, wenn sein Patient starb.

Am nächsten Tag war der untreue Hahn zum Witwer seiner Geliebten geworden und zerstritten mit seiner rechtmäßigen Gattin. Seine Lage war wirklich bedauernswert.

Als die Stunde des Frühstücks kam, streifte er um seine weiße Henne, aber zaghaft und gehemmt, weil er als Gatte wußte, daß er völlig im Unrecht war und unsicher, ob man ihm vergeben werde. Jene tat so, als sähe sie ihn nicht. Beim Mittagessen kam er und nahm die gewohnte Stelle an ihrer Seite ein, noch demütiger und eingeschrumpfter, aber sie blieb kühl, verspeiste die Kleie und die Weizenkörner mit großem Appetit und gab vor, den Drang des Reuigen nach Versöhnung nicht zu bemerken.

All dies aber war eine Komödie, deren glücklicher Ausgang leicht zu erraten ist. Und wirklich: Vor Sonnenuntergang noch endete die Vorstellung, und sie gingen in dieselbe Kammer des Hühnerstalls. Offenbar hatten sie sich viel zu erzählen, weil das Hühnchen am nächsten Tag sehr froh herauskam, aber auch ein wenig erschöpft.

Nach der obigen wahrhaften Erzählung kann ich die fragen, die den Geist der Tiere unterschätzen: Zu welch anderer Haltung, die würdevoller als die der Henne ist, könnte eine erfahrene Mutter ihrer Tochter in einer ähnlichen Situation raten?

KATHERINE MANSFIELD

Die schwarze Mütze

(Eine Dame und ihr Ehemann sitzen beim Frühstück. Er, ganz ruhig, liest die Zeitung und ißt. Sie hingegen ist merkwürdig aufgeregt, reisefertig angezogen und tut nur so, als ob sie essen würde.)

Sie: Ach übrigens, falls du deine Flanellhemden brauchst: Sie sind im rechten unteren Fach des Wäscheschranks.

Er (bei einem Sitzungsbericht der Fleisch-Exportfirma): Nein.

Sie: Du hast nicht zugehört. Ich sagte, falls du deine Flanellhemden brauchst, sie sind im rechten unteren Fach des Wäscheschranks.

Er (entschieden): Ich bin ganz einverstanden.

Sie: Es ist doch reichlich merkwürdig, daß du an einem solchen Morgen, an dem ich fortgehe, deine Zeitung nicht für fünf Minuten seinlassen kannst.

Er (versöhnlich): Meine liebe Frau, ich will gar nicht, daß du fortgehst. Im Gegenteil, ich habe dich gebeten zu bleiben. Bei allen guten Geistern kann ich nicht einsehen …

Sie: Du weißt ganz genau, daß ich nur gehe, weil es unbedingt sein muß. Ich habe es aufgeschoben und aufgeschoben, und der Zahnarzt sagte das letzte Mal …

Er: Gut, gut! Wir wollen nicht noch einmal von vorne anfangen. Wir haben es doch gründlich durchgedroschen – oder?

Das Mädchen: Die Droschke ist da, Madam.

Sie: Bitte verstauen Sie mein Gepäck.

Das Mädchen: Jawohl, Madam. (Die Frau seufzt hörbar.)

Er: Du hast nicht allzuviel Zeit, wenn du diesen Zug erreichen willst.

Sie: Ich weiß. Ich gehe schon. (In verändertem Ton:) Lieber, wir wollen uns doch nicht so trennen. Es macht mich ganz krank. Warum scheinst du bloß immer hellauf begeistert zu sein, wenn du mir ein Vergnügen verderben kannst?

Er: Ich finde nicht, daß zum Zahnarzt gehen so hellauf vergnüglich ist.

Sie: Du weißt, das meine ich nicht. Du sagst es nur, um mich zu kränken. Du willst ja nur recht haben.

Er (lachend): Und du verpaßt deinen Zug. Du bist also Donnerstag abend wieder zurück, nicht wahr?

Sie (mit schwacher, verzweifelter Stimme): Ja, am Donnerstag abend. Dann: auf Wiedersehen. (Sie kommt zu ihm herüber und nimmt seinen Kopf in ihre Hände.) Stimmt denn etwas nicht? Sieh mich wenigstens an. Bin ich dir denn – ganz gleichgültig?

Er: Mein liebes Kind, das ist wie der Abgang einer Filmdiva.

Sie (läßt die Hand sinken): Na, also schön. Auf Wiedersehen. (Sie umfaßt mit raschem, tragischem Blick das Eßzimmer und geht.)

(Auf dem Weg zum Bahnhof)

Sie: Wie seltsam das Leben ist! Ich hätte nicht gedacht, daß es mir so zusetzen würde. Irgendwie ist der ganze Zauber weg. Oh, was würde ich darum geben, wenn die Droschke umkehrte und zurückführe. Das Merkwürdigste ist: Hätte er mir wirklich zu verstehen gegeben, er liebe mich, dann wäre es mir viel leichtergefallen, ihn zu verlassen. Absurd. – Wie stark das Heu riecht. Es wird ein sehr heißer Tag werden. Diese Felder werde ich nie mehr sehen. Nie! Nie! Andererseits bin ich froh, daß es so vonstatten ging; es setzt mich endgültig, unwiderruflich, völlig ins Recht. Er braucht überhaupt keine Frau. Eine Frau hat ihm nichts zu bedeuten. Er ist nicht der Typ Mann, der irgendwen lieben kann außer sich selbst. Ich bin jetzt nur dazu da, seine Manschettenknöpfe aus seinen Hemden zu nehmen, bevor sie in die Wäsche kommen – das ist alles! Und das ist mir nicht genug. Ich bin jung – bin zu stolz. Ich bin nicht der Typ Frau, der auf dem Lande vegetiert und über «unsern» Salat in Entzücken ausbricht …

Seit wir verheiratet sind, hast du versucht, mich

unterzukriegen, mich in deinen Schatten zu verwandeln; du willst dich so sehr auf mich verlassen, daß du bloß aufzuschauen brauchst und die richtiggehende Zeit auf mir irgendwie angezeigt findest, als wäre ich eine Uhr. Nie warst du auf mich neugierig; nie hast du versucht, meine Seele zu erforschen. Nein; du wolltest mich an deine friedliche Existenz ketten. Oh! Wie deine Blindheit mich beleidigt hat – wie ich dich deswegen hasse! Ich bin froh – dankbar, dankbar, daß ich dich verlassen habe. Ich bin keine grüne Gans. Ich bin nicht eingebildet, aber ich kenne meine Kräfte. Nicht grundlos habe ich mich immer nach Reichtum und Leidenschaft und Freiheit gesehnt und sie als mir rechtmäßig zugehörig empfunden. (Sie lehnt sich an das Knopfpolster der Droschke und murmelt:) «Du bist eine Königin. Gewähre mir die Freude, dir dein Königreich zu geben.» (Sie lächelt auf ihre kleinen königlichen Hände nieder.)

Ich wollte, mein Herz klopfte nicht so sehr. Es tut mir wirklich weh. Es erschöpft mich und regt mich so auf. Es ist, als sei jemand in furchtbarer Eile und schlage gegen die Tür ... Diese Droschke kriecht nur so dahin; wir werden bei dem Tempo nie zum Bahnhof kommen. Schnell! Schnell! Mein Liebster, ich komme, so schnell ich nur kann. Ja, ich leide ebenso wie du. Es ist entsetzlich, ist unerträglich – diese letzte halbe Stunde ohne einander ... O Gott! Das Pferd ist wieder in Schritt gefallen. Warum schlägt er nicht diese starke Bestie! ...

Unser wunderschönes Leben! Wir werden durch die ganze Welt zusammen reisen. Die ganze Welt wird unser sein, weil wir uns lieben. Oh, gedulde dich! Ich komme, so schnell ich nur irgend kann ... Ah! jetzt geht es bergab; jetzt fahren wir wirklich schneller. (Ein alter Mann versucht die Straße zu überqueren.) Geh aus dem Weg, du alter Dummkopf! Er verdient es, überfahren zu werden ... Liebster – Liebster, ich bin fast da. Habe nur Geduld!

(Am Bahnhof)

Tragen Sie es in ein Abteil Erster Klasse, Raucher! ... Schließlich ist noch viel Zeit. Ganze zehn Minuten, bis der Zug abfährt. Kein Wunder, daß er noch nicht da ist. Ich darf nicht aussehen, als hielte ich nach ihm Ausschau. Aber ich muß sagen, daß ich enttäuscht bin. Nie habe ich mir träumen lassen, als erste hier zu sein. Ich dachte, er wäre hier und hätte ein Abteil reserviert und Zeitungen und Blumen gekauft ... Wie merkwürdig! Ich habe mir rosa Nelken im Papier vorgestellt ... Er weiß, wie gern ich Nelken habe. Aber rosafarbene sind nicht mein Fall. Dunkelrote oder blaßgelbe habe ich lieber. Er wird tatsächlich zu spät kommen, wenn er jetzt nicht eintrifft. Der Schaffner hat angefangen, die Türen zu schließen – was kann denn bloß passiert sein? Etwas Furchtbares. Vielleicht hat er sich im letzten Augenblick erschossen ... Ich könnte den Gedanken nicht ertragen, dein Leben zerstört zu haben ... Aber du zerstörst mein Leben nicht. Ach, wo bist du? Ich muß jetzt einsteigen ... Wer ist denn das? Das ist doch nicht er? Das kann doch nicht sein – doch, er ist es. Was, um Himmels willen, hat er auf dem Kopf? Eine schwarze Mütze. Wie gräßlich. Er ist ganz verändert. Weswegen mag er eine schwarze Mütze aufhaben? Ich hätte ihn nicht erkannt. Wie albern er aussieht, wie er so auf mich zukommt, lächelnd, mit dieser schauderhaften Mütze.

Er: Liebling, ich werde es mir nie verzeihen. Aber das Blödeste, Absurdeste ist mir passiert. (Sie steigen ein.) Ich habe meinen Hut verloren. Er ist einfach verschwunden. Das halbe Hotel hat mitgesucht. Keine Spur. So habe ich endlich in Verzweiflung *dies* borgen müssen von jemandem, der dort wohnte. (Der Zug fährt ab.) Du bist doch nicht böse! (Er versucht, sie in die Arme zu nehmen.)

Sie: Nicht! Wir sind noch nicht einmal aus dem Bahnhof.

Er (glühend): Großer Gott! Was kümmert's mich, wenn die ganze Welt uns sieht! (Er versucht, sie in die Arme zu nehmen.) Meine Wunderbare! Mein Glück!

Sie: Bitte nicht! Ich hasse es, in Zügen geküßt zu werden.

Er (tief gekränkt): Also schön. Du bist doch böse. Ernstlich. Du kommst nicht darüber hinweg, daß ich zu spät gekommen bin. Aber wenn du wüßtest, welche Ängste ich ausgestanden habe ...

Sie: Wie kannst du mich für so kleinlich halten! Ich bin gar nicht böse.

Er: Warum willst du dich dann nicht küssen lassen?

Sie (hysterisch lachend): Du siehst irgendwie so anders aus – fast wie ein Fremder.

Er (springt auf und sieht sich besorgt im Spiegel an und, wie sie findet, dümmlich): Aber es ist doch alles in Ordnung, nicht wahr?

Sie: O ja, ganz in Ordnung. Vollkommen in Ordnung. Oh, oh, oh! (Sie beginnt vor Wut zu lachen und zu weinen.)

(Sie kommen an)

Sie (während er eine Droschke anhält): Ich muß drüber hinwegkommen. Ich bin ja besessen. Aber es ist unglaublich, wie so etwas einen Mann derart verändern kann. Ich muß es ihm sagen: «Meinst du nicht, jetzt, wo du in der Stadt bist, solltest du dir lieber einen Hut kaufen?» Aber dann würde er gewärtigen, wie scheußlich die Mütze ist. Und das Sonderbare ist, daß er selbst nicht drauf kommt. Ich meine, wenn er sich im Spiegel gesehen hat und die Mütze nicht lächerlich findet, müssen unsere Standpunkte doch sehr verschieden sein ... Wie unsäglich verschieden! Ich glaube, hätte ich ihn auf der Straße gesehen, so hätte ich gesagt, ich könnte unmöglich einen Mann lieben, der so eine Mütze trägt. Ich hätte ihn nicht einmal kennenlernen mögen. Er ist überhaupt nicht mein Typ. (Sie blickt um sich.) Jeder lächelt darüber. Na, mich wundert es nicht. Die Form, die seine Ohren abstehend wirken und ihm gar keinen Hinterkopf läßt.

Er: Die Droschke steht bereit, mein Liebling. (Sie steigen ein.)

Er (versucht ihre Hand zu nehmen): Welch ein Wunder, daß wir beide nun einfach so zusammen fahren. (Sie richtet ihren Schleier.)

Er (versucht überaus feurig, ihre Hand zu ergreifen): Ich werde ein Doppelzimmer mieten, meine Geliebte.

Sie: Aber nein! Selbstverständlich mußt du zwei Einzelzimmer nehmen.

Er: Aber meinst du nicht, es wäre klüger, keinen Verdacht aufkommen zu lassen?

Sie: Ich brauche mein eigenes Zimmer. (Für sich:) Du kannst deine Mütze hinter deiner eigenen Tür aufhängen! (Sie bricht in hysterisches Lachen aus.)

Er: Ach, Gott sei Dank! Meine Königin hat ihr glückliches Selbst wiedergewonnen!

(Im Hotel)

Empfangschef: Ja, mein Herr, ich verstehe vollkommen. Ich denke, ich habe genau das Passende für Sie. Wollen Sie bitte mitkommen. (Er bringt sie zu einem kleinen Vorraum mit einem angrenzenden Schlafzimmer.) Das würde Ihnen doch wohl zusagen, nicht wahr? Und wenn Sie wollen, könnten wir Ihnen ein Bett auf dem Sofa richten.

Er: Oh, ausgezeichnet, ganz ausgezeichnet! (Der Empfangschef geht.)

Sie (wütend): Aber ich habe dir gesagt, daß ich ein Zimmer für mich allein brauche. Mir mit so einem Trick zu kommen! Ich habe dir gesagt, daß ich das Zimmer nicht teilen wollte. Wie unterstehst du dich, mich so zu behandeln? (Sie äfft ihn nach:) «Ausgezeichnet, ganz ausgezeichnet!» Das kann ich nie vergessen!

Er (überwältigt): Mein Gott, was ist denn geschehen! Ich verstehe es nicht – ich tappe im dunkeln: Warum hast du plötzlich an diesem Tag aller Tage aufgehört, mich zu lieben? Was habe ich denn getan? Sag es mir!

Sie (sinkt aufs Sofa): Ich bin sehr müde. Wenn du mich wirklich liebst, so laß mich bitte allein. Ich – ich möchte nur ein wenig für mich sein.

Er (zärtlich): Jawohl. Ich will mir Mühe geben, zu verstehen. Ich begreife schon. Ich werde für eine halbe Stunde ausgehen, und dann, meine Liebe, bist du vielleicht ruhiger. (Er sieht sich zerstreut um.)

Sie: Was ist denn?

Er: Mein Herz – du sitzt auf meiner Mütze. (Sie stößt einen regelrechten Schrei aus und begibt sich ins Schlafzimmer. Er geht. Sie wartet einen Augenblick, zieht dann ihren Schleier herunter und nimmt ihren Koffer.)

(Im Taxi)

Sie: Ja, Waterloo-Bahnhof. (Sie lehnt sich zurück.) Ah, ich bin entronnen – bin entronnen! Ich werde gerade rechtzeitig den Nachmittagszug erreichen. Nach Hause. Oh, es ist wie ein Traum – ich werde noch vor dem Abendessen zu Hause sein. Ich werde ihm sagen, in der Stadt sei es zu heiß gewesen, oder der Zahnarzt verreist. Was macht es schon aus? Ich habe ein Recht auf mein eigenes Zuhause ... Wie herrlich, hinzufahren vom Bahnhof aus; die Felder werden so köstlich riechen. Für das Abendbrot ist noch kaltes Huhn von gestern übrig und Apfelsinencrème ... Ich war verrückt. Aber jetzt bin ich wieder vernünftig. Oh, mein Mann!

GOFFREDO PARISE

Zuneigung

Eines Tages betrat ein sehr reicher, aber «wohlanständiger» Mann, der das Leben kannte, auch weil er in den Genuß von Vergnügungen und unwichtigen, kostspieligen Dingen kam, sein weitläufig angelegtes Haus mit der Absicht, seiner Frau «begreiflich zu machen», daß er sie nicht mehr liebe, obwohl er sie noch sehr gern habe. Schon unzählige Male hatte er versucht, dies zu tun, aber immer war im letzten Augenblick etwas dazwischen gekommen, und vielleicht war es jetzt schon gar nicht mehr notwendig, es ihr «begreiflich zu machen», vielleicht wußte seine Frau es längst, aber der fragliche Mann befand sich an jenem Tag in einem besonderen Gemütszustand, er war unzufrieden mit sich selbst und folglich grausam gegen andere.

Schon seit ungefähr zehn Jahren fühlte er sich nicht mehr zu seiner Frau hingezogen (sie waren beide nicht mehr jung), und dies erweckte in ihm ein Gefühl tiefer Scham vor seiner Frau; ihm schien, als offenbare sie ihm eine vulgäre Seite seiner eigenen Natur. Vor einigen Jahren hatten sie wie zufällig begonnen, in getrennten Zimmern zu schlafen, aber sie wußten beide, daß es nicht «zufällig» geschah, und daß etwas Unmerkliches und Unabwendbares vorgefallen war, das es undenkbar machte, weiterhin in demselben Bett zu schlafen. Ebenso undenkbar war es, sich anders als bekleidet und möglichst immer in Gegenwart anderer Personen zu sehen, die besser nicht zur Familie gehörten.

Je mehr Zeit verging, desto mehr fühlte der Mann in sich die Verpflichtung, seiner Frau etwas zu erklären, von dem er wußte, daß es unerklärlich war, um so unerklärlicher, als die Zeit und die Gewöhnung aneinander, anstatt die natürliche Scham, die sie beide voreinander empfanden, zu mildern, diese so sehr steigerte, daß der Mann sich oft schämte und auch ärgerte, wenn seine Frau ihn im Morgenrock überraschte, oder wenn er gerade aufgewacht war, oder wenn er dabei war, ein Buch zu lesen. In solchen Augenblicken wäre er lieber nur sich selbst oder Fremden begegnet, nicht aber ihr. Mit ihr fühlte er sich nur wohl in Abendrobe, wenn steifer Kragen und Plastron eine schmerzliche und elegante Unnahbarkeit zwischen sie legten, die «das Geheimnis ihrer beider Faszination» war.

Und dennoch berührte er manchmal mit Gefallen ihre Locken oder eines ihrer Kleider aus Crêpe Georgette, das er an ihr noch eleganter fand als die elegantesten ihrer übrigen Kleider; manchmal sah er voller Freude, wie sie lachte, und einmal sogar fühlte er einen Stich im Herzen, als sie stolperte und wie ein kurzsichtiges kleines Mädchen fast hingefallen wäre. Aber dieses Wohlgefallen war blutleer, und voller Mißbehagen erinnerte er sich an die Zeit ihrer jungen Liebe, als sie, rundlicher, auf einer Wiese auf ihn wartete, leicht schwitzend, die Achseln unrasiert, bebend wie eine Stute edelster Rasse mit kurzen, roten Haaren, die nur von Locken in Form gehalten wurden, und mit wenig gepflegten Händen, spröde und zittrig, nicht ruhig und cremeweich. Dieses Mißbehagen, das nicht nur von dem Gefühl der Kurzlebigkeit der Dinge, sondern vor allem dem Gefühl der Unmöglichkeit ihrer Erneuerung und Wiederbelebung in denselben Menschen (ihnen beiden) herrührte, nach Meinung des Mannes durch seine Schuld, war der Grund für die Scham, die er ihr gegenüber empfand.

Sie war inzwischen eine große Frau mit kurzem, lockigem rotem Haar, einem zerstreuten Blick, einem kindlichen und gewandten Lächeln, das die wenigen kleinen Fältchen um Augen und Mund glättete. Sie hatte nichts verstanden von all den Dingen, die er verstanden hatte und die er ihr hätte erklären wollen, jedoch nicht mit Worten; aber sie hatte es seit dem ersten Tag, an dem ihr Mann in einem anderen Zimmer schlief, «gefühlt». Von da an hatte sie überhaupt nur noch «gefühlt», weil sie es nicht begreifen wollte, oder vielleicht einfach, weil ihr Wesen immer weniger «körperhaft» geworden war, und sie Liebe und eheliche

Zuneigung auch aufgrund ihrer Erziehung gerne sehr stark, aber auch verschwommen empfand.

Als der Mann das Haus betreten hatte, ging er eine der beiden geschwungenen Freitreppen hinauf, die zur Eingangshalle führten. Sodann fuhr er mit dem kleinen Aufzug zu einer als Wohnzimmer genutzten hellweißen Veranda, in der große weiße Azaleen standen, und wo seine Frau und Kinder ihn erwarteten; er begrüßte alle (seine Frau küßte er auf die Schläfe) und begab sich ins Eßzimmer: Dieses war oval, mit hellblau lackierten Wänden, an denen sich zwei Landschaften von Longhi gegenüberhingen. In diesem Zimmer standen an allen vier Wänden große rosablühende Azaleen auf hellblauen Porzellansockeln. Unter den Gemälden standen zwei junge Kellner in schwarzem Jackett und grauer Hose, und neben der Tür wartete der *maître* in Nadelstreifenhose und schwarzer Frackjacke.

Der Mann wartete, bis seine Frau hereinkam und an dem einen Tischende Platz genommen hatte, dann ließ er sich am anderen Tischende nieder, und gleich nach ihm setzten sich die beiden Kinder, das Mädchen zu seiner Rechten, der Junge zur Linken. Der Mann scherzte mit seinem Sohn in englischer Sprache (der Junge war fröhlich, aber zu «wohlerzogen» und schwächlich, und er sprach besser Englisch als Italienisch) und nahm dann, als wolle er sich trösten, die Hand seiner Tochter in die seine, dabei lächelte er und sah ihr in die Augen.

Aber statt Trost zu finden, war er erschüttert, völlig unerwartet, weil er in der fünfzehnjährigen Tochter, die ihm ähnlich war, dieselbe Art sich zu geben wiederfand, die ihre Mutter hatte, als sie sich kennenlernten. Mit unendlicher Zärtlichkeit zog er sie an sich und vergrub sein Gesicht in der Fülle ihres lockigen Haars, das nach Ziegenleder roch.

Das Mahl verlief wie immer: Die beiden Kellner befolgten die wenigen Anweisungen des *maître* (sowohl der *maître* als auch die Kellner wußten, daß sie keine Zeichen brauchten, aber gegeben wurden sie) und führten lautlos wie in einem Stummfilm die gewohnten Handgriffe aus.

Als der Kaffee serviert wurde, gingen die Kinder hinaus (das Mädchen stolperte), und das Ehepaar blieb allein in einem riesigen Salon, dessen Fenster offenstand. Sie schwiegen eine Weile (man hörte das leise Geräusch eines Rasenmähers vom Garten her), dann sprachen sie über eine Reise nach Bangkok, die ein berühmter Couturier, ein Freund des Hauses, unternommen hatte, und dann von der möglichen und wünschenswerten Heirat oder Verbindung einer befreundeten Witwe mit einem mittellosen, aber jungen, schönen und tüchtigen Universitätsprofessor, der diese Freundin vom Alkohol errettet hatte. Sie schwiegen (der Mann schloß die Augen), dann öffnete er eine Zeitung und blätterte sie durch, wobei er darauf achtete, daß sie sich nicht völlig zwischen ihn und seine Frau schob. Ab und zu betrachtete er sie still, legte die Zeitung auf seine Knie und sah sie längere Zeit an. Gerade wollte er zu sprechen beginnen (er wußte nicht, was er sagen würde, er wußte aber, daß er es sagen würde), da stand seine Frau auf, drückte kurz seine Hand, wandte sich sogleich von ihm ab, ging zum Telefon, das beim Fenster stand, und begann ein langes Telefongespräch mit einer Freundin, bei dem sie kaum redete und fast immer lächelte. Er stand auf, ging zu ihr, küßte sie auf die Schläfe und verließ das Zimmer.

ANDRÉ MAUROIS

Im Zickzack

Daniel schaute seine Frau überrascht an. Es geschah selten, daß sie morgens bei ihm eintrat.

«Sie wollen mich sprechen?» fragte er.

«Daniel», sagte sie, «würden Sie mir einen großen Gefallen tun? ... Gehen Sie heute abend mit mir ins Konzert ... Rubinstein spielt die *Préludes* von Chopin, und ich wäre überglücklich, wenn ich sie an Ihrer Seite hören könnte ... Seit drei Monaten sind Sie nicht einen Abend mit mir ausgegangen.»

«Seit drei Monaten», erwiderte Daniel mißmutig, «haben Sie mich nicht darum gebeten.»

«Ich habe Sie nicht darum gebeten, weil Ihre Absagen für mich demütigend geworden waren ... Ich hatte mir geschworen, Daniel, Ihnen nicht mehr meine Gesellschaft anzubieten und so lange zu warten, bis Sie selbst den Wunsch danach äußern würden; aber heute morgen hat mich Anne angerufen, für die ich den Platz neben mir besorgt hatte, und gesagt, sie fühle sich nicht wohl. Seit zwei Stunden versuche ich vergeblich, einen Ersatz für sie zu finden ... Es kommt mir, offen gestanden, lächerlich und traurig vor, den Abend neben einem leeren Platz zu verbringen.»

«Fragen Sie doch einen Mann», sagte Daniel.

«Sie wissen», erwiderte sie, «daß ich mir geschworen habe, mit keinem anderen Mann als mit Ihnen auszugehen.»

«Was sind das für Schwüre!» sagte Daniel.

Er überlegte eine Weile und meinte dann zögernd:

«Hören Sie, ich würde Ihnen gern den Gefallen tun, aber ich habe schon eine andere Verabredung. Ich will versuchen, mich freizumachen. Wenn es geht, komme ich mit Ihnen ins Konzert.»

«Das ist lieb von Ihnen», sagte sie.

«Oh, ich habe Ihnen nichts versprochen», entgegnete Daniel schroff ... «Ich habe nur gesagt, ich werde es versuchen.»

Er ging in sein Arbeitszimmer und verlangte: «Gobelins 43-14». Das war die Telefonnummer von Béatrice de Saulges, die seit einigen Wochen seine Geliebte war und der er mit der unbeholfenen Leidenschaftlichkeit eines gereiften Mannes verfallen war.

«Sind Sie es?» flüsterte Daniel ... «Sagen Sie, es bleibt doch dabei, daß wir heute abend zusammen ausgehen? ... Nicht daß Sie mich im letzten Augenblick versetzen wie neulich?»

«Oh! Wie sind Sie mir lästig!» sagte sie. «Und wie ungeschickt von Ihnen ... Sie wissen ganz genau, daß ich nur Spaß an etwas habe, wenn ich mich erst im letzten Augenblick zu entscheiden brauche ... Wollen Sie mir mein ganzes Vergnügen verderben?»

«Entschuldigen Sie bitte», sagte Daniel ... «Sie haben doch ganz im Gegenteil erlebt, wie sehr ich auf Ihre Launen Rücksicht genommen habe, seit wir uns kennen ... Aber heute abend muß ich wissen, was Sie vorhaben, weil ich selbst eine Antwort zu geben habe ...»

«Sie sind schrecklich», sagte sie. «Wie soll ich das jetzt schon wissen ... Hören Sie, rufen Sie mich in einer Stunde wieder an ... Ich will mich bemühen, bis dahin einen Entschluß gefaßt zu haben.»

Beim Mittagessen fragte Daniels Frau, ob sie mit ihm rechnen dürfe. Er antwortete etwas verdrießlich, daß er keine Ahnung habe und noch keine Zeit zum Telefonieren gefunden habe. Zur gleichen Zeit rief Béatrice de Saulges bei Pierre Pradier an, einem jungen Abgeordneten, den sie in Genf kennengelernt hatte und den sie liebte.

«Sind Sie es, Pradier? ... Ach, Sie sind es, Mademoiselle Drouet? ... Ich hätte gern Monsieur Pradier gesprochen ... Nein, wenn er nicht gestört sein möchte, dann lassen Sie ihn in Ruhe ... Nein, nein, ich verstehe das sehr gut ... Sonst wäre er verärgert ... Ich wollte nur wissen, ob es dabei bleibt, daß er mich heute abend zur Spätvorstellung abholt? ... Ja? ... Es steht in seinem Terminkalender? ... Sind Sie sicher, daß er nicht wie gestern abend seine Meinung noch ändert? ... Sie wissen es nicht? ... Ja ... Natürlich ... Bis jetzt hat er Ihnen jedenfalls nichts gesagt? ... Danke, Mademoiselle Drouet ... Auf Wiedersehen ...»

Als Daniel etwas später anrief, sagte eine Aufwartefrau, Madame de Saulges bedaure sehr, aber sie sei nicht frei, denn sie müsse an einem Familienabendessen teilnehmen. Daniel schaute nach, ob seine Frau noch zu Hause war. Er fand sie auf einem Sofa liegen. Sie las.

«Liebste», sagte er zu ihr, «ich bin sehr glücklich; ich konnte mich freimachen. Ich kann Sie also, wie ich es mir erhofft hatte, heute abend begleiten.»

«Wie nett von Ihnen», sagte sie. «Ich freue mich sehr.»

«Ich mindestens so sehr», erwiderte er.

Als er gegangen war, träumte sie lange vor sich hin. Sie machte sich schwere Vorwürfe, daß sie Daniel falsch eingeschätzt hatte.

ANONYM

Eine delikate Episode

Eine alte Witwe wünschte sich «Gus», was eigentlich «Walnuß» bedeutet. Immer und immer verlangte sie von ihrem bereits erwachsenen Sohn, er möge ihr doch Gus besorgen. Da ging dieser zum Markt und kaufte ihr Walnüsse, doch die Frau rührte sie nicht an. «Diese Gus will ich nicht. Ich will Gus, verstehst du nicht?»

So nahm der Sohn seine Mutter mit auf den Markt, um ihr zu zeigen, daß er die allerbesten Walnüsse gekauft hatte.

Unterwegs trafen sie den Kadi, und dieser fragte den Sohn, warum er denn so bedrückt sei.

Der berichtete, was geschehen war.

«Vielleicht will deine Mutter nicht diesen Gus, sondern einen ganz anderen, einen mit Hand und Fuß»*, antwortete der Kadi und lachte.

Erst jetzt begriff der Sohn und war zutiefst empört. «Wie? Mit siebzig will sie einen Mann?» fragte er, beinah aus der Fassung geratend.

Da gab die Mutter dem Sohn eine Kopfnuß und

---

* Im Dialekt vieler arabischer Länder werden die Buchstaben s, u, g für «Ehe», «Ehemann», «Ehefrau» verkehrt herum gesprochen: aus «Sug» wird «Gus».

rief ihm zu: «Willst du dich vielleicht erdreisten, du Ungezogener, und dem Herrn Richter widersprechen!»

ALVARO DE LAIGLESIA

Strategie der Ehe

«Die Szene stellt den komfortablen Living-room eines Luxusappartements dar.» Mit solch banalen Worten würde ein zeitgenössischer Bühnenautor das Milieu dieser Geschichte beschreiben, um die Regiebemerkung dann mit einer knappen Schilderung der Möbel, Türen und Fenster zu ergänzen: «Rechts ein Klavier, links ein Bogengang, der zum Vorzimmer führt; in die Rückwand teilen sich freundnachbarlich ein breites Fenster und ein schmucker Kamin. Während man draußen einen tristen Tag seinem Ende entgegengehen sieht, brennt im Kamin ein fröhliches Feuerchen. In der Mitte des Zimmers bequeme Fauteuils und ein Sofa ...»

In dem Moment aber, in dem der Verfasser zum Sofa käme, wüßte er nicht, wie fortzufahren, denn hingestreckt auf dieses Möbel sähe er niemand Geringeren als Cantalicia. Und auf der ganzen Welt gibt es keinen einzigen Autor, der imstande wäre, die Beschreibung dieser Frau in eine simple Regieerklärung einzuschließen. Sie war eine so ungewöhnliche Erscheinung, daß ihr literarisches Porträt die beflügelte Prosa eines ganzen Romans in Anspruch genommen hätte. Jedweder Romancier des neunzehnten Jahrhunderts (einer jener genialen Einfaltspinsel, die imstande waren, zehn Seiten mit der Beschreibung eines Stückchen Akkerlandes zu füllen) hätte ein ganzes Kapitel gebraucht, um Cantalicias Schönheit in ihren Einzelheiten auch nur aufzuzählen. Ich, der ich vielleicht weniger genial, aber auch weniger Einfaltspinsel bin, werde versuchen, das, in einen einzigen Absatz kondensiert, zu Papier zu bringen: In eidesstattlichen Erklärungen gab Cantalicia immer ihr wahres Alter an, womit nicht gesagt sein will, daß sie Angst vor dem Meineid hatte, sondern nur, daß sie noch jung genug war, um sich diesen Luxus erlauben zu können. Soeben war sie mit so vollendeter Grazie über die Hürde der Dreißiger gesprungen, daß ihr untadeliger Teint dabei nicht die geringste Falte abbekommen hatte. Wohlproportioniert im umfassendsten Sinne des Wortes, war sie in Stöckelschuhen groß genug, um in Pantöffelchen außerordentlich zierlich zu wirken. Über ihre weiteren physischen Einzelheiten schweige ich mich aus, um dem Leser keine langen Zähne zu machen, doch überlasse ich es seiner Phantasie, sich die anziehendsten Formen der Welt vorzustellen, damit er eine ungefähre Idee von Cantalicias berückender Topographie erhalte. Sodann setze der Leser auf diesen Körper ein Köpfchen von entsprechender Perfektion mit einem himmlischen Paar schwarzer Augen und überaus appetitlichen, sehr roten Lippen, um das Bild dieser braunhaarigen

Schönheit zu vollenden. Und als ob eine solche Fülle äußerlicher Qualitäten nicht genügt hätte, um Cantalicia mit erhobenem Lockenhaupt durch die Welt schreiten zu lassen, war ihr noch ein zusätzlicher Charme verliehen: Sie war Paraguayerin, und diese Tatsache umgab ihre Persönlichkeit mit jener exotischen Aureole, die allen Frauen, die sich ihrer erfreuen dürfen, so gut zu Gesicht steht. Weiß man doch, daß ein hübsches Mädchen, das aus irgendeinem fernen Land stammt, womöglich aus einem überseeischen, mehr Erfolge aufzuweisen hat als eine, die, nicht weniger anziehend, nur aus dem benachbarten Städtchen kommt. Nebenbei gesagt, ist Paraguay das einzige iberoamerikanische Land, das in Spanien als fremdartig gilt. Ich weiß zwar nicht, warum dem so ist, aber die Tatsache besteht. Vielleicht, weil die Mehrzahl der Spanier nicht genau weiß, wo das Ländchen liegt. (Zeigen Sie dem erstbesten Landsmann eine Karte von Amerika und fordern Sie ihn auf, den Finger ohne Zaudern auf Paraguay zu legen. Im besten Fall wird er auf Bolivien tippen.) Das einzige Guay, das wir hier kennen, ist das Uru, vom Para haben wir keinen blauen Dunst.

Die exotische Herkunft, noch unterstrichen durch den indianisch und kolonial klingenden Namen, ließ Cantalicia die Attraktion Nr. 1 der Madrider Gesellschaft werden. Die Damen machten sie sich in ihren Salons streitig, die Männer aber in ihren Herzen. Wenn wir dieser Summe schmeichelhafter Eigenschaften noch zwei weitere nicht unerhebliche Faktoren hinzufügen, nämlich, daß sie reich und obendrein verwitwet war, wird es wohl kaum jemand geben, der Cantalicias rauschende Erfolge in der hauptstädtischen Gesellschaft nicht begriffe. Ihr Mann, ein venezolanischer Millionär, hatte zwei Jahre zuvor durch einen tragischen Unfall das Leben verloren – er ertrank in einer Petroleumgrube. (So ein Geldsack kann es sich nicht leisten, wie ein beliebiger Hungerleider in einen Wassertümpel zu fallen.) Cantalicia beweinte ihren Gatten länger, als die Leute geglaubt hatten, und weniger lang, als dem Verstorbenen lieb gewesen wäre. Wie dem auch sei, sie erholte sich bald von diesem Schicksalsschlag, denn ein wohlwollendes Testament ist ein Taschentüchlein, das auch den stärksten Tränenstrom verhältnismäßig rasch versiegen läßt. Einige Monate nach dem Unfall brach die Witwe definitiv mit allen traurigen Erinnerungen und verließ Amerika, um sich in Madrid niederzulassen.

In Cantalicias Kamin tanzten also die Flammen wild um die Holzscheite herum, während draußen der Himmel Trauer anlegte, denn der Tag war eben dahingeschieden. Sie lag, wie ich schon sagte, auf dem Sofa ausgestreckt. Ich erinnere mich nicht an den Titel des Buches, das sie las, aber ich weiß, daß es ein französischer Roman war. (Unsere vornehmen Herrschaften lesen die Werke der einheimischen Schriftsteller nur, wenn ihr Buchhändler gerade keinen geschmuggelten französischen Roman zur Hand hat. Es gibt Gräfinnen, die alle Träger des Goncourt-Preises* auswendig kennen, aber von Baroja** wissen sie nur, daß er eine Baskenmütze trug! Paris versorgt unsere gesamte Damenwelt, sei es mit Hüten, um ihre Köpfe zu bedecken, sei es mit Pornographien, um diese damit anzufüllen.) Cantalicia war von der Lektüre aufs äußerste gefesselt, denn sie las eben das in allen transpyrenäischen Romanen unabweisbare Kapitel, in dem die Heldin sich anschickt, das Haupt ihres Gatten mit einer formidablen Jagdtrophäe zu schmücken. Schon ließ unsere Schönheit, um ihre schlagenden Pulse von der Enge des Kleides zu befreien, den Blitzverschluß, der es eng an ihren Körper schmiegte, wie eine Seilbahn en miniature den Schenkel entlanggleiten, als sie plötzlich das Läuten der Türklingel vernahm. Gleich darauf trat das Stubenmädchen ein und kündigte an: «Frau Moliner.»

Cantalicia durchfuhr ein leiser Schreck, aber ein nur so leiser, daß das Blatt, das sie eben hatte umwenden wollen, kaum merklich zwischen ihren Fingern zitterte. Julia Moliner! Natürlich! Sie hatte also

---

* Von Edmond de Goncourt (1822–1896) testamentarisch gestiftet und erstmals 1903 verliehen, wurde die Auszeichnung rasch zu einem der renommiertesten Literaturpreise Frankreichs.

** Pío Baroja y Nessi (1872–1956), spanischer Schriftsteller, Autor von mehr als siebzig Romanen mit teils sehr lebensvollen Gestalten, Außenseitern, Vagabunden, Abenteurern.

doch erfahren, was ihr Mann trieb, und da war sie nun erschienen, um die bewußte Szene zu machen. Armes Ding! Welcher Blamage war sie im Begriff sich auszusetzen! Julia Moliner war eine der besten Freundinnen Cantalicias. Schon kurz nach ihrer Ankunft in Spanien hatten sie sich kennengelernt, und der Neuankömmling verdankte Julia auch die Einführung in die gute Gesellschaft von Madrid, in der neben den wohlklingendsten Namen der Aristokratie die nicht minder wohlklingenden Börsen manch eines zu gesellschaftlichem Rang emporgekletterten marokkanischen Schmugglers oder levantinischen Spekulanten unbestrittene Geltung hatten. Ohne den Beistand dieser höchst beflissenen und umgangsfreudigen Dame hätte Cantalicia mehrere Wochen gebraucht, um sich einen Weg durch das verworrene Gestrüpp dieser erlauchten Nomenklatur zu bahnen. Julia aber hatte alle Hindernisse überwunden, Soupers organisiert und Empfänge veranstaltet, um die neue Freundin der kleinen Großen Welt vorzustellen. Das Ehepaar Moliner war seiner Gastfreundlichkeit wegen berühmt, und die von ihm veranstalteten Feste standen im Ruf, sehr animiert zu verlaufen. Das ging so weit, daß jedesmal zwei oder drei der Geladenen sich gezwungen sahen, den Rest der Nacht in einem Fauteuil ausgestreckt und mit einem Ammoniakfläschchen unter der Nase zuzubringen.

Sowohl Julia als auch Enrique, ihr Gatte, bemühten sich in vorbildlicher Weise um die kleine überseeische Witwe. Enrique Moliner, der in seinem ersten Lebensabschnitt zur Jeunesse dorée der Hauptstadt gehört hatte, war im Laufe der Jahre, obwohl seine Brieftasche immer mehr anschwoll, um ein gut Teil jenes Glanzes gekommen. Von hohem Wuchs (die perpendikulare Ausdehnung ist am Menschen das, was sich am wenigsten verändert), machte er noch immer eine gute Figur, obgleich seine Silhouette eine nicht zu übersehende Abrundung erfahren hatte. Noch war er nicht dick, aber er hatte für immer aufgehört, schlank zu sein. Unerbittlich erweiterte sich auf seinem Scheitel eine kahle Scheibe, die den sie umschwirrenden Fliegen einen prächtigen Landeplatz in naher Zukunft verhieß. Trotzdem kann nicht geleugnet werden, daß Enrique, ungeachtet solcher physiologischer Beeinträchtigungen, noch über eine ganze Reihe persönlicher Vorzüge verfügte: seine italienischen Foulardkrawatten, die vom besten Chemisier Roms stammten, seine Schläfen, die nicht silbrig, sondern golden schimmerten, wie alle grauen Haare blonder Leute, sein Duft nach englischem Rasierwasser (zu 150 Peseten der Liter), seine gewandte, mit Anekdoten gespickte Konversation, die durchaus dem geistigen Niveau des glänzenden Advokaten, Verteidiger schwierigster Fälle und Leser von Kalenderblättern, der er war, voll entsprach ... mit einem Wort: Was soll ich meinen Lesern noch von ihm sagen?

Julia hatte jedenfalls allen Grund, auf ihren Enrique stolz zu sein, denn seine Kanzlei war die meistfrequentierte von Madrid. Durch seine Hände gingen alle Skandalgeschichten der vornehmen Welt, und die sind ja bekanntlich die Ruhmessäulen, auf denen die Karriere eines erfolgreichen Anwalts ruht. Moliner fungierte als Verteidiger in aufsehenerregenden Prozessen, die er fast alle gewann und die zur Teestunde zwischen zwei Sandwichs und auf dem Golfplatz zwischen zwei Löchern kommentiert werden: so zum Beispiel Trennung von Ehen in den höchsten Kreisen der Aristokratie, betrügerische Konkurse achtbarster Handelsgesellschaften und dergleichen. Er war, nehmt alles nur in allem, einer jener berühmten und bewunderten Männer, die in jedem Salon einen Fauteuil finden, in den sie sich setzen, und eine Stille, in der sie sich hören können. Seit zehn Jahren mit Julia verheiratet, bildeten die zwei das, was man eine Musterehe nennt. (Warum tut man das eigentlich, da es doch immer weniger Paare gibt, die darauf aus sind, solche Vorbilder zu kopieren?) Julia und Enrique hatten jedenfalls in solch enger Gemeinschaft gelebt, daß nicht einmal ein Blättchen Zigarettenpapier zwischen ihnen Platz gehabt hätte.

Aber es gibt bekanntlich kein Übel, das hundert Jahre überdauert, und keine Liebe, die das zehnte ohne Abnützungserscheinungen überlebt. Und so geschah es, daß die Leidenschaft der beiden sich allmählich in Zusammengehörigkeitsgefühl verwandelte, und das ist ein Ersatzstoff, der zwar sehr ähnlich schmeckt wie die Liebe, letzten Endes aber doch so etwas wie Kaffee ohne Koffein ist.

Und es trug sich zu, daß Cantalicias Ankunft in Madrid gerade mit jenem psychologisch kritischen Moment in der Ehe der Moliners zusammenfiel. Als Enrique sie zum erstenmal erblickte, erwachte in ihm der jähe und absurde Wunsch, Paraguay näher kennenzulernen. Dieser Impuls, der durch die rasch entstandene und zusehends wachsende Freundschaft zwischen Julia und der schönen Exotin aufs beste gefördert wurde, nahm in der empfänglichen Seele des Advokaten immer phantastischere Formen an. Zunächst war für ihn die hingebende Betrachtung, der er Cantalicias Silhouette unterzog, nichts anderes als das gewissenhafte Studium der Geographie Paraguays. Doch eines Tages, im Tumult einer Cocktailparty, nützte er die Einsamkeit aus, die man so oft inmitten einer lärmenden Menschenmenge finden kann, die unaufhörlich redet, ohne sich dabei etwas zu denken, und bot der schönen Paraguayerin seine uneigennützige Freundschaft an. Sie aber wies ihn unter schallendem Gelächter zurück. Dieses anfängliche Fiasko schreckte jedoch Moliner nicht ab, denn als Verteidiger in schwierigsten Fällen wußte er ganz genau, daß man nicht aufhören darf zu appellieren, wenn man ein günstiges Urteil durchsetzen will. Und vom folgenden Tage an begann er denn auch zu appellieren und ließ einen ganzen Monat nicht davon ab. Obgleich es ihm auch nach Ablauf dieser Zeit noch nicht gelungen war, die Schwesternation an seine von Patriotismus geschwellte Brust zu drücken, hatte er es doch zu einem bezaubernden Flirt gebracht, der die Grundlage für eine verheißungsvolle Zukunft zu bilden schien. Von dem etwas trivialen Sprichwort «Steter Tropfen höhlt den Stein» ausgehend, das nichtsdestoweniger eine tiefe Philosophie einschließt, attackierte Enrique die Feste Cantalicia mit zwei Typen von Appellation: mit mündlichen und mit blumigen. Die mündlichen bestanden aus telefonischen Anrufen am späten Nachmittag, wenn die Seele, vom zarten Dämmerlicht der *heure bleue** eingewiegt, sich vagen Sehnsüchten hingibt und mehr denn je nach Liebe lechzt, wenn die Welt um uns, in die Schatten des sterbenden Tages gebettet, uns so viel schöner erscheint, weil man dann nicht einmal mehr das Schwarze unterm Nagel sieht. Während dieses poetischen Übergangs vom Tag zur Nacht, der die weibliche Integrität so trefflich dahinschmelzen und zur Aufgabe ihrer besten strategischen Verteidigungspositionen bereitzumachen vermag, träufelte Enrique so viel Honig in Cantalicias Ohr, daß ihr Telefonhörer daran hätte kleben bleiben müssen. Sie jedoch war genug in der Welt herumgeflattert, um nicht wie eine dumme Fliege auf den süßen Leim zu gehen. Sie nahm die Huldigungen gnädigst hin, gab aber keine Handbreit nach. Die

* Frz. «Blaue Stunde».

Männer verrückt zu machen, ist für schöne Frauen ein so harmloser Zeitvertreib wie der, Hennen zu hypnotisieren. Enriques Daueranrufe und seine beharrlichen Blumenspenden (ein täglicher Strauß von Rosen so groß wie Kohlköpfe) galten Cantalicia nur als Beweis dafür, daß sie nach wie vor unwiderstehlich schön war. Dabei mißfiel ihr die Redegewandtheit des Advokaten ebensowenig wie sein Aussehen, aber ihre immer enger werdende Freundschaft mit Julia bildete eine unübersteigbare Barriere, die verhinderte, daß das Geplänkel mit Enrique zu offener Feldschlacht ausartete, was den zur Verzweiflung trieb. Vergeblich ersann er immer neue Kriegslisten, um mit ihr allein zu sein, lud sie zu Mahlzeiten auf dem Lande ein, zum Tee in sehr diskrete Konditoreien oder zum Souper in Restaurants, wo die Tische durch strategische Wälle oder wenigstens durch Paravents gegen Zugluft geschützt waren. Cantalicia aber sagte immer wieder nein, denn sie wußte sehr wohl, daß vom Tischtuch zum Bettuch nur ein Schritt ist, und um Julias willen war sie fest entschlossen, diesen Schritt niemals zu tun. Das machte sie auch Enrique unumwunden klar, um seinen sich ständig steigernden Enthusiasmus einzudämmen, aber er gab nicht auf, sondern beharrte auf seiner Belagerungstaktik, so daß Cantalicia anfing zu fürchten, Julia könnte etwas von dieser vegetarischen Liebe ahnen, die drauf und dran war, sich in eine fleischfressende zu verwandeln.

Wie man sieht, fanden diese Befürchtungen ihre vollste Bestätigung: Julia hatte alles erfahren, und da war sie nun, die Freundin, in eine Furie verwandelt, um das verlorengegangene Herz ihres Gatten zurückzuverlangen.

«Was soll ich Frau Moliner sagen?» wagte das Mädchen zu fragen, das nun schon eine geraume Weile vor seiner Herrin stand und auf Instruktionen wartete.

«Führ sie herein!» befahl Cantalicia, denn sie sagte sich, daß es das beste sei, den Angriff abzufangen und den Stier bei den Hörnern zu packen.

Während das Mädchen aus dem Zimmer ging, um die Anordnungen ihrer Herrin auszuführen, legte die schöne Paraguayerin das Buch beiseite und bereitete sich darauf vor, die Freundin zu empfangen.

«Liebste Julia!» rief sie überschwenglich aus, als sie die Besucherin eintreten sah. «Welch reizende Überraschung!» fügte sie hinzu und breitete die Arme aus.

«Und welch unwillkommene, nicht wahr?» erwiderte die Moliner ganz trocken.

«In diesem Haus bist du immer willkommen, meine Liebe!»

«Natürlich, denn du warst ja sicher, daß ich früher oder später hier auftauchen würde – oder?»

«Ich?» heuchelte die Exotin. «Weshalb sollte ich sicher sein?»

«Stell dich nicht dumm, bei mir verfängt das

nicht.» Dann pflanzte sich Julia vor der Freundin auf und sprach die unheilschwangeren Worte aus, die auf der Bühne so viele dramatische Szenen einleiten: «Ich weiß alles!»

«Wovon sprichst du?»

«Das weißt du so gut wie ich, ich spreche von Enrique. Hältst du mich für blind? Glaubst du, daß ich nicht gemerkt habe, wie er sich zuletzt immer mehr veränderte? Wenn eine Frau zehn Jahre an der Seite eines Mannes lebt, kennt sie ihn so gut wie das Innere der Handtasche, die sie täglich trägt. Und um die letzten Geheimnisse der männlichen Seele zu erforschen, braucht man nicht mehr. Meinen Enrique kenne ich in- und auswendig, und daß du ihn schon stark beeindrucktest, als er dich zum erstenmal sah, hab' ich sofort bemerkt.»

«Was für dummes Zeug du daherredest! Wie willst du das wissen?»

«Ich merkte es an der Art, wie er dich ansah. Und außerdem überraschte ich ihn am nächsten Tag, als er in der Enzyklopädie das Kapitel über Paraguay studierte.»

«Das hat doch nichts zu bedeuten», protestierte Cantalicia.

«Nichts zu bedeuten? Ha! Alle Forscher studieren erst einmal das Terrain, ehe sie sich auf ein Abenteuer einlassen.»

«Worauf willst du eigentlich hinaus?»

«Auf das heimliche Idyll, das zwischen dir und Enrique besteht.»

«Was?! ... Aber, Julia!»

«Jawohl, mein Schätzchen, ich sag' dir das in aller Offenheit, denn zu diesem Zweck bin ich gekommen.»

«Bist du verrückt geworden?» rief Cantalicia und faßte sich mit beiden Händen an den Kopf, eine Geste, die ihre hochdramatische Wirkung nie verfehlt. Dann fügte sie hinzu: «Wie kannst du glauben, daß ich imstande wäre ...?»

«Ich glaube es nicht, meine Liebe», erwiderte Julia mit einer Bestimmtheit, die jeden Widerspruch auszuschließen schien, «ich bin meiner Sache sicher!»

«Weißt du denn auch, was du da sagst? Daß du deine beste Freundin einer Ungeheuerlichkeit anklagst?»

«Ich klage dich an, weil ich Beweise habe.»

«Beweise? Nennst du ein paar Blicke Beweise, oder einen Band der Enzyklopädie?»

«Ich nenne Beweise die Fünfzehnhundert-Peseten-Rechnung eines Blumenhändlers, die mein Mann zu zerreißen vergaß und die ich in seinem Überzieher gefunden habe. Ich nenne Beweise die Tatsache, daß sein Bürotelefon jeden Tag zwischen sechs und halb sieben ununterbrochen besetzt ist, und da seine Angestellten um sechs weggehen, muß man keine Detektivin sein, um den Verdacht aufkommen zu lassen, daß er um diese Zeit allein bleibt, um mit jemandem zu sprechen.»

«Und wie kommst du darauf, daß die Blumen für mich bestimmt sind und daß die Anrufe mir gelten? Enrique kennt doch viele Frauen.»

«Aber nicht so hübsche wie du, er hat einen sehr guten Geschmack.»

«Danke für das Kompliment, aber die Anschuldigung weise ich zurück. Und ich finde es höchst unschön von dir, daß du mich, ohne die geringste Gewißheit zu haben, auf bloße Verdächtigungen hin beleidigst.»

«Die Gewißheit habe ich auch», sagte Julia mit boshaftem Lächeln, das ihren ganzen Triumph widerspiegelte, «er selbst hat sie mir gegeben.»

«Er selbst?» rief Cantalicia aus und schnappte nach Luft. «Wie das?»

«Er hat es mir gesagt.»

«Gesagt? Er hat es dir gesagt?» Cantalicia war perplex. Dieser Schlag zerstörte ihr ganzes Verteidigungssystem. «Wann hat er es dir gesagt? Bei welcher Gelegenheit?»

«Im Schlaf. Enrique hat nämlich die Angewohnheit, im Schlaf zu reden. Eine reichlich unangenehme Angewohnheit, denn es vergeht kaum eine Nacht, in der er mich nicht mit irgendeinem dummen Geschwätz weckt. Aber das hat auch seine Vorteile, denn bei diesen Monologen seines Unterbewußtseins entschlüpft ihm manchmal ein interessantes Geheimnis. Und seit einer Woche flicht er in sein nächtliches Gefasel immer wieder deinen Namen ein.»

Cantalicia fühlte sich in die Enge getrieben, fragte aber ganz arglos: «Und das ist alles?»

«Scheint dir das wenig zu sein? Außerdem habe ich noch einen andern, definitiven Beweis: Enrique spricht schlecht von dir, sooft er Gelegenheit dazu hat.»

«Was? Und das betrachtest du als Beweis?»

«Als den schlagendsten von allen. Wenn einem verheirateten Mann die Freundin seiner Frau gefällt, kritisiert er sie, wann immer er dazu Gelegenheit hat. Naiverweise nimmt er an, daß, wenn er gut von ihr spräche, die Frau den Verkehr mit der anderen aufgäbe – für den Fall der Fälle. Aber das ist ein so alter Trick, daß er schon nicht mehr verfängt. Also spar dir die Ausreden, Cantalicia! Siehst du nicht ein, daß es das beste ist, alles zu gestehen? Abgesehen davon, daß es eine Dummheit ist, das Erwiesene abzuleugnen, bin ich doch deine beste Freundin und verdiene, daß du aufrichtig zu mir bist!»

«Also gut», gab Cantalicia endlich nach. «Wenn du wirklich glaubst, daß es so besser ist, werde ich dir alles erzählen. Es ist richtig, daß Enrique eine gewisse Sympathie für mich empfindet ... vielleicht sogar etwas mehr als Sympathie. Aber nur sehr wenig mehr, sei dessen sicher, du weißt ja, wie die Männer sind.»

«Keine Ahnung», berichtigte Julia, «ich weiß nur, wie Enrique ist.»

«Also gut. Du weißt doch, daß sie, wenn sie eine

Frau kennenlernen, die nicht gerade ein Ausbund an Häßlichkeit ist, alle ihre Don-Juans-Künste spielen lassen, um zu sehen, ob nicht doch eine anbeißt – das ist eine instinktive Reaktion des männlichen Geschlechts. Und wenn es sich um eine Witwe handelt, wie in meinem Fall, glauben sie, daß ihre Chance, sie zu erobern, noch viel größer sei. Nimm an, daß Enrique ebenso gedacht hat, nicht weil er sich in mich verliebt hätte, sondern weil die Chance, ein Bonbon zu naschen, schließlich und endlich niemandem ganz zuwider ist. Es ist wahr, daß er mir Blumen schickt, es ist richtig, daß er mich jeden Tag zur bewußten Zeit anruft ... aber zwischen diesen Lappalien und dem bewußten anderen gähnt doch ein Abgrund. Ich schwöre dir, daß Blumen und Worte alles sind, was es zwischen mir und deinem Mann gegeben hat.»

«Zum Donnerwetter! Gerade das ist es ja, was mich empört!» rief Julia aus.

«Wie?» rief die Paraguayerin höchst überrascht, denn sie glaubte, nicht richtig gehört zu haben.

«Ich sagte, daß es gerade das ist, was mich empört. Wie wagst du es, einen Mann wie Enrique vor den Kopf zu stoßen? Du müßtest begeistert sein, daß er sich für dich interessiert.»

«Was sagst du da, Julia?»

«Genau das, was du hörst. Unzählige Frauen wären stolz darauf, etwas mit ihm gehabt zu haben. Dabei möchte ich bemerken, daß mich meine Rolle als seine Frau nicht etwa blind macht. Enrique ist eine Persönlichkeit, hat großes Prestige, ist physisch recht beachtlich, gut gewachsen und hat sich jung gehalten. Was hast du an ihm auszusetzen, das dich so abstößt?»

«Du meine Güte! Was soll ich dazu sagen?»

«Du sollst mir sagen, warum er dir nicht gefällt.»

«Das ist es ja nicht ... aber du wirst begreifen, daß ich als deine Freundin ...»

«Gerade deshalb sollst du ja auf ihn eingehen.»

«Sag, Julia, bist du verrückt geworden?»

«Im Gegenteil, ich war noch nie so vernünftig wie jetzt.»

«Dann verstehe ich dich nicht», gestand Cantalicia völlig fassungslos.

«Ich werde es dir erklären. Wie du weißt, bin ich mit Enrique seit zehn Jahren verheiratet. Bis jetzt sind wir ein vollkommen glückliches Ehepaar gewesen, und ich bin überzeugt, daß wir es für den Rest unseres Lebens bleiben werden. Aber wir durchleben jetzt einen kritischen Moment, der sich immer dann einstellt, wenn das eheliche Glück so perfekt ist wie das unsere. Und nur den intelligentesten Frauen gelingt es, diese Krise zu überwinden, die eine logische Konsequenz eben dieser Vollkommenheit ist. Seit wir verheiratet sind, hat Enrique mich nicht betrogen, aber die zehn Jahre Ehe, die wir hinter uns haben, bilden eine Kette, die uns zwar nicht fesselt, deren Gewicht wir aber doch zu spüren bekommen. Und obgleich ich weiß, daß er mich noch immer liebt, merke ich doch, daß er unter seiner Treue leidet. Das ist ein Phänomen, dessen Einflüssen sich kein verheirateter Mann nach zehn Jahren harmonischen Ehelebens entziehen kann. Es handelt sich um eine Art Krankheit, die sie alle durchmachen müssen und die schwerwiegende Folgen nach sich ziehen kann, wenn wir Frauen den Patienten nicht mit äußerster Sorgfalt pflegen. Das ist allerdings nicht sonderlich schwer, denn die Symptome sind so eindeutig, daß die Frühdiagnose sehr einfach zu stellen ist: Der so erkrankte Gatte wird seiner Frau gegenüber grob, ist immer mißgelaunt und hat sogar weniger Appetit als sonst. Er selbst kennt die Ursachen seines Zustandes gar nicht, aber er fühlt jählings den Drang, gegen die Vormachtstellung zu rebellieren, die die Gattin in seinem Gefühlsleben einnimmt. Der in jedem Mann schlummernde Polygamist wacht nach dieser langen Siesta auf und fühlt, daß er zwischen den engen Wänden der traulichen Monogamie zu ersticken droht. Deshalb beginnt er zu knurren wie eine Bestie im Käfig. Genau das ist die Phase, die Enrique jetzt durchmacht, und ich habe augenblicklich unter dem Knurrstadium zu leiden, bei dem er gerade angelangt ist. Dank deiner Mithilfe hoffe ich allerdings, ihn sehr bald heilen zu können.»

«Dank meiner Mithilfe?» fragte Cantalicia entsetzt, nachdem sie den kleinen Vortrag angehört hatte, ohne den Mund aufzutun.

«Ja», bestätigte Julia, «und ich will dir sagen, warum. Wenn die Männer von diesem Fieber befallen sind, neigen sie dazu, jeder Versuchung anheimzufallen, und wenn sich ihnen keine Gelegenheit dazu bietet, suchen sie sie sogar. Verblendet von einem Wahn, der dem Amoklauf ostasiatischer Stämme nicht unähnlich ist, geraten sie in einen Zustand, in dem sie leicht jeder skrupellosen Dirne, die ihren Weg kreuzt, ins Garn gehen! Ich weiß von vielen Ehen, die definitiv gescheitert sind, weil die Männer bei dieser spontanen und unaufhaltsamen Flucht aus der gewohnten Unterordnung auf irgendwelche Biester trafen, die sie zugrunde gerichtet haben. Abgesehen von der Freundschaft, die dich mit mir verbindet und die an sich schon eine Garantie dafür ist, daß du mir keinen bösen Streich spielen wirst, sind in dir alle physischen Vorzüge vereinigt, die mir nötig scheinen, damit ich mich nicht erniedrigt fühle: Du bist hübscher als ich, auch etwas jünger, kerngesund ...»

«Vor allem bin ich entsetzt! Bist du dir klar darüber, welche Ungeheuerlichkeit du mir da zumutest?»

«Das ist gar keine Ungeheuerlichkeit, mein Kind. Da Enriques Abenteuer nicht nur unausweichlich, sondern sogar notwendig ist, ziehe ich vor, daß seine Partnerin dabei jemand ist, den ich kenne, denn dann bin ich viel ruhiger. Du wirst begreifen, daß in solchen Fällen eine bekannte Witwe einer unbekannten Nutte vorzuziehen ist.»

«Das ist unerhört!» rief Cantalicia tief gekränkt, doch sah sie davon ab, sich vor Gram die Kleider vom Leib zu reißen, denn die Robe, die sie trug, stammte aus einem der ersten Pariser Ateliers. «Und du glaubst wirklich, daß ich auf diesen abscheulichen Vorschlag eingehen werde, nur um dir einen Gefallen zu tun?»

«Du hättest auch dein Vergnügen daran. Und außerdem wiegt die Befriedigung, einer Freundin gefällig gewesen zu sein, alle Opfer auf. Und ich schwöre dir, daß du mir tatsächlich einen ungeheuren Gefallen tätest. Wenn Enrique mich erst einmal betrogen hat, wird er wieder der ideale Gatte von einst sein, denn das Abenteuer mit dir wird ihm einen Schuldkomplex einbringen. Um dann seine Gewissensbisse zu beschwichtigen, wird er mich zärtlicher denn je behandeln. Und vielleicht wird er mir sogar den Nerzmantel schenken, um den ich ihn in der Phase seiner unbedingten Treue vergeblich gebeten habe. Begreifst du nun, was das für meine Zukunft und für den Fortbestand meines Glücks bedeutet?»

«Natürlich begreife ich das», konnte Cantalicia nicht umhin anzuerkennen, womit sie, gegen ihren Willen, begann, der Freundin ein wenig nachzugeben. «Aber du mußt auch verstehen, daß mir das alles ein bißchen monströs vorkommt.»

«Warum?» fragte Julia überrascht. «Da du doch Paraguayerin bist ...?»

«Na hör mal!» protestierte Cantalicia, die sich

in ihrem Nationalgefühl aufs tiefste verletzt fühlte. «Wir Paraguayerinnen sind nicht minder anständig als die Frauen aller andern Länder!»

«Gewiß, meine Liebe, ich wollte ja nur sagen, daß du als Paraguayerin weit weg von deiner Heimat bist, wodurch dort niemand erfahren kann, daß du dich hier ein bißchen amüsierst. Also, sei lieb ...!»

«Ich weiß wirklich nicht, was ich sagen soll», erwiderte Cantalicia, von Zweifeln gequält. «Du versetzt mich da in eine Zwangslage ...»

In diesem Moment begann das Telefon, das auf einem Sockel neben dem Sofa stand, zu läuten. Cantalicia, froh über die Unterbrechung dieser so peinlichen Konversation, nahm den Hörer ab.

«Hallo? ... Ach, du bist's. Warte einen Augenblick, bitte ...» Und während sie den Hörer mit der Hand bedeckte, sagte sie mit angstbebender Stimme zu Julia: «Es ist Enrique.»

«Dann will ich nicht indiskret sein», entgegnete Julia und erhob sich. «Ich geh' jetzt, damit du ungestört mit ihm sprechen kannst. Und ich geh' beruhigt, denn ich weiß, daß du mich nicht im Stich lassen wirst. Also, halt dich dran, laß ihn nicht warten!»

Und Julia Moliner verließ das Haus ihrer Freundin in bester Laune, während Cantalicia den Hörer wieder ans Ohr legte, um mit Enrique zu plaudern.

ANONYM

Wie der Bauer statt der Bäuerin das Haus versorgte

Ein Bauer brummte beständig mit seiner Frau und warf ihr vor, sie habe ein gar zu leichtes Leben. «Ich rackere mich auf dem Feld ab, von früh bis spät, du aber gehst im Haus umher und schlägst die Zeit tot. Das ist ja das reinste Zuckerlecken.»

Die Frau konnte sich das schließlich nicht mehr anhören. Eines Tages sagte sie: «Weißt du was, wir tauschen. Morgen gehe ich aufs Feld, und du besorgst das Haus. Mal sehen, wer's leichter hat.»

Der Mann war Feuer und Flamme. «Fein», rief er. «Morgen bin ich die Hausfrau, und du gehst mähen.»

Es war aber gerade ein Samstag. Die Frau nahm also die Sense. Doch bevor sie ging, unterwies sie ihren Mann, was er zu tun hätte, denn sie besaß kein übermäßiges Vertrauen zu seiner häuslichen Umsicht.

«Wenn der Schatten zwei Schritte mißt, komme ich essen. Bis dahin koche Grütze und schlage die Butter dazu. Vergiß auch die Kuh nicht, treib sie auf die Weide.»

Der Mann grinste nur. «Aber das weiß ich doch alles allein. Sei unbesorgt, ich werde es schon machen.»

Die Frau ging zur Heumahd. Der Mann aber steckte sich derweil sein Pfeifchen an und überlegte, womit er anfangen sollte. Zuerst wollte er Grütze kochen. Er schrubbte den Kessel, füllte ihn mit Wasser und schüttete die Graupen hinein.

Das alles bereitete ihm keine Schwierigkeiten, doch ging ihm leider fortwährend die Pfeife aus, was bei der Hausarbeit hinderlich ist, denn er mußte sie immerzu neu anzünden. Dennoch machte der Bauer ein gutes Feuer unterm Kessel und legte reichlich Holz nach, damit die Grütze schneller gar würde. Und als es dann lustig zu brodeln begann, rührte er emsig, um sie nicht anbrennen zu lassen.

Die Kuh hatte er natürlich vergessen. Die muhte schon ungeduldig und wollte ins Freie.

Der Bauer dachte: «Bis ich die Kuh wegbringe und wieder heimgehe, brennt mir inzwischen die Grütze an. Ich werde sicherheitshalber noch Wasser nachgießen.»

Er ging zum Brunnen, goß in den Kessel Wasser, goß aber aus Unachtsamkeit zu viel, so daß es überlief und das Feuer auslöschte. Das Feuermachen fing also von vorn an. Die Kuh brüllte lauter.

«Aber kannst du denn nicht warten, du Vieh», schrie der Bauer. «Ich muß erst Feuer machen, gleich laß ich dich raus.»

Das naß gewordene Holz wollte aber nicht brennen. Was tun? Die Kuh brüllte schon derart, daß der Bauer wohl oder übel zum Stall ging. Er dachte: «Bringe ich die Kuh auf die Weide, brennt mir die Grütze an, oder das Feuer geht aus. Ich werde sie beim Kühlkeller anbinden, dort wächst saftiges Gras, soll sie das fressen.»

Er warf der Kuh einen Strick um den Hals, zog sie zum Kühlkeller und band sie fest. Er selber aber wandte sich zur Küche, um die Grütze weiter zu kochen. Da fiel ihm jedoch ein, daß er die Butter noch nicht geschlagen hatte. Er ging also erst in die Scheune, holte das Butterfaß nebst dem Rahm und machte sich daran, zu buttern. Dabei verspürte er starken Durst, deshalb lief er in die Scheune zurück, wo das Kwaßfäßchen stand.

In der Eile hatte er jedoch die Küchentür offengelassen. Auf dem Hof erging sich die Sau mit ihren sieben Ferkeln. Die sah die offene Tür und war begierig, sich mal die Küche von innen anzusehen. Schwups! war sie drin und ihre Ferkel auch.

Der Bauer hatte schon das Maul unterm Spund, da sah er die Bescherung mit der Sau und den Ferkeln. Du liebe Güte! Auf dem Estrich stand doch der Rahmtopf! Wie gehetzt rannte er zum Haus, den Spund des Fasses vergaß er zu schließen.

Was bot sich seinen Augen in der Küche dar? Das Schwein wälzte sich im Rahm auf dem Boden, das Butterfäßchen war umgekippt. Wütend packte der Bauer einen Holzkloben und warf ihn auf das verflixte Schwein. Am Rüssel getroffen, streckte es sogleich alle viere von sich. Dem Bauer standen die Haare zu Berge. Er jagte die Ferkel aus der Küche und schleppte die krepierte Sau auf den Hof.

Da fiel ihm der offne Spund des Kwaßfäßchens ein. Er rannte in die Scheune: Das Faß war leer, der Kwaß bildete eine Pfütze auf dem Boden. Böse Geschichte!

Der Bauer suchte herum, ob nicht irgendwo noch etwas Rahm wäre, denn er sollte ja buttern. Er fand auch welchen und machte sich neuerlich an die Arbeit. Da kam ihm jedoch der Gedanke, daß das leere Kwaßfäßchen eintrocknen würde.

Deshalb rannte er wieder zum Brunnen, nahm aber, um neues Unheil zu verhüten, das Butterfaß mit. Das stellte er auf den Brunnenrand und leierte den Wassereimer hoch. Dabei stieß er ihn ans Butterfäßchen, das polterte in den Brunnen hinab.

So ein Pech! Die Butter lag im Brunnen, da würden sie die Grütze wohl mager essen müssen.

Ach ja, die Grütze! Aus der Küche roch es schon verdächtig brenzlig.

Der Bauer tröstete sich: «Der Geruch ist unwichtig, die Hauptsache, es schmeckt nicht angebrannt.»

Er kostete und fand, es gehe. Mit ein wenig Butter würde es freilich besser schmecken. Er wandte sich wieder zur Scheune und suchte Butter.

Fand aber nichts. Schließlich erblickte er ein großes Faß und dachte, vielleicht könnte dort ein Stückchen Butter liegen. Er beugte sich über den

Rand und purzelte kopfüber hinein. Es war dies aber ein Mehlfaß, auf dessen Boden sich noch ein Rest Mehl befand. Niesend wollte der Bauer aus dem Faß klettern, doch es gelang ihm nicht.

Als die Bäuerin zum Essen kam, war ihr Mann nicht zu finden. Sie suchte überall. Auf dem Hof lag die krepierte Sau. Der Estrich in der Küche war voller Rahm. Die Kuh lag mit gebrochenem Fuß am Kühlkeller. Die Grütze im Topf war zu Kohle verbrannt, und der Ehegemahl war verschwunden. Nach längerem Suchen fand die Frau ihn schließlich im Mehlfaß. Sie half ihm heraus und klopfte ihn ab.

Und sie war klug genug, ihren Mann nicht auszuschelten, der so viel Unheil angerichtet hatte. Sie brachte alles in Ordnung, kochte neue Grütze, aß selber und gab ihm zu essen. So endete dieser Tag.

Seither brummte der Bauer nicht mehr und ließ nie wieder verlauten, daß seine Frau doch ein gar zu leichtes Leben habe.

Die Sage von Philemon und Baukis

Auf Phrygiens Hügeln steht eine alte Eiche und dicht daneben eine Linde, beide von einer mäßigen Mauer umgeben. Ihre niederen Zweige schmückt mancher Kranz, den fromme Hände mit heiliger Scheu darangehängt. Nicht ferne davon ist ein See, einst bewohnbares Land, jetzt ein Gewässer, belebt von Tauchern und Sumpfhühnern. Hierher kam einst Zeus, der Himmelsvater, und mit ihm Hermes, sein ihm dienstbarer Sohn, beide in menschlicher Gestalt in der Absicht, die Gastlichkeit der Menschen zu prüfen. Sie traten an tausend Häuser heran und baten um Obdach und ein Plätzchen zur Ruhe; doch tausend Häuser verschlossen ungastlich die Tür.

Nur *ein* Haus nahm sie auf, klein zwar und gedeckt mit Stroh und Rohr, doch die drin wohnten, waren ein frommes freundliches Paar, der greise Philemon und sein gleichaltriges Weib Baukis. Beide hatten in dieser Hütte in den Tagen ihrer Jugend den Bund fürs Leben geschlossen und waren darin grau geworden, zufrieden mit ihrer Armut, die für ihren einfachen Sinn nichts Drückendes hatte. Keinen Diener fand man im Hause, sie beide waren die ganze Familie und dienten liebreich eines dem andern.

Als in die niedere Tür dieses Hauses die Götter eintraten mit gesenktem Haupte, kam ihnen der alte Philemon freundlich entgegen und hieß sie ihre Glieder niederlassen auf einem hingestellten Sessel, über welchen die geschäftige Baukis sogleich ein rauhes Gewebe warf. Darauf eilt diese zum Herde, scharrt aus der lauen Asche die glimmenden Funken des gestrigen Feuers, nährt es mit Blättern und trockener Rinde und zwingt es mit keuchendem Atem zur Flamme; dann holt sie von dem Dache gespaltenes Kienholz und trockenes Reisig, bricht es kurz und schiebt es unter den ehernen Kessel. Während sie darauf den Kohl beliest, den ihr Gatte in dem bewässerten Garten geholt, hebt dieser mit zweizinkiger Gabel den Rücken eines Schweines, den sie lange aufbewahrt, vom rußigen Balken herab und schneidet ein bescheidenes Stück davon und legt es in das siedende Wasser. Und damit den Gästen der Verzug bis zur Mahlzeit nicht zu lange währe, bemühen sich beide durch unterhaltende Gespräche die Zeit zu kürzen.

Eine buchene Wanne mit krummem Henkel hing an einem Nagel an der Wand; die füllen sie mit lauem Wasser und stellen sie den Gästen zum Fußbad dar. Während diese ihre Glieder in dem Bade erfrischen, breitet Baukis über ein Polster aus weichem Sumpfgras, das in der Mitte der Stube auf weidenem Gestelle lag, einen Teppich – er war zwar alt und von schlechtem Gewebe, wohlpassend zu dem weidenen Gestelle, doch war er ein

Kleinod der Alten, das sie nur an festlichen Tagen hervorzuholen pflegten. Darauf laden sie die Gäste ein, sich niederzulassen zum Mahle. Die zitternde Alte mit aufgeschürztem Gewande stellt den Tisch davor, aber der dritte Fuß des Tisches ist ungleich; eine Scherbe darunter macht ihn gleich. Nachdem sie so den Tisch gefestigt, reibt sie ihn ab mit duftiger Krausenminze. Darauf trägt sie die Speisen auf; da sind Oliven, die zweifarbige Beere der reinen Minerva, und herbstliche Cornelkirschen, eingemacht in flüssiger Hefe, Endivien und Radieschen und gepreßte Milch und Eier, leicht gedreht in nicht allzu heißer Asche, alles in irdenen Gefäßen. Auch wird ein Mischbecher aufgestellt, gleichfalls von Ton, und Becher von Buchenholz, im Innern mit gelbem Wachse gebohnt. Nach einer Weile sendet der Herd warme Speisen, und wiederum wird Wein aufgetragen von nicht hohem Alter. Ein wenig auf die Seite geschoben, gibt er Platz für den Nachtisch. Da ist Nuß, da ist Feige, mit runzligen Datteln vermischt, und Pflaumen und duftige Äpfel in offenen Körbchen und Trauben von der purpurnen Rebe. In der Mitte steht eine glänzende Wachsscheibe. Zu all' diesem kommt als das Schönste und Beste eine freundliche Miene und ein nicht träger und armer Wille.

Unterdes sehen die beiden Wirte, wie der Milchbecher, sooft er ausgeschöpft ist, von selbst sich wieder füllt und der Wein von selber nachwächst, und sie staunen ob dem Wunder und stehen starr, und mit erhobenen Händen stammeln sie Gebete voll Furcht und Schreck und flehen um Verzeihung für die schlechte Bewirtung. Was sollen sie tun, um die göttlichen Gäste zu besänftigen? Sie hatten eine einzige Gans, eine Wächterin des kleinen Hauses. Die schickten sie sich an, den eingekehrten Göttern zu opfern; aber die Gans verspottete mit ihren schnellen Flügeln die Langsamkeit der Alten und zog sie flüchtend lange hin und her und schien endlich ihre Zuflucht zu den Göttern selbst zu nehmen. Die Götter verboten, sie zu töten, und sprachen: «Wir sind Götter, und eure gottlose Nachbarschaft wird büßen für ihr Vergehen; ihr dagegen werdet verschont bleiben von dem Übel, das ihnen verhängt ist, nur verlaßt eure Wohnung und gehet mit uns hinauf auf die Höhe des Berges.»

Beide gehorchen, und auf ihre Stäbe gestützt, wandern sie mühsam den langen Pfad hinauf der Bergeshöh' zu. Als sie nur noch einen Pfeilschuß von dem Gipfel entfernt waren, wandten sie ihren Blick und sahen die ganze Niederung in einen See verwandelt, nur ihr Haus war stehengeblieben. Während sie das bewundern und das Geschick der Ihrigen beweinen, wandelt sich jene alte Hütte, die selbst für ihre zwei Bewohner zu klein gewesen, in einen prächtigen Tempel. Säulen treten unter das Dach, das Stroh des Daches wird zu Gold, die Türe weitet sich zu stattlichen Toren mit kunstvoller Arbeit, der Boden deckt sich mit Marmor.

Darauf spricht Zeus mit freundlichem Munde: «Saget, gerechter Greis, und du, deines gerechten Gatten würdiges Weib, was wünschet ihr?» Nachdem Philemon mit seinem Weibe sich kurz besprochen, eröffneten sie den Göttern ihren gemeinsamen Wunsch. «Priester zu sein, wünschen wir, und euren Tempel zu hüten, und weil wir in Eintracht bisher unsre Tage verlebt, so möge uns beide *eine* Stunde dahinnehmen, daß weder ich das Grab meiner Gattin sehe, noch jene mich begraben muß.» Ihrem Wunsche folgte die Erfüllung. Sie waren der Schutz des Tempels, so lange das Leben ihnen vergönnt war. Einst, als sie, von Jahren und Alter aufgelöst, vor den heiligen Stufen standen und die Wundergeschichte des Ortes sich ins Gedächtnis riefen, da sah plötzlich Philemon seine Baukis, und Baukis sah jenen sich mit grünem Laube überdecken. Und während schon der Gipfel über beider Antlitz emporwuchs, wechselten sie noch, so lange sie konnten, Worte der Liebe. «Lebe wohl, o Gatte!» sprachen sie beide, und beiden deckte zugleich dichtes Laubwerk den Mund. Philemon war eine *Eiche* geworden, Baukis eine *Linde.*

Euer Eheschließen: Seht zu, daß es nicht ein schlechtes *Schließen* sei! Ihr schlosset zu schnell: so *folgt* daraus – Ehebrechen!

Und besser noch Ehebrechen als Ehe-biegen, Ehe-lügen! – So sprach mir ein Weib: «Wohl brach ich die Ehe, aber zuerst brach die Ehe – mich!»

Schlimm-Gepaarte fand ich immer als die schlimmsten Rachsüchtigen: Sie lassen es aller Welt entgelten, daß sie nicht mehr einzeln laufen.

Deswillen will ich, daß Redliche zueinander reden: «Wir lieben uns: Laßt uns *zusehen*, daß wir uns lieb behalten! Oder soll unser Versprechen ein Versehen sein?»

«Gebt uns eine Frist und kleine Ehe, daß wir zusehn, ob wir zur großen Ehe taugen! Es ist ein großes Ding, immer zu zwein zu sein!»

Also rate ich allen Redlichen; und was wäre denn meine Liebe zum Übermenschen und zu allem, was kommen soll, wenn ich anders riete und redete!

Nicht nur fort euch zu pflanzen, sondern *hinauf* – dazu, o meine Brüder, helfe euch der Garten der Ehe!

ANONYM

Die Geschichte vom verliebten Philosophen

Ein gewisser Philosoph hatte eine sehr umfangreiche Sammlung aller Kniffe angelegt, die Frauen anzuwenden pflegen, und er trug sie beständig bei sich und glaubte sich auf solche Art sicher vor den Listen dieses bezaubernden Geschlechtes. Eines Tages nun auf der Reise kam er an dem Feldlager eines arabischen Wüstenstammes vorbei; eine junge Araberfrau lud ihn so artig ein, sich in ihrem Zelte auszuruhen, daß er es ihr nicht abschlagen konnte; der Mann des Weibchens aber war gerade abwesend.

Kaum hatte es sich der Philosoph bequem gemacht, als er, um sich vor den Reizen zu schützen, die er zu fürchten begann, sein Buch vornahm und sich anschickte, in ihm zu lesen; die Araberin aber, die über diese anscheinende Verachtung aufgebracht war, sprach zu ihm: «Es muß das ein sehr anziehendes Buch sein, da es allein wert ist, deine Aufmerksamkeit auf sich zu lenken. Darf man fragen, von welcher Wissenschaft es handelt?»

«Ich selbst habe es verfaßt», entgegnete der Philosoph, «es enthält Geheimnisse, die sich nicht mitteilen lassen.»

«Ich lebte in dem Wahn», erwiderte die Frau,

«daß man Bücher für die große Menge schreibt; wozu ist man ein Weiser wenn man seine Kenntnisse verschließen muß? Solches ist ein Raub an der Allgemeinheit.»

«Dem stimme ich bei», versetzte unser Philosoph darwider, «aber der Gegenstand dieses Buches entzieht sich der Urteilskraft der Frauen.»

«Du würdigst ja unser Geschlecht sehr herab», sprach die Frau ganz gekränkt, «der Prophet hat uns besser behandelt als du und uns nicht vom Paradiese ausgeschlossen!»

Die Weigerung des Philosophen reizte die Neugierde der Frau mehr und mehr; sie bedrängte ihn so hart, daß er schließlich sagte: «Ich bin in Wahrheit der Verfasser dieses Buches, aber der Stoff stammt nicht von mir; es enthält alle Listen, die die Frauen ausgesonnen haben; es würde sich nicht verlohnen, euch euer eigenes Werk vorzulesen.»

«Wie, wirklich alle?» fragte die Frau.

Entgegnete der Philosoph: «Ja, alle, und ich habe nur in ihnen gelesen, auf daß ich lerne, sie nicht mehr zu fürchten.»

«Wahrlich, das ist ein einziges Buch», erwiderte sie lächelnd, «glaube mir, o großer Philosoph, du versuchst dich an einer unmöglichen Sache und willst Wasser mit einem Sieb schöpfen.»

Die gefallsüchtige und rachbegierige Araberin wechselte das Gespräch und begann dem vermeintlichen Weisen so verführerische Blicke zuzuwerfen, daß er bald sein Buch vergaß und alle

Listen, die es enthielt. Bald war unser Philosoph der leidenschaftlichste der Männer und zauderte nicht, ein Geständnis zu machen. Die Araberin war entzückt, als sie sah, daß er sich selbst ihrer Rache darbot, und gab vor, ihn zu erhören; er wiegte sich schon in den schmeichelhaftesten Hoffnungen, als die junge Frau in der Ferne ihren Gatten sah: «Wir sind verloren», sagte sie zu ihrem neuen Liebhaber, «mein Mann überrascht uns; was wird aus mir? Er ist der eifersüchtigste und wütigste aller Männer; im Namen des Propheten verbirg dich in dieser Lade!»

Wie der Philosoph einsah, daß es keine andere Gelegenheit gab, sich von diesem schlimmen Handel loszumachen, stieg er in den Kasten, den die Frau über ihm schloß und dessen Schlüssel sie an sich nahm. Sie ging dann ihrem Manne entgegen und bereitete ihm ein Essen; und als sie nach dem Mahle ihren Gatten bei rosiger Laune sah, sprach sie zu ihm: «Ich muß dir ein sehr eigenartiges Abenteuer erzählen; es ist heute in mein Zelt ein gewisser Philosoph gekommen, der vorgibt, in einem Buche alle Arten von Spitzbübereien verzeichnet zu haben, deren unser Geschlecht fähig ist. Dieser falsche Weise hat mich von Liebe unterhalten; ich habe ihm zugehört, er ist jung, liebenswert, feurig; du bist im rechten Augenblicke gekommen, um meine wankende Tugend zu stützen.»

Man kann sich bei diesen Worten die Wut des Ehemanns vorstellen, der in Wahrheit von eifersüchtiger und leidenschaftlicher Gemütsart war; der Philosoph, der in seinem Kasten alles vernommen hatte, verwünschte aus vollem Herzen sein Buch, die Frauen und die Eifersüchtigen. «Wo ist der Kühne versteckt?» fragte der Gatte sein Weib, «auf daß ich ihn meiner Rache opfern kann, oder ich opfere dich selbst!»

Die Verschmitzte, die einen heftigen Schrekken heuchelte, wies auf die Lade hin und gab ihm den Schlüssel dazu. Als der Eifersüchtige sich anschickte, sie zu öffnen, sagte seine Frau unter herzlichem Gelächter zu ihm: «Bezahle mich, du hast das Pfänderspiel verloren; ein andermal sei weniger neugierig und achtsamer!»

Der Gatte hielt sich für sehr glücklich, mit diesem falschen Lärme wegzukommen, gab seinem Weibe den Schlüssel wieder, zahlte ihr alles, was sie haben wollte, und ging fort, nachdem er sie gebeten hatte, ihn nicht mehr ähnlicher grundloser Angst auszusetzen.

Die junge Frau zog dann den Philosophen aus der Lade, wo er mehr tot als lebendig war. «O mein Herr Philosoph», sprach sie zu ihm, «vergiß diese List nicht, sie ist eines Platzes in deinem Verzeichnisse würdig!»

HEINRICH HEINE

Moral

Das sittliche Verhältnis oder vielmehr Mißverhältnis zwischen Mann und Weib ist hier in Frankreich der Dünger, welcher den Boden des Lustspiels so kostbar befruchtet. Die Ehe, oder vielmehr der Ehebruch, ist der Mittelpunkt aller jener Lustspielraketen, die so brillant in die Höhe schießen, aber eine melancholische Dunkelheit, wo nicht gar einen üblen Duft, zurücklassen. Die alte Religion, das katholische Christentum, welche die Ehe sanktionierte und den ungetreuen Gatten mit der Hölle bedrohte, ist hier mitsamt dieser Hölle erloschen. Die Moral, die nichts anders ist als die in die Sitten eingewachsene Religion, hat dadurch alle ihre Lebenswurzeln verloren und rankt jetzt mißmutig welk an den dürren Stäben der Vernunft, die man an die Stelle der Religion aufgepflanzt hat. Aber nicht einmal diese armselig wurzellose, nur auf Vernunft gestützte Moral wird hier gehörig respektiert, und die Gesellschaft huldigt nur der Konvenienz, welche nichts anderes ist als der Schein der Moral, die Verpflichtung einer sorgfältigen Vermeidung alles dessen, was einen öffentlichen Skandal hervorbringen kann; ich sage, einen öffentlichen, nicht einen heimlichen Skandal, denn alles Skandalöse, was nicht zur Erscheinung kommt, existiert nicht für die Gesellschaft; sie bestraft die Sünde nur in Fällen, wo die Zungen allzu laut murmeln. Und selbst dann gibt es gnädige Milderungen. Die Sünderin wird nicht früher ganz verdammt, als bis der Ehegatte selbst sein «Schuldig» ausspricht. Der verrufensten Messaline öffnen sich die Flügeltore des französischen Salons, solange das eheliche Hornvieh geduldig an ihrer Seite hineintrabt. Dagegen das Mädchen, das sich wahnsinnig großmütig, weiblich aufopferungsvoll in die Arme des Geliebten wirft, ist auf immer aus der Gesellschaft verbannt. Aber dieses geschieht selten, erstens, weil Mädchen hierzulande nie lieben, und zweitens, weil sie im Liebesfalle sich so bald als möglich zu verheiraten suchen, um jener Freiheit teilhaft zu werden, die von der Sitte nur den verheirateten Frauen bewilligt ist.

Das ist es. Bei uns in Deutschland, wie auch in England und anderen germanischen Ländern, gestattet man den Mädchen die größtmöglichste Freiheit, verehelichte Frauen hingegen treten in die strengste Abhängigkeit und unter die ängstlichste Obhut ihres Gemahls. Hier in Frankreich ist, wie gesagt, das Gegenteil der Fall; junge Mädchen verharren hier so lange in klösterlicher Eingezogenheit, bis sie entweder heiraten oder unter strengster Aufsicht einer Verwandten in die Welt eingeführt werden. In der Welt, das heißt im französischen Salon, sitzen sie immer schweigend und wenig beachtet; denn es ist hier weder guter Ton noch klug, einem unverheirateten Mädchen den Hof zu machen.

Das ist es. Wir Deutsche, wie unsere germanischen Nachbarn, wir huldigen mit unserer Liebe immer nur unverheirateten Mädchen, und nur diese besingen unsere Poeten; bei den Franzosen hingegen ist nur die verheiratete Frau der Gegenstand der Liebe, im Leben wie in der Kunst.

ANSPRACHEN AUF DEM STANDESAMT

Astana Kalalyk Amash

Standesamt Astana, Kasachstan

Heute werden Sie zu Ehegatten. Dies ist eine sehr verantwortungsvolle und wichtige Entscheidung, die Ihr weiteres Leben beeinflussen wird. Heute gründen Sie eine Familie und damit einen Keim der Gesellschaft. Damit übernehmen Sie die Verpflichtung, füreinander zu sorgen, sich zu lieben und zu unterstützen, nicht nur in freudigen, sondern auch in schwierigen Zeiten. Gemeinsam werden Sie Ihre Kinder, die künftigen Bürger unserer Republik, erziehen.

Im Namen des Staates und persönlich gratuliere ich Ihnen zu diesem bedeutenden Tag, der bei guten und anständigen Leuten nur einmal im Leben vorkommt. Ich wünsche Ihnen, daß Ihre Liebe Ihr ganzes Leben lang hält, daß Sie viele Kinder haben, eine glückliche Familie gründen und in Ihrem Haus zu Wohlstand kommen. Seien Sie glücklich!

Nun ist die Zeremonie zu Ende, und jetzt beginnt die schwierige Gefangenschaft, die «glückliche Ehe» genannt werden wird.

Mairie de Cannes
Rathaus Cannes, Frankreich

Nachdem ich Ihnen die Bestimmungen der Verfassung vorgetragen habe, ist das Versprechen offiziell, das Sie sich in meiner Anwesenheit und vor der Statue der Marianne, dem Sinnbild der Republik, gegeben haben. Diesen feierlichen Moment teilen Sie mit den Mitgliedern Ihrer Familie und mit Ihren Freunden, die Ihre Verbindung durch ihre Anwesenheit hier und heute bezeugen und unterstützen. Erlauben Sie, daß ich mich ihnen in meiner Eigenschaft als Standesbeamter von Cannes anschließe und Ihnen am Morgen Ihres neuen Lebens meine Glückwünsche ausdrücke. Möge es freudvoll und von Kinderlachen begleitet sein.

Helsingin Maistraatti
Standesamt Helsinki, Finnland

Der Zweck der Ehe ist die Gründung einer Familie zum gemeinsamen Wohl der zu ihr Gehörenden sowie zur Erhaltung der Gesellschaft. Die Ehe ist auf Dauer gedacht, damit die Familienmitglieder gemeinsam ein glückliches Zuhause schaffen können.

Sie sind nun in den Stand der Ehe getreten. Als Ehegatten bilden Sie jetzt eine Familie. Denken Sie stets daran, daß Sie sich Treue, Liebe und Achtung entgegenbringen und einander gegenseitig unterstützen und im gegenseitigen Einverständnis zum Wohle Ihrer Familie handeln sollen. Streben Sie danach, Eintracht und gegenseitiges Vertrauen in Ihrer Familie aufrechtzuerhalten.

Amphoe Nai Krungthep Mahanakhon
Bezirksamt Bangkok, Thailand

Ich wünsche Ihnen beiden ein glückliches Leben bis ins hohe Alter. Gehen Sie mit einem goldenen und diamantenen Spazierstock durchs Leben.

Meri Pòtoprins
Rathaus Port-au-Prince, Haiti

Ich werde Ihnen einen Auszug aus dem Kapitel 6 der Verfassung über die Rechte und Pflichten der Eheleute vortragen.

Artikel 196: Die Eheleute sind einander zu Treue, Hilfe, Unterstützung und Beistand verpflichtet.

Artikel 197: Der Ehemann ist dazu verpflichtet, seine Frau zu beschützen, die Ehefrau ist dazu verpflichtet, dem Ehemann zu gehorchen.

Artikel 198: Die Frau muß bei ihrem Mann wohnen und ihm überall dorthin folgen, wo er bestimmt, zu leben. Der Mann muß die Frau empfangen und ihr entsprechend seinen Möglichkeiten und Mitteln alles zur Verfügung stellen, was sie zum Leben braucht.

Standesamt Lucheng

Stadtteil von Wenzhou, Provinz Zhejiang,
Südostchina

Sind Sie Herr XY? Sind Sie Frau XY? Ich überreiche Ihnen hiermit im Namen des zivilen Verwaltungsamtes des Bezirks Lucheng die Heiratsurkunde. Lassen Sie uns gemeinsam den Inhalt des Ehegesetzes studieren und ergründen, und bitte antworten Sie auf die folgenden Fragen: Heiraten Sie aus freiem Willen? Können Sie es gewährleisten, daß Ehemann und Ehefrau ihren gleichwertigen Platz in der Familie einnehmen? Vermögen Sie die Rechte und Pflichten der gegenseitigen Fürsorge zu erfüllen? Werden Sie von Anfang bis Ende die Schwiegereltern gut behandeln? Eheleute sind gemeinschaftlich zur Geburtenregulierung verpflichtet – können Sie dies gewährleisten?

Standesamt Passau

Deutschland

Nach den Gesetzen des Staates, der Kirche und der Sitte ist die Ehe ein Bund für das ganze Leben. Keine Verbindung, die wir kennen und eingehen, ist von so weittragender Bedeutung und von so hohem sittlichem Werte wie die Ehe. Darum sind Sie als Ehegatten zu voller Lebensgemeinschaft, zu Liebe und Treue und zu gegenseitigem Beistand verpflichtet. Das sind die elementarsten Voraussetzungen, ich möchte sagen, die Grundpfeiler für eine harmonische Ehe. Insgesamt gesehen, genügen aber diese Eigenschaften allein für den Bestand einer Ehe nicht.

Besonders die heutige Zeit, die Hast im täglichen Alltag, die vielfältigsten Möglichkeiten des Vergnügens stellen die Ehepartner immer wieder vor Probleme und belasten oftmals den Bestand der Ehe. Deshalb sollen Sie das nun gemeinsame Leben ohne Illusionen und Träume aufbauen. Sie sollen von Anbeginn als Ehepartner die Wirklichkeit sehen und wissen, daß mit dem heutigen Bündnis aus dem Ich ein Wir und aus dem Mein ein Unser geworden ist.

Wenn Ihre Ehe auf den Grundsätzen von gegenseitiger Achtung und Wertschätzung aufgebaut ist, wenn sie von dem Geiste gegenseitiger Opferwilligkeit beseelt und von dem Bestreben nach innerer Ausgestaltung Ihrer Lebensgemeinschaft erfüllt ist, dann wird Ihre Ehe ein Bündnis voller Glück und Zufriedenheit sein.

Es liegt nun an Ihnen beiden, sich das heutige Glücksgefühl zu bewahren. Daß Sie diesen Weg finden mögen und als frohe und freie Menschen Ihren gemeinsamen Weg gehen, der Sie in eine sonnige und glückliche Zeit führen möge, das wünsche ich Ihnen als Ihr Standesbeamter von ganzem Herzen.

Hawaii Civil Marriages, Honolulu

Heiratsbüro Honolulu, Hawaii

Liebt einander, aber macht aus eurer Liebe keine Fessel: Laßt sie ein Meer zwischen den Küsten eurer beiden Seelen sein. Schenkt dem anderen ein Glas ein, aber trinkt nie aus demselben Glas. Gebt einander von eurem Brot, aber eßt nie von derselben Scheibe. Singt und tanzt miteinander und seid froh, aber laßt einander allein sein, so wie die Saiten einer Laute allein sind und doch gemeinsam schwingend Musik erklingen lassen. Gebt eure Herzen einander, aber schließt das Herz des anderen nicht ein. Steht zusammen, aber nicht zu nah beieinander: Denn die Säulen des Tempels stehen getrennt, und die Eiche wächst nicht im Schatten der Zypresse.

Embhettid Reykjavik

Standesamt Reykjavik, Island

Ich habe die Pflicht, Ihnen einzuschärfen, wie wichtig der Bund ist, den Sie nun schließen wollen. Das Gelöbnis, das Sie einander hier ablegen, ist ein unlösbares Gelübde der Liebe und Treue und der gegenseitigen Unterstützung für Ihr ganzes Leben, wie es sich auch gestalten und wenden mag.

Hierzu verpflichten Sie sich in dieser Stunde und rufen die Behörde zum Zeugen auf.

In der Hoffnung und im Vertrauen darauf, daß Sie beide sich dies gut überlegt haben und mit dem festen Entschluß hierhergekommen sind, das Gelöbnis, das Sie hier ablegen, zu halten, verspricht Ihnen die Behörde im Namen der Landesregierung all die Rechte, die eine gesetzliche Ehe in sich vereinigt, erlegt Ihnen aber gleichzeitig all die Pflichten auf, die Eheleute einander und anderen gegenüber haben, und schärft Ihnen ernstlich ein, diese Pflichten zu erfüllen.

Zivilstandesamt Vaduz
Liechtenstein

Clemens Brentano hat wunderschön formuliert: «Die Liebe allein versteht das Geheimnis, andere zu beschenken und dabei selbst reich zu werden.» Aber der Reichtum der Ehe ist nicht in materiellen Dingen zu finden, sondern in den Gefühlen: sich loslassen zu können und doch getragen zu sein; Fehler machen zu können, und diese werden einem verziehen; Halt zu geben und Halt zu finden; Trost zu suchen und Verständnis zu erfahren, aber besonders: Liebe zu schenken und diese auch selbst zu spüren!

Partnerschaft heißt, stets von neuem aufeinander zuzugehen. Was Ihnen dabei hilft, ist einzig und allein Ihre Liebe zueinander.

Als Schlußsatz habe ich für Sie ein Gedicht von Ricarda Huch über die Liebe ausgesucht, das ich Ihnen als kleines Leitmotiv auf Ihren gemeinsamen Lebensweg mitgeben will: «Die Liebe ist das einzige, was wächst, indem wir sie verschwenden!»

Lapan'ny Tanànan 'l Antananarivo
Standesamt Tananarive, Madagaskar

Ich möchte Ihnen die wärmsten Glückwünsche entgegenbringen. Mögen Sie eine große Familie haben, die aus sieben Mädchen und sieben Jungen besteht, und möge Ihre Gemeinschaft allen Gemeinheiten des Lebens widerstehen und nur der Tod Sie voneinander trennen.

HOCHZEITSTAGE

1 Jahr – Baumwollene Hochzeit
3 Jahre – Lederne Hochzeit
5 Jahre – Hölzerne Hochzeit
(im Oldenburger Land
mit Kind Rosen-, ohne Kind
Ochsenhochzeit)
6 1/2 Jahre – Zinnerne Hochzeit
7 Jahre – Kupferne Hochzeit
8 Jahre – Blecherne Hochzeit
10 Jahre – Rosenhochzeit
(im Oldenburger Land
Hölzerne Hochzeit)
12 Jahre – Nickelhochzeit
12 1/2 Jahre – Petersilienhochzeit
15 Jahre – Kristallene Hochzeit
20 Jahre – Porzellanhochzeit
25 *Jahre – Silberhochzeit*
30 Jahre – Perlenhochzeit
33 1/3 Jahre – Knoblauchhochzeit
35 Jahre – Leinenhochzeit
37 1/2 Jahre – Aluminiumhochzeit
40 Jahre – Rubinhochzeit
45 Jahre – Messinghochzeit
50 *Jahre – Goldene Hochzeit*
55 Jahre – Juwelenhochzeit

60 Jahre – Diamantene Hochzeit
65 Jahre – Eiserne Hochzeit
67 1/2 Jahre – Steinerne Hochzeit
70 Jahre – Gnadenhochzeit
75 *Jahre – Kronjuwelenhochzeit*
80 Jahre – Wolkenhochzeit
85 Jahre – Sternenhochzeit

EHE UND EHEBRUCH

Eine kulturelle und begriffliche Suche nach den Wurzeln

Die Vielfalt der Kulturen macht das Leben lebenswert. Allein wenn man zwei Begriffe nimmt und die Sprachen der Erde befragt, wie sie diese Tatsachen beschreiben und begreifen, entdeckt man erstaunliche Ähnlichkeiten und bereichernde Unterschiede. Die hier zusammengetragenen Angaben zur Begrifflichkeit, zu dahinter stehenden Denkweisen sowie religiösen bzw. ethischen Prägungen erheben weder Anspruch auf Vollständigkeit noch auf erschöpfende wissenschaftliche Einordnung und Bewertung. Es geht vielmehr darum, Schlaglichter auf unterschiedlichste Kulturkreise zu werfen. Verlag und Herausgeber danken allen Forschern und Beiträgern, am Ende ihrer Artikel namentlich aufgeführt, für die verdienstvolle Recherchearbeit.

Albanisch

Für «Ehe» existieren hier gleich mehrere Begriffe: «Bashkeshortesi», «Lidhje Bashkeshortore», «Martesë», «Lidhje Martesore».

«Bashk» bedeutet «zusammen»; «short» verweist auf «sòrta» («Schicksal») und leitet sich vom ital. «súrto» (lat. «surgere», dt. «aufstehen», «ziehen») her; «Lidhje» steht für «Union» oder «Bündnis». Folglich bedeutet Ehe wörtl. «das Schicksal zusammenziehen», ein «gemeinsames Bündnis» eingehen. Durch «Bashkeshortesi» wird etwas für den gläubigen (muslimischen) Albaner Typisches vermittelt: Die Ehe gilt ihm als vorherbestimmt und gibt als heiliges Bündnis vor Gott Antwort auf die Fragen: «Wer bin ich?» und «Was ist mein Schicksal, meine Aufgabe?»

Ein anderer Ehe-Begriff ist «Martesë», auf dem Verb «marr» (dt. «nehmen») basierend und vom lat. «matrimonium» (Kompositum aus «mater» und dem Suffix «-monium») herleitbar. Die sinngemäße Übersetzung hier wie dort ist «die Kindsmutter wählen».

Zum «Ehebruch» sagt man im Alban. «tradheti» oder «tradheti bashkeshortore».

«Tradheti» kommt von dem ital. «tradiménto» (dt. «Verrat», «Treulosigkeit»), bedeutet also, ein gegebenes Wort zu brechen, ein Vertrauensbruch nicht nur gegenüber dem Ehepartner, sondern auch gegenüber Gott und der Gesellschaft, die die Ehe als gemeinschaftliche Institution hochhält. Einer der Gründe, warum sich die Menschen in streng traditionsbewußten Gegenden Albaniens vor dem Ehebruch hüten, ist, daß ihnen die überkommene Ordnung Sühne durch Blutrache abverlangt. Im

Hochland, in den nordalbanischen Bergen, galt und gilt teils immer noch der «Kanun» (arab. «Gesetz»), das aus dem Mittelalter stammende Gewohnheitsrecht, niedergeschrieben von dem albanischen Adeligen Lek Dukagjini. Nach dieser bis in die Neuzeit gültigen Gesetzessammlung kann Blutrache nicht nur durch Mord und Totschlag, sondern auch durch Familienkonflikte über Eigentumsfragen, Ehrverletzungen von Clanmitgliedern oder eben Ehebruch ausgelöst werden.

Angelika Heller/Arjan Shahini

*Amharisch**

«Ehe» heißt «Tidar» und bedeutet sinngemäß, daß Braut und Bräutigam aus ihrem Elternhaus ausziehen, sich ein eigenes Haus bauen und dort zusammen wohnen. Das heißt auch: Die beiden Ehepartner übernehmen die Verantwortung, ihr Leben selbständig zu gestalten.

«Ehebruch» heißt «Mamenzer» und ist in seiner umfassenden Bedeutung aus der Bibel übernommen: Wenn einer der Ehepartner eine außereheliche Geschlechtsbeziehung unterhält oder eine andere Frau bzw. einen anderen Mann auch nur

* Semit. Sprache, offizielle Landessprache Äthiopiens.

mit begehrlichen Blicken mustert, so gilt die Ehe im strengen Sinne als gebrochen; vgl. Mt. 5,27–28: «Ihr habt gehört, daß gesagt worden ist: *Du sollst nicht die Ehe brechen.* Ich aber sage euch: Wer eine Frau auch nur lüstern ansieht, hat in seinem Herzen schon Ehebruch mit ihr begangen.»

Berhanu Berhe

Arabisch

Das Wort «saug» bedeutet im Arabischen zugleich Ehemann und Ehefrau. Man macht aber im Alltag auch von einer femininen Form («sauga») Gebrauch, um keine Verwechslung herbeizuführen. Der Begriff bezeichnet genaugenommen eine Person, die einen Partner hat, im Gegensatz zum Alleinstehenden, der ohne Partner ist («fard»). Das Paar heißt dann «Saugan». Im Dialekt und im modernen Sprachgebrauch achtet man nicht darauf und gebraucht das Wort «saug» fälschlicherweise für ein Paar, also als Umschreibung der Zahl zwei. Die Verbform bedeutet «paaren», «doppelt setzen», «verheiraten».

Das früher in Dichtung und Koran häufig benutzte Wort «nikah» ist heute nicht mehr in Gebrauch; es bedeutete «Beischlaf», der, sofern legal vollzogen, der Ehe entspricht. In diesem Sinne sprechen die Korantexte von «Ehe» und nicht vom

«Beischlaf», wenn sie diesen Begriff gebrauchen; er steht obendrein für das Aufwühlen der trockenen Erde durch den Regen.

In vorislamischer Zeit kannte man in Arabien alle möglichen Spielarten der Ehe. So durfte die Frau in «Nikah al Raht», der Polyandrie (d.h. «Vielmännerei»), leben. Auch durfte der Sohn die Frau seines Vaters nach dessen Tod heiraten, was man «Nikah al Makt» nannte; «Nikah al Istibda´» hieß die zeitlich befristete Ehe, wenn die Ehefrau zwecks «Besamung» zu einem berühmten Ritter, Helden oder Weisen geschickt wurde, in der abergläubischen Hoffnung, auf diesem Wege besonders tapfere und kluge Kinder zu bekommen; «Nikah al Badal» bezeichnete eine Tauschehe, bei der verheiratete Männer ihre Ehefrauen wechselten. All diese Spielarten sind vom Islam als sündhaft verboten worden. Bis heute hat sich die Polygamie der Muslime gehalten, bei der ein Mann gleich mehrere Frauen heiraten darf (der Koran gestattet bis zu vier Ehefrauen); allerdings wird die Polygamie immer seltener und ist in vielen arabischen Ländern bereits verboten.

«Ehebruch» heißt «Chijana Saugija» und bedeutet «ehelicher Verrat»; das Verb «chan» hatte einst noch mehrere Nebenbedeutungen, u.a. «dem Rat nicht folgen», «mit dem Schwert danebenhauen», «vom Schicksal getroffen werden». Der Begriff «Chijana Saugija» besagt, daß der Ehebund und damit die ganze Sippe verraten wird durch Bevorzugung des Fremden gegenüber dem Eigenen, was Täuschung und Betrug des Partners bzw. der Partnerin mit einschließt.

Rafik Schami

*Bamana**

«Ehe» heißt «furu» und meint das Zusammenkommen einer Frau und eines Mannes im größeren Sippenverband, was mit diversen wechselseitigen Verpflichtungen verbunden ist.

«furu boora» für den «Ehebruch» bedeutet wörtl. «die Ehe ist ausgegangen», «die Ehe ist gebrochen»; man sagt auch «furu saara», was soviel heißt wie «die Ehe ist tot», «die Ehe ist erkaltet».

Diawara Mamdou/Mousa El Sohsah

Bulgarisch

«brak» für «Ehe», aus dem Altbulgarischen bzw. Altkirchenslawischen herstammend, leitet sich ab

---

* Indigene westafrikanische Sprache, die in Mali, im Senegal, in Gambia und auf Mauretanien gesprochen wird, in dialektalen Varianten des «Mandeka», «Jula» oder «Maninka» auch in Guinea, in der Elfenbeinküste und Burkina Faso.

vom Verb «brati» für «nehmen»; das mit dem Suffix «k» versehene Wort bedeutet also buchstäblich «das Nehmen» eines Ehepartners.

«izneviara» bedeutet sowohl Ehebruch als auch Seitensprung; das Wort setzt sich zusammen aus dem Präfix «iz», der Verneinung «ne», dem Substantiv «viar», dt. «Glaube», «Vertrauen» samt der Endung «a» und meint ganz konkret «jemandes Vertrauen mißbrauchen», «jemandem untreu werden».

Dilyana Todorova

Chinesisch

«hun-yin» (sprich: «hun-in») meint in der Zusammensetzung der Schriftzeichen «hun» und «yin» das Ergebnis der Trauungszeremonie, durch die sich Mann und Frau zu einem Ehepaar verbinden, sowie die familiäre Verbindung der Eltern der Braut («hun») und Eltern des Bräutigams («yin»). Ursprünglich gab es in China bloß Begriffe für «zur Frau nehmen» und «(eine Frau) verheiraten» und erst später den eigentlichen Begriff der Ehe.

Daneben existieren bis heute viele poetische Umschreibungen und Sinnbilder für eine glückliche Ehe, die aus dem klassischen Chinesisch stammen: «lian li zhi», dt. «zwei Bäume mit einem gemeinsamen Ast»; «fenghuang yu fei», dt. «zwei Phönixe (ein männlicher – ‹feng›, und ein weiblicher – ‹huang›), die zusammen durch die Lüfte fliegen»; «bing di lian», dt. «zwei Lotosblüten, die auf einem Stiel erblühen»; «yu shui hexie», dt. «wie Fisch und Wasser in Harmonie leben»; oder auch etwas prosaischer «cheng qin», dt. «zu Verwandten werden»; «si luo», dt. «Teufelszwirn (Cuscuta)» bzw. «Nesselseide» dient ebenso als Symbol für die Eheschließung wie ein Paar Mandarinenten, «yuan yang», die gemeinhin als besonders treu gelten. Überaus gebräuchlich ist schließlich noch «jie fa», dt. «die Haare verbinden»: Im alten China schnitten sich Braut und Bräutigam in der Hochzeitsnacht je ein Bündel Haare ab und verflochten diese als Zeichen eines ewigen Bundes ihrer Herzen.

Für Ehebruch werden am häufigsten die beiden Begriffe «tong jian» (sprich: «tong tschijän») und «si tong» (sprich: «ss tong») gebraucht, womit sexuelles «Fremdgehen» umschrieben wird; «tong» steht dabei für «eine unangemessene Beziehung zwischen Mann und Frau»; «jian» (dreimal das chines. Schriftzeichen für «Frau»!) für «böse», «ehebrecherisch», «fremdgehen»; «si» für «geheim», «privat», «egoistisch».

Verena Birkhold

Dänisch

«ægteskab» als rechtlicher Begriff für «Ehe» setzt sich aus zwei Wortteilen zusammen: aus «ægte», dem mittelniederdt. «echt(e)» entlehnt (vgl. dt. «echt»), sowie dem Suffix «-skab», was dem dt. «-schaft» entspricht.

«Ehebruch» heißt «ægteskabsbrud», wobei das dän. «brud» wiederum dem dt. «Bruch» entspricht.

Aldo Keel

Deutsch

Das althochdt. «ēwa» wie das mittelhochdt. «ē» bzw. «ēwe» bedeuten in alter rechtssprachlicher Tradition «Gesetz», «Gebot», «Vertrag» (auch «Testament») – analog dem germ. «aiwæ» und dem got. «aius» (abgeleitet von griech. «aion»), was mit «Herkommen», «Sitte», «Regel», «Recht» übersetzbar ist; hierin klingt das Unvergängliche, Zeitüberdauernde mit.

Im Neuhochdeutschen kam es dann zu einer Zerdehnung des mittelhochdt. «ē» in zwei «e» unter Einschub eines Gleitlauts; laut «Grimmschem Wörterbuch» verstand man unter «Eh» bzw. «Ehe» ursprünglich eine gleichsam ewige Ordnung, «ein von Gott eingesetztes Band zwischen Mann und Weib»; der «Heirat» als weltlichem Begriff stand die «Ehe» als geistlicher Begriff gegenüber, doch «den ursprünglichen Sinn von Ehe = Gesetz untergrabend», habe sich schließlich jene Vorstellung durchgesetzt, die schon bei den Römern durch das lat. «matrimonium», also den Mutterstand, bezeichnet sei.

Der «Ehebruch» ist im 11. Jahrhundert als «ēwabruhlī» nachgewiesen; im Spätmittelhochdeutschen wurde daraus der «ēbruch», womit auch hier wiederum in juristischer Diktion der «Vertragsbruch», die «Gesetzwidrigkeit», die nach Ahndung verlangende «Gesetzesübertretung» gemeint ist. Der nachgewiesene Verstoß gegen das Ehegelöbnis wird von alters her ebenso als (rechtlicher) Vertrags- wie als (moralischer) Treue- und Vertrauensbruch aufgefaßt.

Roger Shatulin

Englisch

Neben dem gebräuchlichen «marriage», abgeleitet vom frz. «mariage», existiert für «Ehe» das aus dem Lat. stammende «matrimonium» sowie – mit germ. Wurzeln – der Begriff «wedlock», zusammengesetzt aus «wed» und «lock» (dt. «Eheschließung»), das heutzutage altväterlich klingt und nur noch in poetischer Form Verwendung findet; ebenfalls aus der Mode gekommen ist «handfast» – ein Wort, das einstmals für das «Verlöbnis» zweier Menschen stand, zuweilen aber auch «Trauung» und «Ehe» bedeuten konnte.

Für «Ehebruch» gibt es den zentralen Begriff des «adultery», übernommen von lat. «adulterium» und «alterare», gebildet aus «ad» (dt. «zu») und «alter» («andere/r»), dt. «anders machen», «verfälschen»; auch schon im Mittelenglischen ist «adultery» der «adulteration» (dt. «Fälschung», auch «Verderbnis») benachbart und bezeichnet die geschlechtliche Untreue.

Anthea Bell

Finnisch

«avioliitto» für «Ehe», schriftlich erstmals für das Jahr 1605 belegbar, setzt sich zusammen aus «avio», abgeleitet entweder vom germ. «aiwo», (dt. «Gesetz», «Norm», «Bund») oder aber von «avoin» (dt. «offen»), «avata», und aus «liitto», das den gleichen Ursprung hat wie «liittää» (dt. «verbinden») oder «liki» («nahe») im Fenno-Ugrischen; in der heutigen Umgangssprache bedeutet es «Bund» bzw. «Verbund».

«Ehebruch» heißt «aviorikos», wobei der hintere Wortteil in den fenno-ugrischen Sprachen gleichen Ursprungs ist wie «rikkoa» (dt. «kaputtmachen», «zerbrechen») oder «rikka» («Dreck»); «rikos» bedeutet im heutigen Sprachgebrauch «Verbrechen», kommt jedoch in den finnischen Dialekten nicht vor, sondern wird dort umschrieben durch «syrjähyppy» (dt. «Seitensprung») oder «käydä vieraissa» (dt. «Fremdgehen»).

Raija Nylander

Französisch

Die «Ehe» heißt «mariage»; das Wort ist seit dem 11. Jahrhundert in Gebrauch und bedeutet den «Bund» oder «Zusammenschluß» von Mann und Frau; wie in anderen roman. Sprachen auch leitet es sich vom lat. «maritarium» bzw. von «maritare» ab, also «sich durch einen Ehebund vereinigen».

Für den «Ehebruch» hat sich bereits im 12. Jahrhundert «adultère» eingebürgert, von lat. «adulterare» (dt. «anders machen»). Das Wort bezeichnet auch hier die eheliche Untreue durch sexuelle Promiskuität.

Doris Coussa-Merker

Georgisch

Die «Ehe» heißt «Ogachi» und bedeutet «Familie» oder «Sippe» im Sinne der Neugründung eines Familienstandes.

Der «Ehebruch» heißt «Ralati» und bedeutet «Verrat», «Täuschung», «Ehrverletzung».

Tinatini Tavhelidse

Griechisch

Die «Ehe» heißt «yamos» und leitet sich im Altgriechischen wohl von «doppelt», «zweifach», «paarweise» her; im Altertum galten auch noch die Begriffe «syzeuxis» bzw. «syzygia» sowie «synoikesis» als gebräuchliche Synonyme, übersetzbar mit «Zusammenjochen» oder «Zusammenwohnen»; Vereinigungen zwischen den Göttern oder zwischen Sterblichen und Göttern hießen im griech. Mythos «hieros yamos».

Für den «Ehebruch» sagt man heute «michia», ein Wort, das sich vom altgriech. «moicheia» herleitet; «moichos» von «omeicho» (dt. «harnen») ist ein überaus vulgärer und verächtlicher Ausdruck.

Kurt Steinmann/Sofia Datsi

Hebräisch

Das Wort für «Ehe» ist hier «nissu'in» oder «nissu'im», vermutlich gleichen Ursprungs wie das arab. «nacha'a»; sein Sinn lautet «tragen» bzw. «getragen werden», auch «heben», «(sich) erheben» bzw. «erhoben werden».

In der Bibel lautet der Begriff für die gebrochene Ehe «ni'uf», was heute aber nur noch in sehr gehobener Rede in Verwendung ist; statt dessen hat sich umgangssprachlich «bgida» eingebürgert, das am ehesten mit «Verrat» wiedergegeben werden kann.

Gilad Ginbar

Italienisch/Lateinisch

«Ehe» heißt «matrimonio» und leitet sich von lat. «matrimonium» her, also von der Gründung eines Hausstandes und einer Familie, besonders mit Rücksicht auf die Frau, die durch die Ehe «mater familias» (dt. «Familienmutter») wird; neben dem institutionalisierten Zusammenleben von Mann und Frau bezeichnet «matrimonio» heute zuweilen auch den Ritus des Eheschlusses selbst.

Im lat. Altertum gab es weitere begriffliche Unterscheidungen: «conubium» (von lat. «nubere», «heiraten») war die Ehe als bürgerliche Institution und in Bezug auf ihre rechtliche Gültigkeit als der vom Staat anerkannte Ehebund eines Bürgers mit einer Bürgerin; «coniugium» (von lat. «iungere», «verbinden») war die dauerhafte Verbindung zwischen zwei Gatten, enges Zusammenleben eines Mannes mit einer Frau ohne Rücksicht auf rechtliche Gültigkeit; «confarreatio» (dt. «Vermählung») war die älteste und feierlichste Form der Ehe unter den Patriziern, benannt nach dem «farreum libum», dem «Speltkuchen», der beim Hochzeitsmahl den Göttern geopfert und vom Brautpaar verzehrt wurde; «contubernium» (von lat. «taberna», «Hütte; Laden, Bude»), ursprünglich «Zeltgenossenschaft der Soldaten, Hausgemeinschaft», verweist auf die Sklavenehe, die ohne Rechtswirkung blieb.

Ehebruch heißt «adulterio», was gleichfalls aus dem Lateinischen übernommen ist: «adulterium», ein Kompositum aus «ad» und «alterare», bedeutet «anders machen», «verfälschen», «verderben»; bei der populären Herleitung von «ad alteram» (dt. «zu einer andern», d.h. «der Gattin eines andern)», zu ergänzen durch «se conferre» (dt. «sich begeben»), handelt es sich wohl um eine Volksetymologie; mit dem heutigen «adulterio» ist die «Übertretung», «Verletzung» oder der «Bruch der ehelichen Treue» gemeint, ferner auch «Verunreinigung».

Alexandra Lavizzari/Kurt Steinmann

Japanisch

«Ehe» heißt «kekkon» und bedeutet «Heirat», «Vermählung», «Bund»; das Wort setzt sich zusammen aus den Schriftzeichen «kek» (dt. «Verbindung») und «kon» (dt. «Frau», «Sippe», «Sonne»); die Wendung bedeutet demnach zweierlei: «in der Abenddämmerung die Frau bei sich haben» sowie «eine langfristige Verbindung mit dem Vater der Braut durch die Ehezeremonie»; das Verb «musubareru» bedeutet «sich binden».

Über den Ehebruch der Frau, weil tabu, wird nicht gesprochen, es existiert kein Begriff dafür; für den «Ehebruch» des Mannes ist «uwaki» bzw. als Verbform «uwaki suru» in Gebrauch, was in poetischer Verklärung des Seitensprungs heißt: «einen schwimmenden Gemütszustand haben».

Hidenobu Tsukamoto

Koreanisch

Für «Ehe» ist das Wort «hon-in» in Verwendung, was sich aus zwei sinkorean. Schriftzeichen zusammensetzt: «hon» bedeutet «das Haus der Braut», «in» «das Haus des Bräutigams»; die Begriffskopplung geht auf den alten korean. Hochzeitsbrauch zurück, wonach der Bräutigam zuerst zum Haus der Braut geht und dort mit ihr Hochzeit feiert, um dann drei Tage später gemeinsam in das gemeinsame Haus einzuziehen.

«Ehebruch» heißt «gan-tong», auch das aus zwei sinkorean. Schriftzeichen zusammengesetzt: «gan» hat ganz allgemein mit «Lasterhaftigkeit» zu tun und bezieht sich häufig auf «sexuelle Sündhaftigkeit»; «tong» ist eine wertneutrale Bezeichnung für «Verkehr» und heißt ganz generell «in Beziehung treten», «Verbindung aufnehmen»; mit dem Kompositum aus beiden Schriftzeichen wird der «außereheliche Geschlechtsverkehr» bezeichnet.

Sung-Hyun Sohn

Niederländisch

«Ehe» heißt «huwelijk», zusammengesetzt aus dem Verb «huwen», abgeleitet von althochdt. «hîwo», «Ehegatte», und dem germ. Wort «laika» für «Spiel, Sprung»; der Begriff deutet auf die festliche Zeremonie der Eheschließung hin, möglicherweise auf deren religiösen Charakter; «Echt», als «rechtmäßig in der Ehe verbunden», ist entstanden aus der Grundform «êhaft» (dt. «rechtmäßig») und mittelnl. «êwe» für «Gesetz», «Rechtsbrauch», «kultischer Brauch» oder auch «Ewigkeit», worin das lat. «aevum» anklingt; im Laufe der Zeit hat das Wort in der Umgangssprache die Bedeutung «hundert Jahre» (bzw. «ein Menschenleben lang») angenommen.

«breuk» ist analog zum dt. Ehe-«Bruch» gebildet und bedeutet hier wie dort den Vertrags- und Vertrauensbruch gegenüber dem Ehegatten, ndl. «gade» (von mittelnl. «gaden»: «gefallen», «passen», «vereinigen», «fügen», «zugestehen»).

Gregor Seferens

Persisch

Im Iran nennt man «Ehe» «Esdewadj» oder «Sanashuii». Das Wort «Esdewadj» hat seine Wurzeln im Arabischen und bedeutet soviel wie «paaren», «doppelt werden». Das Wort «Esdewadj» steht auch für ein Stilmittel in den klassischen persischen Gedichten. Gemeint sind aufeinander folgende Wörter, die mit gleichen oder ähnlichen Lauten beginnen; vergleichbar mit der deutschen Alliteration.

Das Wort «Sanashuii» ist ein Kompositum, setzt sich also aus zwei Wörtern zusammen: aus «San», dem Wort für «Frau» und «Ehefrau», und «Shu» oder «Shui», dem Wort für «Ehemann» (für den unverheirateten Mann steht das pers. Wort «mard»). «Sanashuii» wird meistens mit dem Verb «kardan» (dt. «tun», «machen») kombiniert.

In der Zeit vor dem Islam, als im Iran die offizielle Religion Zarathustra und die offizielle Sprache Altpersisch war, hat man zur Ehe «Hamsari» gesagt. Auch «Hamsari» besteht aus zwei Wörtern: «ham» (dt. «gemeinsam») und «Sar» (dt. «Kopf»). Mit dieser Zusammensetzung meinte man, durch die Ehe sowohl zu gleichberechtigten Lebensgefährten geworden zu sein als auch die Köpfe auf dasselbe Kissen zu legen.

«Ehebruch» heißt «Khianat», wörtl. übersetzt bedeutet das: «Verrat». Mit diesem Verrat begeht man eine Sünde, man verhält sich unmoralisch und handelt gegen das Gesetz. Das Wort beschreibt gewissermaßen die Liebe für das Fremde statt für das Eigene, bedeutet aber auch Täuschung und Betrug des Partners wie der Partnerin. Mit der Vorherrschaft der islamischen Regime im Iran und seit die Sharia praktiziert wird, bezeichnet man jede Spielart der außerehelichen Liebe mit einem Begriff, der seine Wurzeln im Arabischen und Aramäischen hat, als «Sena». Zwischen zwei unverheirateten Liebenden wird die «Sena» mit Auspeitschung beider bestraft. Ist die Frau jedoch allein unverheiratet, so bleibt der Mann vor der Peitsche verschont, sofern er die Geliebte ehelicht (Männer dürfen bekanntlich bis zu vier Ehefrauen haben). Wenn beide verheiratet sind, also «Ehebruch» vorliegt, spricht man von «Senaye Mohsen» bzw. «Senaye Mohsena»: Hierbei erhält die Ehebrecherin die Höchststrafe und wird gesteinigt, während der Ehebrecher vergleichsweise mild bestraft wird und nicht selten mit einer Geldbuße davonkommt.

Ruzbeh Sadeghi

Polnisch

«Ehe» heißt «małżeństwo», ist dem alttschech. «malženstwo» entlehnt und meint den «rechtmäßigen Bund einer Frau und eines Mannes».

«Ehebruch» heißt «cudzołóstwo», ebenfalls aus dem Alttschechischen und dort als «cuzoložiti» gebräuchlich, was wörtlich «sich ins fremde Ehebett legen» bedeutet, also explizit den außerehelichen Geschlechtsverkehr benennt.

Dorota Suchocka

Portugiesisch

«Ehe» wird einerseits durch «matrimônio» bezeichnet, wohlbekannt aus anderen roman. Sprachen, die allesamt auf die lat. Wurzel zurückführen, andererseits durch «casamento», von «casa», dt. «Haus»; «casamento» wird mehr für den Akt der Eheschließung gebraucht und verweist auf «casamenteiro», was soviel bedeutet wie «den Bund der Ehe fördern», «zur Hochzeit anstiften» und «Heiratsabsichten stimulieren»; als Schutzpatron der noch Unverheirateten, aber prinzipiell Ehewilligen wird in Brasilien der hl. Antonius angerufen.

«Ehebruch» heißt «adultério», was in alter lat.-roman. Tradition das «Andersmachen», «Verfälschen» durch geschlechtliche Untreue bezeichnet; im Laufe der Zeit wandelte sich die Bedeutung im Sinne des eheleiblichen «Unterschlagens» und «Betrügens».

Clarice Engelsing/Mona El Sohsah

Russisch

«Ehe» heißt (wie im Ukrain., Serbokroat. oder Bulgar.) «brak»; weder im Russ. noch im Ukrain. war der Begriff ursprünglich volkssprachlich, sondern wurde vielmehr irgendwann dem Kirchenslav. entlehnt; in urslav. Form findet er sich bereits als «bork», abgeleitet vom Verbum «brat», was soviel wie «nehmen» bedeutet.

«preljubodejanie», das Wort für «Ehebruch», hat mit «brak», dem Wort für «Ehe», offenkundig nichts zu tun, sondern geht zurück auf den Wortstamm «ljub» bzw. «ljubov» (dt. «Liebe») und «dejanie» für «machen», «tun»; Dahls Wörterbuch gibt als Erklärung an: «Sündigen wider das Siebte

Gebot» (ebenda mit dem Hinweis, daß «Ehebrecher des Worts» im 19. Jahrhundert als verächtlicher Schimpfname für liberale Schriftsteller und Redner bei den Zeitungen des Regierungslagers in Gebrauch war).

Peter Urban

Sanskrit

Am gebräuchlichsten für «Ehe» sind vier Begriffe: «vivāha» und «udvāha» für die «Fortnahme» bzw. «Herausführung» (der Braut aus ihrem Elternhaus), «parinaya» für das «Herumgeleiten» (um das Heiratsfeuer) sowie «upayama» für die «Ergreifung», «Bemächtigung» der Frau durch den Werber. Das Eheideal der Hindu kennt im übrigen keinerlei Rücksichtnahme auf individuelle Vorlieben oder Leidenschaften, weder beim Mann noch bei der Frau, sondern rückt allein die soziale und gesellschaftliche Verpflichtung in den Vordergrund; so kommt es, daß in den Shástras die sog. «Brahma»-Ehe als die beste von allen gilt: Bei ihr soll die Braut einem Mann zugeführt werden, der nicht um sie geworben hat, wobei die Eignung der beiden Ehepartner jedoch vorab durch Horoskope und Absprachen zwischen den beteiligten Familien geprüft und abgesichert wird. Alle anderen Formen der Eheschließung, bei denen statt des Allgemeinwillens persönliche Willkür waltet, sind von minderem Ansehen, so die «Gándharva»-Ehe (aufgrund gegenseitiger Wahl), die «Rákshasa»-Ehe (durch Eroberung), die «Asur»-Ehe (durch Kauf) oder die «Paishácha»-Ehe (durch Ausnützung einer hilflosen Lage).

Im Falle eines «Ehebruchs» spricht man ganz allgemein von «vyabhitschāra», einer «Abweichung» (vom rechten Weg); bricht der Mann die Ehe, so lautet der Begriff «pāradārya», abgeleitet von «paradāra», der «Gattin eines anderen»; begeht die Frau Ehebruch, so nennt man dies «parapurushasamgati», was wörtl. für die «Verbindung mit einem anderen Mann» steht; als besonders schwere Form von Ehebruch, ja als Todsünde galt es traditionellerweise, die Frau seines Lehrers zu verführen, der Begriff dafür lautet «gurutalpa» (dt. «Lehrerbett»).

Sven Sellmer/Roger Shatulin

Schwedisch

«Ehe» heißt «äktenskap» und verweist aufs niederdt. «echteschap», seinerseits gebildet aus «echte» für «rechtmäßig», «gesetzlich» sowie dem Suffix «-skab» (dt. «-schaft»).

«äktenskapsbrott», wörtlich «Eheschaftsbruch», ist seit 1755 belegt; davor und weiterhin in Ergänzung dazu erfreute sich das ungleich drastischere «hor» (dt. «Hurerei») einiger Beliebtheit, um die geschlechtliche Untreue zu benennen.

Lars W. Freij

Tschechisch

Zur «Ehe» sagt man «manźelství», wobei sich der Begriff zusammensetzt aus «manzel» (dt. «Ehemann») und der Endung «-ství», was sinngemäß «Sein» oder «Dasein» bedeutet. Beim Verb «heiraten» macht es einen wesentlichen Unterschied, ob ein Mann heiratet bzw. verheiratet ist oder aber eine Frau. Die sächliche Form «se brát», wörtl. «sich nehmen», gilt für beide Geschlechter, «se vdát» ist jedoch nur für die Frau bestimmt und heißt «sich (hin)geben», während das aktive «se źenit» (von «źena», dt. «Frau») als «sich verweiben» dem Mann vorbehalten ist. Demnach heiraten Frauen «passiv», Männer «aktiv», und es würde lächerlich klingen, wenn die männlichen und weiblichen Verben verwechselt werden würden.

Der Begriff «cizoloźství» hat sich für den «Ehebruch» eingebürgert; bei diesem Kompositum steht «cizí» für «fremd», während «loźe» eine altertümliche Bezeichnung für «Bett» ist (verwandt mit «Logie»); in wörtl. Übertragung ließe sich also für den ehelichen Betrug von «Fremdbettung» sprechen. In umgangssprachlichem Gebrauch sind dann noch Verben wie «zahýbat» oder «zahnout», was elegant-metaphorisch «um die Ecke gehen» oder «abbiegen» heißt.

Thomas Badalec

Türkisch

Die «Ehe» hängt hier eng mit häuslichen Belangen zusammen: «evlenme» mit der Stammsilbe «ev» für «Haus» und das dazugehörige Verb «evlenmek» steht für «einen Haushalt gründen», «ein Haus erwerben»; «evli» heißt «mit Haus» und bedeutet «verheiratet sein».

In der Ehe ist man «karı koca», «Weib und Mann», «Gattin und Gatte». In der republikanischen Moderne wurden beide zu «eş», d.h. zu ebenbürtigen Partnern. Die gesetzliche Gleichberechtigung, von Mustafa Kemal Atatürk eingeführt, existiert jedoch in vielen Familien nur auf dem Papier und ist einer kleinen Oberschicht vorbehalten. Offiziell gültig ist in der laizistischen Türkei ausnahmslos die standesamtliche Trauung; eine zusätzliche religiöse Trauung durch einen Geistlichen, genannt «Hoca nikahı», der kirchlichen Zeremonie entsprechend, ist möglich, wird jedoch bis heute zur scheinbaren Legitimierung der Mehrehe benutzt. Da ein Mann nur eine einzige standesamtliche Ehe schließen kann, läßt er sich mit einer zweiten, dritten oder vierten Frau durch einen Hoca trauen.

Reminiszenzen traditioneller Eheanbahnung gibt es bis heute auf dem Land. Danach wird die Braut von der Familie des Bräutigams ausgesucht. In der osmanischen Epoche sah der Mann seine Angetraute erst in der Hochzeitsnacht von Angesicht zu Angesicht, indem er den Schleier der Braut lüftete und ihr «fürs Gesicht sehen» («yüz görümlüğü») ein wertvolles Geschenk machte – in der Regel fünf Goldmünzen am Band, das er ihr um den Hals legte. Den Familien waren auch Kupplerinnen bei der Suche nach einer geeigneten Braut behilflich. Die kulturelle Überlieferung kennt verschiedenste Formen der Verehelichung; auf dem Land existiert bis heute die sog. «beşik kertme» (dt. «Wiegenkerbe»), was besagen soll, daß zwei Menschen von Kindesbeinen an füreinander bestimmt seien. Der Bräutigam heißt für die Eltern der Braut «damat», für ihre Geschwister «enişte». Das türk. Wort für Schwager bedeutet «Auserwählter», «Wohlhabender», auf den man mit dem Finger zeigt; die Braut heißt «gelin» (vom Verb «gelmek», dt. «kommen», d.h., sie verläßt das Elterhaus und kommt ins Haus der Familie des Bräutigams.)

Der «Ehebruch» wird mit dem arab. Lehnwort «zina» ausgedrückt; darunter verstand man jedoch traditionellerweise nur den Bruch des Eheversprechens durch die Frau, was mit schwersten Strafen gesühnt wurde; der Mann hatte quasi Narrenfreiheit: «zina» war ihm nicht nur legitimer Scheidungsgrund, sondern galt vor den Gerichten auch als strafmildernder Umstand für Tötungs- oder sonstige Gewaltdelikte des gehörnten Ehemanns. Das türkische Zivilgesetz der Republik betrachtete ihn nur noch als Scheidungsgrund.

Im Osmanischen Reich, in dem die Scharia galt, lag die Scheidung dem Mann wortwörtlich auf der Zunge. Wenn dieser dreimal hintereinander zu seiner ihm durch den Imam angetrauten Frau «boşsun, boşsun, boşsun» (dt. «du bist frei») sagte, war die Frau auf der Stelle verstoßen, d.h., die Scheidung war vollzogen. Doch bei der durch den Mannesspruch so leicht gemachten Scheidung wurde eine kleine psychologische Hürde eingebaut. Hatte der Mann in vorübergehender Aufwallung leichtfertig den Ausspruch «boşsun» getan, war es nicht so einfach, seine verstoßene Frau wieder zurückbekommen. Zwar konnte er die «nikah» durch den Imam erneuern lassen, Voraussetzung dafür war allerdings, daß die Frau zuvor einen anderen Mann heiratete, der mit ihr wenigstens für eine Nacht eine Scheinehe einging. Dieser «hülleci» mußte sie daraufhin gleichfalls verstoßen, erst dann war sie frei für die Wiederverheiratung. In der laizistischen Republik wird die Scheidung längst qua Gerichtsurteil herbeigeführt, wobei sich Mann wie Frau mit dem Antrag auf Scheidung ans Gericht wenden können.

Yüksel Pazarkaya

Ungarisch

Die «Ehe» wird mit dem Begriff «házasság» umschrieben; «ház» steht darin für «Haus», die Binnensilbe «as» für «mit» bzw. «samt» und das Suffix «-ság» für «-schaft» oder «-heit»; im wörtlichen Sinne bedeutet «házasság» also «samt Hausheit» oder «Hausschaft», im übertragenen Sinne «mit Hausstand».

Für den «Ehebruch» steht das daran anschließende Kompositum «házasságtörés», worin die Endung «törés» sich vom Verb «törni» herleitet, was «zerbrechen», «zerstören» heißt; hier ist die Begrifflichkeit folglich nahezu identisch mit dem dt. «Brechen» der Ehe.

Dorottya Rerrich

NACHWORT

Auslöser für diese Anthologie war die Entdeckung einer Lücke: Die Thematisierung des glücklichen Zusammenlebens zweier Menschen muß man in der Literatur mit der Lupe suchen. Die Frage, warum das so ist, kann weder einfach noch abschließend beantwortet werden. Hier wird jedoch versucht, der Wahrheit in acht Annäherungen auf die Schliche zu kommen.

Drei Ziele verfolgt diese Anthologie. Das dritte Ziel ist: Sie will auf ein brachliegendes Feld der Literatur aufmerksam machen und heutigen Autorinnen und Autoren einen Anstoß liefern, die real existierende Ehe (und nicht bloß den Ehebruch) als lohnenden Gegenstand ihres Schreibens zu entdecken, und zwar jenseits von derben Schwänken, wie sie seit jeher der Volksbelustigung dienen.

Das zweite Ziel ist: Frauen und Männern – chronisch verliebten, verlobten, verheirateten oder in wilder Ehe zusammenlebenden – ein Lesebuch an die Hand zu geben, das zentrale Erfahrungen der Zweisamkeit zur Sprache bringt: eine Anthologie des lustvollen Entdeckens, Innewerdens, Weiterdenkens.

Das erste und oberste Ziel dieses Buches aber ist: gut zu unterhalten.

Nennen wir es also der Einfachheit halber Ehe. Und damit sollen nicht nur zivile, katholische, evangelische, muslimische, jüdische, buddhistische oder andere offiziell beglaubigte Verbindungen benannt werden, sondern generell das dauerhafte Zusammenleben zweier Menschen – mit anderen Worten, das größte und beständigste Wunder der Menschheitsgeschichte.

I. Annäherung

Regale, ja ganze Bibliotheken könnte man füllen, wollte man alle Lyrik und Prosa der Weltliteratur über die unglückliche Liebe sammeln; und eine Lagerhalle gewaltigen Ausmaßes wäre nötig, um den Fundus seichter Literatur-, Film- und Liederzeugnisse über die abgewiesene, verratene, nicht erwiderte oder unerreichbare Liebe zusammenzustellen. Hingegen reicht ein einziges, kleines Bücherbord vollkommen aus für die lyrischen und erzählerischen Werke über die erfüllte Liebe, die den Alltag besteht und allen Kursänderungen des Lebens standhält. Und in nur einer Hand findet Platz, was man an Dichtung über den langjährigen zuverlässigen Lebenspartner aufspürt.

Wo – so fragt man sich unweigerlich – sind sie denn geblieben, die Verse der Herren Dichter, nachdem sie unter dem Balkon ihrer Angebeteten nur knapp einer Lungenentzündung entgangen waren? Haben sie nicht allesamt Hymnen auf das Paradies der Erfüllung geschrieben? Was ist bei ihrem eigenen Eintritt ins Paradies geschehen? Weshalb sind sie verstummt? Warum schreibt keiner von ihnen über all die Raffinessen, die Überlebenstechniken der Liebe? Wie konnte es passieren, daß die Autoren das, was sie tagtäglich umgab, nicht sahen, nicht erkannten, nicht attraktiv genug fanden? Liegt es etwa am Prosaischen des Alltags? Das wohl nicht: Simpel ist das Leben zu zweit nie gewesen, am Stoffmangel kann es nicht gelegen haben. Schriftsteller widmen den belanglosesten und gewöhnlichsten Dingen des Daseins ihre Aufmerksamkeit. Nichts außer ihren jeweiligen Lebensgefährten – so hat es den Anschein – galt ihnen je als zu nebensächlich, um nicht darüber schreiben zu können.

Doch wer hat den großen Geistern der Weltliteratur die Sorgen des Alltags abgenommen, sie abgeschirmt, damit sie in Ruhe arbeiten konnten, sie in den schlimmsten Schaffens- und Lebenskrisen ermutigt, sie nach Kräften unterstützt, geistig, moralisch, materiell, während sie ihrerseits seitenlang die Zartheit einer fernen Angebeteten besangen? Der Grund für die chronische Ignoranz ist wohl das Abstumpfen durch Beständigkeit. Wie das Wunder der Geburt, das wegen milliardenfacher Wiederholung nicht mehr als solches wahrgenommen wird, so ist auch eine Partnerschaft auf Dauer in einer – nicht erst in unserer Zeit – vergänglichen Welt ein Wunder und gleicht dem plötzlich aufkeimenden Leben in der Wüste nach den ersten Regentropfen oder dem Aufblühen von Schneeglöckchen bei noch klirrender Kälte.

Wer freimütig über dieses Wunder dauerhafter menschlicher Intimität spricht und schreibt, der exponiert sich, macht sich angreifbar und setzt sich möglicherweise ideologischen Kurzschlüssen oder Vereinnahmungen durch Tugendprediger aus. Das mag den einen oder anderen Autor von Weltrang bewogen haben, das Thema lieber weiträumig zu umgehen. Um dies mit einer Anekdote zu illustrieren: Hermann Graf Keyserling lud vor gut achtzig Jahren führende Zeitgenossen ein, an einem alltagsphilosophischen Werk über die Ehe mitzuschreiben. Ricarda Huch und Rabindranath Tagore sagten zu, auch Alfred Adler, Jakob Wassermann und Thomas Mann, und allesamt zogen sie sich mehr oder weniger souverän aus der Affäre. Wer jedoch auf der Stelle absagte, war George Bernard Shaw, und zwar mit dem bezeichnenden Argument: «Kein Mann darf es wagen, über die Ehe die Wahrheit zu schreiben, solange seine Frau lebt. Es sei denn, er hasse sie, wie Strindberg, was ich nicht tue. Ich werde den Band mit Interesse lesen, wohl wissend, daß er hauptsächlich Ausflüchte enthalten wird. Aber mitarbeiten werde ich an ihm nicht.»

Werfen wir einen Blick auf die Konkurrenz, die unerfüllte Liebe, die Dichterseelen von jeher anzog wie das Licht die Nachtfalter. Das erste, was einem nüchternen Betrachter auffällt, ist ein Wirrwarr der Begriffe. Nicht wenige benutzen den Begriff «platonische Liebe», wenn sie von körperlich unerfüllter, ausschließlich geistiger Liebe zwischen Mann und Frau sprechen. Das klingt gut, ist im Grunde aber falsch. Platon hat in seinem berühmten Werk *Symposion* (und dort vor allem im Dialog zwischen Alkibiades und Sokrates) nicht von der Liebe zwischen den Geschlechtern gesprochen, sondern von der nicht-sexuellen Liebe unter gleichen Bürgern, und das waren nur *freie Männer*, also weder Frauen noch Sklaven. So kann man nur dort, wo zwei Männer sich seelisch-geistig lieben, von «platonischer Liebe» sprechen.

Was verstehen die Dichter der Welt nun unter «unerfüllter Liebe»? Die Antwort ist nicht einfach. Zunächst steht als breites Fundament eine seit den Anfängen der Menschheit bekannte Leidensgeschichte. Es ist die Liebe, die von einzelnen Institutionen der Gesellschaft – Familie, Staat, Religion –, einem Zusammenspiel vieler Faktoren oder auch von dem, was man «Schicksal» nennt, verhindert wird. Darin gründet die dichterische Spielart der unerfüllten Liebe in der Schönheit der Worte wie ein Fanal. Es ist ein reizendes Produkt einer Einbildungskraft, die sich weniger für die Dauer als für die Intensität des Augenblicks interessiert. Je höher die Flamme, desto herrlicher die Dichtung, und Flammen haben bekanntlich ein gestörtes Verhältnis zu Dauer und Zeit.

In vielen Kulturen besetzt die Dichtung über unerfüllt gebliebene Liebe einen Ehrenplatz auf dem Thron. Steinern steht sie da, wie ein Denkmal auf einem Festplatz des literarischen Terrains. Je repressiver eine Gesellschaft, um so besser gedeiht die Literatur über unerfüllte Liebe und um so kolossaler fällt das Denkmal aus. Doch wie die meisten Denkmäler verliert auch die Dichtung über unerfüllte Liebe bei genauer Betrachtung. Nicht selten entpuppt sie sich dann als oberflächlich, rhetorisch übersteigert, quillt über von allzu routiniert vergossenen Tränen. Gerade solcher Literatur schreibt man gerne Wirklichkeitsnähe zu, und eben deshalb übt sie mehr Einfluß auf das Bewußtsein der Leserinnen und Leser aus als alle philosophischen Gedichte zusammen.

«Das Leben ahmt die Kunst weit mehr nach, als die Kunst das Leben», sagte der kluge Oscar Wilde. In mancherlei Hinsicht ist das höchst zweifelhaft, aber in Fragen der Liebe muß man ihm bedingungslos beipflichten. Daher lohnt es, sich die Früchte derartiger Literatur einmal näher anzuschauen.

Wer hat denn all die herrlichen Geschichten und Gedichte geschrieben, die vor Schmerz nur so überfließen? Sind es die wahrhaft Leidenden? Oder aber die Schreiber von Profession, die – begabt mit großartiger Rhetorik – so ziemlich alles in kunstvolle Worte fassen, was Herzen anrührt? Es soll hier nicht in Abrede gestellt werden, daß die qualvoll unerfüllte Liebe auch im wirklichen Leben da und dort vorkommt. Doch tut man gut daran, Kunstschöpfungen über die unerfüllte Liebe ästhetisch zu genießen und zugleich zu erkennen, daß sie mit der Realität meist recht wenig zu tun haben.

Ein regelrechtes Heer professioneller Dichter, Sänger und Filmemacher überhöht den Schmerz der Nichterfüllung zu einer schicksalhaften, göttlichen Qual. Die Poesie der unerfüllten Liebe scheint nur zu dem einzigen Zweck da zu sein: die Flamme der Liebe hochzuhalten gegen die Wirkung der Zeit. Daran krankt jedoch die Glaubwürdigkeit dieser Werke. Denn obwohl die Poeten behaupten, sie sehnten sich nach der Erfüllung durch die Nähe der Geliebten, lehnen sie die Konsequenz ab und bringen statt dessen gegenüber den Formen beständigen Zusammenlebens ihre Verachtung zum Ausdruck, wo immer sie können.

Don Juan ist ein extremer Fall, aber er vereint in sich alle Varianten der unerfüllten Liebe. Er wurde zum Inbegriff des nomadisierenden Verführers. Ibn Hazm (994–1064), ein andalusischer Universalgelehrter, beleuchtete in seinem Traktat *Das Halsband der Taube* als erster kritisch die verschiedenen

Spielarten der Liebe. Er beschrieb darin nicht nur die Liebesschwärmer seiner Zeit, sondern Don Juan als Phänomen und damit auch den sogenannten «Frauenheld» unserer Tage: «Und er läßt nicht von ihr und duldet nicht ihre Abwesenheit. Kummer und Trauer unterjocht ihn so lange, bis er sie erobert hat, doch sobald er ihres Besitzes sicher ist, schlägt seine Liebe in Entfremdung um und das Verlangen nach Nähe in Überdruß an derselben und seine Sorge um sie in Sorge ihretwegen und die quälende Sehnsucht nach ihr in quälende Sehnsucht nach Freiheit von ihr.»

Viele Jahrhunderte hindurch galt – und gilt gemeinhin bis heute – der Typ des Don Juan als nachahmenswerter, harmlos-lustvoller Verführer. Erst Molière raubte ihm 1665 in *Dom Juan ou le festin de pierre* seine komischen Züge und stilisierte ihn zum skrupellosen Herzensbrecher, der treue Liebe für eine Angelegenheit der Beschränkten und Dummköpfe hält. Sicherlich ist Don Juan eine multiple Persönlichkeit mit einem ganzen Spektrum wechselnder Physiognomien. Seine drei wichtigsten Erscheinungsformen sind: Erstens – das arme Schwein, das von allen verlassen wird, dabei aber keine seiner Geliebten je angefaßt hat. Er läuft nur herum, besingt prahlerisch sein Leid und vergrößert es damit. Es ist die sensibelste Variante dieser Persönlichkeit, aber wir werden sehen, daß sie auch in dieser ihrer ehrenhaftesten Erscheinungsform unredlich ist. Sie züchtet das Leid als reines Kunstprodukt und sucht niemals ernstlich nach Nähe und Erfüllung.

Zweitens – der Herzensbrecher, der sein Handwerk gefühllos, in krankhafter Gier und strategisch höchst professionell erledigt. Dies ist das populärste Bild des Don Juan, wie Molière und später Nikolaus Lenau ihn beschrieben haben. Bei Lenau antwortet Don Juan Isabella, die Scham und Schmach empfindet, weil sie sich ihm hingegeben hat:

«Ich bin Don Juan, der lang geschmachtet
Nach deiner Gunst, verschmäht, verachtet.
Sei ruhig, Weib, und ohne Reue,
Auf Erden gibt es keine Treue.
Was dir geschah, was dich betrübt,
Das wird an jedem Weib verübt,
Die einem Mann sich ganz vereint;
Sie liebt ein Bild der Traumeswelt,
Und wen sie auch im Arme hält,
Ein andrer ist's, als den sie meint.
Dies ist der Sinnenlüge Fluch:
Verwechseln, täuschen und berücken,
Und selbst gesetzliches Entzücken
Der Eh ist doch ein Ehebruch.»

Und drittens – der Hurenbock, der weder Abenteuer noch Leid kennt, sondern rücksichtslos so viele Frauen wie möglich erobern will. In dieser Erscheinungsform ähnelt Don Juan einigen arabischen Kalifen, die bis zu viertausend Frauen in ihren Haremhäusern gefangenhielten und die starben, ohne wenigstens einmal bei all ihren Frauen gewesen zu sein.

Don-Juan-Literatur wurde quer durch alle Jahrhunderte und über alle Kontinente hinweg eifrig konsumiert, ohne daß sie (wie viele andere kultur- und ortsgebundene oder auch vorübergehend aktuelle Genres) wieder von der Bildfläche verschwunden wäre. Warum nun verlangen Leserinnen und Leser ausgerechnet nach der unerfüllten Liebe? In der Mehrheit bestimmt nicht, weil sie mit besonderer künstlerischer Raffinesse behandelt wäre. Wer liest Don-Juan-Literatur? Nicht nur Eheleute, bei denen der Ehemann ein dumpfes Arbeitstier und die Ehefrau eine frigide Küchenmaschine ist. Jeder ist dafür empfänglich, der in einem geregelten Alltag mit all seinen Beschränkungen gefangen ist. Eheleute, einem geordneten Leben, dessen Ge- und Verboten, Moral und Grenzen, Routine und Langeweile unterworfen, empfinden tief in ihrer Seele eine Sehnsucht nach dem Abenteuer, nach verbotenen Früchten.

Noch viel sehnsüchtiger nehmen die Menschen freilich Literatur über die unerfüllte Liebe auf, wenn das Gesellschaftssystem, in dem sie leben, repressiv ist. Sobald die Enthaltsamkeit zur Tugend und jede sexuelle Empfindung oder Erfahrung zur Sünde erklärt wird, ist der Boden für solche Literatur bereitet. Es ist nicht verwunderlich, daß es im aufgeklärten Europa immer weniger Raum dafür gibt, nicht etwa, weil es weniger unerfüllte Liebe gäbe, sondern weil in einer offenen Gesellschaft die Überhöhung unerfüllter Liebe nur noch zur augenzwinkernden Massenunterhaltung in den Boulevardmedien und, meist billig karikiert, im Volkstheater taugt. Ganz anders sieht es in den prüden, repressiven Gesellschaften aus. Dort findet man den größten Markt für Dichtung über unerreichbare Liebe einerseits, für Pornographie andererseits. Beide Surrogate stellen keine Befreiung der Leidenden dar, sondern nur ein Ventil für die bestehende repressive Ordnung, und mit vereinten Kräften sorgen sie für deren Erhalt.

Obschon die repressive Gesellschaft von Männern und dem Prinzip des Männlichen dominiert wird und oft nur auf der Oberfläche prüde ist, erlaubt sie doch keinen offenen Donjuanismus. Ein Don Juan setzt immerhin gewisse Freiheiten für die Frau und für das Wort voraus. Auch in der arabischen Gesellschaft traten verwegene Dichter auf, wenn Freiheiten gewährt wurden. Sie besangen ihre Liebesabenteuer und sprachen ohne Umschweife von ihrer sexuellen Begierde: Imru´u al Qaiss, Abu Nuwas, Baschar bin Burd oder – in den sechziger Jahren des letzten Jahrhunderts – der syrische Lyriker Nizar Qabbani. Das waren kurze Lichtblicke, denn in der langen Nacht der Repression durfte nur eine Poesie existieren, die angepaßt war. Sie besang die quälende, abgewiesene, unerfüllbare Liebe, triefend von Moralismus und Bigotterie. Und die unterdrückten Völker lernten alles auswendig, was von unerfüllter Liebe erzählte. Nicht eine Sängerin unter vielen, sondern die unbestrittene Königin aller Sängerinnen war die Ägypterin Um Kulthum. Und worüber sang sie fünfzig Jahre lang? Erhabene Gedichte über die nicht gewährte Liebe.

Nie hat ein Herrscher in Arabien je etwas gegen solche Dichtung einzuwenden gehabt. Dort nennt man die unerfüllte Passion die «Udhri-Liebe». Keine andere Spielart der Liebe besitzt in der arabischen Literatur und im arabischen Bewußtsein einen solch herrschaftlichen Platz wie diese, benannt nach dem Udhra-Stamm. Bei ihr ist das Ziel die Nichterfüllung und eben nicht die Vereinigung mit dem geliebten Menschen. Die Udhri-Liebe steht im Ruf, das höchste Maß an Reinheit, an Nichtkörperlichkeit und Enthaltsamkeit zu bieten. Im Bewußtsein der Araber symbolisiert sie den Sieg der Seele über den Körper. Jede unschuldig-reine Liebe trägt seit Jahrhunderten das Qualitätssiegel der Udhris. Da werden Dichter schier verrückt vor Liebe, kämpfen ein Leben lang vergeblich um das Unerreichbare und sinken vor lauter Erschöpfung ins Grab. *Massari´ al Uschak* etwa ist ein Werk des irakischen Gelehrten al Sarrag (gestorben 1106), das sich ausschließlich mit dem Liebestod beschäftigt.

Aber all das laute Geschrei über die Qualen der tugendhaften, unerfüllten Liebe erweist sich bei näherer Betrachtung als grandiose Lüge. Der syrische

Philosoph Sadiq Jalal al Azm hat in einer kleinen Studie dem Bild der reinen Liebe unserer legendären Udhri-Dichter widersprochen und glaubwürdig dokumentiert, wie verlogen diese Gedichte über Reinheit und Enthaltsamkeit waren und sind. Bei einem Fall wie der Liebe zwischen Jamil und Butheina, deren Geschichte jeder arabische Schüler gelesen haben muß, handeln die beiden im Leben nachweislich gegen die ihnen angedichtete Liebe. Sie sind ständig darum bemüht, nicht zueinander zu finden, um dafür ihre unerfüllte Liebe besingen zu können und damit im Mittelpunkt der damaligen «Medien» zu stehen. Das ähnelt sehr den Reportagen und Enthüllungen melodramatischer Liebesgeschichten, die Boulevardzeitungen heute tagtäglich aus der Kloake der Gesellschaft ans Tageslicht fördern.

III. Annäherung

Das komplementäre Gegenbild der Heuchelei über den einsamen Liebhaber, der stets leer ausgeht, ist das abstoßende Bild der Ehe, das die Moralisten traditionellerweise verbreiteten. Die Eheleute stehen sich hier unversöhnlich, ja offen feindselig gegenüber. Entweder wird die Frau als Hausdrachen geschildert, der dem Mann das Dasein verleidet, wie es der berühmt-berüchtigten Sokrates-Gattin Xanthippe von der Nachwelt angedichtet wurde. Oder

der Ehemann erscheint nicht weniger klischeehaft als Pascha, der seine Familie drangsaliert. In den tiefsten Niederungen der Gewöhnlichkeit gewährt man dem Manne damit immerhin ein Zipfelchen der Macht: Er darf über die ihm angetraute Frau herrschen. Die ideale Ehefrau ist damit auf unterster Stufe erniedrigt zur gehorsamen Hausfrau und Gebärmaschine, deren einzige Aufgabe darin besteht, ungeachtet ihrer eigenen Geistesgaben und Lebensvorstellungen einen beschränkten Mann zu beglücken. So sieht nach wie vor das weltweit populärste Bild der «idealen» Ehe aus.

Keiner der heuchelnden Moralisten, die dieses Idealbild vertreten, kann freilich Auskunft geben, warum sich derart degradierte und degenerierte Partner lieben sollen. Statt dessen ist man in patriarchalen Gesellschaften bis heute davon überzeugt, daß, je intelligenter die Frau, um so bedrohter die Institution der Ehe sei. Das Gegenteil jedoch ist der Fall. Nur intelligente Partner, die sich gegenseitig achten und das Abenteuer der täglichen Erneuerung, der unstillbaren Neugier auf den anderen erleben, sind imstande, die Liebe im Wechsel der Zeiten aus den Klauen der Routine zu befreien und lebendig zu halten. In diesem Sinne schrieb Ovid in seinen *Briefen der Heroinen*: «Wenn du passend heiraten willst, so heirate einen Ebenbürtigen.»

Novalis war einer der ehrlichsten Dichter der Frühromantik. Die unerfüllte Liebe zu dem jungen Mädchen Sophie, das ganze zwölf Jahre alt war, als er sich in sie verliebte, und die mit fünfzehn starb, ließ ihn den Blick in christlich-romantischer Todessucht vom Diesseits und von jedweder Tendenz aufklärerischer Poesie abwenden. In seinen *Hymnen an die Nacht* schwärmt er von der baldigen Vereinigung mit seiner toten Geliebten. Mit dem Leben war er fertig.

«Was hält noch unsre Rückkehr auf,
Die Liebsten ruhn schon lange.
Ihr Grab schließt unsern Lebenslauf,
Nun wird uns weh und bange.
Zu suchen haben wir nichts mehr –
Das Herz ist satt – die Welt ist leer.»

Es sei noch einmal gesagt: Novalis ist ehrlich. Nicht so die meisten Dichter. Sie haben weniger die Frau geliebt als vielmehr ihre Liebe zur Frau. Sie waren narzistisch-selbstverliebt. Al Jahiz, ein großer Gelehrter (776–868), schrieb zurecht über solche Dichter: «Wenn der Verliebte seine Geliebte nur einmal erreicht, versiegen neun Zehntel seiner Liebe …» Und von einer solchen Liebe lassen wir uns zu Tränen rühren. Dabei ist diese Liebe kein Gefühl, keine spontane Regung des Herzens, sondern eine allmächtige Göttin, die unsere Dichter zwingt, ihr willenlos zu folgen. Auch der Dichter Jamil erwiderte, als seine Familie ihn leise tadelte, er solle doch von Butheina lassen, er sei nicht frei, sondern willenlos. Daß eine solche Liebe im Pendeln zwischen Narzißmus und Masochismus krankhafte Zustände erreichen kann, hat der Gelehrte Ibn Hazm bereits im 11. Jahrhundert charakterisiert: «Und die Liebe ist eine Krankheit ... herbeigesehntes Leid. Wer von ihr befallen wird, wünscht sich keine Genesung.»

Wie Don Juan kümmert sich der Dichter im allgemeinen nicht um das Objekt seiner Begierde. Der Dichter liebt und vergöttert seine Geliebte unabhängig von dem, was sie tut, sagt, empfindet. Manchmal interessiert ihn nicht einmal ihre Gegenwart. Er betet das Bild an, das er sich von ihr gemacht hat. Und weil es dem gemeinen Dichtersmann gar nicht um die Frau als Person geht, sondern nur um seine Liebe zu ihr, will er auch im Grunde keine Beziehung zu ihr aufbauen. Geradezu fanatisch steigert er sich in die Ausweglosigkeit dieser Liebe hinein, bis er zurückgewiesen wird oder den Verstand verliert. Dieser Fanatismus hat mit Liebe nichts mehr zu tun. Er mag durch sie motiviert sein, aber er läßt kein anderes Gefühl mehr zu.

In der dauerhaften Liebe hingegen rückt der geliebte Mensch mit allen seinen Besonderheiten in den Mittelpunkt des Interesses. Diese Nähe und die tagtäglich neue Entdeckung des anderen bieten tausendfache Themen für lebendige, spannende Werke. Doch selten genug wird aus diesem Fundus geschöpft. Es grenzt doch wahrlich an ein Wunder, ein schnarchendes, schlechtgelauntes, mißtrauisches oder mimosenhaftes Wesen zu lieben. Welche Phantasie verleiht die Liebe, um all diese Hindernisse zu überwinden und in den Ebbezeiten einer Partnerschaft immer und immer wieder neue Leuchtfeuer anzuzünden. Wieviel Erzählstoff liegt im Alltäglichen verborgen! Welche Geheimnisse verbergen sich hinter der Dauer einer Partnerschaft! Welche Erneuerungen an uns selbst zeitigt die beharrliche Liebe zu einer Person! Welch ein Zauber schließlich, daß das, was wir nie für denkbar gehalten haben, durch die Liebe ermöglicht wird. Unabhängig davon, ob es sich um eine Liebes-, Freundschafts- oder Vernunftehe handelt, bei der unaufhörlichen Suche nach dem Ausgleich zwischen Pflicht und Zuneigung, Gefühl und Vernunft, Ruhe und Risiko vermag eine dauerhafte Liebe zu wachsen, die irgendwann kaum noch Ähnlichkeit mit dem Ausgangspunkt hat.

Um Mißverständnissen vorzubeugen: Aufgabe der Literatur ist es natürlich nicht, Wirklichkeiten eins zu eins abzubilden oder gar Lösungen anzubieten. Nein, Literatur soll weder Wirklichkeit widerspiegeln noch Sonntagspredigten halten, wenn sie *gute* Literatur sein will. Was ihren Zauber ausmacht, ist, eigene Welten zu entwerfen in schöpferischer Bezugnahme auf die Zeit, in der sie entsteht. Ein historischer Roman über die Ehe liefert nebenbei ein Kolorit der Epoche und der Gesellschaft, in der diese eingegangen wurde, aber primär erzählt er davon, was in dieser Zeit überhaupt denkbar war zwischen Mann und Frau. Boccaccio läßt in einer der Novellen seines *Decamerone* eine Ehebrecherin ihren Ehebruch offen zugeben und eine mutige Rede über die Rechte der Frau halten. Sie steht dabei mit einem Bein schon auf dem Scheiterhaufen, und dennoch erzählt sie freimütig, daß sie ihren Gatten bis zu dessen Erschöpfung befriedigt habe. Der Gatte bezeugt ungefragt die Richtigkeit ihrer Aussage. Daraufhin die Frau: «Nun frage ich, Herr Richter, wenn er stets von mir erhalten hat, was er bedurfte und verlangte, was soll ich mit dem beginnen, was mir noch übrig blieb? Sollte ich es den Hunden vorwerfen? Ist es nicht weit besser, einen edlen Mann zu erfreuen, als es ungenützt verderben zu lassen?» Richter wie auch Zeugen finden die Frau sympathisch. Sie sind erheitert und sprechen sie frei, ja man ändert sogar das Gesetz, damit in dieser Weise liebende Frauen nie wieder bestraft werden. Nein, Boccaccio wußte, daß im 14. Jahrhundert so etwas nicht einmal im Traum möglich sein würde; als Kind seiner Zeit hätte er es wahrscheinlich noch nicht einmal gutgeheißen. Er zeigt jedoch in seinem literarischen Kosmos, was Liebe zu zweit vermag, wie sie Fehltritte und Versäumnisse durch wechselseitiges Verständnis vergeben kann.

Aristoteles schrieb in seiner *Poetik*: «Der Geschichtsschreiber und der Dichter unterscheiden sich dadurch, daß der eine das wirkliche Geschehen mitteilt, der andere, was geschehen könnte.» Auch Gellerts Gräfin und Goethes Lotte sind deutlich vernunftbetonter, selbstbewußter und aktiver, als das Frauenklischee der Zeit erlaubte, während Werther und Eduard (in Goethes *Wahlverwandtschaften*) ungleich irrationaler handeln, als es einem Mann in jener Epoche wohl je entsprach.

V. Annäherung

Die überwältigende Mehrheit der sogenannten Liebesromane endet, wo das Leben zu zweit beginnt. Als wollten die Autoren sagen: Nun ist die Luft raus und der langweilige Teil beginnt, eben jener, der nur noch Standesbeamte, Statistiker und andere Bürokraten interessiert. Ehe als glückliche Zweisamkeit wird gleichsam mit einem Tabu belegt und regelrecht aus der Literatur verbannt. Zwei scheinbare Gegensätze trugen zur Verdrängung bei und bewirkten über viele Jahrhunderte hinweg, daß sie kein literarisches Thema sein konnte. Gemeint ist auf der einen Seite die Heiligsprechung der Institution Ehe und, wie oben gezeigt, deren extreme Verachtung auf der anderen Seite.

Jede Beziehung zwischen Frau und Mann trägt

Spuren kulturgeschichtlicher Metamorphosen des Lebens zu zweit. Die Ideen, die im Kopf existieren von dem, was Ehe oder dauerhafte Liebe bedeutet, sind durch diese Metamorphosen mitgeformt. Was heute in unserer westlichen Welt selbstverständlich ist, war früher und ist anderswo nicht denkbar, ja strengstens verboten und strafbar. Die Geschwisterehe im alten Ägypten oder die Polygamie in den islamischen Ländern gelten den Christen als Todsünden. Umgekehrt ist die bloße Zivilehe für viele Gläubige aller Religionsgemeinschaften staatlich gedeckte Hurerei, während das relativ junge europäische Ideal der Liebesehe bei den Indern als *Gándharva* verpönt ist, als eine Verbindung durch gegenseitige Wahl, «geboren aus Begierde», wie der indische Autor Manu schreibt. Fest steht aber: Wir werden in Fragen der Liebe auch im 21. Jahrhundert nichts grundlegend Neues erfinden, alles wurde lange vor uns erdacht und erprobt. Und dennoch ist die Liebe zwischen zwei Menschen jeweils wieder von absoluter Einmaligkeit, ein Einzelfall in der Geschichte der Menschheit.

Unsere Vorstellungen von der Ehe werden von vielen historischen, religiösen, ökonomischen, sittlichen, ethnologischen und sogar klimatischen Faktoren beeinflußt, die alle zu behandeln den Rahmen dieses Nachworts sprengen würde. Allein schon der Einfluß der Religion zeigt deutlich, warum Literatur über Ehe rar ist. Bei dieser kurzen Untersuchung müssen wir uns auf drei Weltreligionen beschränken, die so nachhaltig im Mittelmeerraum und in Europa wirksam waren.

Wie sich Judentum und Islam auf die Eheliteratur auswirkten, kann hier nur kurz skizziert werden. Das Judentum hat von Anfang an ein klares, positives Verhältnis zur Ehe. Das Alte Testament sagt eindeutig: «Es ist nicht gut, daß der Mensch allein sei ... Darum wird ein Mensch seinen Vater und seine Mutter verlassen und wird seiner Frau anhängen und sie werden *ein* Fleisch sein.» (1. Mose 2,18 und 2,24) Der Talmud rät: «Wenn deine Tochter mannbar ist, so schenke einem deiner Sklaven die Freiheit und verlobe sie mit ihm.» Auch der Koran und dessen Prophet Muhammad befürworteten die Ehe als Vollendung und Vervollkommnung des Menschen. Juden wie Moslems erfuhren in ihrer Geschichte kaum Erschütterungen hinsichtlich ihrer Haltung gegenüber der Ehe. Beiden Religionsgemeinschaften galt sie stets als unantastbar. In Arabien ist der Bund der Ehe gleich dem der Familie ein Heiligtum, dessen Bruch unmißverständlich *Verrat* genannt wird. Ehe und Familie gilt es nach außen hin zu schützen. Eine Zurschaustellung des Ehelebens käme demnach einem Gesichtsverlust gleich.

Die christliche Kirche hat im Weltzirkus der Kulturen hinsichtlich der Ehe einen sensationellen dreifachen Salto mortale geschlagen. Sie, die heute so tut, als hätte sie die Ehe erfunden, war anfangs strikt dagegen. Christen sollten idealerweise im Zölibat leben und alles Irdische wie Familie und Besitz hinter sich lassen. Sie sollten zu Gott beten und seine Anhänger durch das Wort der Verkündigung vermehren. Deshalb fand die Hochzeit von Christen viele Jahrhunderte hindurch nicht am Altar, sondern im Kirchhof außerhalb der heiligen Gemäuer statt. Der Bund der Ehe galt den Kanonikern allenfalls als ein notwendiges Übel. Paulus, als Begründer der Amtskirche, wurde nicht müde zu betonen, man solle es ihm gleichtun und ohne Frau leben. Nur um der Hurerei zu entgehen, sei es vorzuziehen, wenn einer, schwach vor fleischlichen Gelüsten, sein eigenes Weib und diese ihren eigenen Mann habe. Idealerweise möge der Christenmensch jedoch im Geiste der Ehelosigkeit wandeln und geschlechtlichen Versuchungen widerstehen. Hinter diesen Gedanken der Entsagung stand die feste Überzeugung vom nahen Ende der Menschheit.

Paulus macht aus seiner Verachtung der Frauen kein Geheimnis. «Denn der Mann ist nicht vom Weibe, sondern das Weib ist vom Manne», schrieb er an seine Korinther. Die Frau war für ihn die Verführerin, sie galt als Unreine. Die Kirchenväter übernahmen dieses Bild und überboten ihn in der Ablehnung der Frau noch. Hieronymus etwa hielt es sogar für ehebrecherisch, wenn der Mann eine allzu brennende Liebe für die eigene Frau empfand, und er ermahnte die Männer, ihre Frauen mit Besonnenheit zu lieben und nicht mit Leidenschaft. Auch der heilige Augustinus warnte davor, die eigene Frau zur Mätresse zu machen. Er behauptete, die Ehelosen würden am Himmel wie helle Sterne erstrahlen, während ihre Eltern (die sie gezeugt hatten) den dunklen Sternen gleichen würden. Origenes erklärte im 3. Jahrhundert nach Christus die Ehe zu «etwas Unheiligem und Unreinen», zu einem «Mittel der Sinnenlust», und um selbst der Versuchung zu widerstehen, entmannte er sich. Die Liste der Heiligen, die gegen die Ehe auftraten, läßt sich beliebig verlängern. Die Kirche sparte nicht mit lusttötenden Ratschlägen, die das körperliche Verhältnis von Frau und Mann regeln sollten. Gebote und Verbote pflastern bis heute den Weg ins Bett.

Das Gebot der Treue bezog sich übrigens schon früh vornehmlich auf die Treue der Frau. Dem Mann ließ man eine Hintertür offen, indem man ihn fallweise als von der Frau verführt darstellte. Aber das Ende der Welt ließ auf sich warten, und als die Kirche das zur Kenntnis nahm und begriff, welche gesellschaftliche Kraft hinter der Liebe steckt, nahm sie sich der Ehe an, um damit die Herrschaftsstrukturen der spätrömischen Gesellschaft aufzuweichen. Sie erlaubte nun die Heirat zwischen allen Männern und Frauen gleich welchen Standes. Auch Sklaven, Huren und gesellschaftliche Randgruppen durften allesamt gleichberechtigt heiraten: Hauptsache, sie waren Christen. Nicht zuletzt mit der Legitimation der Ehe eroberte sich das Christentum das Herz der Benachteiligten und entzog den Vätern das Machtwort über die heiratswilligen Kinder. Und schließlich versetzte die Kirche der römischen Clanherrschaft den tödlichen Streich, indem sie Heiraten unter Verwandten – Cousins bis zum 7. Grad – verbot.

Erst im 16. Jahrhundert, auf dem Konzil von Trient (1545–1563), und vielleicht als Reaktion auf Luthers Erklärung, die Ehe sei «ein weltlich Ding», erklärte die katholische Kirche selbige zum Sakrament. Von da an wurde der Ehestand mit allen Weihen und Segenssprüchen der christlichen Lehre bedacht. Der Staat, der lange Jahrhunderte in Symbiose mit der Kirche existiert hatte, hielt auch im Zuge der Säkularisation weitgehend an der Heiligung der Ehe fest. Diese Erhöhung, ja Überhöhung der Ehe durch Staat und Kirche in Europa prägte maßgeblich auch die Literatur des europäischen Kulturraumes und letztlich der halben Welt.

Der zweite Schlag, der das Thema Ehe in der europäischen Literatur traf, kam aus der genau entgegengesetzten Richtung: Die ursprüngliche Verachtung der christlichen Kirche gegenüber der Ehe fand nämlich ihre Fortsetzung im fundamentalistischen Denken der Katharer, einer südfranzösischen Sekte. Denis de Rougemont, ein zu Unrecht in Vergessenheit geratener Schweizer Denker, hat die Katharer in seinem Buch *L'amour et l'Occident* dafür verantwortlich gemacht, daß die Verachtung der Ehe und der Hang zur dramatischen, leidenschaftlichen «reinen» Liebe, mit dem Liebestod als Vollendungsidee, ab dem 12. Jahrhundert in Europa Verbreitung fand. Nicht nur die Troubadoure, sondern die gesamte Literatur wurde zum Sprachrohr für Varianten der Liebe, die – ob «rein» oder «körperlich» – immer auf Leidenschaft und Liebesqual ausgerichtet war. Ob die Katharer allein für diese Entwicklung verantwortlich waren oder nicht, muß uns hier nicht interessieren. Zweifellos waren sie Fanatiker, verachteten die geschlechtliche Liebe und lehnten die Fortpflanzung ab. Einer schwangeren Frau etwa wurde die Taufe verweigert, weil sie «einen Dämon im Bauch» trage.

All diese Einflüsse mündeten darin, daß die Ehe nicht nur in der Literatur, sondern auch im allgemeinen Bewußtsein herabgewürdigt wurde. Man sah sie als Institution im Dienste der Vermehrung oder als ökonomischen Zweckverband. Mit Liebe hatte sie in den Augen vieler Generationen nichts zu tun, Liebe fand nur außerhalb der Ehe statt. So bekam der Ehebruch eine mythische, schicksalhafte Dimension und wurde zu einem der beliebtesten Motive. Tristan und Isolde thronten neben Don Juan über dem Ursprung der christlich-europäischen Literatur, und dank der kulturhistorischen Prägekraft Europas gingen diese Vorstellungen auch auf andere Kontinente und Kulturkreise über.

Der Blick in die Historie kann einen glauben machen, die Liebesehe existiere gar nicht. Gewiß ist die Liebesheirat als kulturelle Leitidee erst gut zweihundert Jahre alt. Es handelt sich um eine Errungenschaft des Bürgertums. Die bürgerliche Ehe setzt auf die Freiheit der Partnerwahl und sieht für den Fall, daß sich das Hauptmotiv der Verbindung, die gegenseitige Liebe, verflüchtigt hat, die Scheidung vor. An dieser zentrale Erkenntnis der modernen Gesellschaft, daß eben nicht nur der Tod scheiden kann, sondern auch das Leben, führt kein Weg vorbei. Thomas Mann, von der Zukunftsfähigkeit der Institution Ehe überzeugt, trotz aller zeitbedingten Umbrüche und Krisen, schrieb in einem überaus lesenswerten Aufsatz: «Wie heute alles und jedes, ist auch die Ehe im Übergang begriffen; an ihr Ende, ihr Aufhören zu glauben, wäre absurd.»

VI. Annäherung

Der Ehebruch und das, was zwangsläufig zu ihm hinführt, schien immer anziehender für die literarische Gestaltung als eine intakte Verbindung, die auf dem Vermögen der Partner beruht, Krisen zu meistern. Wenn wir uns allein auf die abendländische Dichtkunst beschränken, so finden wir bereits in der Antike sowohl tragische (die Geschichte von Atreus, seiner Frau Aërope und ihrem Liebhaber Thyestes) wie auch komische Varianten (die von Hephaistos, seiner Frau Aphrodite und ihrem

Liebhaber Ares). In der Liebeslyrik des Mittelalters dominierten bekanntlich Minnesang und Minnedienst, bei denen der Sänger eine gesellschaftlich höhergestellte, verheiratete und ihm von vornherein unerreichbare Frau in den höchsten Tönen preist. Einige Ehebruchgeschichten des Mittelalters gelangten zu Weltruhm, so die Geschichte von König Marke von Cornwall, seiner Frau Isolde und deren Liebhaber Tristan. Auch Dante berichtet in seiner *Göttlichen Komödie* (im 5. Gesang des *Inferno*) von Paolo, dem Schönen, und dessen Geliebter Francesca, der Ehefrau seines Bruders Giovanni. In der Renaissance gaben Boccaccios Novellen im *Decamerone* dem Ehebruch den Anstrich des Komischen. Ab dem 16. Jahrhundert erfreut sich die Ehebruchthematik – mit dem gehörnten Ehemann im Rampenlicht – auch auf dem Theater zunehmender Beliebtheit, so bei Calderón oder Molière.

In der Epoche der Aufklärung wurde dann auch hier der Vernunft ein hoher Rang eingeräumt. Die Ehe wird ganz nüchtern als nützliche Institution anerkannt. Dementsprechend schreibt Kant in seiner *Metaphysik der Sitten*, die Geschlechtsgemeinschaft sei «der wechselseitige Gebrauch, den ein Mensch von eines anderen Geschlechtsorganen und Vermögen macht», wobei die Ehe sich als das rechtlich legitimierte *commercium sexuale* definiere und auf der «Verbindung zweier Personen verschiedenen Geschlechts zum lebenswierigen wechselseitigen

Besitz ihrer Geschlechtseigenschaften» gründe. Im Zentrum des Kantschen Rechtsverständnisses steht die «eheliche Beiwohnung», die fleischliche Gemeinschaft, ohne die eine Ehe keinen Anspruch auf Gültigkeit erheben könne, sowie das Vernunftpostulat der Monogamie, ohne die keine Gleichheit des Besitzes, weder «der Personen, die einander wechselseitig besitzen» noch «der Glücksgüter», denkbar sei. Thomas Mann konnte der Versuchung nicht widerstehen, in seiner bereits oben zitierten Schrift *Die Ehe im Übergang* den Königsberger Standpunkt süffisant zu kommentieren: «Wäre die Ehe nichts weiter, als was Immanuel Kant sie gräulich junggesellenhaft definiert, sie hätte die individuelle und institutionelle Widerstandsfähigkeit nie erwiesen, die zu erweisen unsere Tage ihr so reichlich Gelegenheit geben.»

Nur sehr zögerlich hat sich in der bürgerlichen Epoche das Lob der Ehe zu den landläufigen Ehebruchgeschichten gesellt. Beispielhaft dafür steht Christian Fürchtegott Gellerts *Das Leben der Schwedischen Gräfin von G****. Der klassische Ehebruchroman, von dem Goethes *Wahlverwandtschaften* 1809 einen Vorgeschmack gaben, sollte in der zweiten Hälfte des 19. Jahrhunderts seinen eigentlichen Höhepunkt erst noch erleben, allerdings mit zunehmend tragischem Ausgang. Die ein eigenes Subgenre begründenden Werke der Weltliteratur haben in der Regel alle den gleichen «moralischen» Handlungsverlauf: Entfremdung,

Verführung, Ehebruch, Entdeckung, Strafe. Nicht selten enden sie mit dem Tod der Ehefrau, und nicht selten lösten sie öffentliche Skandale aus. Nie zuvor wurden Seelenleben, Psyche, soziale Lage und Gedankenwelt der Frauen derart in den Mittelpunkt gestellt wie in diesen Romanen, unter denen die berühmtesten den Namen der Heldin im Titel trugen: Gustav Flauberts *Madame Bovary* erschien 1856 in Frankreich, Lew Tolstois *Anna Karenina* 1877 in Rußland, José Maria Eça de Queirós' *Der Vetter Basílio* 1878 in Portugal, Claríns *La Regenta* 1885 in Spanien, Herman Bangs *Am Weg* 1886 in Dänemark und Theodor Fontanes *Effi Briest* 1895 in Deutschland.

VII. Annäherung

«Eifersucht ist eine Leidenschaft, die mit Eifer sucht, was Leiden schafft», beschrieb der Philosoph Friedrich Schleiermacher sprachakrobatisch und heiter einen höchst unangenehmen Gemütszustand, den man in einer Liebesbeziehung verspürt, wenn man erfährt oder sich einbildet, daß der Partner seine Anerkennung, Liebe, Zuneigung oder seinen Respekt einem anderen schenkt. Die Eifersucht ist ein zentrales Motiv in Literatur und Gesellschaft und steht Pate für viele tragische und tragikomische Wendungen, Dramen und Bluttaten in Orient wie Okzident.

Doch kein europäischer Erzähler kam je auf die Idee, Tiere in den Dienst der Eifersucht zu stellen. Und kein Geschöpf beflügelte die Phantasie der Erzähler von China bis Arabien so sehr wie die Papageien. Die Fähigkeit dieser Tiere, die menschliche Stimme nachzuahmen, verlieh ihnen den Anschein unergründlicher Intelligenz. Der Papagei galt und gilt bis heute als der klügste unter den Vögeln, und da er handlicher als ein Delphin oder ein Affe ist und von jedermann gehalten werden kann, entstanden zahlreiche Geschichten über ihn. *Tuti-Nameh*, das *Papageienbuch*, ist die vornehmste Sammlung von allen.

Dem Papagei begegnet man in diesen Geschichten in zwei Gestalten, die beide mit der Eifersucht des Ehemannes zu tun haben. Einmal arbeitet der bunte Vogel als Hausdetektiv des Mannes, der die Frau tagsüber oder auch nachts, bei Abwesenheit des Gatten (Pilgerfahrt oder Handelsreise) beobachtet. Oft sind solche Abschiede sogar ein Vorwand für die Prüfung der Treue der Ehefrau. Nicht selten wird der Papagei jedoch von den klugen Frauen bestraft und endet, gefüllt mit Reis, Rosinen und Pinienkernen, auf dem Teller des Ehemannes.

Klügeren Papageien begegnet man in der zweiten Gestalt. Als wüßten sie etwas vom Geheimnis der Dialektik, ohne jemals Hegel gelesen zu haben, werden sie zum weisen Erzähler. Sie raten der Frau, zu ihrem schönen und jungen Liebhaber zu gehen, und erzählen ihr, noch bevor sie sich auf den Weg macht, so spannende Geschichten, daß die Frau darüber den Liebhaber und sich selbst vergißt. Verzaubert hört sie zu, wird müde und schläft ein. Das wiederholt sich Tag für Tag, bis der Gatte schließlich wieder heimkommt. Diese Geschichten zeigen auf subtile Art nicht die Untreue der Frauen, sondern die Dummheit der Männer, die ihre Frauen hinter den Mauern ihrer Haremshäuser einsperrten. Die Meisterin Scheherazade wäre ebenfalls Opfer eines solchen Mannes geworden, der im Wahn seiner Männlichkeit alle Frauen der Untreue bezichtigte und umbringen ließ, hätte sie ihn nicht mit dem Zauber ihres Wortes besiegt, ihn, den gewalttätigen Mann, nicht in ein friedlich lauschendes Kind verwandelt. Und das tausendundeine Nacht lang.

VIII. Annäherung

Verliebtheit verlangt nach Vereinigung des Ich mit dem Du zu einem Ganzen. Sie strebt die höchste Erfüllung des Augenblicks an und fürchtet sich vor der Dauer, vor dem Verlöschen der Flamme. In der Phase der ersten Verliebtheit ist der Alltag bloße Irritation, die Pflicht nur eine verhaßte Entzweiung vom Geliebten; Freunde werden als Konkurrenten wahrgenommen, Verwandte als lästige Fliegengattung, und nicht selten besteht die Umgebung nur aus Spähern, Petzen und Neidern. In der Welt der Verliebten herrschen eigene Gesetze. Der Verliebte ist von einer Variante des Autismus befallen. Außer dem Geliebten hat nichts und niemand mehr irgendeinen Wert, die Wirklichkeit zählt nicht mehr. Alles scheint überwunden.

Bei Verliebtheit denkt man an den Himmel, bei Ehe an Haushalt. Hier berauschende Gefühle, dort nüchterne Vernunft. Und doch zeigt das Leben zur Genüge, daß sich Himmel und Haushalt nicht wechselseitig ausschließen, auch wenn über die Jahre und Jahrzehnte, in denen eine dauerhafte Beziehung sich entwickelt, einmal das eine, einmal das andere im Vordergrund stehen wird. Die dauerhafte, beständige Liebe ist kein festes Gefühlsgebilde mit vorab festgelegten Ingredienzien aus Leid, Freude, Sehnsucht, Genuß, Spannung und Glück der Erfüllung, sondern ein komplexes Gebilde mit dynamischen Tendenzen, das in jedem einzelnen Augenblick Veränderungen unterliegt. Die Ehe basiert nur zu einem Teil auf der verbindlichen, stabilen Gefühlslage der Liebe. Im konkreten Zusammenleben erfordert sie ein hohes Maß an Disziplin, Treue, Pflicht- und Verantwortungsgefühl, Selbstbeherrschung und Mäßigung der Erwartungen. Und sie birgt Gefahren der Routine, der Monotonie.

Der Übergang von der abenteuerlichen Zeit der Verliebtheit zur dauerhaften Bindung kann schmerzhaft sein. Die Sehnsucht, angefeuert durch die Ferne, kann durch allzu große Nähe erkalten, und dann kommt ein Augenblick, in dem man bewußt oder unbewußt auf Distanz geht und einiges nüchterner sieht als zuvor. Man wird zu einem unbeteiligten Beobachter des noch gestern angehimmelten, vergötterten Partners. Christa Wolf beschreibt diesen Augenblick sehr schön in ihrer Erzählung *Der geteilte Himmel*: «Sah sie ihn denn zum erstenmal? Das nicht. Doch wer kennt nicht die Schwierigkeit, den wirklich zu sehen, den man liebt? In diesen wenigen Sekunden rückte Manfred sie aus der unscharfen Nähe in einen Abstand, der erlaubt, zu mustern, zu messen, zu beurteilen. Es heißt, dieser unvermeidliche Augenblick sei das Ende der Liebe. Aber er ist nur das Ende der Verzauberung. Einer der vielen Augenblicke, dem die Liebe standzuhalten hat.»

Die dauerhafte Liebe ist delikat. Sie ist etwas für Feinschmecker, die nicht nur ihren Heißhunger stillen wollen und müssen. Hier verschmelzen Ich und Du unter anderen Bedingungen. Es ist – wie Erich Fromm es ausdrückte – «Eins-Sein unter der Bedingung, die eigene Integrität und Unabhängigkeit zu bewahren». Friedrich Schlegel hat dies zu seiner Zeit in seinem Roman *Lucinde* wunderbar ausgeführt: «Sie waren ganz hingegeben und eins, und doch war jeder ganz er selbst, mehr als sie es noch je gewesen waren, und jede Äußerung war voll vom tiefsten Gefühl und eigensten Wesen.»

Den anderen in der Hitze der lang ersehnten

Begegnung anziehend finden, ist eine Wonne, ihn aber im zermürbenden Alltag lieben, ist eine Kunst. Doch die Normalität des Alltags ist die Voraussetzung dafür, daß wir die Augenblicke der Liebe als ein Fest empfinden, als immer wiederkehrende Höhepunkte. Welche Möglichkeiten bieten sich, diesen Alltag von der Routine und aus den Klauen der immer wiederkehrenden Rituale zu befreien? Das ist die höchst interessante und dabei herausfordernde Frage, der die Literatur nachgehen kann.

Dieses Projekt begann mit der Verwunderung angesichts eines Mangels, ja eines offenkundigen Versäumnisses der Literatur, was erst intensive Nachforschungen zur Folge hatte und schließlich in den Versuch mündete, den Berufsstand der Schriftsteller zu rehabilitieren. Denn jeder Gerechte entschuldigt bekanntlich hundert andere. Wenn das vorliegende Lesebuch am Ende das genaue Gegenteil des kritischen Befunds zu beweisen scheint, daß sich nämlich sehr wohl einige der namhaftesten Autorinnen und Autoren der Weltliteratur des Menschheitsthemas «Ehe» angenommen haben, so war es die Mühe wert.

Herausgekommen ist bei der Suche jedenfalls ein facettenreiches Buch über Hingabe, Geduld, Arglosigkeit und List, Vertrauen und Mißtrauen, Verständnis und Verbundenheit über den Tag hinaus – vor allem aber ein Bekenntnis zum Partner, zur Lebensgefährtin und zum wunderbarsten Geschenk, das sich liebende Menschen machen können: verbindlich zueinander zu stehen.

Rafik Schami

QUELLENNACHWEIS

Anonym

Die Geschichte vom verliebten Philosophen aus: Tausendundein Tag, Band II. Aus dem Arabischen von Paul Hansmann © 1962 by Insel Verlag, Frankfurt am Main.

Anonym

Eine delikate Episode. Aus dem Arabischen von Rafik Schami © 2007 by Manesse Verlag, Zürich, in der Verlagsgruppe Random House GmbH, München.

Anonym

Wie der Bauer statt der Bäuerin das Haus versorgte aus: Märchen von der Bernsteinküste. Gondrom Verlag, Bayreuth, 1974.

Ayala, Francisco

Die Schwalben vom Vorjahr aus: F. A., Der Kopf des Lammes. Aus dem Spanischen von Erna Brandenberger © 2003 by Francisco Ayala, Madrid © der dt. Übersetzung 2003 by Manesse Verlag, Zürich, in der Verlagsgruppe Random House GmbH, München.

Bach, Lena

Trotzdem © für diese Ausgabe 2007 by Manesse Verlag, Zürich, in der Verlagsgruppe Random

House GmbH, München; Abdruck mit freundlicher Genehmigung der Autorin.

Buber, Martin

Erwidrung im Streit aus: M. B., Die Erzählungen der Chassidim © 1949 by Manesse Verlag, Zürich, in der Verlagsgruppe Random House GmbH, München.

Čechov, Anton

Die Ehe in 10–15 Jahren aus: A. Č., Ende gut. Aus den Erinnerungen eines Idealisten. Humoresken und Satiren 1885–1892. Aus dem Russischen von Peter Urban © 2001 by Diogenes Verlag AG, Zürich; *Ein ernster Schritt* aus: A. Č., Ende gut. Frühe Erzählungen 1886-1887. Aus dem Russischen von Peter Urban © 2002 by Diogenes Verlag AG, Zürich.

Colette, Sidonie-Gabrielle

Geheimnisse aus: S.-G. C., Das Hotelzimmer. Aus dem Französischen von Luise Wasserthal-Zuccari © 1963 by Paul Zsolnay Verlag, Wien.

Döblin, Alfred

Der Dritte aus: A. D., Erzählungen aus fünf Jahrzehnten © Patmos Verlag GmbH & Co. KG/ Artemis & Winkler, Düsseldorf.

Flake, Otto

Das Bild aus: O. F., Das Bild und andere Liebesgeschichten. Ausgewählt von Rolf Hochhuth © 1971 by S. Fischer Verlag GmbH, Frankfurt am Main.

Giraudoux, Jean

Der anonyme Brief aus: J. G., Geschichten zum

Frühstück. Aus dem Französischen von Ulrich Friedrich Müller © 1967/2005 by Langewiesche-Brandt KG, Ebenhausen.

Guerra, Tonino

Nie direkt · Das Schachspiel · Drei Teller aus: T. G., Staubwirbel. Geschichten für eine ruhige Nacht. Aus dem Italienischen von Elsbeth Gut Bozzetti © 1996 by Klöpfer, Meyer & Co Verlagsgesellschaft mbH, Tübingen.

Heine, Heinrich

Auszug aus: H. H., Über Frankreich.

Kinder, Hermann

Glückliche Entfernung (ohne tragischen Ausgang) aus: Liebe und Tod. 25 schöne Geschichten von A bis Z. Haffmans, Zürich, 1983 © Hermann Kinder, Konstanz.

Laiglesia, Alvaro de

Strategie der Ehe aus: A. L., Wo der Pfeffer wächst und andere Erzählungen. Aus dem Spanischen von Georg C. Lehmann © 1965 by Manesse Verlag, Zürich, in der Verlagsgruppe Random House GmbH, München.

Leeb, Root

Das Wichtigste © für diese Ausgabe 2007 by Manesse Verlag, Zürich, in der Verlagsgruppe Random House GmbH, München; Abdruck mit freundlicher Genehmigung der Autorin.

Lindgren, Astrid

Auszug aus: A. L., Das entschwundene Land. Aus dem Schwedischen von Anna-Liese Kornitzky © 1977 by Verlag Friedrich Oetinger, Hamburg.

Lispector, Clarice

Familienbande aus: C. L., Die Nachahmung der Rose. Aus dem Brasilianischen von Curt Meyer-Clason © Carmen Balcells Literaturagentur © der dt. Übersetzung 1982 by Suhrkamp Verlag, Frankfurt am Main.

Loewy, Miriam

Abrechnung mit Sechzig © für diese Ausgabe 2007 by Manesse Verlag, Zürich, in der Verlagsgruppe Random House GmbH, München; Abdruck mit freundlicher Genehmigung der Autorin.

Mansfield, Katherine

Die schwarze Mütze aus: K. M., Erzählungen und Tagebücher. Aus dem Englischen von Ruth Schirmer © 1974 by Manesse Verlag, Zürich, in der Verlagsgruppe Random House GmbH, München.

Marguerite de Navarre

Die Reue · Die Versagung (Novellen Nr. 38 und 63) aus: M. d. N., Heptaméron. Aus dem Französischen von Jörg Trobitius © 2007 by Manesse Verlag, Zürich, in der Verlagsgruppe Random House GmbH, München.

Mark Twain

Nach dem Sündenfall aus: M. T., The Diaries of Adam and Eve / Die Tagebücher von Adam und Eva. Aus dem Amerikanischen von Andreas Nohl © 2006 by Deutscher Taschenbuch Verlag, München.

Maugham, William Somerset
Eine Vernunftehe. Aus: W. S. M., Winter-Kreuzfahrt. Aus dem Englischen von Wulf Teichmann © 1976 by Diogenes Verlag AG, Zürich.

Maupassant, Guy de
Im Wald aus: G. d. M., Fünfzig Novellen. Aus dem Französischen von N. O. Scarpi © 1963 by Manesse Verlag, Zürich, in der Verlagsgruppe Random House GmbH, München.

Maurois, André
Im Zickzack aus: A. M., Fleurs de Saison / Blumen der Jahreszeit. Aus dem Französischen von Marlies Bek © Héritiers A. Maurois, Paris, vertreten durch Marie-Ange Masson-Mosca, Paris, und Agence Hoffman, München.

Mayröcker, Friederike
Ernst Jandl und seine Götterpflicht aus: F. M., Magische Blätter II © 1987 by Suhrkamp Verlag, Frankfurt am Main.

McEwan, Ian
Auszug aus: I. M., Saturday. Aus dem Englischen von Bernhard Robben © 2005 by Diogenes Verlag AG, Zürich.

Merkel, Inge
Auszug aus: I. M., Eine ganz gewöhnliche Ehe. Odysseus und Penelope. Residenz Verlag, Salzburg und Wien, 1987 © Jung und Jung Verlag GmbH, Salzburg.

Montaigne, Michel de
Auszug aus: M. d. M., Essais. Aus dem Franzö-

sischen von Herbert Lüthy © 1953 by Manesse Verlag, Zürich, in der Verlagsgruppe Random House GmbH, München.

Mullah Nasrudin Hodscha

Wer füttert den Esel? · Aber meine Frau … · Zwei Paare im Ehebett. Aus dem Arabischen von Rafik Schami © 2007 by Manesse Verlag, Zürich, in der Verlagsgruppe Random House GmbH, München.

Nietzsche, Friedrich

Auszug aus: F. N., Also sprach Zarathustra. Von alten und neuen Tafeln, 24.

Oates, Joyce Carol

Die Ehebrecherin aus: J. C. O., Das Rendezvous. Stories. Aus dem Amerikanischen von Renate Orth-Guttmann © 1992 by Deutsche Verlags-Anstalt, München, in der Verlagsgruppe Random House GmbH.

Orbeliani, Sulchan-Saba

Die liebenden Ehegatten aus: S.-S. O., Die Weisheit der Lüge. Orientalische Märchen, Fabeln, Gleichnisse. Aus dem Georgischen von Heinz Fähnrich © 1973 by Aufbau Verlagsgruppe GmbH Berlin (die dt. Erstausgabe erschien 1973 bei Rütten & Loening Berlin; Rütten & Loening ist eine Marke der Aufbau Verlagsgruppe).

Pardo Bazán, Emilia

Die Feministin. Aus dem Spanischen von Erna Brandenberger. Aus: Frauengeschichten. Texte aus der Weltliteratur. © 2000 by Manesse Verlag,

Zürich, in der Verlagsgruppe Random House GmbH, München.

Parise, Goffredo

Affetto / Zuneigung aus: G. P., Alphabet der Gefühle. Aus dem Italienischen von Christiane von Bechtolsheim © 1996 by Verlag Klaus Wagenbach, Berlin.

Prévost, Marcel

Gegenseitige Diskretion in der Ehe aus: M. P., Plaudereien einer Pariserin über die Liebe. Wilhelm Borngräber Verlag, Leipzig, 1922.

Roidis, Emmanouil

Geschichte eines Hühnerhofs. Aus dem Griechischen von Gerhard Blümlein © 2007 by Manesse Verlag, Zürich, in der Verlagsgruppe Random House GmbH, München.

Roy, Gabrielle

Um eine Heirat zu verhindern. Aus dem Kanadischen von Walter Riedel. Aus: Kanadische Erzähler der Gegenwart. Hg. Armin Arnold und Walter Riedel © 1967 by Manesse Verlag, Zürich, in der Verlagsgruppe Random House GmbH, München.

Schami, Rafik

Erinnerst du dich? © für diese Ausgabe 2007 by Manesse Verlag, Zürich, in der Verlagsgruppe Random House GmbH, München; Abdruck mit freundlicher Genehmigung des Autors.

Sei Shonagon

Auszüge aus: S. S., *Das Kopfkissenbuch einer Hofdame.* Aus dem Japanischen von Mamoru Watanabé

© 1952 by Manesse Verlag, Zürich, in der Verlagsgruppe Random House GmbH, München.

Sterne, Laurence

Auszug aus: L. S., Leben und Meinungen des Tristram Shandy. Aus dem Englischen von Fritz Güttinger © 1999 by Manesse Verlag, Zürich, in der Verlagsgruppe Random House GmbH, München.

Strindberg, August

Ein Puppenheim aus: A. S., Meistererzählungen. Aus dem Schwedischen von Helen Oplatka-Steinlin © 1987 by Manesse Verlag, Zürich, in der Verlagsgruppe Random House GmbH, München.

Supervielle, Jules

Das Vorbild der Ehegatten. Aus dem Französischen von Guido Meister. Aus: J. S., Das Kind vom hohen Meer und andere Erzählungen © 1980 by Manesse Verlag, Zürich, in der Verlagsgruppe Random House GmbH, München.

Updike, John

Werben um die eigene Frau aus: J. U., Werben um die eigene Frau. Gesammelte Erzählungen. Aus dem Amerikanischen von Maria Carlsson © 1971 by Rowohlt Taschenbuch Verlag GmbH, Reinbek bei Hamburg.

Ansprachen auf dem Standesamt

Zusammengestellt von Tanja Stelzer und Verena Birkhold © Tanja Stelzer, Hamburg.

INHALT

Diese Buchausgabe der *Manesse Bibliothek der Weltliteratur*
wurde mit der Berthold Bembo gesetzt
und in Fadenheftung gebunden.
Das FSC-zertifizierte Dünndruckpapier
Primapage elfenbein liefert Bolloré.
Alle verwendeten Materialien entsprechen alterungs-
beständiger Qualität, die Papiere sind
chlor- und säurefrei.
Printed in Germany 2007
ISBN 978-3-7175-2102-0 Gewebe
ISBN 978-3-7175-2103-7 Leder

www.manesse.ch